闽台文化研究丛书

闽台教育论

福建广播电视大学闽台文化研究所 编

何绵山　李正光◎主编

序

叶文华

近些年来，我校教职工积极向校外申报各类科研课题，取得了一些成果。课题研究的目的在于实践，不能为研究而研究，任何一个课题，即使结项时有好的评价，但如果长期"养在闺中人未识"，就失去了研究的意义。特别一些针对性强又尚未发表的课题成果，不能长期束之高阁，应该尽可能地公布于众，让其在实践中得到检验并尽可能发挥应有的效益。有鉴于此，我校闽台文化研究所在本所完成的校外立项课题基础上，再从我校教职工申报的校外立项课题中，选出与闽台教育有关的论文和研究报告，汇编成这部文集。对这些课题进一步进行系统的梳理和回顾，有着积极的意义：它不仅可以检阅我校教职工的研究水平，提高我校教职工科研的积极性，进一步拓展视野，传递更多信息，还可以通过回顾走过的历程，及时总结推广一些行之有效的经验，以利推动今后的工作。

纵观这部文集，其特点主要有以下两个方面：

第一，涉及面广泛。在课题项目的种类上，除了有国家社科项目、国家艺术项目、教育部社科项目、福建省社科项目、福建省教科项目、福建省教育厅社科项目外，还有中华宗教文化交流协会科研项目、中央电大科研项目、福建省自学考试科研项目等多种渠道、多种类型的课题。在课题研究的范围上，从教育的层次上看，有高等教育、中等教育、初等教育；从教育的形式上看，有社会教育、终身教育、开放教育、宗教教育、社区教育、老年教育、远程教育；从教育的类型上看，有教育思想、教育历史、教学过程、教学组织、资源建设、师资管理。在课题研究的方式上，有宏观研究、微观研究、比较研究、特色研究、实证研究、个案研究，在具体研究过程中，或将文献资料与田野调查相结合，或将理论分析与实践调查相结合，或采用面上研究和个案研究相结合的方法，并注意多学科的交叉运用。在课题研究者的分布上，有教学人员、管理人员、技术人员，以高级职称者为主，兼有中初级职称者，以省电大人员为主，兼有分校人员。

第二，选题新颖，现实性强。这些课题大多有较强的针对性和实用性，不少研究涉及的是现实中亟待解决的问题，而非无的放矢。作者均来自第一线，对现实中存在的问题有切身的感受，并有所思考，由此产生了申报课题的初衷。作者在研究过程中，大多能从实际出发，从现状入手，在工作中发现问题，提出解决问题的方法，有的方法在实践中得到检验后，再进行归纳总结，所以有很强的可操作性。这些问题的解决，无疑有益于推进各项工作的进展。有些问题虽然不能马上解决，作者也提出了切实可行的对策，可供有关方面参考。能将存在的问题及时准确地提出，引起有关方面的关注，实际也已包含了成功的因素，也是有意义的。这些课题有不少还具有前瞻性，如对老年教育、社区教育、终身教育等教育模式的研究多少有些超前意识，作者提出的一些构想和展望，代表了教育体系的变革和社会的发展趋势。随着老年社会的来临、社区教育需求的扩大、终身教育体制的完善，这些研究将越来越受到重视。还有一些课题虽然研究深度不够，但也拓展了新的视野，特别是对台湾教育的某些方面，如老年教育、社区教育、宗教教育、终身教育等，作者在多次赴台考察，收集掌握了大量的第一手资料的情况下，或作出较为准确的介绍，或通过比较概括出其特点，具有一定参考价值。

科研既可推动学科研究、教学质量和管理水平的提升，也是自我水平提升的重要途径。我校科研取得的成绩说明，凡留心处皆学问，只要选好目标，持之以恒，必然会有所收获。要把我校建设成现代远程开放大学，有太多需要解决的问题，在这方面科研不仅大有可为，而且必须有所作为。希望我校有更多的教职工申报科研课题，勇于担当，大胆开拓，不断探索，持续提升，也希望能有更多的高质量研究成果出现。

（作者为福建广播电视大学校长）

目 录

福建古代教育特点探论……………………………………………何绵山(1)
试论福建古代书院的发展与兴衰…………………………………何绵山(7)
历史悠久的福建僧教育
　　——以闽南佛学院为例………………………………………何绵山(25)
近代侯官文化与严复的教育思想…………………………………何绵山(32)
福建省高等教育和经济发展的实证分析……………………………游　璇(39)
福建特色终身教育体系研究……………………沈光辉　吴　国　蔡亮光
　　　　　　　　　　　　　　　　　　　　　　吴东晖　陈晓蔚(53)
现代远程教育与社区教育的发展研究
　　——以福建广播电视大学
　　　参与社区教育为例…………沈光辉　吴　国　蔡亮光　吴东晖(74)
福建省远程高等教育学生学籍备案
　　管理系统的设计与实现……………………………雷乃旺　杨　惠(95)
福建广播电视大学学历教育发展规模探论
　　——基于BP神经网络界法对学习型
　　　社会未来发展的预测分析………………………王正环　马胜蓝(114)
现代远程教育助力福建学习型农村建设探析………………………江年攀(122)
福建广播电视大学系统
　　师资队伍建设研究…………………施宁娜　王凌宇　黄健新
　　　　　　　　　　　　　　　　　　李瑞中　方鸿明　林碧凤(132)
福建财政教育支出和经济增长的计量分析…………………………刘伟宏(145)
福建现代远程教育的发展和展望
　　——以福建广播电视大学2006—2007年教学发展为例……何绵山(154)
再论福建现代远程教育的发展和展望
　　——以福建广播电视大学2008—2009年教学发展为例……何绵山(164)

通过课题研究指导福建远程教学的新尝试
  ——福建广播电视大学"教学组织形式的研究、
    改革与实践"课题研究综述 ············ 何绵山(171)
福建广播电视大学开放教育教学组织形式的研究、
  改革与实践 ································ 何绵山(179)
现代远程开放教育的教学实施
  ——以福建广播电视大学教学改革为例 ········ 薛 峰(192)
福建广播电视大学地域文化课教学改革初探
  ——以"闽文化概论"课程教学为例 ·········· 郑长青(199)
开放教育模式下成人外语学习策略使用情况研究
  ——以福建广播电视大学成人非英语专业
    英语学习者为例 ·························· 严春容(205)
福建开放大学建构模式与运作研究 ·············· 江年攀(213)
开放教育学生权益保护 ············ 夏良玉 张以华 林光明
                            许勇 黄文伟 戴婧(227)
面向21世纪福建远程教育文字教材建设浅探 ······ 何绵山(243)
用现代教学媒体新理念指导福建远程教学资源建设
  ——以《闽文化概论》一体化教材的
    设计与制作为例 ············ 李正光 边建军 何绵山(249)
福建广播电视大学省开课多媒体课件的设计与制作
  ——以《诗词鉴赏》为例 ·················· 边建军(256)
福建广播电视大学统设课多媒体课件的设计与制作
  ——以《高等数学实验》为例 ·············· 边建军(262)
试论福建广播电视大学精品课程的建设
  ——兼谈现代远程教育学习资源的设计 ········ 何绵山(273)
试论福建广播电视大学的直播课 ················ 王 芳(282)
台湾社会教育评述 ···························· 何绵山(290)
台湾高等教育一道独特的风景线
  ——台湾佛教界创办综合性普通大学评述 ······ 何绵山(297)
别具一格的台湾中小学校
  ——台湾佛教界创办的中小学评述 ············ 何绵山(314)
试论台湾法鼓山的大学院教育 ·················· 何绵山(320)
台湾僧教育研究 ······························ 何绵山(327)

目 录

台湾地区老年教育的经验与启示……………………… 吴东晖(353)
试论闽台老年教育的研究………………………………… 何绵山(357)
闽台老年教育的现状与比较……………………………… 吴东晖(366)
试论闽台老年教育的师资和经费………………………… 何绵山(379)
闽台老年教育的教学设施、行销和评估 ………………… 何绵山(387)
海峡两岸社区教育比较研究……………………… 沈光辉 蔡亮光(392)
海峡两岸终身教育发展比较研究………………… 吴 国 叶必锋(406)
后记……………………………………………………………………(425)

福建古代教育特点探论

何绵山

一、福建教育发展概述

福建开发较晚,教育起步也较迟。据文献所载,西晋太康三年(282年)福建设晋安郡,刘宋时期,阮弥之任晋安太守时开始兴办学校,当时社会出现"家有诗书,市无器斗"(《福建通志·名宦》)现象。虞愿任晋安太守时,"初立学堂,教授子弟"(《南史·虞愿传》)。此外,一些中原人士移居闽地时,断断续续地办过学堂,虽然影响都不大,但为以后福建教育的兴盛奠定了基础。

隋唐时期,福建还处于开发阶段,但教育已有较大发展。唐宗室李椅任福建观察使时,"崇学校,励风俗"(《三山志·秩官》),并"大启学府,劝诱生徒"(《八闽通志·秩官》)。常衮任福建观察使时,"设乡校,延名师儒以教闽人,闽人始知向学"(《重修常衮墓志》)。建州刺史陆长源也注重创办学校,劝人入学。漳州刺史陈元光命子弟读书勤学,鼓励漳州人读书。陈元光之子陈珦曾代州事,聚徒授课。据《图经》所说:"李椅、常衮皆以崇重学校为意,于时海滨几及洙泗。"五代时,福建教育开始普及。一方面是唐代闽籍名士于唐亡后纷纷回乡创办学,如原工部尚书黄峭归乡创办了和平书院,"聘请宿儒,讲授诗书,诱掖后进"(《紫云黄氏的开山祖黄峭》)。另一方面,闽王王审知广设学校,拨出专门经费供师生膳食,并下令学龄儿童均需入学。现存福州闽王祠的《恩赐琅琊郡王德政碑》记载:"尝以学校之设,足为教化之源。乃令诱掖蒙童,兴行敬让。"五代时期福建社会较为安定,也为福建教育的普及提供了条件。

宋代福建的教育有了很大的发展。南平剑州州学创办于天圣三年(1025年),体制、学田设置、教师配备等皆达到一定水准。之后,福建八个军州都办有州学,后来还办了许多县学,可查的就有56所。宋代福建书院之多、质量之高、影响之大,为全国罕见。据《武夷胜境理学遗迹考》所载,仅与朱熹等理学家有关的书院就达20所,其中建阳县境内,就有14所,一些书院在全国都有影响,慕名而来的外省学子络绎不绝。宋代福建义斋、书堂、家塾等民办教育也极普及,读书蔚然成风。如福州"最忆市桥灯火静,巷南巷北读书声"(吕祖谦,《登郡城》);南安"百里之间,弦诵相闻"(《番建夫子庙记》);汀州"风声气习,颇类中州"(宋陈一新《跋赡学田碑》);延平"五步一塾,十步一庠,朝诵暮弦,洋洋盈盈"(《延平府志》);邵武"比屋弦诵之声,洋洋盈耳"(《邵武府志》);甚至连偏僻的泰宁,也"比屋连墙,弦诵之声相闻,有不读诗书者,舆台笑之"(《泰宁县志》)。

  元明清福建教育虽因战乱、倭患等原因在某些地区间有衰微,但总的还是向前发展,并在全国名列前茅。以各代新建书院为例,据不完全统计,可查到的有一定影响的书院,元代有20余所,明代近200所,清代300余所。明清时书院已不是仅仅密布于闽北理学之乡和政治文化中心福州,而是遍及全省。如明代闽东新建书院10余所,闽西新建书院30余所,清闽西新建书院100余所,闽东新建书院近30所。清代福建开始出现全省性书院,如鳌峰、凤池、正谊、致用四大书院,培养出林则徐、林纾、陈宝琛等著名人物。清末福建出现了官办的全闽大学堂、洋务派办的船政学堂、外国教会办的教会学校等。

二、福建教育久盛不衰的原因

  福建教育由唐至近代久盛不衰,主要原因有以下几点:

  地方官吏的支持和倡导。地方官吏对教育是否重视,对当地教育的兴衰起着最为关键的作用。所幸的是,主福建的地方长官,大多对教育都很重视,对推动福建的教育采取了积极措施。唐代,常衮任福建观察使时,大兴学校,鼓励生员读书,使"闽人春秋配享衮于学宫"(《新唐书·常衮传》)。陈元光任漳州刺史时,非常重视教育,他在所上《请建州县表》中指出:"其本则在创州县,其要则在兴庠序。"他在州治行政机构中设专司教育的官吏,并在漳州首创乡校,还创办了松州书院。兵部尚书熊秘领兵入守温陵(泉州)时,在建阳创建了鳌峰书院,以教子弟。五代时,闽王王审知于福州"建四门学(高等学府),以教闽中之秀者"(吴任臣,《十国春秋》)。在他倡导下,当时州有州学,县有县学,乡村设有私塾,"幼已佩于师训,长者置于国庠"(吴任臣,《十国春秋》)。泉州都指挥使留从效统治泉州时,兴设"秋堂"。宋朝官方实行重文政策,办学成绩与社会风尚成为地方官员考绩的内容之一。福建大小地方官都倾力办学,据有关史籍所记,有名有姓的不下百余名,不仅诸如福建安抚使辛弃疾一类著名人物兴教办学,一些偏僻小县,如连城、建宁、古田、浦城、宁化等的知县,也大兴学校,使宋代福建教育空前普及。元代,也有不少地方官对福建教育兴盛有过贡献。泉州达鲁花赤契玉、建宁路总管暗都剌、松溪达鲁花赤阿思兰、尤溪达鲁花赤文殊每涯等入主福建的少数民族地方官都大兴教育,拨出专门学田。地方官还纷纷创办、修建书院,如邵武路同知万不花创办樵川书院、光泽县伊况遘创办云岩书院、福建右布政副使姚镆修闽中诸大儒书院。明清两代许多福建地方官吏不仅关心各种学校的创立,还注意解决学校的后顾之忧。他们或拨专款,或购买学田,采用多种方式解决学校经济上的困难,以期学校有长久的发展。值得注意的是,福建历代地方官吏常常主动捐俸银,如宋代崇安知县赵崇萃曾捐俸请买开元寺废寺田以充学廪,延平郡守陈宓捐俸购田以赡延平书院生徒,漳州知府李音石捐俸置学田,建宁知县捐俸二千余缗增新邑学;明代福建巡按史尹仁捐俸银一百两重建庐峰书院,古田县令捐俸买民地以广学舍,将乐县令林熙春捐俸造新学舍,端明殿学士陈显伯出资修建了罗源松亭书院,兵部右侍郎兼右金都御史陈省倾资捐修紫阳书院;清代晋江县令赵同岐捐俸倡修梅石书院,松溪县令孙大焜捐资重修南溪书院,宁德县令徐文翰捐俸为学校灯油之资,泉州通判徐之霖捐俸重建左营讲堂,福建巡抚孙尔准捐银为凤池书院学生助学金。有时,有的地方官还带领部下捐俸建校,如海坛镇守吕瑞霖率手下两营官兵捐俸创建兴文书院。

有一批高水平的教师。这些教师主要是一些以教书为业的教育家。每个朝代都有这样一批教育家,仅宋代,就有罗从彦、李侗、朱熹、李光朝、蔡立定、黄干等,其中朱熹从事教育50多年,提出了七大教学原则,其教育实践和教育思想,对整个封建社会都产生了极大的影响。此外,一些著名政治家、哲学家、文学家、军事家也常到课堂讲学,这些人虽然不是终身从教,其成就也不以教育显,但他们的讲课却活跃了学术气氛,扩大丰富了学生的知识,因此吸引了不少学子。如宋代,杨时晚年丢官返乡后讲学,学生千人;一代名臣蔡襄曾以枢密学士知福州,"亲至学舍执经讲问,为诸生率"(陈鸣鹤《东越文苑传》);史学家郑樵曾授徒200人;文学家杨亿也开馆授徒。明代著名军事家、音韵学家陈弟曾多次到漳州、福州讲学,对学生多有勉励;著名学者黄道周曾5次回乡讲学,从学者近千人。杰出爱国者和民族英雄林则徐在中进士前也教过馆。著名文学家林纾曾当过塾师和福州苍霞精舍的汉文教习。一些在朝廷任官的闽籍杰出人物常因丁父忧或母忧而返乡守孝,期间也常应邀讲学,大大开阔了学生的视野。如清代刑部奉天司主事陈若霖因丁母忧,曾主讲漳州丹霞书院;内阁中书李彦章因丁父忧返乡,曾主讲兴化兴安书院一年;翰林院编修林春溥因丁母忧回乡,曾主讲玉屏书院。

科举的久盛不衰。我国正式开始以试策取士,始于隋,唐代开始大兴。虽然唐五代福建还处于开发阶段,人口仅70万左右,但已有74人中进士;宋代共有7607人中进士,22人为状元,按人口比例,为全国第一,并创造出不少奇迹。以莆田县为例,曾同科文武两状元、连科三状元、囊括一榜前四名等,均为全国前所未有。元代福建有76人中进士,高于汉人为主的南方各省。明代福建有2410人中进士,在全国仍名列前茅;其中竟然出现一榜三及第皆闽人这种绝无仅有的事。清代福建有1337人中进士,仍略高于全国平均水平。科举业的兴旺,大大推动了教育的普及。考生互相勉励,早有传统。欧阳詹是唐代泉州第一个中进士的,福建士子感到莫大光荣,参加科举的人日益增多,泉州士子徐晦首次赴考落第,欧阳詹对他多有勉励,使他加倍苦读,翌年考取第一。许多闽人以考上进士为终身奋斗目标,如宋代闽县陈修曾下决心不考上进士不成婚,不料屡试屡败,至73岁时才被录取,宋高宗下诏赐宫女施氏嫁他。洞房花烛夜,施氏问他几岁,他答曰:"新人若问郎年几?五十年前二十三。"类似这种终身在科场上奋斗的士子当时为数不少。为了使士子能如愿以偿,一些教师也千方百计想办法,如明代泉州陈紫峰费了很大精力将《四书》、《易经》这两部士子登科的基本经书译为白话讲稿《四书浅说》和《易经通典》。之后,他自己也中了进士。

家族对教育的重视。福建的家族大都注意族人的教育,《闽沙茂溪罗氏族谱》曾记有著名学者罗从彦在罗氏家族书堂上写的话:"吾家自祖宗流传以来,一段清白之气不可不培。盖金帛虽多,积之数十年必散,田宇虽广,遗之数十代亦亡。孰若残书数卷,贻之吾子吾孙,世世可以习读不朽,又孰若灵心一点,传之吾子吾孙,可以受用不尽。"表示了对教育的高度重视,并形成了以读书为光荣,以不读书为可耻的族风。如明代林希元所撰《林氏家谱》记道:"林氏世代以读书为业,有不为此业而又不改者,赶出家门。"有的家族把开办族学、族塾写进族规,如连城《新泉张氏族谱》记道:"今议设义学二所,经师一所,在东山楼;蒙馆一所,即在祠内。"为了保证族人能受教育,各家族都采取了许多措施。在经费上,不少家族都置有学田,即"书灯田"。如清陈盛韶《问俗录》中所记:"书灯田,祖父分产之始,留田若干亩,为子孙读书之需,后有入学者收其租,捐纳者不得与其租。"不少地方若干家族还携手共同创办私塾,各姓合资修建书院。如长乐梅花里,共有40余姓相处,清代共议创办了和羹书院。为了激励族人子弟的学习,一些家族还作了经济奖励等规定,如浦城《达氏宗谱》规定:"入泮者,给蓝衫花银二两;凡赴乡试者,给程银四两;凡赴会试进士者,给程银八两;及第衣锦祭祖者,给旗杆银二十两。"族人还注意选派族中有名望人办学,如宋代泉州进士陈知柔辞官返乡后,为族人办起学堂,他的侄儿陈朴、陈模等都先后登弟,"一门八骏",县府为之竖立"世科坊"。家族对教育的重视收到了很大成效,创造了福建在中国科举史上的奇观。如唐代莆田林披生有九子,都明经及第,皆官刺史,故有"一家九刺史"之说。五代莆田黄璞举进士,与其四子同列馆职,故有"一门五学士"之说。北宋浦城章氏家族,一门二十四进士,中有一状元。北宋闽清陈玩五子四登科,南宋长乐杨家一门同榜四进士,明代莆田柯家五世进士,明代闽县林氏三世出了八个进士、五位尚书,明代莆田黄氏家族共出十一个解元。子弟靠科举出人头地后,不忘荫蔽本族,或出资赞助,或激励族中士子苦读,大大推动了教育。

学校类型多。福建历代办学有多种形式,除了官办的府学、州学、军学、县学,或官、或民、或半民半官的各种书院、私塾等外,还有多种类型的学校,以满足各种不同阶层人的需要。如宋代在福州、泉州两地特为赵氏皇族子弟开办了宗学,就学人数多达数千。宋代泉州是海外贸易中心,泉州特为外国侨居者设立了番学。元代政府在福州、建宁、泉州、漳州、汀州、延平、兴化、福宁、邵武诸路均开设了蒙古字学,元代福建各路和40个县还开设了医学和教授天文、历算、周易、数学等课的科技学校(也称阴阳学)。元、明、清各代还在城乡创办了千所以上的具有小学和社会义务教育性质的义学,主要以普及伦理和农桑技术为主,大多数城区1~4所,乡间10所左右,对普及城乡基础教育起了很大作用。福建方言复杂,所以在清代还开设了纠正地方土语的"官音书塾",并为常住福州的旗人开设了"八旗官学"。有的家族为子女前途开设了外文书塾,如设在螺州的螺江乡塾,专攻日语;螺州乡塾,除学日语,还学法语。清末洋务派在福州办起了"福建船政学堂",直接聘请洋教习,使用洋课本,按洋式课程设置和教学法教学,并打破门第观念向全社会公开招生,培养了大批优秀的造船、航海和其他方面人才,并在我国科技、外交、翻译、教育等方面产生深远影响。基督教传入福建后,在各地创办了许多学校。这些学校对下层平民敞开大门,有一定影响。有的地区(如福州、莆田、南平等)教会学校规模,竟超过公立、私立学校。清末福建还出现了华侨办学。如清道光年间惠安归侨郭用锡父子捐银千两办学,道光皇帝嘉封诏书,并授予"乐善好施,父子恩荣"的横匾。之后,华侨办学之风越来越盛,成为福建良好传统。

刻书业的繁荣和藏书的丰富。闽刻书业始于五代,后随着读书应试风气与日盛行,再加上福建造纸原料丰富,所以刻书业鼎盛于宋元明,无论官刻本、家刻本,还是坊刻本都在同行业中独占鳌头,长期不衰。宋代建阳麻沙书坊,号称"图书之府",与当时杭州、四川书坊并称全国三大刻书坊,所刻之书被后人称为珍贵的"建本"。元代书坊也以福建地区为最多,如建安陈氏余庆堂、朱氏与耕堂、梅隐书堂、双桂书堂等,都刻了很多精美的书籍。明代书坊福建更盛,在建阳、金陵、杭州、北京这四大书坊中,建阳书坊最为著名。仅崇化镇"比屋皆鬻书籍,天下客商贩者如织,每月以一、六日集"(《建阳县志》卷三)。刻书业的发达,使书籍普及,福建士子有书可读,也使民间藏书极为丰富。据可查史籍记载,到过福建的历代著名藏书家,就有 130 多人。朱熹任同安县主簿兼管学事时,曾整理县学藏书,并大力收集民间藏书,共收 900 余卷。宋代福州州学建有收藏官颁书籍之稽古阁二、今书阁三,可见有一定规模。书院都注意收集藏书,清代福建巡抚张伯行,在建福州鳌峰书院时,"出家所藏书千卷,充于其中"(《碑传集》卷一七)。清代福州越山书院有藏书 20 大橱,400 多种,5000 多册。浦城南浦书院有藏书 130 余部,1500 多册。不少书院著名教师个人也有丰富的藏书,如清代福州鳌峰书院山长陈寿祺家中藏书有 8 万余卷之多,林昌彝正是借此得以饱览群书,为今后在各方面的发展打下了基础。

基金项目:福建省社会科学规划基金项目"闽台'五缘文化'研究"(2008B115)阶段性成果。

(作者为福建广播电视大学教授)

试论福建古代书院的发展与兴衰

何绵山

福建书院教育始自晚唐,这与当时福建的政治、经济、文化教育有着密切的关系。位于东南一隅的福建,少经战乱,政治稳定,人民安居乐业,经济发展,州县增加,人口迅速增长。在中央政权重视文化教育的背景下,治闽的地方长官也颇重视学校教育。除官办学校外,私人办学的风气也同时兴起,于是出现了书院教育。据现有资料统计,从中唐到五代,福建有书院16所,可分为三种类型:其一,私人读书之所。(1)晋江欧阳书室,唐欧阳詹曾读书于此。(2)莆田欧阳詹草堂。(3)漳浦梁山书院,为唐潘存实读书处。(4)龙溪周潘书堂,为唐周匡物和潘存实读书处。(5)莆田北岩精舍,唐陈峤、许龟图、黄彦修读书于此。(6)福清闻读书院,唐陈灿读书处。(7)古田蓝田书院,南唐员外郎余仁椿建。(8)莆田灵岩书室,唐林蕴、林藻兄弟读书处,欧阳詹亦曾到此读书。(9)霞浦草堂书舍,唐林嵩读书于此。其二,教授子弟之所。(1)莆田澄渚书堂,唐林蕴、林藻兄弟在此聚亲族读书。(2)莆田漆林书堂,唐少府监翁巨隅在此训导子弟,其三子先后登第,长子翁承赞登乾宁三年进士,后为闽国丞相。(3)建阳鳌峰书院,唐兵部尚书熊秘卜居建阳莒口,建此以教子弟。其三,讲学授徒之所。(1)邵武和平书院,唐工部尚书黄峭回乡隐居,建此以讲授诗书,诱掖后进。(2)莆田上林义斋,为唐黄问创立,"以聚四方英俊"。(3)莆田东峰草堂,唐黄滔曾在此受业。(4)长溪(今霞浦)灵山草堂,唐林降曾在此读书授徒。

从数字来看,当时福建书院已居全国的前茅,也说明当时福建教育的兴盛;而从这些书院出来的,大多是知名的文人学者,如欧阳詹、林蕴、林藻、潘存实、翁承赞、黄滔等,可见当时福建书院是培育人才之所。从上述三种类型来看,当时福建书院的职能比较单一,或只为读书之用,或仅为教授子弟之用,最多者为讲学兼授徒。当时书院学的是儒家经典著作四书、五经,兼习诗、赋、文,以应科举之试,因而书院讲授的主要是经、书、诗、文,还没有上升到学术的层次。但书院已经把道德修养提高到比学业更为重要的地位。如莆田上林义斋,为生徒立下五项规则:"一曰修身谨行,二曰立志抚节,三曰潜心经术,四曰学通业务,五曰限日收功。"其中第一、二项均为对道德修养的要求,列于前面;第三项才是对学业的要求,要求生徒专心学习经术;第四项的要求,说明书院并不关门读书,而要求生徒关心通晓国家和社会之事;最末一项则是从纪律上要求生徒按期完成书院规定的学习任务。这五项规则对生徒的要求,可以说是相当全面而又主次分明,标志着福建书院已渐趋成型。

至宋代,福建经过五代一段时间割据之后重入中央政府的版图,政治更趋稳定。随着农业、手工业的发展和对外贸易的开辟,经济更加繁荣。中央政府采取的优厚文官、奖励文士、大办官学和增加科举名额等政策,刺激了福建书院教育的发展,书院数成十倍增加。据现有资料计,宋代福建有120所书院。有关情况见下表:(此表及后列之表均据《闽书》、《八闽通志》、《福建通志》统计)

所在地	书院名称	创建时间	备注
闽县	鳌峰书堂	南宋	宋状元陈诚之读书处
闽县	龙首涧书堂	北宋	宋状元许将肄业于此
侯官	拙斋书院	南宋	宋儒林之奇与其徒吕祖谦讲道处
侯官	三山书院	南宋宝祐二年	提刑王佖创建
侯官	古灵书院	北宋	名儒陈襄读书处
长乐	龙峰书院	南宋	刘砥、刘砺兄弟读书处,朱熹避学禁寓此,二刘从之受业讲学
长乐	蓝田书院	南宋绍兴年间	陈坦然建
长乐	达泉书院	南宋绍兴初	郑丙建
长乐	卓林乡学	南宋	英德教授林垓子建
福清	龙江书院	宣和六年	海口镇官陈邻修建
福清	石塘书院	景定四年	林遇讲学处
福清	闻读书院	宋	陈灿读书处
古田	浣溪书院	宋	朱熹书额
古田	嵩高书院	宋	
古田	螺峰书院	宋	朱熹书"文昌阁"额
古田	魁龙书院	南宋	祀朱熹、林用中、林允中

续表

所在地	书院名称	创建时间	备注
古田	东华精舍	宋	
古田	溪山书院	淳化二年	朱熹书"溪山第一"
古田	德成书院	乾道年间	
古田	兴贤斋	南宋	朱熹门人余范建
古田	西斋	南宋	朱熹门人余隅、余范读书处
建瓯	建安书院	景泰二年	郡守王垩承理宗之命特建祀朱熹
浦城	西山精舍	嘉定十四年	真德秀建为讲学之所
浦城	梦觉山房	南宋	真德秀建为藏修息游之所
浦城	读书堂	北宋	章得象读书处
浦城	读书堂	北宋	杨徽之读书处
浦城	读书阁	北宋	杨亿读书处
浦城	书斋	北宋	徐修读书处
建阳	武夷精舍（紫阳书院、武夷书院）	淳熙十年	朱熹建
建阳	同文书院	乾道七年	朱熹建以贮图书
建阳	考亭书院	绍熙三年	朱熹建以讲学著述
建阳	寒泉精舍	乾道六年	朱熹建，吕祖谦访此，共编《近思录》
建阳	廌山书院	绍兴年间	游酢讲道著书于此
建阳	云谷书院	乾道六年	朱熹建
建阳	云庄书院（义宁精舍、西山书院）	淳熙元年	刘爚故居、讲学处
建阳	庐峰书院（西山精舍）	淳熙十二年	蔡沈讲学著书处
建阳	瑞樟书院	绍兴年间	刘子翚讲学处，刘仲会建

续表

所在地	书院名称	创建时间	备注
建阳	环峰书院（龟峰精舍）	绍熙三年	黄干与师友讲道之所
建阳	台溪精舍	乾道年间	何镐建
建阳	霄峰书院	南宋	宋公威改为精舍
建阳	潭溪书院	淳熙十七年	黄干建
建阳	石壁山书堂	北宋	江侧与游酢、施景明等讲学于此
建阳	溪山书院	淳熙十六年	叶味道师事朱熹讲学于此
建阳	化龙书院	南宋	朱熹门人刘韬仲曾孙应李建
建阳	横渠书院	宝庆二年	张载九世孙张德建
建瓯	环溪精舍	绍兴初	朱松建
建瓯	紫芝书院	嘉定三年	知县李某建
建瓯	独善书院	南宋	
建瓯	樟翁书院	南宋	
松溪	湛卢书院	宝庆三年	朱熹曾讲学游息于此
政和	梧峰书院	宣和年间	许延仁建
政和	星溪书院	政和年间	朱松为县尉时建
政和	云根书院	政和年间	朱松为县尉时建
崇安	武夷书院	淳熙十年	朱熹建
崇安	少微书院（叔圭精舍）	政和年间	江贽隐居讲学于此
崇安	屏山书院	建炎四年	刘子翚讲学处，朱熹题匾
崇安	文定草堂	绍兴初	胡安国建
崇安	静可书堂	南宋	詹琦建
崇安	石鼓书堂	南宋	叶梦鼎建
崇安	云谷书院	南宋	俞丰建
崇安	希贺书堂	南宋	陈仰斋建

续表

所在地	书院名称	创建时间	备注
崇安	咏归堂（九峰书院）	南宋	蔡抗建
崇安	云水寮	元符年间	游酢于此读书授徒
崇安	兴贤书院	隆兴初	胡氏公建
崇安	洪源书堂	咸淳末	熊禾建，后改称书院
南平	延平书院	嘉定二年	郡守陈宓建，为郡人讲学处
南平	九龙书院	南宋	祀杨时、李侗、罗从彦、朱熹四先生
将乐	南溪书院	嘉熙元年	县令某建，朱松曾居于此
将乐	龟山书院	咸淳年间	知县黄去疾建
将乐	东林书院	北宋	杨时建
沙县	谏议书院	嘉定二年	郡守徐景瞻建，陈瓘故居
沙县	豫章书院	南宋	罗天泽建以祀罗从彦
沙县	凤冈书院	淳熙十年	邑人黄颢建
尤溪	南溪书院	嘉熙元年	知县李修建
莆田	郑氏草堂	宋	国子监郑耕老读书处
莆田	东井草堂	南宋初	林国钧建，聘林光朝讲学于此
莆田	东湖草堂	宋	黄绩建
莆田	金山草堂	宋	林光朝、林充，林褒于此讲学
莆田	仰止堂	南宋	陈俊卿之子陈宓从朱熹讲学于此
莆田	夹漈草堂	南宋	郑樵于此著书讲学
莆田	涵江书院	淳祐五年	知军杨栋建，理宗赐额
莆田	朱坝书院（闽阳草堂）	南宋末	陈虚建
莆田	水南书院	南宋	林光朝讲学处
泉州	泉山书院（温陵书院）	咸淳三年	赵宗正建
泉州	小山丛竹书院	绍熙年间	朱熹讲学于此

续表

所在地	书院名称	创建时间	备注
泉州	清源书院	嘉泰元年	郡守宗希衮建
泉州	石井书院	嘉定四年	朱松建并讲学于此
南安	旭山书院	宋	
漳州	龙江书院	南宋	朱熹知漳时建,未果,知州危正续建成
漳州	观澜书院	宋	邑儒蔡汝作建以教学者
漳浦	丹诏书院	绍定年间	周申建
诏安	石屏书院	宋	陈景肃讲学处
安溪	紫阳书院	南宋	朱熹建
安溪	凤山书院	南宋	
长泰	泰亨书院	宋	
漳平	豫章书院	北宋	罗从彦建
连城	丘氏书院	宋	进士丘麟读书处
归化	翠云岩书院	熙丰年间	侍郎张云谷建,谏议陈世卿读书处
永安	拼桐书院	北宋	邓肃读书处
顺昌	双峰书院	咸淳九年	邑人建
仙游	东山书院	宋	
仙游	庄山书院	宋	司农少卿王迈昌建
邵武	樵溪书院	景定中	摄郡事方澄孙等建以祀李纲
邵武	蒙谷书院	南宋	黄中归休时建,朱熹曾至,书其匾
邵武	台溪精舍	宋	何叔京藏修之所
光泽	云岩书院	宋	李方子讲学处
光泽	东湖书院	南宋	真德秀建
泰宁	读书堂	宋	李纲读书处
福宁州	东山书院	淳熙十一年	邑儒林仲明建为读书处
福安	北山书堂	宋	郑寀建

续表

所在地	书院名称	创建时间	备注
福安	晦翁书院	南宋	朱熹曾寓此
福安	考亭书院	南宋	朱熹讲学处
宁德	来青书院	宋	姚周族建
宁德	六经讲堂	宋	李鉴建
宁德	五经讲堂	宋	黄超叔建
宁德	阮氏敷教堂	宋	阮睿建
宁德	灵溪书院	大观三年	
宁洋	豫章书院	宋	祀宋儒罗从彦
福鼎	双槐书院	宋	林则庵建
长汀	龙山书院	宋	知州王逸抡建
金门	燕南书院	宋	

从此表中可以看出：第一，宋代福建书院数量比唐五代有大幅度的增加，反映出宋代读书、讲学、学术研究和著述之盛，是形成宋代人文之盛的重要原因之一。第二，宋代福建书院数目已大大超过了官办的郡、府、州、县学，成为福建教育的主力军。第三，主持书院讲学、教授的，多是一时名流学者，使官学黯然失色。第四，建书院和主讲书院者，多为闽学的主要人物，尤其是朱熹，看出闽学影响的巨大。第五，福建书院已从唐五代单一的读书、教授子弟生徒，转而成为奉祀、讲学、授徒、研究学术、著作兼而有之的场所。第六，书院已不再是启蒙的学校，也不再是一般生员为应科举之试而单纯学习制艺时文之所，它已经提高到研究学术和学术交流的层次，这是一般官学所不能比拟的。

此时福建书院为适应集奉祀、讲授、研究等于一体的需要，在建筑结构上也有所全面的考虑和安排。如沙县凤冈书院，南宋淳熙十年建在县溪南凤凰山下。中间为讲堂，匾题"丽泽"，为全院的中心。讲堂建二阁：一为奉祀之用，中绘先圣先师及周、程诸儒像；一为藏书之用，叫尊经阁。院里还建有12个斋舍，分别取名为辅仁、营道、尊性、尚志、时习、日益、止善、敬业、笃行、循理、守约、履正，供师徒读书、研究、住宿之用。并另建有游息的园圃亭阁10余所。又如延平书院，南宋嘉定二年（1209年），郡宋陈宓仿白鹿洞式建于南平城南九峰山之麓，书院中有礼殿、祠堂、尊经阁、会讲堂，有4个斋舍以供生徒住宿，有3座亭供游息之用,院前有池,池上有桥。

当时的书院多为私人建办,也有官建私办。私人办的书院,其办学经费主要靠私人出资或集资;官建私办的办学经费,主要靠私人集资和官捐俸银买田供给,也有私人捐银买田或私人献田供给。当然也向入学的生徒收取一定数额的学费。书院的生徒无定额,入学也不限时间,生徒多为慕名而来,随到随收,只要经过师长面试得到同意即可。主持书院者称山长,多是宿儒名士,有较高的学术水平,学习内容主要为书院所指定的儒家经典。学习方法为生徒自学、师长讲授和师生问难相结合,形成一种教学相长的良好学风。当时福建书院的学规,多采用朱熹在白鹿洞书院手订的《白鹿洞书院揭示》(以下亦简称《揭示》)。这个《揭示》实际是教学的总纲,主要包括三方面内容。首先是"五教之目",即把儒家的伦理道德"父子有亲、君臣有义、夫妇有别,长幼有序、朋友有信"作为教学的主要内容,强调"学者,学此而已"。也就是不允许在书院内教学除此以外的东西。其次是做学问的方法和顺序:"博学之,审问之,慎思之,明辨之,笃行之。"要求学习要学、问、思、辨、行相结合,但要先博学,学有不解,则须审问;问犹不解,则要慎思;思而能辨,则要笃行。再次是对"笃行"作出明确的要求。即要求生徒在修身上要做到"正其谊,不谋其利;明其道,不计其功"。在处事上要做到"己所不欲,勿施于人;行有不得,反求诸己"。这表明教学目的是要培养生徒成为符合儒家伦理道德标准的人才,以实现儒家的"修身、齐家、治国、平天下"的理想。《揭示》还明确地反对"欲其务记览,为词章,以钓声名,取利禄而已"等现象,既批评了当时教育的弊病,也明白地指出书院有别于那些热衷于要求生徒死记硬背、学习时文制艺以猎取科第的学校。因而当时来到书院学习的人不能奢望于此得到猎取利禄的真经捷径,而要抱着研求学术和追求真学问的目的。

在有良好环境和食宿保证的书院里,既有藏书可读,又有良师的启发指导,加上生徒纯洁的求学目的和互相论辩、教学相长的学风,以及严格的学习制度,必然造就出高质量、高水平的人才。这是以朱熹为代表的闽学——考亭学派所以能够形成的原因。而当时福建人才辈出与此也不无关系。

朱熹继承二程的理学观点,直接师承理学家刘子翚、刘勉之、胡宪,又从理学家李侗问学,旁及湖湘学派的主张,苦心钻研,著书立说,以《太极图说解》、《通书解》、《论语集注》、《孟子集注》、《周易本义》、《诗集传》、《伊洛渊源录》、《近思录》等建设自成系统的理论,从而形成考亭学派的理论体系——闽学。同时他勤于讲学,通过书院培养一批能够信仰和继承他的学说的学者,形成有别于洛学、关学、蜀学等的闽学学派。朱熹的学生黄干、李燔、张洽、陈淳、辅广等人,都是当时著名的理学家。他们也都办有书院讲学,并有著述。福州的黄干是朱熹的高足,朱熹去世前将文集授给黄干和朱在(朱熹子)。黄干先后在白鹿洞书院、建阳环峰书院、潭溪书院等处讲学,并在江西抚州和临川创办莪峰书院、高峰书院,传播朱熹的学说并有所发展。建阳的蔡渊、蔡沆、蔡沈三兄弟,也是朱熹的学生,都在其父蔡元定所建的建阳西山精舍讲学。蔡元定也是朱熹的同道。朱熹把李燔看作自己学说的继承人,曾对人说"他日任斯道者必燔也。"后李燔被聘为白鹿洞书院堂长,"学者云集","讲学之盛,他郡无此"。龙溪的陈淳,则通过讲学,把朱熹的学说传播到闽南。他对朱的学说也有所发展。同时闽学通过朱熹的学生传播到江浙湖湘。如朱熹的学生金去伪在饶州鄱阳创建鄱阳书院讲学;程珙讲学于饶、信、袁州学,及丰城龙山书院、宜春南轩书院、景德镇双溪书院等;辅广、陈埴、杜煜则在浙东一带讲学。这些人又通过他们的弟子,把闽学传播下去。如南宋嘉绍年间著名的理学家真德秀,就是朱熹学生詹体仁的弟子,也就是朱熹的再传弟子。真德秀官至参知政事,讲学于浦城西山精舍。因他的努力,朱熹的理学在理宗皇帝的倡导下,确立了正宗的地位。又如辅广通过讲学,培养了董槐、朱鹏飞、余端臣、韩翼甫等弟子。董槐官至宰相,余端臣则在鄞县一带讲学,从学者数百人。而韩翼甫的门人,又有熊禾、陈普等人。熊禾回到建阳筑鳌峰书院讲学,成为宋末元初继承朱熹闽学的著名理学家,陈普回到闽东讲学,进一步把朱学推广到闽东。这样,闽学的影响不仅地区辽阔,而且得以代代流传。而朱熹的门人又大多能够学有所行,为官能够施惠于民,坚持节操。如黄干,历官汉阳军、安庆府,多有善政,安庆人甚至以父称他。真德秀立朝正直,敢于斥责奸佞,知福州、潭州都有惠政。董槐官至右丞相,在朝知无不言,与贾似道、丁大全等不合,终被迫罢相。而朱熹的私淑弟子魏了翁,官至同签书枢密院事,在朝仅6个月,前后上20余疏,皆当时急务,却遭奸佞忌恨,被排挤出朝。正是这种学有所传,行能取信的特点,使闽学产生巨大而深远的影响,从而反映了宋代福建书院教育的成就。

元代福建书院教育落入了低谷,书院数目急剧减少。据《八闽通志》、《闽书》等载,列表如下:

所在地	书院名称	创建时间	备注
福州	勉斋书院	至元初	黄干故宅,赵师恕建为书院
福州	瓜山义学	至元年间	郑潜建以教授乡子弟
古田	城南书院	元	

续表

所在地	书院名称	创建时间	备注
建瓯	云庄书院	延祐年间	
建瓯	屏山书院	至正六年	郡守赵镛建
崇安	文定书院	至正十一年	县尹彭廷坚建
光泽	崇仁书院	至正二十三年	邑儒龚永同以所纂《周易尚书解》进,得旨建
建宁	屏山书院	至正元年	副使韩玉伦建
莆田	瑶台书院	至正四年	
仙游	夹漈书院	至元年间	
同安	大同书院（文公书院）	至正十年	县尹孔公俊建
同安	浯江书院	元	司令马某建
金门	浯洲书院	元	黄元渊建
漳州	龙江书院	泰定年间	

以上仅有15所。之所以如此,大约有以下几个原因:其一,经过宋末元初的战乱,不少书院毁于兵火,荡然无存。其二,一些书院由于年久失修,圮坏荒废。其三,元统治者实行民族压迫和歧视儒士政策,儒的地位低下,使许多士人放弃了儒业。其四,元代虽尊朱学,但此时福建朱学已缺少黄干等那样的传人。这些原因造成了元代福建书院教育的一落千丈。

但是由于元代尊崇朱学,"设科取士者,非朱子之学者不用"。又由于福建是朱学的发祥地。仍然有一些闽学的学者,致力于书院教育和闽学的发扬。朱熹的三传门人熊禾,建阳人,咸淳进士,授官汀州司户参军,入元不仕,隐居武夷山,建洪源书院读书讲学,高度评价朱熹集注四书,认为此举可与孔子整理六经并为不朽,称朱熹为孔子之后的第一人。陈普,宁德人,也是朱熹的三传门人,入元不仕,元朝三辟为闽省教授,坚辞不就。一生坚信朱学,力排陆学。他依据朱熹学说,反复强调性命、道德、五常、诚敬等问题。吴海,闽县人,学者称闻过夫子,生于元末,坚持不仕元朝,他以朱熹学说为依据研究学问,进行著述。其著作中涉及朱学中许多范畴,明代有人把他的著述看作醇正的朱子学,认为他是朱学的真正继承者,并且是"继以往而启将来"。

明代实行中央集权制度,在经济上采取了移民垦荒,减轻赋税,鼓励农业、手工业生产发展等措施,文化教育上大办学校,通过更完备的科举制度铨选人才。在这样的大气候下,福建书院得到了发展。而朱熹的学说又受到明统治者的提倡和尊崇,更在全国盛行。明代中叶以后虽然受到以王阳明为代表的王学的冲击,但闽学在福建依然兴盛不衰,并有所发展,对书院教育的发展仍然起了推动的作用,书院数目比之元代又有十倍的增加。见下表:

所在地	书院名称	创建时间	备注
福州	观澜书院	永乐年间	
福州	登云书院	成化年间	
福州	玉泉书院	正德十五年	按察御史沈灼建
福州	竹田书院	正德年间	
福州	养心书院	正德年间	巡按御史聂豹建
福州	泉山书院	明	杨子器建
福州	养正书院	嘉靖七年	
福州	崇正书院	嘉靖年间	督学副使姜宝建
福州	道山书院	隆庆五年	按察使邹善建
福州	共学书院	万历二十二年	巡抚许孚远建
福州	洪云书院	万历年间	
古田	明德书院	明	
古田	正学书院	嘉靖年间	
古田	鹤鸣书院	明	通判丁一中建
古田	蘗山书院	嘉靖年间	
古田	崇正书院	嘉靖十一年	提学副使潘璜建
古田	青山书院	嘉靖年间	
长乐	凤歧书院	弘治年间	知县潘府建
长乐	南山书院	弘治年间	知县潘府建
长乐	龙峰书院	明	
罗源	凤鸣书院	万历十三年	知县陈应凤建

续表

所在地	书院名称	创建时间	备注
莆田	立书院	正德年间	御史沈灼建
莆田	水南书院	正德七年	巡按李如圭建
莆田	明宗书院（兴安书院）	正德年间	林鸣盛建
莆田	寿泽书院	嘉靖年间	知府朱衮建
莆田	钟山书院（考亭书院）	隆庆年间	知县祝世乔重建
仙游	双林书院	嘉靖三年	知府朱衮建
仙游	会心书院	嘉靖四年	知府朱衮建
仙游	朝天书院	正德年间	
泉州	一峰书院（清源书院）	明	巡按御史聂豹建
晋江	泉山书院	正德年间	提学副使杨子器建
永春	文公书院	嘉靖三年	知县柴镳建
安溪	凤山书院	正德十六年	知县龚颖建
安溪	养正书院	嘉靖三十五年	知县王新造建
安溪	紫阳书院	嘉靖年间	提学副使邹锐建
德化	濂溪书院	正德元年	按察使邵宝建
德化	紫阳书院	嘉靖七年	知县许仁建
德化	龙浔书院	嘉靖四十年	知县张大纲建
德化	丁溪书院	嘉靖年间	知县诸东山建
漳州	芗江书院	洪武二十三年	钱古训建
漳州	观澜书院	洪武年间	郑深道建
漳州	建溪书院	洪武年间	乡人苏廷贵建
漳州	养正书院	隆庆六年	知府罗青霄建
漳州	龙瀛义塾	洪武二十三年	钱古训建
漳州	邺山书院	崇祯末	黄道周建

续表

所在地	书院名称	创建时间	备注
龙溪	镇山书院	嘉靖年间	知县钱贞建
龙溪	清漳书院	隆庆元年	知府唐九德建
龙溪	霞桥书院	明	邑从林同建
漳浦	鸿江书院	洪武年间	乡人陈彝则建
漳浦	崇正书院	嘉靖二年	提学邵锐建
漳浦	明诚书院（东皋书舍）	崇祯年间	黄道周建
长泰	状元书院	正德六年	知县叶洪建
长泰	龙津书院	建文二年	教谕章参建
长泰	泰亨书院（文公书院）	建文二年	教谕章参建
诏安	傍江书院	明初	陈纹辉建
诏安	新成书院	嘉靖年间	知县吴桂建
诏安	南溟书院	嘉靖五年	分守道蔡潮建
诏安	东瀛书院	嘉靖五年	分守道蔡潮建
龙岩	仰止书院	万历十五年	
龙岩	龙岩书院	明	知县胡景华建
龙岩	新罗书院（瀛龙书院）	明	知县杨开泰建
龙岩	石埭书院	明	汤相建
长汀	崇正书院	嘉靖二十九年	知府陈洪范建
长汀	龙山学舍	万历年间	知府方振孙建
长汀	龙江书院	天启年间	推官寇从化建
长汀	鄞江书院	崇祯七年	知县曾巽建
长汀	觉罗书院	崇祯年间	
上杭	阳明书院	嘉靖三十七年	巡抚王时槐建
永定	绿筠书院	隆庆六年	

续表

所在地	书院名称	创建时间	备注
漳平	心源精舍	明	曾汝檀建
漳平	锺灵书院	万历年间	邓于蕃建
南平	道南书院	正德年间	知府欧阳铎建
南平	文公书院	正德年间	知府欧阳铎建
南平	衍山书院	正德年间	知府欧阳铎建
南平	豫章书院	正德年间	知府欧阳铎建
南平	两吴书院	正德年间	知府欧阳铎建
南平	九龙书院	嘉靖四年	参政蔡潮重建
南平	定夫书院	嘉靖年间	
南平	四贤书院	嘉靖二十六年	郡守范来贤建
建瓯	濂溪书院	正德年间	知县韩琮建
建阳	潭溪书院	嘉靖八年	知府韩宗铠建
建阳	瑞樟书院	正统十三年	
建宁	濂溪书院	正德年间	知县周必复建
建宁	东山书院	嘉靖年间	知县汪一桂建
邵武	福山书院	正德十五年	知府张羽建
邵武	矩墨书院	正德十五年	知府张羽建
邵武	白渚书院	正德十五年	知府张羽建
邵武	崇贤书院	嘉靖十二年	知府曹蔡建
邵武	养正书院	嘉靖十二年	知府曹蔡建
邵武	孤山精舍	嘉靖二十年	推官丁湛建
邵武	邵阳精舍	嘉靖二十一年	知府邢址建
邵武	九曲书院	万历三十一年	推官赵贤意建
邵武	雄凤鸣书舍	万历三十四年	诸生公建
光泽	月山书院	明	御史黄伯圭建
崇安	见罗书院	万历二十四年	提学徐即登建

续表

所在地	书院名称	创建时间	备注
崇安	少微书院	成化十七年	江琪建
崇安	阳明书院	正德年间	
将乐	正学书院（五经书院）	万历三十年	知县傅宗皋建
龙溪	天池书院	明	
永安	道南书院	隆庆年间	邑人杨振威建
同安	鳌江书院	嘉靖年间	总兵戚继光建
福安	斗南书院	嘉靖十年	知县唐仕建
福安	环溪书院	嘉靖十年	知县唐仕建
福安	兴文书院	崇祯元年	知县梁兆阳建
福安	苏江书院	明	邑人刘信之建
宁德	灵溪书院	嘉靖二十二年	士民公建
宁德	广福书院	嘉靖二十二年	士民公建

从上表可以看出：其一，明代福建书院虽较元代有成十倍的增加，但是未能恢复到宋代的水平。其二，明代福建书院官办的多，私办的少，反映了福建书院逐渐趋向官化，也反映了福建书院已经从重学术研究逐渐走向以科第为猎物。其三，福建书院明初少，而政治渐趋腐败的明中叶反而多起来，反映了闽人力图重振闽学以挽救日益颓靡世风的要求。其四，在明中叶王学崛起之时，福建书院陡然增加，反映了闽人力图重振闽学，与王学抗衡。其五，作为闽学发祥地的闽北，书院大量减少，表明研究和发展闽学已经缺乏人才。

清代统治者为了统治的需要，大力提倡朱子学，压抑王学，使朱熹的理学盛行。福建被乾隆皇帝称为理学之乡，福建书院比之明代有进一步的发展，数量增加到115所，另有正音书院47个。正音书院是为闽人学习官话而设的。即使正音书院不算，书院也遍及全省各县。宋、元明没有设书院的县，这时都有了。但官办的更多了，115所书院中，官建的有81所，占70%。书院官化的色彩更浓。因而书院除了少数著名的以外，都变为以学习官方指定的经书和学习时文制艺为主，培养学生应试科第，连一些私办的也无法避免。而少数著名的书院也是讲论学术和学习时文兼重。许多书院的山长由官府推荐聘任，难免良莠不齐。书院讲课多是官课与师课兼有,也造成讲授质量的差别。

当时福州的鳌峰、凤池、正谊、致用等四大书院,为全省著名的书院。以鳌峰书院来说,其创办者是著名的理学家张伯行。张伯行要求学生读经书能有所发明,读史能够论断,并能作古今文和日程格式,体现了他的教育重在致用的思想。书院参考《白鹿洞书院揭示》、《丽泽堂学约》订立八条规约:一立志,二立品,三尊经,四守约,五虚心,六乐群,七敬业,八课文。还规定每月三次课考,一次不到者扣半月膏火,二次不到者扣全月,三次不到者除名。书院按生额每月发给膏火:内课生60名,每名月膏火1.4两;外课生60名,每名月膏火1两;附课生无膏火。还设有奖赏银,奖给学业优秀者。书院经费主要靠官、民捐助,不足由官府拨补。书院聘请德才兼备的名流学者任山长,前后达33人,皆一时之选。其中不少都是通经博古的经学家和理学名儒。明确的教学要求、严格的学规、充足的办学经费,加上宿儒名师的讲授指导,自然能够造就出匡时济世的人才。近代史上著名人物如林则徐、林纾、陈宝琛等,就是从这四大书院中培养出来的。

清末,随着戊戌维新变法和辛亥革命的兴起,书院已经完成了它的历史任务,多改变为新式的中、小学校。书院的历史也就结束了。

福建书院的产生和发展,除了政治、经济等因素外,主要还有以下三个方面因素:

其一,与科举有关。唐一代,福建开始有人走出本土到京城参加科举考试,中第者虽不能与先进的地区比,但已取得可喜的成绩。据不完全统计,从唐武德三年(620年)起到南唐,福建进士及第者有116人。这支队伍的出现,为书院的产生创造了前提。因此,这个时期产生的书院,多是中科第名士的私人读书处,或是其教授子弟亲友之处。到了宋代,福建中科第的人数激增,据不完全统计,两宋福建进士及第的多达6000多人,是唐代的60倍。科举的兴盛,也带来了书院的兴盛。一方面是办书院的队伍扩大了,另一方面刺激了许多人争上书院读书。到了元代,一度停止科举,儒的地位又下降到倡优之下,福建进士及第者不多,因而书院的数目也减少到只有十几所。到了明、清,统治者大兴学校、科举,福建进士有了大幅度的增加,因而书院的数量也大幅度增加。由此可见福建书院是随着科第的兴衰而兴衰的。

其二,与闽学有关。宋代是闽学发祥和兴盛的时期,也是福建书院最兴盛的时期。许多书院的创办都与闽学有不解之缘。朱熹足迹所至,都有书院之创。理学家走到哪里,哪里就有书院的产生。这不仅是闽学传播的需要,而闽学的影响所及,也刺激了许多地方办书院的积极性。他们创设书院,是为了更好地接受闽学教育。闽学家需要书院,书院也需要闽学家来扩大它的影响以招揽生徒。书院也随之落而复起。可见闽学与福建书院关系的密切。

其三,与刻书业有关。图书是书院不可缺少的部分,没有一定数量的藏书,就不能办好书院。图书既是读书、讲学的需要,又是研究学问的必需。朱熹建筑同文书院于建阳,就是用以贮藏图书的。福建许多书院都建有尊经阁,作为书院整体结构的一个重要部分。尊经阁用来贮藏经书。南宋时期建阳麻沙刻书业十分繁荣,其规模居全国之首,与临安、成都并称三大刻书中心。叶梦得《石林燕语》称"福建本遍天下"。足见福建刻书量之大。到明代福建刻书业仍然很盛,一直延续到清代乾隆年间。除建阳之外,福州、泉州、莆田以及汀州四堡,都以刻书量大而著名。福建刻书业的繁荣和普遍,为创办书院提供了重要的物质条件。这也是福建书院勃兴的重要原因。

福建书院历史长达1000年。在漫长的岁月中,福建书院有以下几个特色。

其一,在书院建筑方面。书院多建筑在依山面水、环境优美、远离市尘的地方。这可以给读书、讲学提供清静的环境而不受外来的干扰,又可以陶冶师生的精神,更便于书院的管理。书院的建筑,包括讲堂、祀祠、藏书楼阁、斋舍以及厨房等,都从教学需要出发,而以讲堂为中心。书院还建有园圃亭台以供师生憩息。这些建筑物组成了一个书院的整体,为师生提供了良好的教学环境和生活条件。

其二,在奉祀方面。书院中设有礼殿或祠堂,除了奉祀先圣先师孔子、孟子等外,多奉祀周、程、杨等理学先辈,和当地功德显著的名贤,但这些都是纪念性的。每天早上,山长都要率领师生到礼殿(或祠堂)谒拜。通过这种纪念性的谒拜仪式,教育学生治学做人。它是书院教学整体的一个组成部分。通过这种教育起到加强教学、加强遵纪教育和培养良好学风的作用。

其三,在教学方面。在讲授规定的课程,给学生打好基础后,则根据学生的实际因材施教。学生学习重在自学。老师上一堂课,往往只讲一个章句,不拘字义,而是根据自己的见解尽意阐发。或者通过师生的一问一答的辩难,讲深讲透,解决学生的疑惑。因此课堂教学比较自由活泼。但是考课却是严格的,每月3次考课,学生必须参加。成绩优异的表扬、奖赏,成绩不好的给以扣除膏火的处分。

其四,在管理学生方面。校规以道德规范学生,正面要求学生立志、立品、虚心、敬业等,极力避免从反面要求学生。连学生的斋舍也以辅仁、营道、尊性、尚志、时习、敬业、笃行、循理、履正等为名,以鼓励学生勤学修志。朱熹手订的《白鹿洞书院揭示》,说是学规,实际上是正面教育学生如何做人、如何做学问的箴言。不会使学生产生压抑感,而只会激发他们的上进心。

　　旧时代的书院教育早已成为历史的陈迹,虽然它已不适合今天时代的需要,但其中仍有许多值得我们借鉴的东西。让我们记住福建教育史中曾经有过书院教育辉煌的一页。

　　基金项目:国家社会科学基金特别委托项目"河洛文化与闽台关系研究"子课题"闽台五缘简论"(09@ZH005)阶段性成果。

(作者为福建广播电视大学教授)

历史悠久的福建僧教育
——以闽南佛学院为例

何绵山

闻名遐迩的闽南佛学院是福建省第一座新型的佛教教育学府,在中国佛教教育史上有着重要地位。

闽南佛学院走过的路程,主要分为三个阶段。(1)发展阶段(1925—1937年)。1925年,广津、瑞征从安庆的安徽佛教学校学成归来,与转逢、会泉商议筹办闽南佛学院,得到各方面支持,原在安徽佛教学校执教的常惺应聘来协助。是年9月正式开学,公推会泉、常惺为正副院长,院中教务、事务,分别由觉三、广津等协助办理。首届招收学僧74人。学院初分"专修科"、"普修科"两个科级,后又为一些文化程度较低的学僧另设小学部。1927年,会泉推荐一代高僧太虚续任方丈兼院长职务,这对闽南佛学院以后的兴盛产生了极为重要的影响。太虚就任院长,即议定由转逢、会泉为院董,常惺为副院长。太虚担任院长6年间,一直将佛学院作为改革、创新中国佛教禅教育的实验园地,并相应地开展一系列学用结合的教学活动。1933年,常惺继任院长。1936年,共推会泉复任院长。1937年因局势紧张,被迫停办。(2)衰微阶段(1941—1945年)。1941年秋,勉强复办佛学院,大醒任院长。因局势紧张,第一届学僧一年后即草草结业,大醒也辞职返回江苏,块然和尚继任院长,不久也辞职回籍。会觉继任院长,勉强维持至1945年日本投降后,又再停办。(3)复兴阶段(1985—至今)。1985年5月,闽南佛学院举行复办开学典礼。复办后的闽南佛学院在教育设施、教学改革、学僧培养等方面,都超过创办时期盛况,居当代佛教院校前列。院内设男、女两个院部,兼收僧、尼入学,为全国佛教院校首创。学僧来自21个省市自治区,其中福建籍的占1/3。毕业后的学员,或留院任教,或参加各级佛协工作,或在各寺院任执事、管理,也有出国,及被外地聘为教师的。他们大多勤于职守,严于修持,为现代佛学建设作出积极贡献。

闽南佛学院创办以来,所以能硕果累累,成为我国著名的佛教学府,其原因主要有以下八个方面。

以南普陀寺为主办寺院。厦门南普陀寺是一座具有千年历史的古刹,是我国重点寺庙。在创办闽南佛学院的前一年(1924年),南普陀寺革除早先的寺院承袭法,成为十方僧侣集居、修学的大寺;并制定《十方选贤规约二十则》,选举德才兼备的僧人担任方丈,每任三年,这就为南普陀寺广揽人才创造了极好的条件。在厦门诸多寺院中,除南普陀寺外,全部属于子孙小寺,即往往由某一宗派的僧人开创或主持修建,此后即归属于该宗派传法弟子代代相承的私有寺院。后来证明,有了南普陀寺的这个改革,当年才有可能延聘国内著名高僧担任院长和教职,这对办好闽南佛学院有着极为深远的意义。南普陀寺常年佛事不断,讲经不辍,藏有丰富多彩的佛教文物和经典。如寺内目前藏有《宋碛砂藏经》、《明大藏经》、《日本续藏经》、《频迦精舍大藏经》、《大正新修大藏经》等多部珍贵藏经,这为学僧进一步研习创造了有利条件。南普陀寺最主要的特点,是与海外,特别是与东南亚关系极为密切,历代高僧远涉重洋,弘扬佛法,为新加坡、马来西亚、菲律宾等国家和地区的佛教事业的发展作出巨大贡献。东南亚有许多寺院,均由南普陀寺僧侣或闽南佛学院学僧前去担任主持,如新加坡的明山普觉寺、龙山寺、普济寺、天福宫和普陀寺等,菲律宾的信愿寺、华藏寺、碧瑶普陀寺、马尼拉普陀寺、莲花寺等,马来西亚的妙香寺、吉隆坡观音寺和龙华寺等。在南普陀寺任过职或在闽南佛学院学习过的学僧,有的已成为东南亚佛教界泰斗。如马来西亚佛教总会主席竺摩法师、被誉为菲律宾佛教开山祖师的性原法师、原任新加坡光明山普觉寺住持的宏船法师、菲律宾马尼拉信愿寺退任方丈瑞今法师等。他们虽然法传海外,却根连南普陀,极为关心南普陀和闽南佛学院。东南亚的一些华侨领袖兼佛教界知名人士,也关心南普陀的建设和闽南佛学院的复办。如新加坡的陈共存、何瑶琨、孙炳炎,菲律宾的蔡东南,马来西亚的许本等,都曾参观访问南普陀并慷慨捐资助建,这就使闽南佛学院在办学经费上有了保证。1925年创办时,所有经费均由南普陀寺独立负担。1992年,院内自筹办学经费940万元,其中有相当部分即为海外捐赠,这是一般佛学院所难以企及的优越之处。

由懂教育的高僧担任院长。办学毕竟不同于主持寺庙,它要求领导人不仅对佛学有专深的研究,还必须懂教育。第一任院长会泉法师,一生以讲经说法为己任,创办多所僧学校,都亲任主讲,对僧教育有着丰富的经验。他曾求学于浙江天童、江苏金山、扬州高旻等寺院。1910年,在南安雪峰寺开讲《楞严经》,之后往台湾基隆灵泉寺宣讲《金刚经》,后在虎溪岩开设虎溪莲社,主讲经筵。1917年,在泉州创办优昙初级学林,在学林中多次讲演佛经。1932年,任思明(厦门)佛教演讲会主讲导师。1933年,于万石岩开设佛学研究社,亲任主讲。1934年,与弘一法师等合创佛教养正院,为我国现代佛教教育先驱者之一。太虚院长,不仅是全国佛教界领袖,还是中国佛教史上举足轻重的僧教育家。他一生创办过多所佛学院,有着丰富的办学实践。除了担任闽南佛学院院长外,早在1912年,他就前往南京,着手创办佛学院,拟将金山寺作为佛学院地址,虽然因故未实现,却产生了很大影响。1922年,太虚创办武昌学院,并担任院长,培养出诸如虞愚等著名佛教学者。1925年,太虚于庐山东林寺创办庐山学苑,培养出诸如会觉等高僧。1930年,太虚于北京柏林寺创办柏林佛学院。1931年,积极建议筹办四川汉藏教理院。1943年,任金剑山大雄中学董事长。1945年,任西安巴利三藏学院院长。值得注意的是,太虚曾赴欧美各国讲学,历经法、比、荷、德、英、美各国,为我国佛法传到西方的第一人,因此视野开阔。太虚先后与巴黎、伦敦、柏林学者成立世界佛学院,并将武昌佛学院改为世界佛学院汉英语系,闽南佛学院改为世界佛学院汉日语系,汉藏教理院改为世界佛学院汉藏语系,柏林佛学院改为世界佛学院汉巴语系,把中国的佛教教育,纳入世界轨道。太虚为了使学僧能掌握巴利文、梵文等,派出学僧到斯里兰卡、泰国、印度等国学习。太虚有许多关于僧教育的论述,其主要如《我新理想中之佛学完全组织》、《议佛教办学法》、《僧教育之目的与程序》、《佛教应办之教育与僧教育》、《中国的僧教育应怎样》、《世界佛学院建设计划》、《佛教教育系统各级课程表》等。其他一些参与管理的僧人也大多为佛教学校毕业生,多年来在佛教学校讲课任职。如曾任副院长的常惺,毕业于杭州华严大学,历任江苏、安徽等佛学院讲师。曾任训育主任和代院长的觉三,毕业于湖南师范,历任安徽佛学院监学、讲师。曾任教务主任的蕙庭,毕业于安庆佛教学校、南京支那内学院。曾任代院长的大醒,毕业于武昌佛学院。曾任教务主任的芝峰,毕业于武昌佛学院。曾任事务主任的广津,毕业于安徽佛教学校。复办后任院长的妙湛也是一位杰出的僧教育家,他在《僧教育新构思》中发表了一系列搞好僧教育的独到见解,以创新的精神指出僧教育中存在的弊端:"目前国内外的佛学院,都是沿着本世纪初到四十年代佛学院的老路走过来的,以培养讲经法师为唯一的任务。培养出来的学僧,知识面很狭,除了懂得点名相或几部经论之外,其他的特长是一无所有。因此毕业后,学非所用,出路成问题。"怎样才能改变这种弊端呢?他认为:"应根据我国当前佛教界的实际需要,分系教学,除了开设主要经律基础理论课外,还要开设应用知识课。……佛学院必需由过去单一培养教理知识的僧才,转变为培养多层次多专业知识的僧才。"在怎样培养僧才问题上,妙湛提出了自己的独到见解。他认为,佛教学院应设六个系,即:(1)教理系,学制三年,培养高级佛学研究人才,以适应学术研究、教学研究、国际交流的需要。(2)禅观系,学制二年,培养禅定、止观、密教综合修持人才,建立实验室,对神经病、高血压、癌症患者进行医疗。(3)教仪系,学制二年.培养僧值(纠察)、维那高级法务人才,能独立主持寺庙各种法务活动。(4)管理系,学制二年,培养方丈、监院、衣钵、知法、僧值、副寺等高级寺庙管理人才。(5)艺术系,学制二年,要求能掌握佛、菩萨、罗汉、金刚造像理论和技法。(6)医护系,学制二年,为寺庙和佛教安养院培养初级医护人才。妙湛还多次对怎样搞好僧教育发表讲话,切中时弊。1992年3月,在福建省佛教教育工作座谈会上呼吁要健全佛学院领导机构,完善各种规章制度,稳定教师队伍,改进教学方法,搞好在职人员的轮训等。他还要求:"学增修持、持戒的表现应于评分,作为能否升级、毕业的重要依据。同时,要按照丛林僧人的要求对学僧进行管理。坚持上殿、过堂、修禅、念佛,严格僧仪、僧纪。"正是有这种严格要求,才使闽南佛学院的学僧勤奋努力,从不稍息。副院长蔡吉堂先后投拜印光、太虚两位高僧,对佛学有精深研究,倡导佛教改革。原任教务长圆智毕业于中国佛学院,现任教务长了法、副教务长诚信等皆为毕业于闽南佛学院的高材生。院长圣辉为中国佛教协会副会长,中国佛学院副院长。正是这些懂教育的精干队伍,使该院愈加繁荣。

  以第一流教师任课。师资是学校的台柱,闽南佛学院的管理者深谙其重要性。任课教师,皆为一流水平。师资主要来源三个方面:(1)本院高僧,如太虚、会泉、常惺、大醒、芝峰、会觉、妙湛等。(2)院外著名高僧。来院讲过课的最著名高僧为弘一法师。弘一法师1928年入闽,常居南普陀寺,弘扬南山戒律。1929年,应常惺院长之请,前来讲学兼整顿僧教育,此时闽南佛学院学生已增至60余人。弘一注意学僧思想教育,现身说法教导学僧惜衣惜食惜福;为闽南佛学院撰《悲智》训语。之后,先后南来的蕙庭、寄尘等诸师都曾在院内讲演佛教经典。(3)著名专家教授。前后如虞愚教授、陈定谟教授、方兴教授、田光烈教授、单培根教授等,都是在国内享有盛誉的佛学专家。

  以严密的行政组织管理学校。太虚大师高度重视佛学院行政组织的落实,该院在发展时期行政组织就很严密。复兴以来,行政组织有了很大改革。全院设院长一人,负责全院领导工作;副院长二人,协助院长工作;教务长一人,主持全院教学事务,副教务长二人,协助教务长开展工作。下设办公室、教务室、教研室,各设主任一人,分掌具体工作。教务室下设学生会、图书管理组、学报编辑组、打字印刷组等;办公室下设财务组、事务组、医务组等;教研室下设文化课教研组、佛课教研组、班主任教研组。正是有了严密的体系,才保证了工作的高效率运转。

课程设置全面。太虚主持院务时期,强调要培养多层次僧才,因此该院开的课程多,学科多,门类齐全。学僧除了学佛学外,还必须学许多其他课程。国文有:语体文、文言文、文法、文学史、文字学等;外文有:英文、日文;历史有:中国史、印度佛教史、世界史、中国佛教史、自由史观、僧伽制度沿革史等;地理有:中国地理、世界地理、中国哲学大要、西洋哲学大要、印度哲学大要、人生哲学等;教育学有:教育原理、教授法、寺院管理法、佛教教育各论等;数学有:算术、珠算、代数、几何、三角等;艺术有:书法、音乐、图画、梵曲、建筑、雕刻等。此外,还有自然科学、体育、行持等课。妙湛主持院务时期,分设政治思想课、社会文化课、佛学理论课等三大部分,以社会文化课为例,分设中文、中国史、哲学、外语等科目。预科班的中文和外文,分别采用普通初高中语文、英语教材;本科班的中文课以古汉语为主,外语课采用新概念英语教材,中国史和哲学史均采用普通大专院校教材。闽南佛学院注意培养学生的实际能力。1992年5月,以"绍隆佛种,弘扬正法"为主题举行了演讲比赛,男众正兴同学荣获第一名,女众圣彼同学获第二名,男众能仁和舟学同学并列第三名。妙湛院长认为,这种演讲比赛"具有深远的历史意义,对发现佛教人才,培养弘法人才,振兴佛教起到了积极作用"。

招生起点高,要求严。闽南佛学院自创办起,只招收出家人,且要有一定文化素质。学僧来自全国各地,大多是各地寺院中的优秀分子。闽南佛学院在招生方面的高要求,一直沿袭到今天。复办后的招生对象纯为出家的僧、尼(包括沙弥、沙弥尼)和部分闽南菜姑。规定要年满18岁,出家2至3年以上,曾在丛林禅院参学过,具有高中以上文化程度,有一定佛学知识,熟悉早晚课诵,并能遵守丛林规矩,持有所在寺院和佛教协会介绍证,方可取得报名资格。通过佛学、文化和禅行等严格考试后,及格者才准予进入预科班学习,两年后优秀者再进入本科班学习。一些仅有初中文化程度的僧、尼,可先进附设初中文化班学习,两年后,再经考试进入预科班学习。正是这种严格的招生制度,有效地保证了生源的质量。

注重科研。学校是否办得有影响,还看其是否有高质量的科研成果。闽南佛学院自创办以来,一贯重视对学生研究能力的培养。其具体措施,一是要求每一个毕业生都要写出高质量的毕业论文,并千方百计予以结集发表。1932年,有20名第三届学僧毕业,每人都作有毕业论文1篇,刊载于《现代佛教》第5卷762期中。复办时期第三届毕业生论文,有19篇结集为《闽南佛学院第三届学生毕业论文选》,以学报形式出版。这些毕业论文,或为阐扬佛教经、律之专论,或为独到学佛见解,或阐发佛教与中国传统文化之关系,或对于中外佛教史之研究,有较高的水平。二是开办研究部。1930年,闽院设立研究部,由太虚院长亲自从毕业生中选10人进研究部,并要求研究部学员每月要交研究笔记1册,由研究长改正。为了加强研究深度,研究部内另有"法相唯识系"、"法性般若系"、"小乘俱舍系"、"中国佛学系"、"融通应用系"等5系,由学员分别进行研究。复办以来,所设研究部在科研方面要求更高,要求学僧每年要撰写1至2篇较高水平的专业论文,以供学术界研究讨论。研究部学僧在从事佛教各宗经论的专门研究时,都配有专业导师。重视科研的传统,使不少学僧脱颖而出,成为当代对佛学极有研究的僧人(如巨赞)。

创办刊物。闽南佛学院从创办起,就高度重视创办院刊(学报),这在全国佛学院中颇有特点。1928年10月,创办了《现代僧伽》刊物,由代院长大醒、教务主任芝峰为主编,南普陀寺出版发行,1932年起改名为《现代佛教》。复办之后,又创办了《闽南佛学院学报》,每年出版2期。《闽南佛学院学报》以刊载本院师生论文为主,也采用高质量外稿。《学报》辟有"杨枝净水"、"法藏珠玑"、"古韵新声"、"一瓣心香"、"正法眼藏"、"文苑禅风"、"高山流水"、"城南旧事"、"度人金针"、"三教论坛"等专栏,还推出《纪念太虚大师诞生一百周年》等学术专集,许多论文有较高水平。可喜的是一些青年僧人的论文颇有创意,如发表在1994年第2期的《真知在佛门》,作者勇于打破陈规,向依然时兴的旧观念挑战,发前人所未发,令人耳目一新。《闽南佛学院学报》以上乘质量引起佛学研究专家的交口称誉,为积淀文化、弘扬佛学作出了积极贡献。

得天独厚的背景。闽南佛学院诞生在厦门并得以迅速发展,绝不是偶然的,它有一定背景,其主要因素有三个方面:(1)国内僧教育运动风起云涌。闽南佛学院创办之前,国内出现了上海华严大学、宁波观宗学社、常熟法界学院、南京支那内学院、汉口华严大学、高邮天台学院等著名佛教学院,相继创办的还有岭东、九华、安庆、宏慈、拈花、河南、普陀、焦山、贵州、陕西等佛学院,这些都为闽南佛学院的创办提供了经验和人才。(2)有利的地理位置。闽南佛学院不是办在深山老林,而是办在东南名城厦门,这是一个极为有利的地理位置。清末以来,厦门为佛教重镇,许多高僧大德云集厦门。此外,赴东南亚的僧伽,大多经厦门出国南渡(如弘一法师原拟经厦门赴泰国弘法,后留厦门南普陀寺)。厦门成为与东南亚联系的桥头堡,故往往能开风气之先。(3)与厦门大学毗邻。闽南佛学院常聘厦门大学著名教授担任该院语文、外语、数学、历史、地理、科学、哲学等课教师,不但解决了师资不足的困难,还在客观上促使学僧思想要比一般佛学院学僧更加活跃,表现出一种蓬勃朝气。

基金项目:教育部社科项目"宗教文化与闽台社会关系研究"(11JJD810004)阶段性成果。

(作者为福建广播电视大学教授)

近代侯官文化与严复的教育思想

何绵山

严复是中国近代史上向西方寻找真理的进步中国人之一,他在近代思想史上的地位已得到大家公认,本文拟就近代侯官文化与严复的教育思想作一肤浅的论述。

一、近代侯官文化对严复的影响

中国近代文化史上曾出现过至今尚未引起人们充分重视的奇异现象:地处东南之隅、远离全国政治文化中心的弹丸之地侯官,在极短的时间内崛起一批杰出人物,如:林则徐、沈葆桢、林昌彝、严复、林纾、郭柏苍、刘步蟾、林永升、叶祖珪、萨镇冰、陈衍、方声洞、林觉民、林旭等。更为惊叹的是这些杰出人物有政治家、军事家、教育家、文学家、外交家、思想家、翻译家,几乎囊括了各个领域,故有"晚清风流出侯官"之说。正是这些人物,在中国近代文化史上演出了一幕幕精彩纷呈的活剧。可以毫不夸张地说,如果没有崛起于侯官的这些人物,整个近代中国将黯然失色。

近代侯官文化的内涵十分丰富,其强烈的爱国主义精神,对真理的不懈追求,渴望通过变革使祖国强大等都对漫浸其中的严复产生了积极的影响。这些影响的产生主要通过以下几个方面:

其一,师生关系。近代侯官文化之所以能造就一大批杰出人物,与师生相授有很大关系,其爱国思想一脉相承,如林则徐和林昌彝等都就读于鳌峰书院,林昌彝又为沈葆桢和林则徐次女林普晴的老师。沈葆桢是严复在马尾船政学堂5年学习期间的恩师,也是林则徐的女婿,对严复思想的形成及生活道路产生了极大影响。沈葆桢感于国家衰弱而学习外国先进技术,强调:"以中国之心思,通外国之技巧。"(《沈文肃公政书》卷四)并提出派学生出洋学习科学。在沈葆桢这种思想引导下,严复等得以前往英国留学,走出了人生关键的一步。严复从英国学成归国后,已为两江总督的沈葆桢又将其延揽至福州船政学堂任教习。此外,早期侯官子弟外出为官,出人头地,都是走科举这条路。

严复早期跟随侯官老儒黄宗彝苦读经史子籍,并曾四次参加科举考试,固然是想改变地位,但也不能否认黄宗彝的传统思想对他的影响。

其二,同学关系。沈葆桢开办船政学堂时,开始只收福州人,选派出洋留学的第一、二届毕业生,也多为侯官人。其中与严复一起出国留学者如林永升、刘步蟾、叶祖珪、林泰曾、萨镇冰、蒋超英等,都为侯官人。1877年,这些侯官学生作为中国近代第一届赴欧留学生,到达法国的马赛港,然后进入英国格林尼次海军学院学习。他们在英国学习勤奋,互相激励。1886年,洋监督斯恭塞格说:"水师管驾十二人,以刘步蟾、林泰曾、严宗光(严复)、蒋超英为最出色。"一次,严复和同学们参观伦敦的蜡像馆时,见到林则徐和夫人的塑像,极为感动,他们从内心发出要做像林则徐这样顶天立地之人的誓言。1871年,严复等人结业离校前夕,曾联名写信向学堂英国教习卡罗表明爱国心迹:"生等愿尽所能为国效劳……,我们和你分别,虽觉难过,但我们为政府服务之心甚切,是以不能不把个人的意愿放于次要的地位,我们的爱国心将不减少。"(《出使英法意比四国日记》卷三)回国后,除严复在任教外,其余同学都直接投身海战。林永升指挥作战时,中炮"脑裂阵亡",刘步蟾弹尽粮穷而自尽殉国,林泰曾因"镇远"触礁蹈海而死,叶祖珪劳累而死。同学们相继以身殉国引起了严复思想上极大的震动,特别是多以侯官人士为高级军官的北洋舰队全军覆没后,严复不再沉默,发表了一系列抨击李鸿章所谓"猛虎深山"不抵抗政策的文章。失望之余,严复感到壮志难酬,于是想利用他在国外所学到的新兴资产阶级的学说理论,来探索一条拯救中国的道路,因而开始从事大量的著述和翻译工作。

其三,外出任职后仍与侯官及侯官人士保持极为密切的关系。严复担任天津水师学堂总教习时,注意录取侯官子弟。如1898年海军统领叶祖珪巡视沿海炮台回闽时,严复托其在福州代选30名15岁左右的侯官子弟,以备考水师学堂,结果这30名子弟全被录用。此外,严复所交往的人士中,也以侯官人为多,如:北洋政府海军次长刘传绶、天津海防营务总管李成梅、外务部主事曾筠圃、上海商务印书馆经理李宣袭、上海商办铁路学堂监督王寿昌、邮传部尚书陈壁、学部左参议林灏深、学部名词馆医学编纂许钟狱、海军总长刘资颖、资政院速汇科员陈器、学部名词馆分纂王世澂、学部参事林肖旭、驻英海军留学生监督施作霖、礼部左侍郎张亨嘉、礼部右侍郎郭春榆、北洋洋务局会办陈恩寿、署学部副大臣张元奇、参政院参政陈懋鼎、肃政厅肃政史周登皋、参政院参政程树德、海军部军衡司长蒋拯、参谋本部第六局罗序和、新闻记者林白水、交通总长曾毓隽等。严复等成立了闽学会,形成了一个以侯官人为主的活动圈。

其四,重要人物的影响。1."百日维新"中"戊戌六君子"之一的林旭。林旭是严复恩师沈葆桢的儿子沈瑜庆的女婿。"百日维新"失败后被杀害于北京菜市口。严复闻讯,异常悲愤,写下了《哭林晚翠》一诗。诗中写道:"侧身为辅粥,痛哭为黎元。"严复虽然和维新派没有直接行动联系,但思想上是倾向维新的,曾慎重地提醒皇帝:"今日之中国,不变法则已矣,必变法则慎勿为私利者所把持。"2.翻译界泰斗林纾。严复与林纾往来从密,他不但将林纾的生日日期记在笔记本上,还曾在日记中多次记录了与林纾的交往,如:宣统元年己酉十一月十九日,"琴南为其侄完娶,送礼五员"。十一月廿一日,"下午四点到五城学堂,晤琴南在彼,其谈殊 Eyoistic,非善谈者也"。十二月初六日,"晤畏庐"。宣统三年辛亥八月廿七日,"晤林畏庐,以或之其尽南行也"。民国六年丁巳(1917年)11月10日,"琴南六十六"。严复在《题林畏庐晋安耆年会图》一诗中写道:"纾也壮日气食牛,上追西汉擒文藻。"严复《愈野堂诗集》中的最后一首是《赠林畏庐》:"左海畸人林畏庐,早年补柳遍西湖。数茎白发看沉陆,无限青山入画图……"林纾早期关心时局,对清廷堵塞言路不满,晚年思想趋于保守,这多少也对严复产生了影响。3."同光体"闽派诗人领袖陈衍。严复对陈衍是备为推崇的,日记中有这方面记载。光绪三十四年戊申(1908年)九月初七日,"得木庵、石遗诗集"。宣统元年己酉四月廿一日,"在陈石遗处做诗钟,夜食"。九月廿九日,"陈衍,力钧荐陈器"。严复与陈衍的关系,除了同为侯官人外,还因为陈衍曾在严复恩师沈葆桢之子沈瑜庆家教读,林旭之妻沈鹊曾从陈衍学诗。严复在京师大学任校长时,曾请陈衍担任讲席,并有诗与陈衍酬唱。如在《除夕意绪甚恶,答陈石遗》诗中,他写道:"天下诗才衡左海,故园胜处负楞岩。"对陈衍表示了赞赏。严复还把陈衍的生日日期记在本子上,可见其对陈的重视。陈衍早期参加维新派活动,曾受林旭之荐,任侯官人在上海创办的译载西洋学说和维新派文章的《求是》杂志的主笔,后以晚清遗老自居,思想上倾向于"复辟",这对严复也产生了消极影响。4.以遗老自命、力图恢复清室的郑孝胥。在侯官人圈子中,严复与郑孝胥的往来最为经常。其日记有与郑交往的记载:如1909年2月12日、2月15日同记,"得苏勘诗"。7月28日,"苏勘、梦旦来"。1914年3日5日,"寄苏勘诗"。1918年11月27日,"菊生请吃晚饭,坐有梦旦,伯训,独苏勘不至,想持高节,以我为污耳"。对郑以遗老自居表示了不以为然。严复的诗集中,与郑孝胥有关的就有十余首,其中有部分是与郑谈诗论文的,也有对郑所谓"不做民国官,不拿民国钱"进行讥讽的,如《次韵苏勘留须》、《答郑太夷》等。郑孝胥在清帝去位时,只是蛰居海藏楼,以诗酒自娱,鬻字自给。真正沦为汉奸是1931年"9·18"事变后,而严复卒于1921年,他当时不能预知郑孝胥会沦为汉奸,与其交往从密,是很正常的,这不能苛求于他。但也不能否认,严复后期对覆亡了的封建王朝眷恋难忘,反对民主制度,趋于保守、复古,受郑孝胥等影响也是显而易见的。

侯官文化是一种精神文化,它不仅仅局限于侯官,也应包括在外的侯官人氏。把严复放在这样一种文化氛围中进行考察,有益于进一步揭示其思想发展。

二、严复的教育思想

严复曾长期供职于教育界,担任过福州船政学堂教习,北洋水师学堂教务长、校长,京师大学堂校长,还自办或与人合办了天津俄文馆、北京通艺学堂、上海复旦公学等。在几十年的教育工作中,他提出了一系列独到的教育主张,揭开了中国近代教育史新的一幕,在中国近代教育史上占有重要地位。严复的教育思想主要表现在六个方面:

其一,抨击科举,反对八股。严复曾参加过四次科举考试,都名落孙山,因而对八股考试的弊端痛恨至极。他在《救亡决论》中对八股取士进行了猛烈抨击,指出:"如今日中国不变法则必亡是已,然则变将何先?曰:莫亟于废八股。"他进一步指出八股取士的三大害是"锢智慧"、"坏心术"、"滋游手"。其"锢智慧",指儿童入学后死记硬背《大学》等书,"讲之既不能通,育之乃徒强记"(《救亡决论》),写文章时"先生教之以擒挽之死法,弟子资之于剽窃以成章。一文之成,自问不知何语"(《救亡决论》)。而一旦考中当了官,又忘乎所以,认为"从此天下事来,吾以半部《论语》治之足矣。又何难哉!又何难能!做秀才时无不能做之题,做宰相时自无不能做之事"(《救亡决论》)。严复称其"谬妄糊涂"。其"坏心术",是指道德败坏,八股文的考试使考场存在大弊,考生或请枪手,或打通关节舞弊,或"取他人之文词,腆然自命为己出"(《救亡决论》),考中做官的,往往是些"使国宪王章渐同粪土"之徒。其"滋游手",指游手之民,连同当上官的小部分,都是使社会"为乱为贫为弱"的根源。所以严复认为:"夫八股非自能害国也,害在使天下无人才。"(《救亡决论》)严复在《原强》(修订稿)中指出:"今日之经义八股,则适足以破坏人材,复何民智之开与有耶?且也六七龄童之入学,脑气未坚,即教以穷玄极眇之文字,事资强记,何神灵襮?"对八股害人做了进一步抨击。

其二,揭露旧学校的腐朽。严复认为旧学校已远远不能适应富国强兵的需要,多次抨击旧学校的弊端。在《原强》(修订稿)中,他指出:"圣于吾民,则姑亦无论学校已废久矣,即使尚存如初,亦不过择凡民之俊秀者而教之。圣于穷之子,编户之氓,则自襁褓以至成人,未尝闻有孰教之者也。"他认为当前学校的主要问题是不具备起码的条件:"则曰无经费也,又曰无教员也。此中小学堂之通病也。至于高等学堂,则往往具有形式,百无其实功。"(《论教育与国家之关系》)严复还指出功课少而松,许多课程形同虚设,使学生时间不用于正而用于邪。一些学堂的设立,"非诚重其学也,号曰培才,非果才之也。使学而成高者守匠弁,次者主象胥……而设辞者遂曰:'学堂无才'"(《学生会条规》序)。严复还认为当时学校的另一弊端是守旧,因此"师无所为教,弟无所为学,而国家乃徒存学校之名。不复能望学校之效"(《论治学治事宜分二途》)。曾虽然变动,但"其所课者,仍不离乎八股试帖,或诗赋杂体文"(《论治学治事宜分二途》)。

其三,引进西方先进教育内容。严复极重视将自然科学作为教育的主要内容,他把自然科学称之为"格致",认为"格致之学不先,褊僻之情未去,束教拘虚,生心害政,因无往而不误人家国者也"(《原强》)。严复在《论今日教育应以物理科学为当务之急》中痛斥那种认为数、理、化学无用的谬论,指出:"故目下问题,在教育少年于有限学时之中,当用何种科学为之,庶不征所增广者,乃人类最要之智识,且于开瀹心灵有最大之实功也。""故学校中课程,所以必有数学、理、化、动、植诸科者,不但以其中所言,为人生不可少之智识。"严复还将日本引进科学后的成就和中国的守旧进行比较:"日本年来立格致学校数千所,以教其民,而中国忍此终古,二十年以往,民之愚智,益复相悬,以与逐利争存,必无辜矣。"(《救亡决论》)在当时科举之风尚盛的情况下,严复极力推崇自然科学的学习,是极为难得的,也可看出严复的头脑是清醒的。严复还强调学习外文,他在各种不同场合多次呼吁要学好西文。在《论译才之难》一文中,严复驳斥了那种想靠别人译书来看的想法,指出:"且西书万万不能遍译,通其文字,则后此可读之书无穷,仅读译书,则读之事与译相尽,有志之士,宜何从乎?"当时社会上对通外文嗤之以鼻,而严复却能清醒地看到其重要性,并为之大声鼓动与呐喊,是难能可贵的。严复还对学西文的重要性发表了精彩的论述:"至于十五以后,则必宜使习西文,英、法、德、意择一皆可。其所以必习西文者,因一切科学美术,与夫专门之业,彼话皆已极精,不通其文,吾学断难臻极,一也。中国号无进步,即以其文字与外国大殊,无由互换智识之故。惟通其文字,而后五洲文物事势,可使如在目前,资吾对勘,二也。通西文者,固不必皆人才,而中国有此人才,断无不通西文之理,此言殆不可易,三也。更有异者,中文必求进步,与欲读中国古书,知其微言大义者,往往待西文通达之后而能之,此亦赫胥黎之言也,四也。且西文既通,无异入新世界,前此教育虽有缺憾,皆可得此为之补苴。"(《论今日教育应以物理科学为当务之急》)把是否通晓西文提高到能否走向世界的高度,并断言今后要成为人才,非通西文不可,这在当时不能不说是极为精辟的见解。

其四,提出教育应包括德、智、体这三个方面。严复在《论教育与国家之关系》中指出:"是以讲教育者,其事常分三宗:曰体育,曰智育,曰德育。三者并重,顾主教育者,则必审所当之时势而为之重轻。"在这三者之中,严复认为德育重于智育,智育又重于体育。严复还分析了其原因:"天理亡,人伦堕,则社会将散,散则他施得以压力御之。虽有健者,不能自脱也。"(《论教育与国家之关系》)严复也重视智育,认为:"智育之事最繁。以中国前此智育之事,未得其方,是以民智不蒸,而国亦因之贫弱。"(《论今日教育应以物理科学为当务之急》)对于体育,严复认为它是其他两育的基础:"今者论一国富强之效,而以其民之手足体力为之基。"(《原强》)

其五,论述了各类教育的特点。1.实业教育。严复是中国近代史上最早提出实业教育的人。其实业教育,即专门教育,类似今天的职业教育,是继普通教育而后施行的,主要解决就业生存问题。因为"不幸吾国往者舍科举而外,且无教育,使其人举业不成,往往终身成废"(《实业教育》)。而其特点,"一言蔽之,不欲其仅成读书人而已"(《实业教育》)。这在当时是很有远见的。2.女子教育。严复对当时上海创办女子教育大为赞扬,认为这是中国妇女自强的开始,并亲自为《女子教育会章程》写序。3.家庭教育。严复认为父母的言行对儿童教育有很大影响,他用谢安教子为例:"谢安之女,尝怪其夫之不教子,安曰:'吾尝身自教之。'"4.师范教育。严复在写给主持江西师范的熊纯如信中认为师范教材应有特点,如:"读经自应别立一科,所占时间不宜过多,宁可少读,不宜删节,亦不必悉求领悟。"

其六,论述了科学的教育方法。在《与〈外交报〉主人书》中,严复拟定了一整套教学方法,如学西文,"宜从最浅最实之普通学入手","小学堂,有中学教习,无西学教习;中学堂,中西学教习并有之;高等学堂,有西学教习,无中学教习"。

此外,严复还将世界上一些前沿学术引进中国课堂。严复是在近代中国最早讲逻辑学的人,据王遽常《严几道年谱》,1900年,"开名学会,讲演名学,一时风靡,学者闻所未闻"。1908年,他曾给女学生讲授逻辑学,其教本即为英国耶芳斯的《名学浅说》。李泽厚先生在《中国近代思想史论》中指出:"严复开其端后,逻辑学在晚清曾风行一阵。"严复讲逻辑学,主要通过两种渠道。一是系统地介绍西方逻辑学,力促中国的学术研究建立在科学基础上。严复翻译的 8 部西学名著中,《穆勒名学》和《名学浅说》皆为逻辑学。这两部书在学术界引起极大反响:"自严先生译此二书,论理学始风行国内,一方学校设为课程,一方学者用为致学方法。"(郭堪波,《近五十年中国思想史》)二是通过自己的著作对逻辑学加以论述。如在《译〈天演论〉自序》《救亡决论》《原强》《民约评议》以及译著的大量按语、注释中都对逻辑学进行了论述。严复称演绎为"外籀",归纳为"内籀",相对来说,他更重视"归纳法",认为只有归纳法才能得到对事物普遍规律性的认识。"内籀者,观化察变,见其会通,立为公例者也。"(《原富》译事例言)严复认为西方近 200 年来科学上的重大发现,都是应用归纳法的结果,所以"惟能此术(归纳),而后新理日出,而人伦乃有进步之期"(《名学浅说》)。严复推崇归纳法,还在于要用此批判旧学。他认为中国封建文化的主要弊端是没有从观察、归纳客观事实出发,因此弄得国弱民穷,为列强所欺。"吾国向来为学,偏于外籀,而内籀能事极微。"(《名学浅说》)因此只有用归纳法才能发展科学。演绎与归纳二者是互相依赖,不可分割的,严复的论述固然有失偏颇,但其重视归纳法的眼光和水平,在当时确是凤毛麟角,这也正是严复能在批判旧学中超越他人的原因。

基金项目:国家社会科学基金特别委托项目"互动与创新:多维视野下的闽台文化研究"之子课题"闽台文化史"(09@ZH015)阶段性成果。

(作者为福建广播电视大学教授)

福建省高等教育和经济发展的实证分析

游 璇

一、引言

20世纪80年代开始,西方经济学家在哈罗德—多马模型的基础上,建立了许多新的经济增长理论模型,通常被人们称为"新经济增长理论"或"内生经济增长理论"。在新经济增长理论中,人力资本是一个很重要的概念。人力资本由凝聚在劳动者身上具有经济价值的知识、技术、能力和健康素质构成,是劳动者质量的反映。[①] 卢卡斯(1988)在他的那篇著名论文《论经济发展的机制》中根据舒尔茨和贝克尔的思路,把人力资本引入模型中,对宇泽的技术进步方程进行了修改,建立了一个以人力资本的外部效应为核心的内生增长模型。在这篇论文中,卢卡斯提出:人力资本的外部效应使所有生产要素的生产率提高,从而使产出具有递增效益,因此,人力资本是经济增长的发动机。

人力资本理论的主要代表人物舒尔茨、丹尼森、贝克尔等人认为:人力资本的核心是教育投资。第一,教育可以使人体内部的潜力得到增长。第二,提高人口素质的关键是教育投资,因为世界各国的人口无论种族、性别等,在潜在能力和先天素质等方面是均衡的,或者说没有显著差异,但是后天获得的知识和技能却有区别。这种差别的根源在于各国教育投资不同,社会人口受到的平均教育程度不同。第三,教育投资的收益率高于物质资本的收益率,因此,要实现有效率的经济增长,资本积累的重点应该是人力资本,要增加教育投资。世界各国经济社会发展的实际情况也在客观上证明:人口的受教育程度越高,对经济增长和提高生产率的贡献就越大。

高等教育和经济增长的关系问题是教育经济学的基本理论问题,传统的

---

① 杨建芳,龚六堂,张庆华.人力资本形成及其对经济增长的影响——一个包含教育和健康投入的内生增长模型及其检验[J].管理世界,2006(5):10.

教育经济学认为,经济增长和高等教育之间存在正相关关系。因为根据人力资本理论的观点,高等教育能够培养出高素质的人才,而决定一个国家或者地区经济增长效率的主要原因是劳动力素质的高低。劳动力素质越高,人力资本存量越多,经济增长就越快,效率就越高。高等教育的投入和经济增长应该是一种良性循环关系,即经济增长会提高对高等教育的投入,高等教育投入的增加又会促进经济的增长。

但是,20世纪80年代以来,国外不少有关研究表明教育对经济增长的促进作用并未随着教育发展水平的上升而提高,教育的层次和对经济增长的贡献大小呈现负相关关系。从教育投资的回报率来看,高等教育最低,初等教育最高,中等教育居中。发达国家的高等教育迅速扩张,经济却出现了零增长甚至负增长。比如日本在20世纪90年代以后已经普及了高中阶段的教育,其毕业生进入各种高等学校的比例已经超过50%,但是同期日本实际国内生产总值年增长率几乎为零,甚至出现负增长。

国内对于教育特别是高等教育和经济发展之间关系的研究大多数着重于理论分析方面,进行实证研究的比较少。孙彩虹(2003)运用主成分分析方法对2001年的统计数据进行了实证分析,认为我国区域经济与教育协调发展的关联程度不高。成刚(2006)采用二次成本函数模型研究我国高等学校的规模经济,同时按学科和层次对高校教学产出进行分类,分析其成本特点。研究表明,学科、产出质量和学校经营收入显著影响高校的成本结构,我国高校存在总体规模经济。贾彦东等(2006)根据1996—2003年分地区的面板数据,分析了东、中、西部经济发展与教育的关系,研究结果表明3个地区情况各有不同,差别较大。谢维和等(2007)对我国高等教育的学科结构、层次结构和经济发展进行了相关分析,研究了我国高等教育大众化过程中的高等教育结构问题。毛盛勇(2008)通过对高等教育的供求分析,在一个高等教育规模的计量模型基础上,分析了我国高等教育规模的现状。实证分析的结论是我国高等教育规模并没有过度,但高等教育结构不适应经济结构。毛盛勇(2009)运用因子分析法对我国分地区高等教育与经济发展水平的协调性进行了计量分析,提出:高等教育发展规划要更多考虑地方经济发展的客观状况和未来的潜力;在高等教育规模发展滞后地区,地方政府应该提高对高等教育的投入力度,支持社会资本进入高等教育领域;适当控制发展过度地区的高等教育规模,中央财政对西部欠发达地区应给予扶持。

我国国土面积辽阔,各个地区的资源条件等大相径庭,伴随着经济总量的增长,地区经济发展的不平衡也越发凸现出来,从全国的整体角度来分析高等教育和经济发展的相关性比较粗略。福建省在建设海峡西岸经济区的发展纲要中提出要提升高等教育发展水平,反映出福建省对高等教育的迫切需求,为此,我们必须客观分析福建省当前经济发展和高等教育的适应性问题。近年来,在高校扩招引起的我国高等教育大发展的背景下,福建省高等教育规模急剧扩张,但在庞大人才培养总量背后,存在高等教育结构问题,导致不同层次、不同专业的高校毕业生数量与社会所能提供的就业岗位之间产生供需矛盾,引起社会各界广泛关注。希望通过本研究,能为缓解和解决有关问题提供一些可供借鉴的意见和建议。

二、福建省的经济发展和高等教育现状

福建地处中国东南沿海,北界浙江,西邻江西,西南与广东相接,东隔台湾海峡与台湾省相望,连东海、南海而通太平洋,历来是中国与世界交往的重要门户,全省土地面积12.14万平方公里。2009年全省实现地区生产总值12236.53亿元,比上年增长12.3%,总人口3627万人,从业人员2168.86万人,人均生产总值33840元。① 改革开放以来,福建省的经济发展保持较快的增速(见图1)。

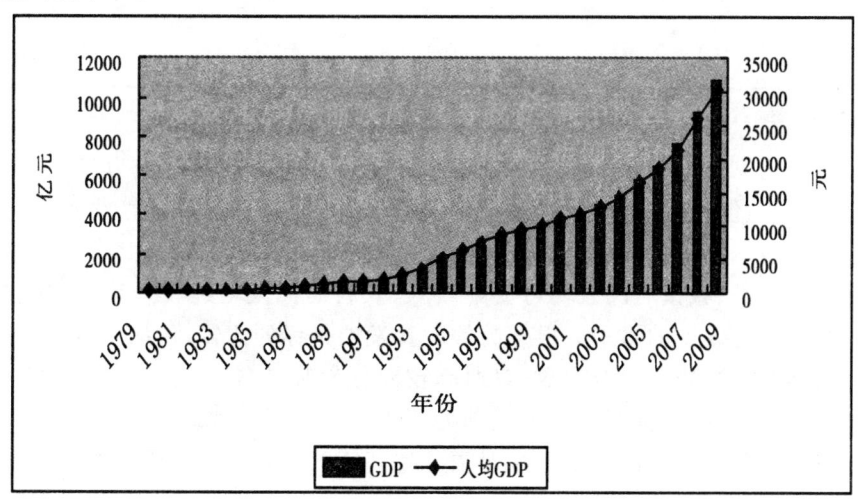

图1 1979—2009年福建省 GDP 和人均 GDP 的增长情况

从图1可以看出,福建省的 GDP 从1979年的74.11亿元增加到2009年

---

① 数据来源:《福建统计年鉴2010》。

的12236.53亿元,增加了约163倍;人均GDP从1979年的300元增加到2009年的33840元,增加了约112倍。

福建省的高等教育也在改革开放后保持了较快的发展速度,2009年全省普通高校86所,招生19.37万人,在校学生60.63万人,专任教师35841人。①

表1 福建省普通高等学校发展比较

项目	1979年	2009年
1.专任教师数(人)	5110	35841
2.在校学生数(万人)	3.01	60.63
3.每万人口拥有大学生在校学生数(人)	13.9	203.9
4.普通高等学校(所)	16(此处为1980年数据)	86
5.招生人数(万人)	1.06	19.37
6.毕业生数(万人)	0.08	14.28

数据来源:《福建统计年鉴2010》。

虽然从纵向上来看(见表1),福建省的高等教育在改革开放以来,取得了巨大的进步,但是,从横向比较来看(见表2),福建省的高等教育发展现状和其经济发展水平却不相称。在主要的经济发展指标上,包括GDP、人均GDP、居民消费水平、城镇居民人均可支配收入、农村居民人均纯收入等,福建省都居于全国中等偏上的水平。根据高等教育发展指标的比较,包括学校数、招生数、在校学生数、毕(结)业生数、普通高校专任教师及各级职称人数、每10万人口在校生人数等,福建省在全国却处于中等偏下的水平。本文将在后面的研究中运用现代计量经济学方法对福建省高等教育和经济发展的关系进行实证分析。

---

① 数据来源:《中国统计年鉴2010》。

表 2　2009 年福建省统计数据及在全国的名次

项目	福建	全国	福建在全国的名次
一、经济发展：			
1. GDP（亿元）	12236.53	340506.9	12
2. 人均 GDP（元）	33840	25575	10
3. 城镇居民家庭平均每人全年消费性支出（元）	13450.57	12264.55	6
4. 城镇居民人均可支配收入（元）	19576.83	17174.65	7
5. 农村居民人均纯收入（元）	6680.18	5153.17	7
二、高等教育发展：			
1. 学校数（所）	86	2305	13
2. 招生数（人）	187311	6394932	15
3. 在校学生数（人）	606284	21446570	16
4. 毕（结）业生数（人）	142814	5311023	17
5. 普通高校专任教师（人）	35841	1295248	18
其中：正高级（人）	3480	138161	18
副高级（人）	9179	360675	19
中级（人）	11979	477541	19
初级（人）	9053	247962	13
6. 每 10 万人口在校生（人）	2039	2128	16

数据来源：《中国统计年鉴 2010》。

三、实证分析

反映高等教育发展规模的指标有很多，如普通高校在校学生数、高等教育毛入学率、每 10 万人中高等教育人数和成人人口的预期平均受教育程度等，本文借鉴孙红梅（2006）的研究方法，用普通高校在校学生数来表示高等教育规模（hedu）。经济发展情况的指标则选用了 GDP 增长率（rgdp），本文在进行计量分析时采用的数据来自《福建统计年鉴 2010》。由于样本数据采集的局限，笔者分析时的样本区间是 1979—2009 年。为了消除序列中的异方差，分别对变量的绝对数进行对数变换，lnhedu 表示普通高校在校学生数的对数，

dlnhedu 表示其一阶差分；lnrgdp 表示 GDP 增长率的对数，dlnrgdp 表示其一阶差分，具体数据见表 3。

表 3　福建省高等教育和经济发展数据

时间	GDP 增长率	普通高校在校学生数(万人)
1979	5.52%	3.01
1980	18.44%	3.86
1981	15.46%	3.04
1982	9.29%	2.69
1983	6.14%	2.93
1984	17.93%	3.4
1985	17.60%	4.41
1986	5.71%	5.12
1987	13.60%	5.41
1988	14.29%	5.71
1989	7.77%	5.68
1990	7.52%	5.56
1991	14.23%	5.42
1992	20.29%	5.72
1993	22.61%	6.41
1994	20.29%	6.93
1995	14.61%	7.17
1996	13.31%	7.34
1997	14.01%	7.81
1998	10.80%	8.52
1999	9.91%	10.26
2000	9.31%	13.14
2001	8.66%	16.74
2002	10.16%	19.74
2003	11.46%	25.74
2004	11.83%	32.57
2005	11.64%	40.7
2006	14.80%	46.13
2007	15.24%	50.95
2008	12.95%	56.26
2009	12.3%	60.6284

数据来源：《福建统计年鉴 2010》。

根据表3的数据得到图2。从图2可以看出,改革开放以来,福建省的GDP增长率呈现出较大的波动起伏,最小值是1979年的5.52%,最大值是1993年的22.61%,平均值是12.85%,标准差是0.044812。同期,福建省的普通高校在校学生数显示出明显的上升趋势,可以分为两个阶段:第一阶段,从1979年到1998年,高校扩招之前,普通高校在校学生数缓慢上升,从1979年的3.01万人增加到1998年的8.52万人,平均每年增加0.28万人;第二阶段,高校扩招之后,从1999年到2009年普通高校在校学生数快速上升,从1999年的10.26万人增加到2009年的60.6284万人,平均每年增加约4.6万人。直观的观察结果并不能告诉我们数据之间准确的关系,接下来,本文将运用协整理论对福建省高等教育和经济发展的关系进行计量分析。

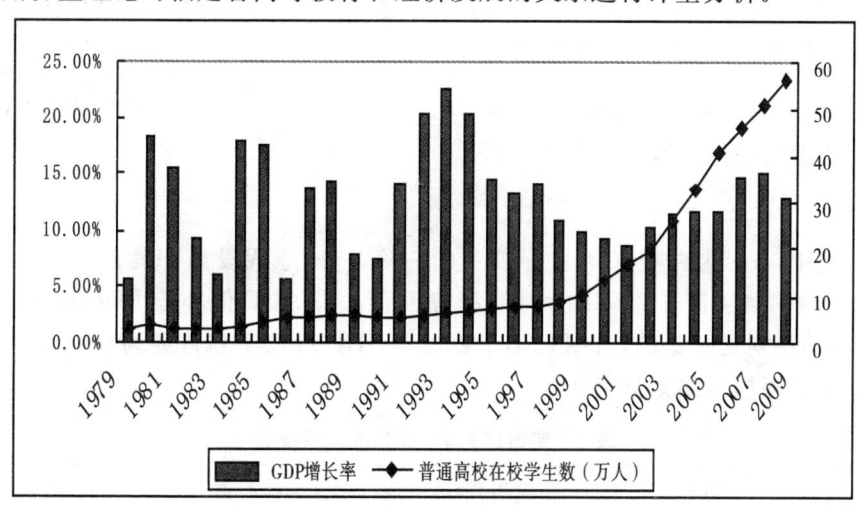

图2 福建省高等教育和经济发展情况

20世纪70年代的经济动荡给经济预测提出了难题,许多传统的计量经济学模型无法作出解释,但是误差修正模型却显现出可靠性和稳定性。经过研究发现,误差修正模型的非稳定的变量之间存在着长期稳定的均衡关系,即C.J.Granger定义的协整关系(cointegration)。

(一)单位根检验

建立时间序列模型之前必须确保变量的平稳性,因此在进行模型回归之前有必要对模型前提假设进行检验。一个平稳的时间序列在各个时点上的随机性服从一定的概率分布,它的数字特征,如均值、方差和协方差等不随时间的变化而变化。因此,可以根据时间序列过去时间点上的信息,建立计量模型拟合过去的信息,从而预测未来的信息。

对于非平稳序列,可以设定为单位根过程,对序列进行差分运算,使序列平稳。这种可以通过差分运算得到平稳性的序列称为单整序列。如果序列 y_t 通过 d 次差分变为一个平稳序列,而这个序列经过(d−1)次差分后却不平稳,那么序列 y_t 被称为 d 阶单整序列,记作 $y_t \sim I(d)$。如果序列 y_t 本身是平稳的,则为零阶单整序列,记作 $y_t \sim I(0)$。检查序列平稳性的标准方法是单位根检验,代表性的方法是 DF 检验、ADF 检验、ERS 检验、PP 检验、KPSS 检验和 NP 检验。本文采用 ADF 检验方法,其模型为:

模型 I (无常数项、无趋势项):

$$\Delta y_t = \gamma y_{t-1} + \sum_{i=1}^{p} \beta_i \Delta y_{t-i} + u_t \qquad (t=1,2,\cdots,T)$$

模型 II (有常数项、无趋势项):

$$\Delta y_t = \alpha + \gamma y_{t-1} + \sum_{i=1}^{p} \beta_i \Delta y_{t-i} + u_t \qquad (t=1,2,\cdots,T)$$

模型 III (有常数项、有趋势项):

$$\Delta y_t = \alpha_1 + \alpha_2 t + \gamma y_{t-1} + \sum_{i=1}^{p} \beta_i \Delta y_{t-i} + u_t \qquad (t=1,2,\cdots,T)$$

其中,$\{u_t\}$ 为白噪声,Δ 表示变量的一阶差分,原假设为 $H_0: \gamma = 0$,即 $\{y_t\}$ 有一个单位根(非平稳),T 为时间趋势因素。若 ADF 值小于 Mackinnon 临界值,则序列是平稳的,否则是不平稳的。GDP 增长率和普通高校在校学生数的单位根检验结果见表 4。

表 4 变量序列的 ADF 单位根检验

变量	ADF 统计量	检验形式(c,t,k)	5%临界值	结论
lnhedu	−0.713303	(c,t,2)	−3.587527	非平稳
lnrgdp	−2.119079	(c,0,2)	−2.976263	非平稳
dlnrgdp	−8.114958	(c,0,1)	−2.976263	平稳
dlnhedu	−4.290478	(c,0,1)	−2.971853	平稳

注:(1)检验形式中 c,t,k 分别代表检验模型中含有的常数项、趋势变量、滞后期;
(2)滞后期 k 的选择标准是以 AIC 值最小为准则。

检验结果(见表 4)表明,变量 lnhedu、lnrgdp 的 ADF 统计量都大于 5% 的临界值,因此,这两个序列都是非平稳的。而在其一阶差分中,dlnhedu、dlnrgdp 的 ADF 统计量都小于 5%的临界值,可以拒绝原假设,所以两个一阶差分序列都不存在单位根,是平稳的,lnhedu、lnrgdp 都是一阶单整,即 lnhedu~

I(1)、lnrgdp~I(1),可以进行协整分析。

（二）协整分析

lnhedu、lnrgdp 都是一阶单整,所以它们之间可能存在长期稳定的均衡关系,即协整关系。下面利用 Engle 和 Granger 两步法检验 GDP 增长率和普通高校在校学生数之间是否存在长期稳定的均衡关系。

第一步,将 lnrgdp 对 lnhedu 进行最小二乘回归,得到协整方程：

lnrgdp＝－2.194680974＋0.03610600029×lnhedu

　　　（0.181074）　（0.076961）

　　　－12.12037　　0.469149

方程第二行括号内为回归系数的标准差,第三行为回归系数的 t 统计量,回归方程残差分布见图 3。

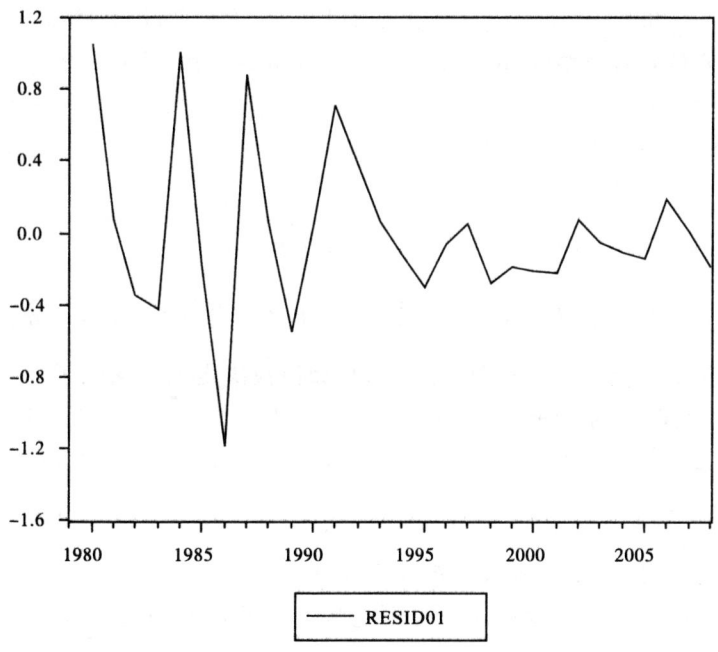

图3　GDP 增长率和普通高校在校学生数回归分析残差分布图

第二步,残差的平稳性检验。

从残差图的直观分析来看,回归方程残差(resid01)围绕其均值上下波动,即为平稳序列,为验证假设,对残差序列(resid01)做单位根检验,其 ADF

检验结果,如表 5 所示。

表 5 残差序列的 ADF 单位根检验

变量	ADF 统计量	检验形式(c,t,k)	5%临界值	结论
resid01	-7.643861	(0,0,1)	-1.953858	平稳

从表 5 可以看出,残差序列是平稳的。因此,GDP 增长率和普通高校在校学生数之间存在长期稳定的均衡关系,即协整关系。从协整回归方程可以认为,从长期来看,普通高校在校学生数每增加 1%将会引起 GDP 增长率增加大约 0.036%,即普通高校在校学生数的增加能够促进本地经济的增长。

(四)误差修正模型的建立

误差修正模型(ECM,error correction model)的基本形式是由 Davidson、Hendry、Srba 和 Yeo 于 1978 年提出的,因此,又称为 DHSY 模型。[①] 对于一阶自回归分布滞后模型(autoregressive distributed lag,ADL),可以记为 ADL(1,1),其形式为

$$y_t = \beta_0 + \beta_1 x_t + \beta_2 y_{t-1} + \beta_3 x_{t-1} + u_t$$

移项后,整理可得:

$$\Delta y_t = \beta_0 + \beta_1 \Delta x_t + (\beta_2 - 1)\left(y - \frac{\beta_1 + \beta_3}{1 - \beta_2}x\right)_{t-1} + u_t$$

以上方程即为 ECM,其中,$y - \frac{\beta_1 + \beta_3}{1 - \beta_2}x$ 是误差修正项,记为 ecm。误差修正模型反映了因变量 y_t 的短期波动 Δy_t 是如何被决定的。它除了受到自变量短期波动 Δx_t 的影响,还取决于 ecm。如果 y_t 和 x_t 之间存在长期均衡关系,即 $\bar{y} = \alpha \bar{x}$,那么误差修正项 ecm 可以被改写为:

$$\bar{y} = \frac{\beta_1 + \beta_3}{1 - \beta_2} \bar{x}$$

可以看出,误差修正项 ecm 解释了变量 y_t 和 x_t 在短期波动中偏离它们长期均衡关系的程度,称为均衡误差。误差修正模型经常被简记为:

$$\Delta y_t = \beta_0 + \beta_1 \Delta x_t + \lambda ecm_{t-1} + u_t$$

根据前文的协整分析得到的 GDP 增长率和普通高校在校学生数的协整方程,令误差修正项 ecm = $\hat{u}_t$(协整方程的残差序列),建立以下误差修正

---

① 高铁梅.计量经济分析方法与建模——Eviews 应用及实例[M].北京:清华大学出版社,2006:157.

模型：

$$\Delta \text{lnrgdp} = \beta_0 + \beta_1 \Delta \text{lnhedu} + \alpha \text{ecm}_{t-1} + u_t$$

即为：

$$\Delta \text{lnrgdp} = \beta_0 + \beta_1 \Delta \text{lnhedu} + \alpha(\text{lnrgdp}_{t-1} + 2.195 - 0.03611 \times \text{lnhedu}_{t-1}) + u_t$$

方程估计结果如下：

$$\begin{aligned}\Delta \text{lnrgdp} &= -0.03886 + 0.2853\Delta \text{lnhedu} - 0.155(\text{lnrgdp}_{t-1} + 2.195 \\ &\quad - 0.03611 \times \text{lnhedu}_{t-1}) + u_t \\ &= -0.03886 + 0.28530\Delta \text{lnhedu} - 0.155\text{ecm}_{t-1} + u_t\end{aligned}$$

在上面的误差修正模型中，差分项反映了短期波动的影响。GDP 增长率的短期波动可以分为两方面：一方面是普通高校在校学生数变化的影响；另一方面是偏离长期均衡的影响。误差修正项 ecm 系数的大小反映了对偏离长期均衡的调整力度，系数估计值（-0.155）表示，当短期波动偏长期均衡时，将以（-0.155）的调整力度将非均衡状态拉回到均衡状态。

（五）Granger 因果关系检验

Granger 检验确定的是一个变量能否有助于预测另一个变量。如果变量 X 有助于预测变量 Y，即根据 Y 的过去值对 Y 进行自回归时，如果再加上 X 的过去值，能显著地增强回归的解释能力，则称 X 是 Y 的 Granger 原因；否则，称为非 Granger 原因。类似地定义 Y 是 X 的 Granger 与非 Granger 原因。其检验模型为：

$$Y_t = c + \sum_{i=1}^{n} \alpha_i \Delta Y_{t-i} + \sum_{j=1}^{n} \beta_j X_{t-j} + u_t \tag{1}$$

其中，u_t 为零均值非自相关随机误差项；α, β 为系数，n 为任意选择的滞后期。原假设为 $H_0: \beta_j = 0 (j=1,2,\cdots,n)$，意味着 X 不是 Y 的原因。$RSS_1$ 表示方程(1)的回归残差平方和，RSS_0 表示方程(1)在原假设成立时的回归残差平方和，对原假设进行 F 检验的统计检验值为：

$$F = \frac{(RSS_0 - RSS_1)/n}{RSS_1/(N-2n-1)}$$

其中，N 为样本容量。F 统计检验值服从标准的 F 分布，若 F 检验值大于标准 F 分布的临界值，则拒绝原假设，说明 x 的变化是 y 变化的原因；否则接受原假设，说明 x 不是 y 变化的原因。由于 Granger 因果检验对滞后阶数非常敏感，在实际检验中，本研究采用依次多阶滞后进行检验，看结果是否具有同一性的方法，检验结果见表6。

表6 GDP增长率和普通高校在校学生数的Granger因果检验

零假设	F-Statistic	Probability	lags	结论
DLNRGDP does not Granger Cause DLNHEDU	1.14733	0.29434	1	接受
DLNHEDU does not Granger Cause DLNRGDP	0.15381	0.69824	1	接受
DLNRGDP does not Granger Cause DLNHEDU	1.24784	0.30666	2	接受
DLNHEDU does not Granger Cause DLNRGDP	0.12333	0.88458	2	接受
DLNRGDP does not Granger Cause DLNHEDU	1.85555	0.17143	3	接受
DLNHEDU does not Granger Cause DLNRGDP	1.49228	0.24863	3	接受
DLNRGDP does not Granger Cause DLNHEDU	3.64886	0.02694	4	拒绝
DLNHEDU does not Granger Cause DLNRGDP	1.57665	0.22853	4	接受
DLNRGDP does not Granger Cause DLNHEDU	1.81534	0.17896	5	接受
DLNHEDU does not Granger Cause DLNRGDP	0.31397	0.89581	5	接受

从表6中可以看出,当滞后期为1～5时,在GDP增长率和普通高校在校学生数的Granger因果检验中,只有滞后期为4时,GDP增长率变化是普通高校在校学生数变化的Granger原因;在其他情况下,GDP增长率和普通高校在校学生数不存在Granger因果关系。

四、结论和原因分析

本文利用福建省1979—2009年GDP增长率和普通高校在校学生数的数据进行协整分析和Granger因果检验,研究表明:(1)根据协整检验,GDP增长率和普通高校在校学生数都具有非平稳的特征,但是它们存在长期稳定的均衡关系,就长期而言,两者之间具有统计上的高度相关性。根据误差修正模型,短期内两者之间具有动态调整机制,非均衡误差项的存在,能够保证GDP增长率和普通高校在校学生数之间长期均衡关系的自动实现。(2)根据Granger因果关系检验,只有滞后期为4时,GDP增长率变化是普通高校在校学生数变化的Granger原因;在其他情况下,GDP增长率和普通高校在校学生数不存在Granger因果关系。

在传统的高等教育理论中,经济增长和高等教育规模之间表现出正相关关系,然而,本文在研究中发现,福建省的经济增长和高等教育规模之间虽然存在长期稳定的均衡关系,但二者之间缺乏良性互动,究其原因,主要有以下几个方面。

第一,历史原因。福建省高等教育发展规模的形成有着特定的历史背景。20世纪50年代,国家从经济和教育的均衡发展战略出发,将全国划分为沿海和内地两大经济、教育带;国家在高等院校调整中,实行了将大城市和沿海省份高校、科系整体迁移到中等城市和内地省份的宏观调控政策。福建省由于特殊的地理位置,高等教育发展长期处于几乎停滞的状态。1952年,全省有普通高等学校5所,到1980年仅仅增加到16所[1]。

第二,地理原因。改革开放以来,中央政府根据梯度理论确定了国家经济发展战略,提出了三个地带即东、中、西部区域的划分,确定了区域经济发展战略和分区域的发展重点,对东部地区长期实行政治经济等多方面政策的倾斜,对东部地区的经济发展产生了巨大的作用。福建省凭借着优越的地理位置,充分利用中央的优惠政策和各种优势条件,成为改革开放中最先受益、受益最大的地区之一。

第三,福建省高等教育投入不足。在我国现行体制下,高等教育的投入主要靠政府财政资金。虽然经济发展形势较好,但是福建省财政投入的教育经费增长缓慢。以2006年的数据为例,全国教育经费比上年增长16.59%,政府预算内教育拨款比上年增长24.22%;普通高等学校生均预算内事业费支出为5868.53元,生均预算内公用经费支出为2513.33元。[2] 同期,福建省教育经费比上年增长16.26%,预算内教育经费拨款比上年增长21.14%,比同期财政经常性收入增长速度低1.38个百分点;普通高等学校生均预算内事业费支出为4522.93元,生均预算内公用经费支出为1531.68元。[3] 由于财政资金投入不足,导致福建省高等教育的发展不能适应经济发展的需要。

参考文献

[1]成刚.中国高等教育规模经济的经验分析[J].世界经济,2006(12).

[2]高铁梅.计量经济分析方法与建模——Eviews应用及实例[M].北京:清华大学出版社,2006.

---

[1] 数据来源:《福建统计年鉴2009》。

[2] 数据来源:教育部网站,教育部、国家统计局、财政部关于2006年全国教育经费执行情况统计公告。

[3] 数据来源:福建省教育厅网站,关于2007年教育经费执行情况的通报。

[3]李萍.高等教育与区域经济互动发展研究[D].2006.

[4]李子奈,叶阿忠.高等计量经济学[M].北京:清华大学出版社,2004.

[5]毛盛勇.中国高等教育的规模分析[J].统计研究,2008(3).

[6]毛盛勇.中国高等教育与经济发展的区域协调性[J].统计研究,2009(5).

[7]孙红梅.经济增长与高等教育发展规模的关系研究[D].2007.

[8]孙希波.黑龙江省高等教育与经济协调发展研究[D].2006.

[9]谢维和,文雯,李乐夫.中国高等教育大众化进程中的结构分析[M].北京:高等教育出版社,2007.

[10]杨建芳,龚六堂,张庆华.人力资本形成及其对经济增长的影响——一个包含教育和健康投入的内生增长模型及其检验[J].管理世界,2006(5).

[11]姚先国,张海峰.教育、人力资本与地区经济差异[J].经济研究,2008(5).

[12]左大培,杨春学.经济增长理论模型的内生化历程[M].北京:中国经济出版社,2007.

基金项目:福建省教育科学规划项目"高等教育与经济协调发展的实证分析——以福建省为例"(FJCGGJ11-048)成果。

(作者为福建广播电视大学研究员)

福建特色终身教育体系研究

沈光辉　吴国　蔡亮光　吴东晖　陈晓蔚

一、构建福建特色终身教育体系的基本依据和现实基础

中国人民大学中国调查评价中心 2006 年编制的"中国人民大学中国发展指数"对 2005 年我国 31 个省级行政区发展指数中的四个单项指数进行了测算和排序,福建处于第二类:教育与社会经济同处于发达省份区间。这样一个区域发展水平的定位,是我们研究福建构建终身教育体系、建设学习型社会的基本依据和现实基础。

在构建终身教育体系,推进学习型社会发展进程中,福建确定了"率先基本实现教育现代化,率先基本形成学习型社会,进入教育强省和人力资源强省行列"的教育改革发展战略目标。推动这一战略目标的实现,需要进一步变革传统教育制度,普及与发展终身教育,构建一体化的教育和学习体系,为福建经济和社会发展提供重要基础和动力。

二、构建福建特色终身教育体系的重要意义和客观要求

正确认识和把握省情,是推进区域性终身教育体系构建的前提和基础。福建终身教育体系的构建,是福建经济、社会和教育发展共同作用的结果,有其发展的客观要求和现实基础。

(一)适应经济发展的客观需要

教育发展与经济发展关系密切。改革开放 30 多年来,福建综合经济实力显著增强。2011 年福建 GDP 总量达到 17500 亿元,城镇居民人均可支配收入达到 24907 元,均居全国前列。但从总体上看,福建产业结构与就业结构非均衡性比较显著,第一产业低产出,就业比重高;第二产业低附加值,就业吸纳能力偏低;第三产业低水平,就业潜力尚未发挥。2008 年,福建省第一产业 GDP 比重仅为 10.7%,对经济增长的贡献率为 3.7%,但就业比重却高达 31.1%,就业人数占农村劳动力资源总数的 88.22%。第二产业占 GDP 的比重为

50%,就业比重为 35.6%,结构偏离度显著偏高,石化、机械、信息、汽车、农林产品加工等制造业专门人才更是缺乏。第三产业 GDP 比重为 39.3%,就业比重仅占 33.3%,绝大部分集中于文教卫等生活性服务业和社会服务业,生产性服务业从业人员成为紧缺人才。推动教育改革发展突破,加快发展终身教育,加强对现有劳动力资源的职业教育与技能培养,不仅是改善从业人员知识结构,增强社会成员职业变动和岗位转换机会的有效途径,也是改善产业结构与就业结构非均衡性矛盾,优化劳动力资源在产业内和产业间的配置,提升产业发展水平,推动福建经济又好又快发展的关键因素。

(二)促进社会和谐的重要保障

社会和谐是社会进步的前提和基础。福建经济在取得巨大发展成就的同时,也出现了不同群体之间知识的差距、信息的"有者"与"无者"之间的"数字鸿沟",这是影响社会和谐发展的重要因素。教育公平是建立社会和谐的重要基础和途径,贫困人群最缺乏的是获得教育的机会和教育的资源。终身教育的实施,可以有效改善个人和社会生活的质量,弥补劳动者自身文化和技能上的缺陷,更好地解决不同群体之间差距过大问题,促进社会阶层的上升与流动,实现和谐社会的公平公正。构建终身教育体系也是适应福建人口健康老龄化、积极老龄化的需要。第六次全国人口普查统计结果显示,福建常住人口中,60 岁及以上人口为 4212397 人,占 11.42%,其中 65 岁及以上人口为 2912140 人,占 7.89%。如果按照联合国对老龄化社会定义的标准:"一个国家或地区 60 岁以上人口占总人口总数的比例超过 10%,或者 65 岁以上老年人口占人口总数的 7%,即意味着这个国家或地区的人口处于老龄化社会。"很显然,福建已经进入了人口老龄化社会。人口老龄化不仅意味着老龄人口数量的增加,更代表着老龄人口多元需求包括教育需求的增加。建立终身教育体系,满足包括老年人在内的广大社会成员多样化的学习需求,形成惠及全民的公平教育,有利于创新社会管理,更好地促进社会的和谐进步。

(三)推动教育改革发展的必由之路

判断一个区域是否基本实现教育现代化,人均受教育年限是一项重要指标。2009 年,福建主要劳动年龄人口受教育年限为 9.38 年,新增劳动力平均受教育年限为 11 年,均低于全国相对应值的 9.5 年和 12.4 年。基于这一现实基础,《福建省中长期教育改革和发展规划纲要(2010—2020 年)》提出,到 2015 年,劳动人口平均受教育年限达 10.5 年,新增劳动力平均受教育年限达 13.3 年,基本形成终身教育体系;到 2020 年,劳动人口平均受教育年限达 12 年,新增劳动力平均受教育年限达 14 年,从业人员继续教育年参与率达 60%

以上,建成比较完善的终身教育体系。要如期实现这一赶超全国平均水平的目标,需要抓紧构建包括学校教育、行业(企业)教育、社会教育、网络教育在内的灵活开放的终身教育体系,推动国民教育和终身教育的协调发展,从而实现福建省《教育规划纲要》确定的各项战略目标。

三、终身教育体系的主要内涵和相关概念的关系

(一)终身教育的内涵与特征

终身教育的概念,是在人类社会从工业经济向知识经济转变的大背景下,在传统学校教育已经不能适应人类社会变革与进步的基础上提出并不断发展的。

1.终身教育内涵:是指人的一生的教育与个人及社会生活全体的教育的统合。它使教育从纵的方面贯穿人的一生,从横的方面连结个人和社会生活的各个侧面,使教育在每一个人需要的时候,随时都能以最好的方式提供必要的知识与技能。(保罗·郎格朗,1965年)

2.终身教育特征:

(1)教育应当贯穿人的一生。这是终身教育与传统的学校教育的本质区别。以往人们认为人前半生受教育,后半生工作的认识是毫无科学根据的。

(2)教育与学习不再是少数人的事情,应该包括全体社会成员,特别是包括社会弱势群体。终身教育应当让所有人都能够有机会接受教育和学习。

(3)终身教育以促进人的全面发展为根本宗旨。这是终身教育的实质,它在价值取向上是一种真正意义上的人本教育,是教育发展的必然趋势和本质复归。

(4)终身教育包括知识、技能、能力、素质以及所有的学习活动。应当让所有的人拥有知识和能力并不断学习和提高。

(5)终身教育包括学历教育、正规教育,也包括非学历教育、非正规与非正式教育。其实现途径和方式多种多样。

(6)政府与社会应当为终身教育发展创造条件,整合利用各类教育资源,从制度、环境和组织等方面提供保障,满足"处处学习、时时学习,人人学习"的要求,实现"学有所教、学有所用、学有所成"。

(7)从强调"终身教育"向"终身学习"转变,突出以人为本,以学习者为中心,关注学习者多样化与个性化的需求。终身学习更能反映未来社会教育的本质特征,学习不仅是社会成员的权利,而且是他们的义务和责任,最终应当成为公民的一种生活方式和生活习惯。

(二)终身教育体系与国民教育体系的关系

构建终身教育体系已经从一种思潮和理念,发展成教育实践和社会活动,并在实践中不断丰富其新的内涵和新的经验。

1.终身教育体系内涵:是指以现代国民教育体系为基础,以多种形式的教育和培训为主要形式,满足全民学习、终身学习要求的制度和框架。联合国教科文组织认为,终身教育覆盖从婴儿到老年的所有教育。(《国家教育规划纲要辅导读本》,2010年)

2.国民教育体系内涵:是指以现代教育理念为指导,由正规学校教育构成的国民基本教育制度和体系。一般包括学前教育、义务教育、高中阶段教育和高等教育等层次,类型分为普通教育和职业教育。(《国家教育规划纲要辅导读本》,2010年)

3.终身教育体系与国民教育体系的关系。这两者关系是一个敏感但又无法回避的问题,对此,主要有以下四种观点:

(1)并列关系:国民教育体系主要指学校教育系统,以正规教育为主;终身教育体系主要指成人教育或社会教育,以非正规教育为主。两者是并列关系。(十六届三中全会《决定》表述、《国家中长期教育规划纲要》表述)

(2)交叉关系:国民教育体系既包括学校教育系统,也包括学校外成人教育或社会教育系统;终身教育体系既包括学校外非正规、非正式教育系统,也包括学校教育系统。两者是交叉关系。(《中国教育与人力资源问题报告》,2003年)

(3)包容关系:终身教育体系包括或涵盖国民教育体系,因为终身教育体系涵盖人的一生所受的各种教育并扩展到社会生活各个领域,所以终身教育体系应当包括国民教育体系。两者是包容关系。(《教育法》表述,1995年)

(4)重合关系:认为现代国民教育体系和终身教育体系,应是指向同一教育概念的两种不同构成内容及层次的表述。也即国民教育体系以具体教育形态为主,如学校教育、学校外教育或正规教育、非正规教育以及非正式教育;终身教育体系的构成理念则是立足于对具有生命价值的每一个人的生涯起到促进作用的立场。两者是重合关系。(吴遵民、陈宜安,2004年)

4.本研究的观点:两个体系既紧密联系又有所区别,终身教育体系应以现代国民教育体系为基础进行构建,终身教育体系是国民教育体系发展的高级阶段,是在国民教育体系基础上的递进与超越。两者是递进关系。

(1)两个体系并不是互不相关的体系,以学校教育为核心的国民教育体系,是终身教育体系的有机组成部分,也是终身教育体系的重要基础。构建终

身教育体系绝不是离开现代国民教育体系另起炉灶,新建一个体系。(郝克明,2010年)

(2)构建终身教育体系是针对我国现行教育体系不健全、结构不合理、发展不平衡的状况提出的,重点强调发展国民教育体系之外的非正规与非正式教育,亦即继续教育、成人教育、社会教育、社区教育、远程教育、学习型组织等形式,解决我国教育体系中的短板与薄弱环节,满足全民学习、终身学习的需求。

(三)终身教育体系与继续教育的关系。

1.继续教育内涵:是指面向初始学校教育之后的所有社会成员,特别是成人所进行的教育与培训活动。包括各种学历和非学历教育与培训,以及职业导向和非职业导向的教育和培训。(《国家教育规划纲要辅导读本》,2010年)

2.继续教育是终身教育体系的重要组成部分。是当前教育改革与发展的重点内容。

3.继续教育是现行教育体系最薄弱的环节。如何为世界上数量最大但教育水平相对较低的劳动大军提供大量有效和较高质量的培训与较高质量的教育,是我国教育和社会发展面临的巨大挑战,也是终身教育体系建设最艰巨的任务。

4.关于"5+1"即是终身教育体系的观点。

目前有一种观点,认为学前教育、义务教育、高中阶段教育、职业教育、高等教育加上继续教育的组合就是终身教育体系,也即现行学校教育体系加上继续教育模块,就是终身教育体系。(张大良,2011年)这是对终身教育体系简单化的理解。

(1)终身教育体系不是几种教育层次和类型的简单叠加,而应该是按照终身教育思想和原则,为达到一定的社会及教育发展目标而确立的面向全民、贯穿于人生全程、具有连续性和统一性的一种教育体系。

(2)现行以学校教育系统为核心的正规教育体系,均要以终身教育理念为指导,进行改革、完善、开放和创新,逐步融入终身教育体系。这是2010年出台的《国家中长期教育规划纲要》的一大亮点。(潘懋元,2010年)

(四)终身教育体系与学习型社会的关系

1.学习型社会内涵:是指形成全民学习、终身学习的良好制度与氛围,能够满足人民群众知识更新、技能提升和身心发展要求的社会形态。建设学习型社会,是提高全民族思想道德素质和科学文化素质的要求,是经济社会发展的需要,是现代社会文明进步的重要体现。(《国家教育规划纲要辅导读本》,

2010年)

2. 终身教育体系是形成学习型社会的基础和依托,是学习型社会建设最根本、最核心的问题。

3. 终身教育体系是教育概念,是一种教育发展的理念和框架;学习型社会是社会概念,是一种社会发展的理念和框架。

四、福建特色终身教育体系的构成要素和基本框架

(一)福建特色终身教育体系目标任务

统筹规划,整体推进,围绕《福建省中长期教育改革和发展规划纲要(2010—2020年)》确定的路线图,提出分阶段目标,到2012年,基本构建福建终身教育体系的框架,到2015年,基本形成福建终身教育体系,到2020年,建成比较完善的福建终身教育体系。统筹兼顾,分类实施,根据城乡、区域的不同发展水平,兼顾不同层次、不同群体的教育学习需求,经济发达地区整体发展、打造品牌,经济欠发达地区联动跟进、创造特色。遵循动态和发展原则,围绕社会经济发展水平、国民教育体系完善程度、社会教育发达程度、终身教育成效及制度建立等方面内容,构建推动终身教育发展的评价性指标。

(二)福建特色终身教育体系构成要素

结合区域发展实际,福建终身教育体系的构建,应重点考察以下要素的形成:

1. 健全的终身教育体制机制。改革创新终身教育的体制机制,既是加快发展终身教育的根本动力,也是构建终身教育体系的关键环节。应建立完善省、市、县三级终身教育管理体制,增强政府的统筹协调能力,加强社会的协同参与,激发个人的学习活力,形成政府、社会、个人"三位一体"的发展格局。建立各级各类教育之间的沟通衔接机制,搭建全民终身学习的"立交桥"。建立完善的终身教育运行机制,形成推动终身教育体系构建的法律法规和投入保障机制。通过体制机制的建立健全,推动终身教育的发展和体系的建立。

2. 开放的终身学习服务平台。这是在教育资源相对短缺的条件下构建终身教育体系的重要保证与途径创新。应运用现代信息技术,完善教育资源与应用系统,搭建以卫星、电视、互联网和移动终端等为载体的开放灵活、功能强大的全民终身学习公共服务平台,开发网络学习课程和数字化学习资源,通过现代信息技术和互联网,把优质教育资源输送到千家万户,实现学习资源的整合与共享,为各级各类学习者提供便捷、多样的学习支持服务,促进教育公平和社会公平。

3. 完善的终身学习社会网络。这是终身教育体系构建的组织基础和重要推动力量。应普遍提高全民终身学习的认知度、认同度和参与度,基本形成终身学习的文化氛围。以终身教育理念为指导,充分发挥学校教育主阵地作用。广泛开展城乡社区教育,形成社区教育体系,促进和谐社区建设。积极推进老年教育,完善终身教育体系终端环节。以学习型城市、学习型社区、学习型企业、学习型机关、学习型党组织为重点,推进各种学习型组织的创建并逐步形成条块结合、纵横衔接的组织网络。以终身学习社会网络为依托,形成人人皆学、时时能学、处处可学的社会环境与氛围,大力推动组织学习、团队学习、互动学习、创新学习,促进各类组织和人员持续健康共同发展。

体制机制、服务平台、社会网络三位一体。体制机制是动力,是保障;平台建设是基础,是载体;社会网络是支撑,是抓手。三者相辅相成,共同构成福建终身教育体系的基本要素。

(三)福建特色终身教育体系基本框架

构筑有效的终身教育体系,需要厘清其基本架构,形成一个体系完整、布局合理、发展均衡的立体化、开放式、全方位的全民终身教育体系框架。

1. 以完善的现代国民教育体系为基础。终身教育体系是对现行教育体系的一种扬弃和超越,建设终身教育体系不是撇开国民教育体系另搞一个体系,而是以现代国民教育体系为基础,构建一个崭新的、面向全体社会成员的、有利于全民终身学习的社会化的教育体系。国民教育体系以学校教育为核心和主体,良好的学校教育是接受终身教育的基础,应不断深化学校教育改革,用终身学习的理念来指导、推动学校教育的变革与开放,在教育观念、教育功能、教育内容、教育模式和方法等方面进行全面改革创新。正如叶澜教授所说:"在终身教育的框架下,学校的基本功能不再满足于人类已有文化知识的传递与继承,更要求唤醒和逐渐提升学生的学习需求与能力,逐渐完成从受教育者向主动学习、自主抉择、健康发展的转换,学校教育指向更为根本的价值:促进人的全面发展的价值,为人的终身学习和终身发展奠定基础的价值,为当代人在一个变动不居的社会中实现社会价值和幸福人生奠定基础的价值。"

2. 以非正规、非正式教育为重点。非正规教育是相对于正规教育而言的,是在正规教育体制以外所进行的有目的、有计划、有组织的教育和培训活动。非正式教育是个人从日常生活经验和生活环境(家庭、工作单位、社会)中学习和积累知识技能,形成态度和见识的无组织、无系统的终身过程。强调重视非正规、非正式教育,主要是由于非正规和非正式教育还没有被制度化或缺失法律保证,甚至还不被社会认为是"教育"。非正规、非正式教育是正规教育的有

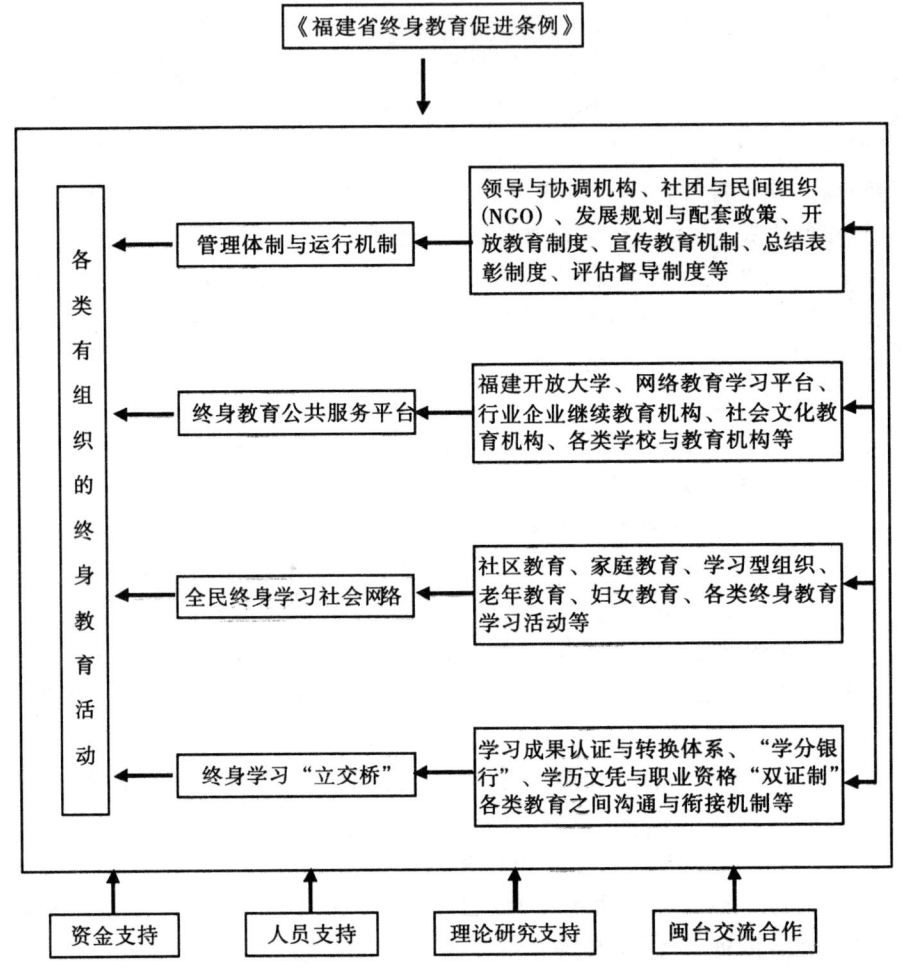

图1 福建特色终身教育体系构成要素

益补充、知识更新的有效途径、公民就业的必要手段,应积极推进教育的社会化、社会的教育化,形成教育社会一体化,建立由社会教育、社区教育、家庭教育及生活休闲教育等组成的非正规、非正式教育体系,为社会成员创造尽可能多的教育学习机会。

3.以开放的教育制度为保证。终身教育不是各种教育的简单相加,而应是各类教育在人生全过程中的有效实现,各种教育类型、教育形式和教育方式必须以终身教育思想为指导,有机联系、协调一致、相互渗透、相互融合。为此,就必须建立开放程度较高、规范性较强的现代化教育体系制度,使社会成员在任何一个时间、任何一个地点,都可以选择自己所需要的学习层次、学习类型、学习内容和学习形式,满足各类成员对终身教育的不同需求,实现终身教育体系的整体构建和相互贯通,形成普通教育和职业教育相互沟通,职前教育与继续教育有机结合,正规教育与非正规、非正式教育有条件衔接,有组织学习与自主学习互补互促,横向沟通,纵向衔接,全面覆盖,全民参与的终身教育格局。

(四)福建省终身教育体系特色分析

按照十七大提出的"构建终身教育体系,形成全民学习、终身学习的学习型社会"、"现代国民教育体系更加完善,终身教育体系基本形成"等战略部署,福建省委省政府高度重视终身教育的发展,把大力发展终身教育、提高全民素质作为落实科学发展观、促进人的全面发展的重要措施,作为建设海峡西岸经济区和构建和谐社会的重要保证,同时采取了一系列举措,出台了促进终身教育发展的法律法规,积极推动具有福建特色的终身教育体系的构建。

1. 先试先行立法保障

(1)在世界终身教育思潮及全民教育理论,以及台湾终身教育立法研究对福建产生的影响下,福建省紧紧结合福建省社会经济发展的实际需要,从社会民众高涨的学习热情、时代发展的潮流和社会发展的新需求出发,自2003年就开始探索终身教育发展的路子,并先试先行,积极开展终身教育的立法和终身教育体系的构建。

(2)2005年9月28日,《福建省终身教育促进条例》正式实施,这是大陆地区第一部有关终身教育的法规,成为地方推进终身教育体系建设的重要典型。同时,由福建省政府批准成立了福建省终身教育促进委员会,由22个厅局级单位组成,副省长担任主任委员,办公室设在省教育厅,负责省终身教育促进委员会具体事务,有关部门在各自职责范围内开展终身教育工作,福建省终身教育工作制度与运行机制走在全国前列。

2. 体制机制改革创新

(1)省政府批准成立福建省终身教育促进委员会的同时,全省9个地市和80多个县(市、区)按照要求也相应成立了终身教育促进委员会。各地各级终身教育促进委员会职责分工明确,发挥了协调、指导、推动当地终身教育工作的职能作用,并充分调动当地政府、行业、企业、社团组织、教育培训机构和学习者个人等方面的积极性,形成省、市、县相互融通、相互渗透、齐抓共管、共同推进终身教育的运行机制,建立了全社会共同参与和推进终身教育的发展机制。

(2)2008年10月福建省成立了第一个致力于终身教育的社会团体——福建省全民终身教育促进会,形成了由政府和社会共同推进的格局,该组织也成为推动终身教育、建设学习型社会的主导力量之一,为推进终身教育工作发挥了积极的作用。至此,福建省终身教育从省人大立法到省政府依法设立福建省终身教育委员会,从省政府建立机构到民间组织社团,在法规、制度、组织上走出了跨越性的三大步。

(3)省委、省政府先后出台了《福建省人民政府办公厅转发省终身教育促进委员会关于实施〈福建省终身教育促进条例〉试行意见的通知》、《关于加快发展我省社区教育的意见》、《福建省 2012—2015 年终身教育发展专项规划》等多个文件,并定期召开委员会成员单位协调工作会议,每年编发终身教育年度工作要点,对福建省终身教育的目标任务、运行保障机制等方面提出具体明确的意见和相应的支持政策,对福建省终身教育体系构建起到了积极的促进和推动作用。

3. 闽台交流合作凸显

(1)发挥对台独特优势,先行先试,积极开展两岸社区教育的实践应用研究和实证研究。建立了多个终身教育交流平台,连续举办多次社区教育和海峡两岸终身教育专题研讨会,取得一批终身教育研究成果,在闽台社区教育交流与合作上取得新突破,闽台社区教育交流与合作的独特优势得到有效发挥。

(2)加强闽台终身教育交流与合作,全面放开对台职业技能鉴定的职业工种,签订 10 多项闽台职业培训交流合作项目,福建省终身教育立法以及妇女教育、老年教育等方面工作走在全国前列。特别是闽台成人教育、终身教育学者互动频繁,福建省积极借鉴台湾社区教育、终身教育的做法和经验,积极开展理论研讨与实践交流,如福建省中华职教社十几年来搭建了卓有成效的两岸职业教育、终身教育交流合作平台,与台湾同胞共同创办了"职业教育、终身教育论坛",编辑出版论坛专辑。

4. 平台基地建设成效显著

(1)围绕全省终身教育工作,积极开发网络学习平台和建设多种媒体资源。发挥网络教育在终身教育活动中的独特作用,先后开通了"福建终身学习在线"、"海西教育网"、"福建老年学习网"等终身学习网,全省各地市也全部开通"福建终身学习在线"分平台,为构建福建省终身教育体系、建立数字化网络化终身学习支持服务平台提供了广阔的空间。

(2)积极开展各项终身教育活动,面向基层、农村和边远山区开展各类培训。充分发挥广播电视大学系统、自学考试和老年大学等在全民学习、终身学习方面的优势与作用,广泛开展成人继续教育、在职人员岗位培训、下岗人员再就业培训、进城务工人员培训等多样化的终身教育活动。因地制宜,形成以学习型组织为依托、文化广场为纽带、社区学校为载体、文化社团为中介、网络教育平台为支撑的社区教育新格局。

(3)以社区教育为抓手,建立设区市社区大学、县(市、区)社区学院(社区教育中心)、街道(乡、镇)社区学校、村(居)社区学习点,覆盖全省绝大部分的乡镇(街道和居委会)的四级社区教育网络体系基本形成。全省已有8个设区市和41个县(市、区)依托广播电视大学成立社区大学和社区学院,电大系统"省、市、县(区)、乡镇(街道)、村(居委会)"多级社区教育网络初步形成。推进社区教育"十百千"和"百千万"计划,建立了一支以专职人员为骨干、兼职人员和志愿者为主体的社区教育工作者队伍。开展了全省社区工作者岗位培训,提高社区工作者整体素质。

(4)积极探索建立"学分银行"以及个人学习成果认证与学分积累转化制度,试点社区居民终身学习卡或终身学习账户制度。积极协调有关单位部门探索学历教育和非学历教育之间、正规教育与非正规教育之间的衔接与沟通试点工作。各地区终身教育活动开展情况列入当地教育强县评估指标内容。

5. 形式途径拓展创新

(1)加大终身教育宣传活动力度,确定每年的9月28日为终身教育活动日,因地制宜,精心组织,采取座谈会、论坛、讲座、演讲、展览、读书征文、广场活动、文艺演出等形式开展终身教育活动,并利用网络、广播电视、报纸杂志、横幅标语、宣传栏等媒体传播终身教育理念,营造了终身教育、终身学习的良好氛围。

(2)加快社区教育实验区建设。目前福建省有3个全国社区教育示范区、3个全国社区教育实验区和36个省级社区教育实验区,数量位居全国前列。应积极开展评选确认市、县(区)级的社区教育实验区工作,通过发挥国家、省、设区市和县(市、区)四级社区教育示范区、实验区的先行引领和辐射带动作用,以点带面,点面结合,逐步推进,推动全省社区教育和终身教育的纵深发展。

(3)开展全民学习社会建设试点工作。以大力推进学习型党组织建设为契机,积极开展学习型党组织、学习型机关、学习型单位、学习型家庭等学习型组织创建活动,开展学习型乡村创建试点工作,构筑条块结合、纵横衔接的终身教育社会网络,逐步形成人人学习、时时学习、处处学习的社会环境与氛围。

6. 品牌示范带动

(1) 以社区教育为切入点，推动终身教育工作的开展。引导社区勇于创新，拓宽教育途径，丰富内涵，培育特色，开展了形式多样、群众喜闻乐见的有特色的社会文化和精神文明活动，打造了一批贴近实际、贴近生活、贴近群众的社区教育品牌项目，形成"一地一品、一地多品"的社区教育特色品牌。如厦门市思明区，以社区教育作为终身教育体系的切入点，构建具有地方特色的终身教育体系，并积极促进社区教育与社会(社区)建设的沟通与互动，实现教育与社区的协调发展，先后成为教育部确定的全国社区教育试验区和示范区，极大地带动了全省各市各区终身教育工作向纵深发展。

(2) 创立"课题＋项目"的研究模式，积极开展终身教育的理论与实践研究，先后确定了福建省终身教育重点课题和一般课题45项，承担了教育部教育事业十一五规划终身教育课题。多次举办"终身教育论坛"，大陆、台湾、香港、澳门四地专家学者积极参与。

(3) 编发福建省终身教育工作简报，研讨和宣传福建省终身教育体系。创办《终身教育》杂志，为福建省全民终身教育促进会的会刊，在国内外公开发行。

(4) 创建终身教育专业与课程。福建师范大学、福建农林大学先后成功申报了成人教育学硕士点，培养终身教育专门人才。福建师大福清分校申报开设终身教育本科专业，相关的学科建设将更好地促进终身教育理论研究、丰富理论成果。

五、构建福建特色终身教育体系的路径选择和对策建议

福建终身教育体系的建构，既要明确发展的目标任务、体系框架与构成要素，也要选好实现路径确保有序推进。本课题组研究认为，当前重点要做好以下八方面的工作：

(一) 健全完善终身教育的管理体制

理顺管理体制是终身教育面临的首要任务。福建省虽然成立了跨部门的终身教育促进委员会，但统筹协调还不够有力，缺乏有效的推进和落实机制，这是福建终身教育发展首先遇到的体制性障碍。必须充分发挥政府、行业、企业、教育培训机构和学习者个人等各方面的积极性，形成"党政统筹领导、部门分工负责、分级分类推进、典型示范带动、各类教育协调、两岸交流合作、社会积极参与、群众广泛参与"的终身教育发展格局，从而更有效地向社会提供教育服务，满足不同群体的学习需求。

1. 实施目标引领。国内外终身教育实践表明,终身教育发展的良好态势,并不会随着经济、社会的发展而自发形成,尤其在发展初期,更需要各级政府及职能部门的有效引领和强力推动。包括通过立法进一步明确终身教育的地位、作用及政府、教育机构、社会组织的责任与义务等,制定与经济、社会发展相适应的终身教育发展规划,出台有利于终身教育发展的政策措施,加强舆论引导,普及终身教育理念等。克服终身教育发展存在的盲目性,紧密结合地区和行业发展需求,专项规划、分类指导、区域推进。把基本形成终身教育体系,作为全面建设小康社会的战略目标,列入全省教育"两个率先"的重要目标,作为福建推动建设人力资源强省、文化强省、教育强省的战略举措。将终身教育发展纳入区域、行业发展规划,纳入精神文明创建目标与评估体系,纳入社区建设规划,纳入综合目标管理考核。积极宣传终身教育的理念,使每个公民都能意识到终身教育、终身学习既是人应当享受的一项基本权利,也是人必须对社会及自身承担的义务与责任。只有这样,才能更好地营造全社会关心支持终身教育的良好氛围,真正把终身教育理念转化为终身教育实践,把国家意志转变为社会现实。

2. 加强宏观管理。从我国终身教育发展实践看,突出的问题是政府责任不到位与包揽过多的现状同时存在,政府管理与社会治理、计划管理与市场机制的关系尚未理顺。要进一步明确政府的管理职责,以转变政府管理职能为重点,政府要扮演好终身教育实施主要责任者和推动者的角色,把重点放在统筹规划、政策引导、监督管理上。通过制定相关政策措施,运用法规、政策、制度及财政、税收等手段引导和支持终身教育发展。建立健全福建各级终身教育委员会和终身教育委员会办公室,赋予其行政管理职能,发挥其规划指导、统筹协调和评估督导作用。成立"终身教育发展咨询委员会",充分发挥专家、学者在民主决策、科学管理中的智慧和作用。建立统筹协调、分工协作、定期联合办公的工作制度,有力度、有实效地推进工作开展。建立健全公共教育服务体系,逐步实现终身教育公共服务均等化,切实保障全民接受终身教育的权益。

3. 形成发展合力。终身教育的实施涉及政府、社会、学习者个人三个主体,它既是政府的行为,也是社会行为和公民个体行为。建立政府主导、社会协同、个人参与的"三位一体"协调发展格局,是持续推动终身教育普及发展的重要保证。政府是实施终身教育的主要责任者和推动者,在终身教育发展进程中扮演着构想者、引导者、管理者、服务者和监督者的重要角色。在强化政府责任的同时,要充分调动社会组织的力量和资源,共同促进终身教育的发展。积极引导各级各类学校进一步发挥优势,挖掘潜力,为社会提供更多形式的教育服务。鼓励支持企事业单位、社会组织主动承担起对员工教育、培训和人力资源开发的责任。大力发展各种形式的民办教育和培训,充分发挥其在职业资格培训和继续教育方面的重要作用。大力宣传普及终身学习的理念,建立健全学习者个人学习成果认证评价制度,激发个人学习活力,使学习更多地成为人们的精神追求和生活方式。

(二)以终身学习的理念改革学校教育

在终身学习观念下,学校教育的主要目的是培养终身学习者,增进学习者对变迁的知觉、对知识退化的认知,以及对继续学习的责任。为适应学校教育目的的改变,要求对学校的教育思想、教育内容、教育方法和教育体系等进行改革。

1.重建学校功能。在终身教育的框架下,正规学校教育的基本功能不再满足于人类已有文化知识的传递与继承,更要求唤醒和逐渐提升学生的学习需求与能力,使其逐渐完成从受教育者向主动学习、自主抉择、健康发展方向的转换,即学生自我教育与自我超越能力的提升。重建学校功能其实质是通过教育变革培养学生终身发展的素质基础,使之成为具有内在一致性的终身教育体系的重要组成部分。重点在五方面推动新的建构:在价值取向上,由知识传授为主转向人的发展能力提升为主;在教育对象上,由单纯促进学生的发展转向促进师生的共同发展;在教育行为上,由面向全体学生的目标控制转向面向学生个体的自主自觉学习;在服务范围上,由学校内部的单一性转向学校内部、学生家庭、社区以及教育系统等多维服务;在文化形态上,由外在文化的传播转向校本文化的建构。

2.改革课程内容。终生教育能否实践成功,相当程度依赖于学校及其课程。应减少学校课程对知识传递的强调,更加注重知识的"创造"与"探索",特别是必须"集中注意力在原创性而非例行性",帮助学生获得资讯和使用资讯,培养学生终身学习的能力与习惯。注重学校课程内容的统整,处理好各种不同知识领域之间的相互关系,尽可能满足不同个体在校内及校外学习的需要。打破学校课程学术与休闲、博雅与职业教育,以及年龄的界限,更加注重通识教育,从历史与当代两方面提供生活的视野。

3.建立多元人才评价标准。构建开放多元、关注人的全面发展的立体评价体系。评价内容应综合化,改变以往只注重学业成绩的评价方式,注重知识考核与能力评价相结合,重点关注就业能力、创业能力和可持续发展能力的评价。评价方式应过程化,改变单一的总结性评价,关注学习者在学习和掌握专业技能和职业素养养成中的方法和途径,关注学习者在参与实训、实习等实践活动过程中的体验和具体表现。评价主体应多元化,改变教师或学校单方评价方式,重视学习者自身、行业企业与社会力量的评价,强调评价过程中各主体之间的合作、互动与沟通。

(三)创新继续教育制度

大力加强和发展继续教育是构建终身教育体系的重要任务,也是促进经济和社会可持续发展、建设人力资源强省的关键因素。通过创新继续教育制度,可以为广大社会成员提供多次选择机会、灵活学习方式以及多样的成才途径。

1.大幅度提高继续教育的参与率。学习者个人是继续教育的主体,没有学习者个人的积极参与,继续教育的实施就会失去动力,流于形式。为此,要从法律上确立继续教育在终身教育体系中的地位,以及继续教育各利益相关者的责任和义务。要大力宣传普及终身学习的理念,使学习更多地成为人们的精神追求和生活方式。要制定从业人员特别是各类专门人才参加继续教育的规定,依法强化各类从业人员继续教育的条件保障。要统筹继续教育资源,充分发挥学校、企业、行业、社会各部门、社会各组织以及社区在继续教育发展中的功能和作用。要实施劳动准入制度和职业资格证书制度,切实推进劳动者持证上岗制度,支持用人单位为从业人员接受继续教育提供条件,提高从业人员继续教育参与率。要建立健全学习者个人学习成果认证、学习评价制度,激发其持续学习的动力。

2.改革继续教育的培养模式。能否为学习者提供方便、灵活、个性化的支持服务,对继续教育的普及发展有着直接而重要的影响。坚持以社会和学习者的需求为导向,从解决服务不到位,针对性不强,内容、形式与学习者需求脱节等问题入手,通过委托调查、网上调查、走访座谈等形式,及时了解不同社会群体的需求信息,包括他们最希望学习和了解的知识是什么、最迫切需要提供的课程和资源有哪些、最喜欢选择的活动形式和学习方式有哪些等,以此作为继续教育培养模式改革的重要依据。要设计出以提高学习者的适应能力和创新能力为核心,加强继续教育内容、方法和人才培养模式的针对性、多样性和灵活性的教学内容。加强办学与社会需求的紧密结合,加强实践环节与教学环节的紧密结合,加强社会对人才培养模式改革的参与程度,充分发挥各类教育资源、社会资源的作用,扩大优质教育资源的共享范围,实现优势互补。

3.搭建终身学习的"立交桥"。要健全宽进严出的学习制度,实行更加开放、灵活的招生制度,把成人既往学习成果、工作经验、能力技能等作为入学的重要条件。建立学习者终身教育档案、个人学习账户和学分积累与转换的"学分银行",将学习者继续教育的成果根据一定标准进行认证折算,学分累积达到规定的要求,即可获得相应的文凭、证书或学位,并可进入更高层级的教育阶段学习。建立学习成果认证制度,构建学历文凭和职业资格相互贯通的终身学习构架,建立以能力水平为主要依据的多元化学习成果评价制度,使社会成员在各级各类教育机构和工作岗位中的学习成果能够得到评价和认可。

(四)建设终身学习公共服务平台

要想满足更低成本、更大范围内学习者的学习需求,提高学习者学习成效,需要汇聚优质学习资源,建设覆盖城乡的数字化网络化终身学习公共服务平台,为社会成员提供方便、灵活、个性化的学习资源和条件。

1. 建设福建开放大学。开放大学是基于终身教育理念建立起来的,以践行教育公平与民主为己任,充分利用现代信息技术实施高等教育,实行现代大学制度的新型大学。建设福建开放大学是在福建新的发展环境下提出的,借鉴英国、印度、韩国等做法,以广播电视大学为基础,秉承"以人为本、开放共享、整合创新、服务社会"的理念,利用现代信息技术手段,整合各类高等教育资源,建设集学历继续教育和非学历继续教育以及公共支持服务于一体,满足社会成员多样化终身学习需要的独立的高等教育办学实体及公共教育服务平台。福建开放大学实行自主招生、注册入学、弹性学习年限和完全学分修学制度,是面向所有学习者开放的、体制机制灵活的、层次形式丰富的终身教育服务系统,是构建终身教育体系,建设学习型社会的重要载体。

2. 建设终身学习网络平台。以服务区域范围内全体社会成员终身学习需求为宗旨,整合拓展现有的天网(卫星和广播电视)和地网(互联网)技术平台,依托办学系统分级建构以卫星、电视、互联网和移动终端等为载体的,集远程教学、管理和学习支持服务于一体的全民终身学习网络平台。以公共服务平台为枢纽,引导各级各类教育机构和社会公共机构主动融入,加强协作,提供线上与线下、实时与非实时、远程教育与传统校园教育相结合的混合式的学习支持服务,从而使各种优质教育资源在更低成本、更大范围内让更多学习者共享。

3. 提供丰富多样的学习资源。建立优质继续教育学习资源中心,整合电大、自学考试、普通高校、教育培训机构和企业的学历、培训及素质教育等课程资源,开发以行业教育和终身学习为主题的课程内容和教材,推广使用数字化、标准化的课程资源,实现教育资源在一定范围各级各类教育中的流通与共享。采取政府投资与市场配置相结合的方式,建立和完善优质继续教育资源共建共享的体制与机制。对通用的学习资源主要通过引进、购买、合作共建的方式来获取,对适应区域需要的特色资源以自建为主。自建的职业导向的资源,主要提供无偿服务,以政府投入为主;自建的非职业导向的资源可以引入市场机制,实行有偿服务。

(五)大力发展各种社会教育

社会教育是终身教育体系的重要支柱,具有直接、有效服务经济和社会发展的功能。经济的发展、教育的改革、科技的创新以及学习需求的无限性都要求大力发展各种社会教育。

1.提升社区教育水平。建设集引导教化、教育培训、支持服务、理论研究为一体的社区教育指导中心、资源中心和研究中心。全面完成社区教育机构"十百千"计划和社区教育队伍"百千万"计划。建立健全省、市、县、乡镇(街道)四级开放式的社区教育网络体系,形成横向联合、纵向沟通、资源共享、社会与教育双向互动的社区教育运行机制。实施创建社区教育品牌战略,基本形成"一地一品、一地多品"的社区教育特色品牌格局。发挥示范区、实验区先行引领和辐射带动作用,以活动、项目、课题研究等为抓手,不断提高社区教育的参与率,推动社区教育的普遍开展和协调发展。

2.推进学习型组织建设。建立覆盖全社会的学习型组织体系,大力推动学习型党组织、学习型机关、学习型企事业单位、学习型社区和学习型家庭的创建活动。各部门、行业要分类制定学习型组织创建标准和要求,推进组织变革,改善心智模式,注重系统思考,塑造共同学习、知识共享和勇于创新的组织文化氛围。要创新管理方法,提高员工和组织的学习力,建立健全与学习行为相匹配的激励机制。积极倡导全民阅读,开展全民读书、职工书屋、农家书屋等多样化的学习教育活动。

3.重视发展老年教育。全面推进老年教育的发展,是构建终身教育体系与形成学习型社会的重要途径,也是适应老龄化社会与老年人终身教育需要的重要形式。老年教育是一项社会系统工程,同时又是公益性质的教育,很难产生效益,政府的推动作用是相当关键的。各方面应做好以下几项工作:把握人口老龄化的趋势,制定老年教育条例,保障老年人受教育权利。完善老年教育设施和场所,建立健全省、市、县、乡、村五级老年大学(学校)网络,形成以各级老年大学(学校)为骨干、社区教育机构为依托、老龄协会等老年组织为纽带、远程网络教育为重要形式的老年教育体系,满足老年人就近、就地入学需要。加强老年教育的宣传,完善评估评鉴机制,开展提高老年公民身心健康的学习活动,提高老年教育的入学率。建设老年人学习网,提供总量充足并能不断更新充实的优质课程资源,促进学习资源的开放共享。

(六)完善终身教育的政策法规保障和投入机制

要想切实推动福建终身教育的改革发展,必须为其提供更加高效有力的法律和政策支持,营造良好的外部发展环境。

1. 突出立法保障。法律法规是保障终身教育改革发展的尚方宝剑。福建在全国范围内先行一步,制订了《福建省终身教育促进条例》,可以说是有法可依了,当前,福建省在法制保障方面要做的就是进一步落实《福建省终身教育促进条例》,开展终身教育执法检查与督政督学。根据国家即将颁布的《终身学习法》,修订现行的法律法规以渗透和补充终身教育的内容。确立终身教育在教育体系中的法律地位,重点突出成人继续教育在终身教育发展中的作用,明确各利益相关者的责任和义务,规范和促进本地区终身教育的发展,形成政事分开、权责明确、统筹协调、规范有序的终身教育发展格局。

2. 加大经费支持。终身教育作为一项惠及全民的公益性教育活动,涉及面广,时间跨度长,其经费投入理应由公共财政为主予以保障。要建立政府主导,社会、单位和个人多元投入的经费保障机制,强化政府投入的主渠道作用,将终身教育经费列入各级政府教育经费预算,保证终身教育经费逐年增长。同时,对发展终身教育急需的项目开支,如学习网络和服务平台建设、资源开发、场所设施建设以及举办重大活动等,应给予专项经费支持。此外,要充分调动全社会办教育的积极性,扩大社会资金进入终身教育的途径,鼓励和引导社会力量捐资、出资发展终身教育。利益相关者按照"谁受益、谁付费"的原则合理分担准公共服务和非公共服务类型的教育培训成本。严格落实企业职工工资总额1.5%至2.5%的比例用于职工培训的规定。鼓励和引导社会力量捐资终身教育事业,探索建立省级终身教育基金会。

3. 落实配套政策。推进劳动人事制度改革,制定从业人员参加继续教育的政策规定,把从业人员接受继续教育的状况和成果作为工作考核、岗位聘任(聘用)、职务(职称)晋升、职业注册等的重要依据。健全劳动准入制度和职业资格证书制度,切实推进劳动者持证上岗制度。建立继续教育提供机构的资质认证标准,完善各行业和专业领域继续教育质量评估制度。建立终身教育检查指导和监督机制,发挥执法机关、行政机构和新闻舆论的监督作用。

(七)发挥志愿者在终身教育中的主体作用

教育志愿者是指自愿贡献个人时间、精力、技能、资源以及爱心,在不为物资报酬的前提下,为推动教育事业发展而提供服务行为的人。教育志愿者是有效、整体推进终身教育的宝贵人力资源,充分整合和有序组织这种人力资源是全面实施终身教育、创建学习型社会的有力保障。要引导志愿者发挥四个方面的作用：

1. 发挥"倡导者"作用。深入社区，排查重点，设计出切实可行的社区终身教育方案，通过不断地游说，取得政府部门的信任与支持，拿到举办社区终身教育的政策。同时，还要争取相关机构的支持，重点要争取大学、社会团体、大型企业的支持。

2. 发挥"开发者"作用。针对不同社区的实际情况，适时开发服务项目。开发终身教育服务项目是教育志愿者的首要任务。教育志愿者想要有所作为，就必须深入社区，找准需求，对症下药，根据城乡不同社区群众的不同需求开发终身教育志愿服务的项目。

3. 发挥"宣导者"作用。志愿者或志愿者组织要本着满足社区及其民众需要的原则，本着充分发挥教育资源优势的原则，努力打造自己的特色教育品牌，并充分利用大众传媒的力量，对终身教育需求加以传播，积极宣传，把官方和公众的眼球吸引过来，使终身教育活动得以顺利实施，从而可以在一定程度上影响政府的决策。

4. 发挥"组织者"作用。社区教育志愿者组织需要整合社区内知识分子精英，招募和储备大量有专业水平、专业特长的志愿者来壮大自身。这样能促使志愿者的服务更加具体化、实际化，给社区带来巨大的创新动力，对社区人群的正常生活发挥有益的作用。社区教育从一定层面来说更多体现为一种公益性质的教育，需要大量的资金投入，社区教育志愿者应该做好宣传企划，促使热心社区教育的企业家大力赞助。

（八）进一步加强终身教育理论研究

要推进、提升福建终身教育的研究水平，必须从以下几个方面努力：一是培养专门人才。可选择有条件的大学开设终身教育专业课程，招收终身教育的硕士研究生，也可以考虑和台湾有关方面一起培养终身教育专业的学生。二是对从事终身教育的工作人员进行定期、短期培训，组织他们到境外考查，请名师来上课，提高他们的理论水平。三是健全研究机构。除了成立各级的终身教育理论研究会外，还可以考虑成立福建省终身教育研究所，在有条件的高校成立终身教育理论研究中心，要有任务、有编制、有经费，这三种机构，各有各的任务，各起各的作用（如研究会主要整合各高校和各级从事终身教育的管理人员的队伍，研究所主要整合本所的研究队伍，研究中心主要整合各高校本校的研究队伍），三种机构功能互补，齐头并进。四是争取课题。除了申报国家社科规划基金项目、国家教育科学规划基金项目、福建省社科规划基金项目、福建省教育科学规划课题、福建省教育厅课题外,还必需通过上述三种研究机构设定课题,除了由机构内的研究人员认领外,还可以向社会招标,发掘、整合社会上的资源,赏罚分明,从面到点都要出有份量的成果。五是编列专门经费预算。对科研经费应该全力保证,其中编列预算应该是主要渠道,要列入各级政府的专项教育经费,在其所编列的终身教育经费中占一定比重,像重视普通教育研究那样重视终身教育的理论研究。六是创造发表园地。除了《终身教育》外,要另外再争取一至两份有公开刊号的学术理论刊物,要对终身教育优秀的成果予以资助出版。规划出版"福建终身教育理论研究丛书",有计划、有重点地扶持一批重要的研究成果公开出版,让研究成果转化为生产力,并扩大终身教育的影响。七是定期召开理论研讨会和论坛,请有关专家各抒己见,互相借鉴,互相激荡,互相启发。八是争取接受各级政府委托进行有关的调研,积极为各级政府在"如何发展终身教育"方面发挥好参谋作用,为政府的决策和规划提出具有前瞻性、可行性的有分量的意见和对策。

参考文献

[1] 杨桂青.构建中国特色终身教育体系和学习型社会[N].中国教育报(第3版),2008-01-19.

[2] 郝克明.建设终身学习体系和学习型社会的研究报告[J].高等函授学报(哲学社会科学版),2007(7).

[3] 沈光辉.我国社区教育的发展现状与推进措施研究[J].继续教育,2008(1).

[4] 王振杰.社区教育需求导向研究[J].中国远程教育,2011(5).

[5] 到2010年我国人口平均受教育年限为9.1年[Z].http://blog.eastmoney.com/chenyh1688/blog_110188967.html.

[6] 联合国开发计划署.2010年度世界各国人类发展指数(HDI)[Z].http://www.tianya.cn/publicuforum/content/worldlook/1/298890.shtml.

[7] 胡锦涛.在全国教育工作会议上的讲话(2010年7月13日)[N].新华社,2010-09-08.

[8] 徐魁鸿.我国终身教育发展的动力机制研究[J].中国远程教育,2009(12).

[9] 叶忠海.21世纪初中国社区教育发展研究[M].青岛:中国海洋大学出版社,2006.

[10] 王连生.教育人类学[M].台北:五南图书公司,2002.

[11] 魏惠娟.高龄教育政策与实践[M].台北:五南图书公司,2009.

[12] 黄富顺.成人教育导论[M].台北:师大书苑,2000.

[13] 耿忠平.社会保障学导论[M].上海:同济大学出版社,2003.

[14] 黄富顺.台湾地区非正规学习成就的实施与展望[J].成人教育,2009(1).

[15] 王英.社区老年教育问题研究:社区社会工作视角的分析[J].成人教育,2009(2).

[16] 沈光辉.积极构建福建特色终身教育体系[J].福建广播电视大学学报,2012(2).

[17] 郝克明.建设终身学习体系和学习型社会的研究报告[J].高等函授学报,2007(7).

[18] 沈光辉.远程教育在终身教育体系中所扮演的角色[J].成人教育,2009(30).

[19] 刘伯奎.终身教育与终身学习的哲学思考[J].高等函授学报(哲学社会科学版),2007(1).

[20] 高文杰.我国现代社区教育发展的哲学思考[J].高等函授学报(哲学社会科学版),2008(7).

[21] 陈利.试论远程教育在构建终身教育体系中的作用[J].继续教育,2005(7).

[22] 谈松华.中国教育现代化的区域发展[M].广州:广东教育出版社,2003.

基金项目:福建省教育厅 A 类社会科学研究专项项目"福建特色终身教育体系研究"(JA10328S)成果。

(本课题总负责人沈光辉为福建广播电视大学研究员,吴国为福建广播电视大学副研究员,蔡亮光、吴东晖为福建广播电视大学副研究员,陈晓蔚为福建广播电视大学研究实习员。)

现代远程教育与社区教育的发展研究
——以福建广播电视大学参与社区教育为例

沈光辉　吴国　蔡亮光　吴东晖

一、以现代远程教育推展社区教育的理论探索

目前,在我国电大现代远程教育蓬勃发展的情况下,社区教育只有和远程教育联手,充分利用电大现代信息技术手段、组织系统网络的优势,合力打造社会化、广覆盖、全民化的全民终身学习服务平台,才能形成长短互补、优势更优的良好局面,学习型社会才有可能形成,和谐社会建设才会有一个较为坚实的基础。

社区教育是构建终身教育体系、形成学习型社会的社会载体和基本途径,是终身教育体系、学习型社会这个有机体的组成部分。远程教育则是构建终身教育体系、形成学习型社会的最佳选择和崭新形式,是实现目标的有力手段和有效保障。党的十六届六中全会出台了《中共中央关于构建社会主义和谐社会若干重大问题的决定》,进一步提出了构建社会主义和谐社会的重大战略任务和奋斗目标。建设和谐社会在社会主义现代化事业和建设全面小康社会的全局中,是处于更高层次的发展目标;构建终身教育体系与学习型社会,则是建设和谐社会的动力机制与有机组成部分。

若要社会和谐,必先社区和谐。建设和谐社区是建设和谐社会的基石。要形成以社区教育(培训)学院为龙头、街道(乡镇)社区(市民)学校为骨干、村民(居委会)学校为基础的社区教育三级网络,开展多层次、多内容、多形式的社区教育,提供尽可能令人满意和优质的教育服务,满足社区全体居民多样化的学习需求,全面提高社区全体居民的整体素质。庞大的群体、宽泛的社会覆盖面、多样化的民众学习需求,只能依托现代信息技术的功能,采用现代远程教育的手段全面推展社区教育才能多快好省地成为现实。

(一)依托广播电视大学开展社区教育是社区教育快速发展的重要走向

"现代远程教育与社区教育的发展研究"课题组(以下简称课题组)通过深

入调研、分析,认为:电大教育与社区教育都是以终身教育理念为指导的,都是为终身教育和学习型社会服务的重要形式;其发展定位都是"全民终身学习的支柱、学习型社会的平台"(葛道凯),其立足点和落脚点都要体现在社区教育上,将来基层电大的发展趋势是成为当地的社区教育中心;其价值追求也是完全一致的。依托电大教育开展社区教育,可以做好"五个促进":(1)促进全民学习、终身学习;(2)促进社区建设、社会发展;(3)促进教育公平、社会公平;(4)促进人的全面发展、个性化发展;(5)促进教育变革、教育创新。

因此,依托电大教育开展社区教育是当前和今后又好又快发展社区教育的重要途径,也应该是国家发展战略层面上的政策选择。

依托电大教育开展社区教育可以做到"四个有利于":

1. 有利于整合利用各类教育资源,发挥电大系统作为国家资源的作用,避免重复建设和资源浪费,有效解决我国公共教育资源不足的问题,实现资源共享、综合利用;

2. 有利于促进社区教育向基层、社区和广大农村与边远地区延伸,促进教育公平和社会公平,实现使全体人民"学有所教"的和谐社会建设目标;

3. 有利于构建形式多样、灵活开放的社区教育网络体系,提供多样化的优质教育资源,为社会和学习者提供更多更好的受教育机会;

4. 有利于解决我国地区性、城乡间的教育发展不平衡,以及实际存在的"教育鸿沟"、"数字鸿沟"等问题,促进教育均衡发展,实现全民教育、终身教育的目标。

福建电大省校、福州电大、泉州鲤城电大从 2001 年开始就在政府的支持下参与了当地社区教育,课题组通过调研,总结出电大远程教育参与地方社区教育的可实施的路径与实践模式。认为:

第一,要确立服务社区教育的理念定位:在建设海峡西岸学习型社会新视野中更多地关注社会教育需求和社会成员学习需求变化及其发展趋势。培育和挖掘办学和服务功能,提升面向社会和市场的服务能力。围绕社区教育的开展,突出"学校办学"特征、"资源整合"优势、"项目带动"抓手、"理论研究"引导,面向社区居民,以"正规"形式开展具有地方性、开放性、综合性、大众化的"非正规"教育,把社区教育办成集引导教化、教育培训、支持服务、理论研究为一体的教育形式。

第二,依托办学系统,初步形成开放式的社区教育网络组织体系。按照社区机构与电大平行、"一套人马、两块牌子"的模式进行建构。其基本架构图示如下:

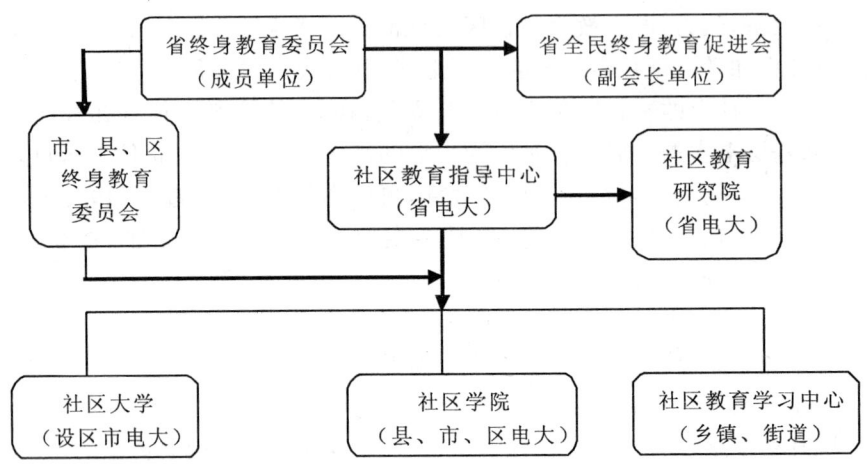

第三,建设福建终身学习在线平台,为社区教育提供大容量优质资源。受省终身教育委员会委托,福建电大投入500多万元建设福建终身学习在线平台(http://www.fj51e.cn)。平台的建设宗旨是"发展终身教育,服务海西大业";建设目标是"需有所学,学有所教";学习理念是"3A:人人(Anyone)皆学,时时(Anytime)能学,处处(Anywhere)可学"。这个平台主要有三大特点:(1)校企合作,优势互补,(2)资源丰富,共享联动,(3)功能强大,方便用户。

第四,以项目为抓手,开展多形式的社区教育培训。这是电大成为社区教育办学主体、发挥主导作用的关键。福建电大根据当地的实际状况,结合自身优势、条件等,积极开展多层次、多内容、多形式的社区教育活动,主要包括在职人员岗位培训、下岗人员再就业培训、外来务工人员技能及适应性培训、农村实用技术培训、老年教育及文化休闲教育等。具体来说:一是将开放教育引进社区教育中,探索职业培训、学历教育、就业推荐"三位一体"的技能型人才培养模式;二是开展各类非学历教育培训。

第五,开展社区教育理论研究几年来,福建电大就本省社区教育状况、社区教育与终身教育体系的建立等进行了大量调研,承担省终身教育委员会、省教育厅委托的多项课题研究,发表了一批研究报告和论文。为进一步加强社区教育的理论研究,学校专门成立了社区教育研究院,深入探讨学习型社会视野下远程教育、社区教育的发展问题。

(二)开展电大与政府共建社区教育的模式研究与实践

课题组成员积极与当地政府合作,共同参与当地的社区教育活动。

社区教育作为一种公益性为主的事业(公共产品或准公共产品),需要政府的推动与公共财政的支持。2010年"长三角地区社区教育论坛"提出"政府是第一推动力",政府推动对社区教育发展至关重要。电大参与社区教育既是社会教育的承载者,也是政府行为的实践者,一方面需要政府的重视和支持,另一方面需要电大自身的努力。从政府角度讲有三点:其一,要重视发挥电大在社区教育中的优势和作用,协调有关方面支持电大;其二,要把电大教育纳入当地教育事业发展规划和社区建设规划;其三,要妥善解决好电大参与社区教育的体制、机制、经费、政策等问题。从电大角度讲有三点:第一,要主动融入、主动服务;第二,要发挥远程教育系统优势与作用;第三,要积极探索电大参与社区教育的途径和模式。

在社区教育基层组织机构建设方面,福州电大充分发挥了地方政府的积极性,形成了政府参与,电大实施,互相支持,合作共管的社区教育新局面。如福州电大的鼓楼、台江社区学院的机构有以下特点:

1. 合作共管的组织机构。社区学院由福州电大和地方区政府双重领导。福州电大和区政府成立社区学院领导小组,负责对社区学院的领导和有关工作的协调。福州电大院长(校长)和区政府的区长担任领导小组的组长。领导小组成员由社区办、教育局、民政局等6个有关部门的主要领导组成。教育局局长、副局长和福州电大继续教育中心主任分别担任社区学院院长、常务副院长和副院长。这样的组织机构,便于政府与学院双方的共同参与管理,充分体现了政府与学院在办学中的积极性,也形成了一种真正的互动。

2. 有效自主的管理机制。社区学院实行领导小组领导下的院长负责制,重大事情提请领导小组决定,院长是社区学院的法人代表,有办学的自主权。由于领导小组是由学院和与社区工作有关系的单位的负责人组成的,他们对本区内的经济社会发展、社区的需要有更多的了解,对本部门的管理工作有决策权,对社区教育有更深刻的理解,这样领导小组的决定更容易得到贯彻执行,也更能充分利用行政资源以取得市场行为的最大成效。

3. 融合互动的办学特色。社区学院是电大教育与社区教育的结合体。创办社区学院,是福州电大开展电大教育与社区教育交融与促进的一次大胆尝试。

4. 办学规范的约束机制。社区学院领导小组每学年召开一次会议,研究社区学院的年度工作计划,协调各相关部门的工作。福州电大与鼓楼区政府、台江区政府也定期或不定期召开社区学院工作协调会,解决有关重大问题,完善和建立各项规章制度,检查、指导社区学院规范办学。

5. 经费保障的长效机制。政府每年都安排专项经费作为社区教育的扶持资金，保证社区学院的正常办学。在经费上采取了"政府拨一点、社会筹一点、单位出一点、个人缴一点"的务实形式推进社区教育的开展。如台江社区学院与区民政局、残联举办的残疾人电脑操作培训班；与区社区办开展的"社区居委会干部岗位培训班"，都是由区政府拨专款专用加以保障的。福州电大对社区学院办学经费也给予大力扶持并提供优惠政策，如拨给启动资金资助台江社区学院的创办。

实践证明，这种与地方政府联合，"既从事学历教育，也开展岗位培训和社区服务"的新的社区教育模式，解决了社区教育的人员、组织机构、常年经费等可持续发展的关键问题，缓解了社区的社会矛盾，有力地促进了区域经济社会的发展和和谐社区的建设，推进了终身教育体系的构建和学习型社会的形成，也提升了电大的办学水平，增强了电大服务社会的功能。课题组中的鲤城电大、邵武电大、梅山实验学院等单位都在与政府联合举办社区教育活动方面积累了自己的经验。给之后的漳州社区学院、莆田社区学院等地市社区大学的成立提供了大量可借鉴的宝贵经验。

（三）关于社区教育资源整合与共享的研究与实践

课题组认为，社区教育资源的整合与共享是发展社区教育、构建终身教育体系的一个重要环节。所谓社区教育资源是指社区内有可能对社区成员产生教育功能的各种资源。按其性质，可以把社区教育资源分为直接的社区教育资源和间接的社区教育资源。

社区教育资源从广义上讲，包括人、财、物，以及有关政策、制度、环境等，如办学条件、硬件设施、人力资源、师资队伍、课程资源等。而狭义上的社区教育资源则指社区教育的课程学习资源。下面介绍的大部分内容以狭义上的社区教育资源为主。

社区教育资源的整合共享，是指学校、社区在取得地方政府和社会各界支持的情况下，对社区内可资利用的人力、物力等资源进行协调，积极发挥社区的各种资源优势，实行优势互补。只有有效地统筹协调社区内的各类教育资源，并进行优化整合，最大限度地实现社区、单位与社区成员之间的资源共享，才能使社区教育有效运作，形成一种整体的"教育合力"，使其既满足社区教育多元化的需要，又能为社区成员提供更多的学习资源。

社区教育对象的广泛性，决定了其学习需求的差异性和教育资源的多样性。2008年10月，福建省统计局对"福州市社区教育与社区居民学习状况"1000个有效样本进行调查，结果显示（见下表）：

福州市民学习需求状况调查统计表

学习内容	1.学历教育	12.29%	学习目的	1.提升学历	23.34%
	2.老年教育	17.94%		2.提高职业技能	23.83%
	3.青少年校外教育	21.87%		3.提高生活质量	63.64%
	4.职业技能培训	20.64%		4.愉悦身心	43.49%
	5.社会文化生活	37.10%		5.结交朋友	52.09%
	6.精神文明建设	26.54%		6.其他	9.58%
	7.兴趣爱好	43.00%			
	8.家庭生活	25.55%			
	9.其他	5.16%			

本课题的研究认为,可以充分发挥现代远程教育资源优势,实现社区教育资源整合与共享,以解决社区教育的资源问题。

现代远程教育以信息技术为支撑,将学校教育、家庭教育、社会教育等联结在一起,形成真正以学习者为中心并满足学习者多种学习需求的学习环境,成为构筑"人人学习、时时学习、处处学习"的终身教育体系的技术依托,使其成为适合终身教育思想和要求的、适合于人们终身学习的现实形式。同时,现代远程教育超越了传统的教育模式,其独有的开放性、实时性、交互性、自主性、灵活性、共享性、终身性等特点,从根本上改变了传统教学的种种弊端,突破了传统教育的时空局限,激发了学生学习的主动性和创造性,为社区教育展示了全新的教育环境,拓展了巨大的发展空间,极大地推动着教育、经济和社会发展以及人的全面发展。

1.充分利用远程教育资源的存量优势。以电大为例:2009年中央电大面向全国开设理、工、农、医、文、法、经济、管理、教育、历史等10大学科统设专业,地方电大根据中央电大统设专业科类教育计划及非学历教育项目,开设本地区统设或派生专业,目前开设专业总数超过580个。据不完全统计,中央电大不仅拥有本专科学历教育的课程教材资源,而且拥有大量非学历教育、各类短期培训的文字、音像教材资源,每门统设课程均建有3种以上的媒体教材。网络学习资源服务平台——国家现代远程教育资源库,已成为资源丰富的多媒体课程"超市",可以满足不同层次、不同年龄、不同类型人群的多样化学习需求。还有,67所试点网院和各高校,都积累了专业齐全、内容丰富、形式多样的网络平台教育资源,要善于利用这些优势资源,搭建数字化学习服务平台。

福建终身学习在线的建立,使得大量远程教育资源得到了整合并应用于开展社区教育和终身教育活动。这就是一个很好的例子,对社区教育的开展有很大的帮助。

2. 发挥现代技术优势,利用、开发和建设远程教育学习平台。在社区教育的发展当中,以电大、网院为代表的远程教育机构正渗透其中,并逐渐成为社区教育的中坚力量。现代远程教育机构以互联网和宽带专用网构建的开放教育学习平台,可以供各地作为交流社区教育信息和工作经验,展示社区教育活动的平台;开放学习平台上的BBS系统和电子邮件系统,也可以作为市、县(市、区)社区教育机构和市民(村民)直接沟通的平台。另外为数不少的远程教育机构已经具备了制作数字化多媒体教育资源的丰富经验,也积累了对内容丰富、形式多样的媒体资源——网络平台教育资源、视频音频教育资源的管理经验。社区教育学院可以利用现代远程教育机构的丰富经验,统筹、整合各方资源,发挥教学资源中心的作用,构造社区教育的资源超市。

在做好学习支持服务方面,电大提出办学与服务并举的发展思路,奥鹏积极打造的远程教育公共服务体系,使学习平台建设更多地体现了人性化,如建立"学习论坛"和"教师答疑"模块,方便学习者学习。真正体现远程教育开放、便捷、自主的特性。依托电大、自考、中小学远程教育以及计算机互联网等平台,建立我省全民终身学习服务平台,建立并完善社区公共学习服务体系,对社区教育的有效开展将起到重要的促进作用。

3. 远程教育丰富的教育资源优势,能弥补社区教育资源的不足,在一定程度上克服教育投入不足问题,并实现教育公平。传统教育在社区发展的不平衡性是教育公平的一大难题,虽然现在许多城市正进行教育改革,尽量达到教学及师资在一个地区内的均衡,但在不同地区间仍然存在着不平衡现象,而远程教育正好可以弥补这一缺陷,优秀的教学辅导资源可以通过网络的形式传播到教育欠发达地区,以实现全国范围内的教育公平。远程教学资源内容的丰富性及表达的多样性可以弥补传统教育在这方面的不足,使课堂教学形式和结构更为灵活多样,有利于调动社区学员参与课堂教学活动的积极性,有利于改变其被动听课的状态,提高学习兴趣和效率。

4. 建立和完善学习有效沟通与衔接机制。借鉴欧美等发达国家社区学院的先进经验,通过"课程超市、学分银行"等方式,搭建学历教育与非学历教育、正规教育与非正规教育、学校教育与社会教育互通互联的立交桥。以课程开放为切入点,搭建适应社会经济发展,满足学习者自我设计和终身学习需要的模块化、多层次、多通道的立体化课程平台。

5.建设福建终身学习在线平台,为社区教育提供大容量优质资源。平台整合了海西专栏、生活百科、学习资源三大栏目。以学习资源为例,涉及社区教育(4256讲)、继续教育(3205讲)、职业教育(1456讲)、青少年教育(3037讲)、老年教育(2424讲)和农村教育(1689讲)六大类,基本涵盖各个领域的资讯和专业知识,实现平台资源的优质化、高效化和最大化,较好地满足各个学历层次、年龄阶段和专业领域人群的学习需求。

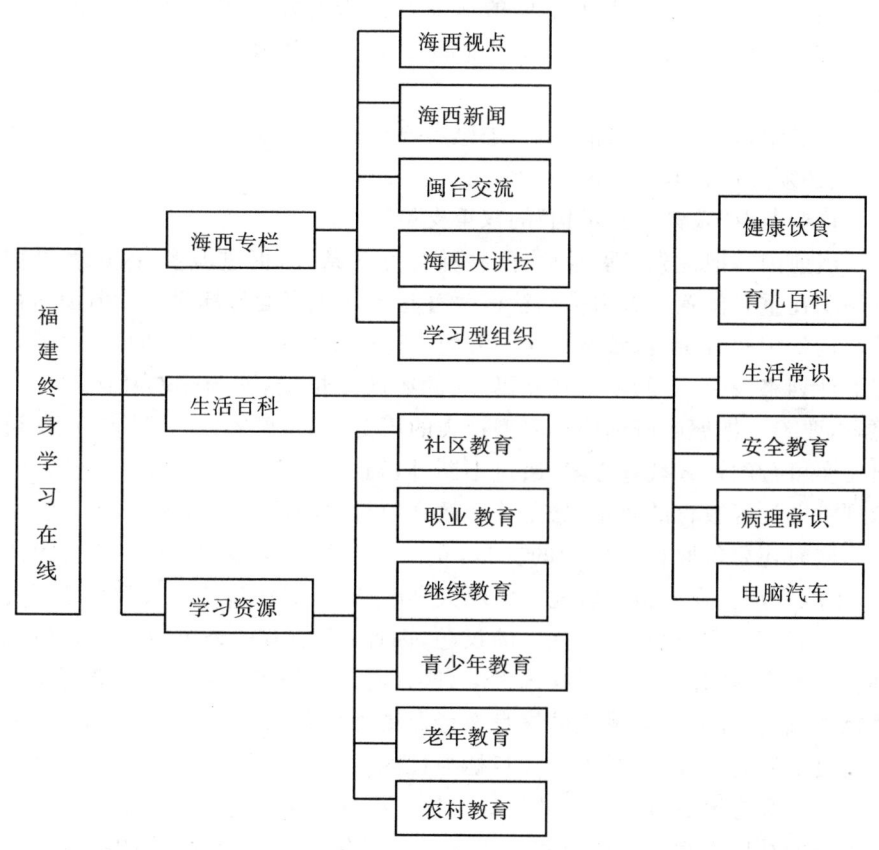

平台还依托电信纵向网络覆盖和分布式存储优势以及全省电大系统办学网络,构建互动、共享的省市县三级终身学习分平台。同时结合地方文化,各地电大建设各自的特色资源(如龙岩客家文化、莆田妈祖文化等)。目前,福建终身学习在线已在全省9个设区市电大和10个县级电大搭建具有地方特色的在线学习分平台。

(四)充分利用志愿者的宝贵人力资源有效推进社区教育

社区教育教育志愿者是指自愿贡献个人时间、精力、技能、资源以及爱心,在不为物资报酬的前提下,为推动教育事业发展而提供服务行为的人。社区教育志愿者是切实有效整体推进社区教育的宝贵人力资源,充分整合和有序组织这种人力资源是全面实施终身教育,创建学习型社区的有利保障。教育部2004年在《关于推进社区教育的若干意见》中提出"建立一支以专职人员为骨干,兼职人员和志愿者为主体的适应社区教育需要的管理队伍和师资队伍"。作为政府政策内容的一部分,志愿者在社区教育中定位明确,是两个主体之一。

课题组认为,在目前情势下,志愿者要想在社区教育中真正发挥其主体作用,就必须重点采取如下策略:

1. 要争取"政策"与"机构"的双重支持。

当前国家把优先发展教育,改善教育办学条件,促进城乡、区域教育均衡发展摆在重要位置。大力推动社区教育是当前政府的目标之一。但国内社区教育还处于初级阶段,政府在这一方面也还处于摸着石头过河的阶段,需要有好的计划来吸引,好的项目来支撑,好的团队来推动,作为热心社区教育的志愿者,要善于把握政府创建学习型社会的历史机遇,深入社区,排查重点,设计出切实可行的社区教育方案,通过不断地游说,取得政府部门的信任与支持,拿到举办社区教育的政策,这是社区教育项目成功的关键步骤。

同时还要争取相关机构的支持,重点要争取大学支持,争取社会团体支持,争取大型企业支持。首先要争取大学的支持,现在传统的大学教育以传授"专业知识"为主,很难深入社区的议题,因此,当前有的地方政府依托电大举办社区教育,依托电大成立社区大学,这方向无疑是正确的。其次要寻求社会团体的支持,如福建省成立的终身教育促进委员会,其成立的目标和宗旨就是推动终身教育的发展,其方向和目标与社区教育是一致,这一类的社会团体正是社区教育志愿者寻求支持的最好目标。再次要争取大型企业的支持。由政府主导的社区教育学习内容和形式日益多样化,但日益现代化的社区对教育不断产生新的需求,这些需求是政府没有办法解决,至少是无法全盘解决的。而大型企业有资金,有资源,出于自身发展的需要,也愿意涉入社区教育这个教育新领域。因此,社区教育志愿者只要主动介入,把设计好的项目推出去,取得支持应该不是一件难事。

2. 要"随行就市",针对社区的实际情况,适时开发服务项目。

开发社区教育服务项目是社区教育志愿服务的首要任务。社区教育志愿者要想在服务上有所作为,就必须深入社区,找准需求,对症下药,开发社区教育志愿服务的议题。

社区教育志愿服务只要对路就大有可为。当前政府推动的社区教育主要针对社会弱势群体,特别是下岗职工、农村贫困人口、进城务工人员和残疾人等人群的谋生需要。城市社区教育主要是开展在岗人员的岗位培训、下岗职工的再就业培训、弱势人群的提高生存技能培训、外来务工人员适应城市生活的培训以及进城务工人员的岗前培训等。农村社区教育主要以农民增收为中心,注重调整和优化农业产业结构,提升农村产业化经营水平,把培养农村致富骨干和促进劳动力有序转移作为重点。志愿者要介入社区教育,采取与政策同步的策略等于是搭顺风车,容易得到政府的支持,是快速见效的一条捷径。

3. 要全面启动宣传工具,向上向下全方位做好宣传工作。

社区教育志愿服务的宣传策略非常重要。志愿者或志愿者组织要善于利用大众传媒的力量,把官方和公众的眼球吸引过来,从而可以在一定程度上影响政府的决策。当前,社区教育和志愿者活动都是公众关注的焦点,志愿者组织通过大众媒介将公众对社区教育需求和支持的愿望加以传播、积极宣传,最终吸引官方和其他机构的眼球,从而使社区教育活动得以顺利实施。政府以支持志愿活动、社会公益的方式推动服务事业,特别是社区教育服务这种教育活动,对政府来说,通过支持志愿组织开展比自己包揽更为明智。

同时,打造特色品牌社区教育是社区教育能否深入发展的一个基本要素。不少社区从本社区类型、特点和工作基础出发,本着社区及其民众需要的原则,本着充分发挥教育资源优势的原则,努力打造自己的特色教育品牌。这样才能得到社区及民众的欢迎。

4. 要广纳"贤才"与"贤财",建立社区教育的长效机制。

吸引高素质、高水平、有专业特长的社区人才参加志愿组织,是一种新的趋势。社区志愿者专业化程度的提高,不仅有利于增强具体服务的效益,而且有利于促进志愿服务观念和行为的变革。大批拥有新技术、新知识、新思想的人士加入志愿服务的行列,就会给社区带来巨大的创新动力。社区教育志愿者组织需要不断地广纳贤才,招募和储备大量有专业水平、专业特长的志愿者来壮大自身。特别是整合社区内精英,培训热心社区教育的人才,这样能促使志愿者的服务更加具体化、实际化,对社区人群的正常生活发挥有益的作用。

社区教育从一定层面来说更多体现为一种公益性质的教育,需要大量的资金投入。目前国家把大量的资金投入义务教育以及其他系列国民教育,投入社区教育的资金相对来说就捉襟见肘,资金的不足是影响社区教育可持续发展的一个重要因素。因此,社区教育志愿者寻求企业和个人赞助是扩大社区教育资金来源的一个渠道。只要资金来源没有问题,就应该通过正规的渠道大胆地吸纳进来。社区教育志愿者应该做好宣传企划,使企业家知道企业赞助社区教育,不仅能获得荣誉职位与荣誉称号,获得良好社会名声,还可以为企业或企业家争取社会更广泛的了解与接受,对经营发展有促进作用。

如今社区教育在我国得到快速推进,作为一种无偿或低偿的服务,社区教育志愿者是切实有效整体推进社区教育的宝贵人力资源,是推进社区教育一支不可忽视的力量。充分整合和有序组织这种人力资源是全面实施终身教育,创建学习型社区的有力保障。

二、社区教育系统组织建设

(一)地市社区教育组织机构建设与社区教育活动

福建广播电视大学是一个系统覆盖全省地市、县市、乡镇的庞大组织体系,又是采用现代信息技术实施远程教育手段覆盖全省城乡乃至边远山区的庞大的教育服务体系。所以,依托电大系统,推展社区教育,一方面加快了福建省社区教育的进程,另一方面也再度扩展了电大教育服务的空间,给远程教育系统在新时期转变发展方式带来了新的机遇与挑战。依托各级电大开展社区教育,可以因地制宜,以需求为导向,结合本地区的特点,积极开展内容丰富、形式多样、方式灵活、群众喜爱、健康有益的活动,丰富社区成员的文化生活,不断提高社区居民素质和生活质量。通过开展多层次、多内容、多形式的社区教育活动,提高社区居民的教育培训率,形成人人皆学、学有所教、时时可学、学以致用的学习型社区新格局。

漳州电大课题组在当地政府的大力支持下,成立漳州市社区大学校务委员会。2009年6月,由漳州市政府正式下文成立漳州市社区大学校务委员会,市委副书记、代市长陈冬和市委常委、宣传部长林晓峰担任名誉主任,黄浦江副市长担任主任,副主任有市委组织部分管副部长、市委宣传部分管副部长、市教育局局长、市府办分管副主任和福建电大漳州分校校长。成员包括漳州军分区、漳州市人事局等27个单位的分管领导。校务委员会在市教育局下设办公室,由教育局分管副局长兼任办公室主任,负责全区社区教育日常的组织、协调、管理和指导工作。2009年6月,经地方政府批准,报省教育厅备案,漳州地区依托漳州电大正式成立了"漳州社区大学"。一个强有力的地市级社区教育的组织机构有效推进了全区的社区教育工作。

漳州电大课题组推展社区教育的成效与亮点是：

1. 成立了漳州市社区大学校务委员会。在漳州市社区大学校务委员会的领导下，以及各成员单位的共同努力下，建立并完善了"党政统筹领导、教育部门主管、有关部门配合、社会积极支持、社区自主活动、群众广泛参与"的社区教育管理体制和运行机制。

2. 漳州市建立了一支专兼职结合的社区教育工作队伍，为有效开展社区教育工作提供了重要保障。一是建设师资队伍。以社区大学为依托，组建了一支专兼职结合的社区教育师资队伍。二是建设了"四支队伍"。即社区工作人员队伍、专兼职辅导员队伍、志愿者队伍和研究者队伍。确保每个街道由一位宣委分管社区教育工作；每个居委会配备一名兼职辅导员；每个企事业单位有一位分管领导负责社区教育工作。

3. 漳州市以社区大学为平台深入开展社区教育和学习型组织建设，精心组织社区成员参加"全民读书月"活动，把创建学习型组织工作不断引向深入。截至目前，漳州市芗城区被国家教育部确定为全国社区教育实验区，是福建省五个入选单位之一。此外漳州市还有省级社区教育实验单位3个，省级学习型组织创建单位7个；市级社区教育实验单位11个，市级学习型组织创建单位30个。

4. 漳州电大开通了千兆出口的终身学习在线网站，不断推出精品课程，创建网上交流学习平台，推动各类学校资源向社区开放，切实让网络学习平台"骨肉丰满"，让群众有更大的选择性。构筑全民终身学习网络体系，使得社区教育办学覆盖面不断扩大，课程资源不断丰富，学习手段不断更新，提高了社区教育乡土化、全民化、多元化的教育服务能力。

5. 精心挑选社区教育特色课程和教材，建设社区教育课程资源库和信息库，并开展了一系列教育课程、知识讲座和文化活动等。截至目前，漳州市共举办各类教育培训300余项，开展各类讲座1000余场、各种宣传咨询活动500余场，培训人数达8万余人次。

莆田电大课题组积极探索以社区教育为切入点，开展终身教育的新模式；根据《省委宣传部、省教育厅、省财政厅、省民政厅关于加快我省社区教育的意见》，针对莆田市社区教育的现状及电大提出的"乘势而上、四求作为、服务先行"的思路规划，推进全市社区教育的对策建议。2010年3月市政府常务会议研究同意依托莆田电大建立莆田社区大学。同时，莆田电大积极参与社区教育实验和项目运作,2009年10月学校根据《中央广播电视大学关于推展社区教育及设立实验中心的通知》,向中央电大申报材料,2010年4月被中央电大批准为第二批(福建第一批)四家社区教育实验中心之一,签订《中央电大社区实验中心任务书》。并推荐了一批中央电大社区教育兼职研究员,承担全国社区音乐活动展播实验项目。

莆田电大开展社区教育活动服务终身教育的经验是:

1. 明确定位、提升站位、四求作为、服务先行。一是进一步明确学校发展远程教育、继续教育的新定位。把目标价值定位在改善民生,实现教育公平,建设人力资源强市和学习型城市上;把服务功能定位在构建港城终身教育体系和学习型社会,满足社会成员对终身教育的多样化、个性化的需求上。二是立足服务海西先行、港城崛起的全局,提升新站位。努力实现"远程教育创优势、终身教育求先行、服务港城求作为、科学发展上水平"的目标。三是扎实推进"四大工程"、"两大体系"、"两大计划"。"四大工程"即:"海西先行、港城崛起"的服务工程,质量保障和学习支持服务工程,校园信息化建设、文化建设和迁建新校区工程,师生素质和能力提升工程。"两大体系"即:电大系统的支撑体系、远程教育公共服务体系;"两大计划"即:远程教育、继续教育拓展计划,社区教育、职业教育拓展计划。为建设湄洲湾港口城市,构建港城终身教育体系,建设人力资源强市和学习型社会发挥更大的作用。

2. 深入开展终身教育宣传工作,营造终身教育发展的良好氛围。一是加强部门协作,建立终身教育宣传长效机制。学校围绕《条例》,结合学校开展的学历教育、非学历教育、办学和服务的各项活动,建立完善终身教育宣传长效机制,促使终身教育宣传工作"进社区、进农村、进企业、进军营、进单位"。二是加大媒体宣传力度,努力营造推进终身教育事业发展的氛围。学校每年安排专项经费,采取多种宣传方式和载体,传播终身教育与终身学习理念,多角度、广覆盖推进终身教育的社会宣传。三是创新宣传活动的方式,注重宣传实效。近几年,莆田电大以每年"9·28"终身教育宣传活动日为契机,因地制宜,组织开展知识竞赛、主题教育、路演文化、书画摄影、读书征文、研讨会、专题讲座、高峰论坛等各种行之有效的宣传活动。

3. 着力打造全民终身学习网上平台,建立开放性的网上学习体系。一是建立并开通"莆田终身学习在线网"平台。开展基于网络的"一站式"学习服务。将各类多媒体学习资源分为六大内容模块,即社区教育、继续教育、职业教育、老年教育、青少年教育和农村教育。设计六大功能模块,即在线学习与测试、用户管理、信息发布、资源管理、学习成果认证、缴费管理。全力打造人人皆学、时时能学、处处可学的莆田市终身学习在线平台。二是充分发挥"海西教育网"的作用。"海西教育网"是福建广播电视大学主办的中小学教师继续教育、远程培训平台和全面推进新课程深化发展的网络教研平台,具有优化的学习资源和学习流程、强大的专家团队和技术支撑、高度的个人自主和平等互动、充分的学习选择和智慧分享、及时的跟进服务和全面反馈、全新的培训模式和精细管理等优势。三是创新适应全民学习需要的体制机制。主动配合省电大借鉴现代商业超市的做法,建立教育"课程超市",以"学分银行"方式开展学历教育、继续教育的教学管理。

4. 开展终身教育"五进"工程,从时空上推动全民学习、终身学习。一是进军营,开设两所军人分校,探索军地两用人才培养模式改革。探索开展学历教育、技能培训、职业认证"三合一"的教育培训,已毕业学员348名,目前在校的还有497名部队学员。二是进企业,搭建企业成长型培训平台。会同莆田市经贸委等有关部门开展创业辅导培训、企业精细化管理培训、企业高管人员提升培训。近四年来,学校先后为在校大中专毕业生,社会有志于创业的人员,下岗人员,企业中初、中级人员开展企业成长型培训,培训5000多人。三是进农村,服务新农村建设。抓好省委组织部、省教育厅开展的"一村一名大学生"培养计划。同时积极探索面向农村的开放式远程教育新模式,拓展新型农民培养培训计划,开展农村劳动力转移培训、农村实用技术培训,共培训近2000人。学校还先后为江口李厝村捐款物6万多元,资助村部建设和自来水管道改造。四是进社区,开展社区工作者岗位培训。全市有410名社区工作者获得了省委组织部、省民政厅、省电大颁发的社区工作者岗位职业资格证书,其中有30多名还获得了中央电大开放教育行政管理(社区工作方向)专科学历证书。此外学校还向社区开放,举办残疾人工作联络员"信息化助残工程"计算机培训,培训了120人。参与梅峰社区文明社区共建活动。五进学校,开展联合办学、支教帮扶。实行半工半读、三段式办学。免费培养四川灾区中职生和莆田市贫困家庭的中职生。学校还对农村教师、进城务工人员、复退军人参加电大开放教育给予学分费下调优惠;先后向宁夏西吉中学、南平星光中学,莆禧小学、东峤小学、常太中心小学、岭下小学,莆田工程学校捐赠远程教育教学设施设备、文体图书用品等约十几万元。

5. 实施现代远程教育工程,为港城崛起提供智力支持和人才支撑。一是坚持以开放教育为办学主体。学校围绕"人才培养模式改革和开放教育试点"建立健全具有远程开放教育特色的人才培养模式、教学模式、管理模式以及运行机制,为培养"学得上、用得起、干得好、留得住"的应用型专门人才探索新路。为莆田市各行各业培养了 1300 名应用型专门人才。二是建设奥鹏远程教育公共服务体系——莆田电大学习中心。已为 8 所国家重点高校远程教育近百个专科、本科专业远程学历教育提供支持服务。目前,奥鹏莆田电大学习中心有在读生 5000 多名,申办的奥鹏远程教育莆田职业技术学校学习中心也通过评审,2010 年启动招生工作。三是加强非学历的继续教育培训工作。充分发挥远程培训开放性、灵活性、低成本的优势,加强与各相关部门的密切配合,为社会各类从业人员提供各类岗位培训、继续教育、职业技能培训,提高从业人员的素质和能力,培训各类从业人员近 10 万人次。四是着力建设现代远程教育公共服务平台。加快建设市政府列入 2008 年拉动内需的迁建新校区的重点项目工程(两校一基地),建设集高、中等职业教育,远程教育,继续教育,成人教育,教学,研究,实习,实训,创业,服务为一体的职教园区。五是重视师资队伍建设,先后派出多批教师参加培训,拥有职业核心能力培训师、SIYB 创业培训师、职业指导师等多种师资资格;与时俱进,不断交流学习、参观考察,南下漳州、海南,北上江苏、浙江、北京,博取众长,丰富了办学思路。

(二)县(市、区)社区学院的建设与社区教育活动

参与本社区教育项目实验的单位有福州市电大(鼓楼、台江区),泉州市鲤城区电大和邵武电大。

依托电大成立的鲤城社区学院倍显龙头作用。2005 年 12 月鲤城区人民政府发文决定设立泉州市鲤城社区学院并挂牌。同时成立了以分管的副区长为院长,教育局正副局长为副院长,电大工作站站长为常务副院长的社区学院领导班子。2006 年 3 月鲤城区社区教育领导小组、鲤城教育局经研究决定鲤城社区学院以院务委员会为领导机构,下设办公室、教务处、研训处、财务部等工作机构,并由鲤城电大人员参与社区学院各机构工作,同时,鲤城区人民政府在鲤城区辖区内的 8 个街道设立社区教育中心。同年,鲤城区社区教育领导小组和鲤城社区学院相关人员组成检验小组到各街道的 70 多个社区进行考察调研,依据条件成熟情况,分批分期批设立了 50 多个社区学校并授牌。至此鲤城区形成以社区学院为龙头,8 个街道社区教育中心为主体,50 多个社区学校为基础的覆盖全区的三级管理的社区教育网络。

鲤城电大是鲤城区的最高学府,师资优势是区内其他教育机构所不具备的,同时,鲤城电大长期从事远程开放教育,有着非常丰富的成人教育的经验,在长期的办学实践过程中有着聘请、管理、整合教师队伍的经验和能力。在网络平台建设方面,鲤城社区学院整合了电大开放教育和鲤城区终身教育的网络平台,构建鲤城社区教育网上学习平台,充分发挥了电大远程教育的网络平

台优势,提升社区教育的信息化水平,不断丰富社区教育内涵,拓宽社区教育的实施途径,满足社区居民的需求。

鲤城社区学院立足农村和城市发展的实际,针对不同类型人员采取不同的培训:(1)面向农民,先后举办有果树、蔬菜、水稻、养殖、畜牧、机耕等农村实用技术培训,参加培训的达 29700 人次;(2)面向工厂企业举办机械车工、工业裁剪、针织制衣、陶瓷彩绘、工业电工、水电安装及工业财会、企业管理、市场营销、产品质量检测等培训,参加培训的达 19692 人次;(3)面向社会,举办了家电维修、民用建筑、初级电脑、缝纫、烹饪、花卉等职业技术培训,参加者共计 9827 人次,此外还开展了法制、人口、计生、综合、摄影、书法、健美等内容的社会教育文化娱乐专题讲座,举办老年保健班等。

随着城市化进程和经济的发展,社会对实用型的高技术人才需求越来越大,社区居民和外来务工者希望通过开放远程教育学习技术,提高自己学历层次的愿望不断增强,作为以开放远程教育为主要办学形式的电大,与社区学院的建设结合在一起,可以满足日益增加的社区居民和外来工接受学历教育和非学历教育的需要,缓解我国高等教育的压力,壮大电大的自身发展,培养社区建设和发展所需的人才。由此可见依托鲤城电大成立鲤城社区学院,构建鲤城区终身教育体系是可行的。

福州电大开展区级社区教育活动的主要内涵有:A.开展高等学历教育。是指能获得国家和政府承认的大专(含大专)以上学历文凭的教育。B.开展非学历培训教育。主要有岗前培训、在岗培训、转岗培训、行业职业资格教育、基础文化补习等。C.开展社会文化生活教育。这主要指社区居民文化生活和精神文明教育。D.开展师生社会实践活动。把社区学院作为电大、高职院校师生社会实践、实习的场所,这同时也有利于社区教育与高等职业教育双方共同发展。福州电大创办社区学院的主要成效是:

1.社会反响良好。社区学院的成立得到了社会的普遍认可与好评,鼓楼社区学院作为福建省首家社区学院,被收入《2004 年—2005 年福建经济社会发展与预测蓝皮书》。福建电视台、福州电视台、《福州日报》、《海峡都市报》等多家省市媒体纷纷对社区学院进行报道,社会反响强烈。2005 年 3 月 21 日,福建省人大常委会副主任黄贤模、教科文卫委主任朱永康视察鼓楼社区学院,给予了高度评价。2006 年起台江社区学院就被台江区委和区政府定为社区教育龙头单位,列入全区社区教育的发展规划;2007 年台江区社区学院被福建省终生教育促进委员会授予"福建省创建学习型组织先进单位"称号。福建社会科学院精神文明所副所长曲鸿亮副研究员在《2004 年福建省基层组织与城乡社区建设现状与趋势》一文中评价道:"鼓楼区社区学院这一我省社区建设中新事物的出现,为社区居民开展终身学习创造了条件,为社区居民全面提高素质提供了方便,为发展社区教育、建立学习型社会走出了新路子。特别是在社区教育资源的整合和共享方面,进行了有益的探索,对其他城市具有借鉴作用。"

2. 办学特色凸现。《福建省终身教育促进条例》提出要"统筹整合各种教育文化资源,促进终身教育事业的发展"。《福建省人民政府办公厅转发省终身教育促进委员会关于实施〈福建省终身教育促进条例〉试行意见的通知》指出要"在全省构建多种层次、条块结合、相互开放、相互协调、相互促进的终身教育网络"。福州电大主动服务社区,与地方政府联合创办社区学院,走在了全省电大的前列,开创了电大服务社会的新形式。实现社区与电大的融合,实现社区教育与电大教育的相互促进。这种模式既满足了建立学习型社会、构建终身教育体系的需要,也满足了社区教育与电大教育自身发展的需要,使福州电大的办学呈现了特色优势。

3. 培养了大批社区工作人才。社区是构建社会主义和谐社会的基础,社区工作者队伍是社区建设的骨干。加强社区工作者队伍的建设,是搞好社区建设的关键。福州电大创办社区学院以来,高度重视社区工作者队伍建设,积极配合区政府做好社区工作者的培训工作。6年来,社区学院已为福州市培训了社区工作者近2000名,培养了大批政策水平高、组织能力强、综合素质高、工作作风硬的优秀社区干部和会做、会写、会讲的"三会"优秀社区工作者,加强了福州市社区的整合力、向心力和自治力,推进了社区可持续发展,推进了学习型社会的形成和终身教育体系的构建,推进了和谐社区的发展,加快了全面建设小康社会的步伐。

4. 推进了和谐社区的创建活动。社区学院作为发展社区教育的重要载体,它拓展了高等职业院校的教育功能,大力创造和提供了让社区成员享有接受良好教育的机会。开展学历教育,培养人才,满足区域经济和社会发展的需求;开展多层次、多形式的教育培训,提高了社区成员的综合素质,促进了人的全面发展,推动了社区的可持续发展;开展文化性、娱乐性的精神文明活动,增强了社区的凝聚力和亲和力,为实现"居民自治、管理有序、服务完善、治安良好、环境优美、文明和谐"的和谐社区目标的总体要求创造了有利的条件,推进了和谐社区的创建活动。

邵武电大积极参与社区教育实验,努力创新管理体制,保证社区教育工作高效运行。(1)成立继续教育处,建立专兼职管理员和教师队伍。(2)制定激励机制,推动全体教师积极参与社区教育工作。(3)开展机关事业单位不同类型人员培训。主动服务企业,承接企业管理人员培训。(4)积极介入,对失业职工和社区工作者开展岗前和岗中培训。(5)发挥农村劳动力转移"阳光工程"培训基地作用,为政府排忧解难。(6)启动各类职业技能认证培训等项目和全国计算机等级考试。(7)开展社区专业学历教育。邵武电大根据社区工作需要,开展了社区工作者岗位培训及学历教育工作。确立"服务邵武经济,以实施人才培养模式改革和开放教育试点为导向,以增强核心竞争力和办学综合实力为主线,以鲜明的办学特色和可靠的教育质量为支撑,为把邵武建设成为经济强市、二级城市经济区中心提供智力服务"的指导思想。

(三)乡镇社区教育学习中心建设与社会主义新农村社区教育实践

提高农民整体素质,培养造就有文化、懂技术、会经营的新型农民,是建设社会主义新农村建设的迫切需要。福建电大梅山实验学院积极开展村级社区教育活动,和所在地的蓉中村签订了共建蓉中社会主义新农村项目协议书(建设文化先导型社会主义新农村),通过共同办班,不但把大学搬到农民家门口,为农民培训电脑、财会、企业经营管理、市场营销等方面的知识,而且把着力点放在未能接受良好教育的蓉中村中、老年人身上,积极开展社区教育实验,提高村民整体素质。

在实践探索中,梅山实验学院清楚地认识到社区教育的发展空间大,市场需求大,把电大优质的教育资源用于社区教育,对社区教育的发展具有不可替代的作用。学院紧密围绕"构建终身教育体系,建设学习型社区"的具体目标,成立由学院、村委会、驻军、文技校和中小学组成的社区教育组织机构,依托电大开展了多层次、多内容、多形式的教育活动,把社区教育从"广场"引向"课堂",把分散的"活动"变为精心组织的"项目",把"网上课堂"与"特色项目"结合起来,满足了村民多样化的学习需求,取得了良好的效果。具体做法是:

1. 着力抓好九年义务制基础教育。绝不让一个该接受义务教育的少年儿童辍学,为此,成立了教育基金会,改善办学条件,增设电脑室等现代教学技术设备,优化教学资源,提高教学质量。大力发展义务教育是培育文化农民的现实选择。在义务教育从 9 年向 12 年过渡的进程中,注重每个初中毕业生的分流,指导他们进入普高或职业学校继续学习。调动村民的学习积极性,提高村民整体素质,促进村民的终身学习。

2. 根据需求,分别培训,分类推进。针对不同职业、不同人群、不同专业需求等不同群体的特点进行有针对性的教育教学。培训工作分成四大类,即针对新生代农民、企业骨干、老年人、妇女儿童等,实施培训。培训时间根据不同群体的工作特点弹性安排,灵活调整。培训内容根据不同群体的不同需求,注重急用实用,注重实践技能操作。培训形式上要做到图文并茂,通俗易懂,声像兼具,使农民喜闻乐见,采用农民切身经验介绍的方法,使农民感到亲切、信任和鼓励。

3. 坚持文化建设,繁荣农村文化。蓉中村每年拿出30%的村财政收入进行文化建设,改善农村的各种文化设施。现在村里建设了儿童少年、中青年、老年各具特色的各种活动场所10多个,组建了少年书画组、学生铜乐队、女子腰鼓队、女子管弦队、老年门球队、广场舞队,天天有活动,人人各乐其中。

4. 发展农村职业教育,链接大中专学历教育。在电大高等教育与蓉中村共建社区活动中心的基础上,通过农村职业技术教育,提升农民素质,提高掌握一定技术农民的比例。共建活动有利于提高农民的科学文化整体水平,进而有利于新农村的文化建设;有利于电大开放教育生源的拓展和延伸,造就一批既有理论知识又有文化实践技能的新型农民人才,促使高校和新型农民培养的持续健康发展。学院每年都接收近百名中职学生报读开放教育专科班。

通过实践探索,学院深刻认识到要搞好社区教育活动中心要做到:(1)健全组织机构,明确社区教育、农民培训的指导思想。制定社区活动计划,把农民培训作为社区教育的重要内容,确保做到年初有计划,活动有安排,资料有积累,年终有总结。(2)确定培养重点,分类推进,各有所得。一是以培养技能型人才为重点,以"阳光工程"为契机,以市场为导向,以就业为目标,扩大培训规模,提高培训质量。二是以培养新型农民为重点,大力开展农民科技培训。三是以培养农村实用人才为重点,培养建设社会主义新农村的带头人和发展农业的骨干力量。(3)要不断创新手段和方法,切实加强农民培训。创新培训形式,培训进村,科技入户,企业设点是开展农民培训教育的基本出发点,要把农业和农村经济的各个方面有机联系起来。

三、结论

从项目研究的全过程,到全省社区教育轰轰烈烈地发展起来,我们深深体会到:(1)依托电大远程教育开展社区教育是多快好省推进终身教育的良好方法;(2)政府统筹领导、教育部门主管、相关部门配合、全社会积极支持、社区自主活动、群众广泛参与,是进一步推展社区教育的有效途径;(3)充分利用课题组成员的积极性,调动各级电大的潜力,有组织、有指导、有理论支持地边研究、边实践、边推广应用的"课题研究+项目实践"的科研方法是新时期积极推展社区教育的创新。

依托电大现代远程教育的优势,积极推展社区教育取得了许多理论研究的成果和具体实验的案例,对推进全省的社区教育起到了一定的作用。但是,通过研究与实施,课题组也发现要进一步推展我省的社区教育还亟需继续研究探讨以下若干问题:(1)社区教育的可持续发展离不开政府的大力支持。发展社区教育,应该建立以政府为主导的社区教育协调统筹机制,健全开展社区教育的规章制度,把社区教育纳入法制化轨道。首先,各级政府及教育行政部门要为广播电视大学推展社区教育营造更好的制度环境并提供更多的政策支持;其次,要从公共教育的角度和社会活动项目、专项培训项目经费的角度给社区教育机构以资金方面的大力支持。二者都十分重要,是各地社区教育可持续发展的保障,要进一步探索研究。(2)电大教育与社区教育如何紧密结合、共同促进。社区教育改变了学校教育、家庭教育和社会教育彼此隔绝的状态,把学校教育作为社会大系统中一个重要组成部分,既重视其作用,又把它作为教育过程的一个环节,形成社会育人的大环境。把学校、家庭和社会教育按照它们各自作用和承担任务有机结合起来,建立一体化的教育体系。社区教育是拓展电大教育功能的一个重要领域,它能够使电大适应日趋广泛和不断变化的社会需求,提升电大教育为经济社会发展服务的能力,使电大成为终身教育体系的主体之一。因此,电大应该在抓好学历教育的同时,不断向社区教育延伸;在向社区延伸的过程中,不断探索如何实现学历与非学历教育的协调发展。(3)社区教育稳步发展,离不开制度保障。发展社区教育必须体现在制度层面,这是因为发展社区教育的制度化,就意味着发展社区教育有了一定的基本规范,这标志着社区教育的发展已进入理想化和制度化的轨道。一是要建立保证社区教育健康发展的社区教育督导制度。二是要建立确保社区教育民主管理的章程。因此,要进一步研究、探索如何完善社区教育的管理体制和运行机制。(4)进一步探索如何发挥电大优势,推进社区教育信息化建设。以网络为基础的学习过程将会成为个人学习的主要构成部分,将为人类带来更多的学习机会。社区教育是为满足社区成员的各种需求而进行的各种各类的教育活动,或是正规的或是非正规的,或是职业性的或是文化娱乐性的,或是行政领导的或是民众组织的。因此,只有大力发展社区教育的信息基础设施,利用突飞猛进的互联网络,发展虚拟性的学习环境和学习社区,倡导以学习者本人为主体的个性化学习,倡导学习者积极主动地学习,才能满足社区成员的各种需求。

参考文献

[1]厉以贤.社区教育的理论与实验[M].四川教育出版社,2000.

[2]基更著,丁新译.远距离教育基础[M].中央广播电视大学出版社,1996.

[3]黄云龙.我国社区教育的嬗变、发展态势及其实践策略[J].成人教育学刊,2006(6).

[4]陈利.试论远程教育在构建终身教育体系中的作用[J].继续教育,2005(7).

[5]高志敏.终身教育终身学习与学习型社会[M].华东师范大学出版社,2005.

[6]江跃雨.依托社区教育网络开展失地农民就业培训[J].中国科技信息,2005(16).

[7]杨进.美国加拿大社区教育与社区学院印象[J].成人教育学刊,2003(10).

[8]梁春涛.21世纪中国社区教育前瞻[J].天津市教科院学报,2001(2).

[9]刘松枝.借鉴国外经验,发展具有中国特色的社区教育[J].成人教育,2006(1).

[10]柳春霞.我国社区教育未来的几个走向[J].成人教育学刊,2001(10).

[11]胡晓松.当代社区教育的比较研究[M].中央民族大学出版社,2000.

[12]马宇.试论社区教育与我国社区教育的发展趋势[J].宁波大学学报,2002(1).

[13]陈乃林.社区教育发展思路探索[J].江苏教育研究,2003(4).

[14]荣宪屏.社区教育的主题与形式[J].辽宁广播电视大学学报,2003(3).

[15]德斯蒙德·基更.远距离教育:国际终生教育的第一选择[J].开放教育研究,1998(2).

基金项目:福建省教育厅A类社会科学规划项目"现代远程教育与社区教育的发展研究"成果。

(作者沈光辉为福建广播电视大学研究员,吴国为福建广播电视大学副研究员,蔡亮光、吴东晖为福建广播电视大学副研究员。)

福建省远程高等教育学生学籍备案管理系统的设计与实现

雷乃旺　杨惠

引　言

随着网络信息时代的来临,远程教育越来越被人们熟知和认可,《国家中长期教育改革和发展规划纲要(2010—2020年)》也明确提出要大力发展现代远程教育。通过远程教育获得学历的学生越来越多,面对众多的远程教育学生,如何有效地管理他们的学籍信息从而最大限度地提高工作效率是管理部门所面临的问题。福建省远程高等教育中心承担着协助教育厅管理远程网络教育校外学习中心和成人教育函授站的招生、学籍备案等工作,目前中心主要是通过手工结合单机的方式来管理众多的学生学籍信息,这种管理效率低,且易发生数据错误,要想实现高效管理学生学籍信息,就必须引入现代信息技术手段。远程教育的学籍管理和一般学校的学籍管理不同,关注的学生信息也不同,目前还没有适合的学籍管理平台可以管理全省远程高等教育学生,所以我们需要开发相应的学籍备案管理系统,来及时掌握在校学生的基本情况、高校每年招生人数和毕业人数,为管理部门制定相应政策和监督机制提供依据,进而满足《福建省教育信息化"十二五"发展规划》中关于教育管理信息化的要求。

学籍备案管理是远程高等教育管理的一项重要内容,目前主要针对两部分工作:远程网络教育和函授教育,涉及管理部门(省教育厅、省远程高等教育中心等)、学习中心或函授站、高校等单位,包括登记和统计学生的入学录取信息及毕业信息等。笔者利用课题优势对省教育厅进行需求调研,结合笔者单位(即省远程高等教育中心)的实际学籍备案管理工作,借鉴其他成熟学籍管理系统的优点,从而总结出一份详细的系统需求分析,根据这份需求分析快速开发出系统原型,在原型开发出来之后对系统相关用户进行二次需求调研,再进一步完善系统的需求分析,根据完善过的需求分析,基于MVC模式,利用工作流和 LINQ to SQL 技术开发福建省远程高等教育学生学籍备案管理系统。

(一)相关技术

1. MVC 模式

MVC 架构是随着 Smalltalk Language 语言的发展提出的,它是一个著名的用户界面设计架构,同时也是一个经典的设计模式,经典的 MVC 架构把一个组件(可认为是整个应用程序的一个模块)划分成 3 部分:模型(model),控制器(controller)和视图(view)。[1]模型负责封装数据和所有基于这些数据的操作,模型与数据格式无关,应用于模型的代码只需写一次就可以被多个视图重用,从而提高应用的可重用性。视图是用户看到并与之交互的界面,接受用户输入并验证其有效性。控制器接受用户的输入并调用模型和视图去完成用户的需求,控制器本身不输出任何东西和做任何处理,它只是接收请求并决定调用哪个模型构件去处理请求,然后再确定用哪个视图来显示返回的数据。[2] MVC 模式可以用图 1 来表示:

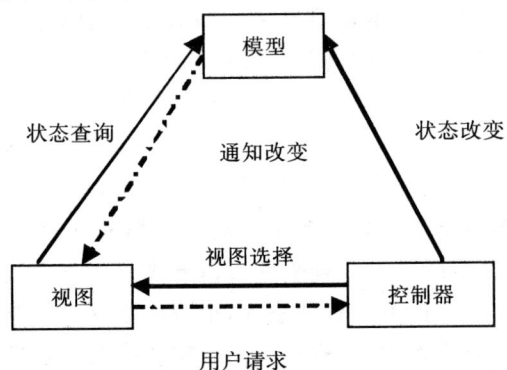

图 1　MVC 模式

MVC 这种分层的开发模式给开发和维护带来很多好处,美工可以专注于设计页面、编写页面代码,程序员可以专注于复杂的业务逻辑代码编写工作,即各个部分的开发可以独立进行,从而提高整个项目的开发效率。因此本系统的开发选用了 MVC 框架,旨在构建易于扩展、更具模块化、可维护性更高的程序。

2. LINQ to SQL

LINQ to SQL(或者叫 DLINQ)是 LINQ(.NET 语言集成查询)的一部分,全称是基于关系数据的 .NET 语言集成查询,用于以对象形式管理关系数据,并提供丰富的查询功能。[3] LINQ to SQL 的推出使得开发人员从繁琐复杂的 sql 语句编写中解脱出来,有更多精力关注业务逻辑,从而提高开发效率。

本系统之所以选择 LINQ to SQL,基于以下两点考虑:第一,学籍备案管理系统涉及学生的众多信息,对于数据安全性的要求比一般系统要高,而 LINQ to SQL 高度集成化特性有效保证了数据的安全性,对于常见的 sql 注入攻击,LINQ to SQL 可以轻易地屏蔽;第二,由于学生数据的特殊性,学籍备案管理系统有和其他外部系统进行数据对接的需求,这就要求学籍备案系统具有良好的扩展性、可以支持更多的数据源,而 LINQ to SQL 的统一化特性让系统维护不同类型的数据源变得更加便捷。

3. 工作流技术

工作流(Work Flow)就是工作流程的计算模型,即将工作流程中的工作如何前后组织在一起的逻辑和规则在计算机中以恰当的模型进行表示并对其实施计算。工作流要解决的主要问题是:为实现某个业务目标,在多个参与者之间,利用计算机按某种预定规则自动传递文档、信息或者任务。[4] 学籍备案管理系统是由一系列的业务流程组成的,涉及多个单位的参与者,通过把工作流技术引入到系统中,可以有效地协同多个业务流程并行工作,缩短业务处理周期,从而提高管理工作的效率。

(二) 系统需求分析

福建省远程高等教育学生学籍备案管理系统面向三类用户:教育管理部门用户、高校用户、学习中心用户,高校和学习中心用户通过系统注册账户,这些账户需要等教育管理部门用户审核通过后方可生效。每年度各季新招学生的信息及毕业生信息由各高校用户或者高校授权学习中心的用户通过系统录入,数据统一保存在系统服务器上,从而实现数据的集中管理,系统用户可查询、调用权限范围内的数据,达到信息共享的目的。

1. 系统用户

为保证系统权限控制具有良好的可扩展性和安全性,系统将处于不同层次的用户抽象为不同的角色,每一个角色是一个相对独立的权限集合,一个角色可以被多个用户所继承。任何使用本系统的人必须在本系统设立用户,系统角色如表1所示:

表 1　系统角色及其权限

角色名称	权限
超级管理员	由教育管理部门人员担任,拥有系统最高权限,包括:审核、管理注册的管理账户;日志管理;新闻管理;高校信息管理;中心信息管理;学生信息管理;文件管理;通过各种维度查询所有高校和学习中心的招生、毕业生、在校生情况。
高校管理员	查看新闻;管理本高校信息;查看本高校授权的各学习中心信息;本高校学生信息管理;文件管理;通过各种维度查询本高校的招生、毕业生、在校生情况。
学习中心管理员	查看新闻;管理本中心信息;查看本中心负责的各高校信息;本中心学生信息管理;文件管理;通过各种维度查询本中心的招生、毕业生、在校生情况。

2. 系统的 E-R 图

实体—联系图(Entity-Relation Diagram)用来建立数据模型,在数据库系统概论中属于概念设计阶段,形成一个独立于机器、独立于 DBMS 的 E-R 图模型,通常将它简称为 E-R 图,相应地可把用 E-R 图描绘的数据模型称为 E-R 模型。E-R 图提供了表示实体(即数据对象)、属性和联系的方法,是用来描述现实世界的概念模型。本系统的 E-R 图如图 2 所示。

3. 系统的用例图

用例图(User Case)是被称为参与者的外部用户所能观察到的系统功能的模型图,呈现了一些参与者和一些用例,以及它们之间的关系,主要用于对系统、子系统或类的功能行为进行建模。

本系统有 3 个参与者,分别是超级管理员、高校管理员和中心管理员。他们的用例图如图 3、图 4、图 5 所示:

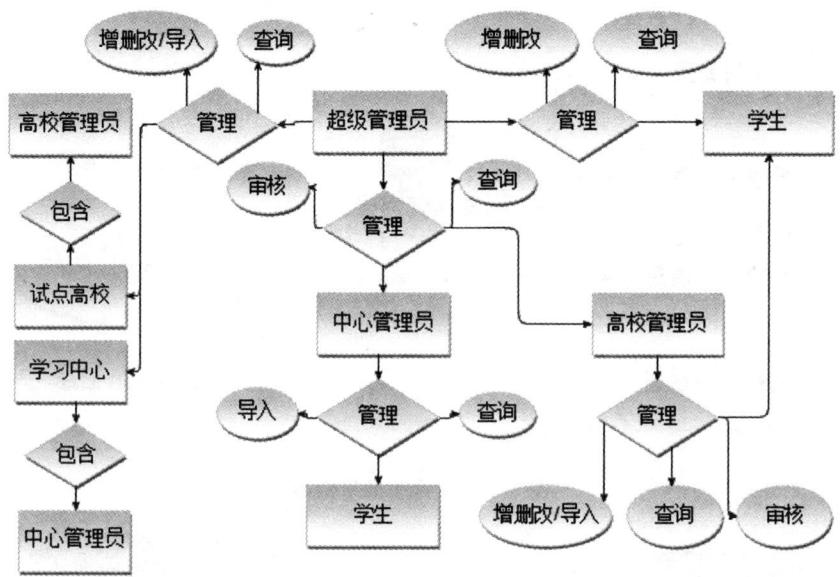

图 2　学籍备案系统 E-R 图

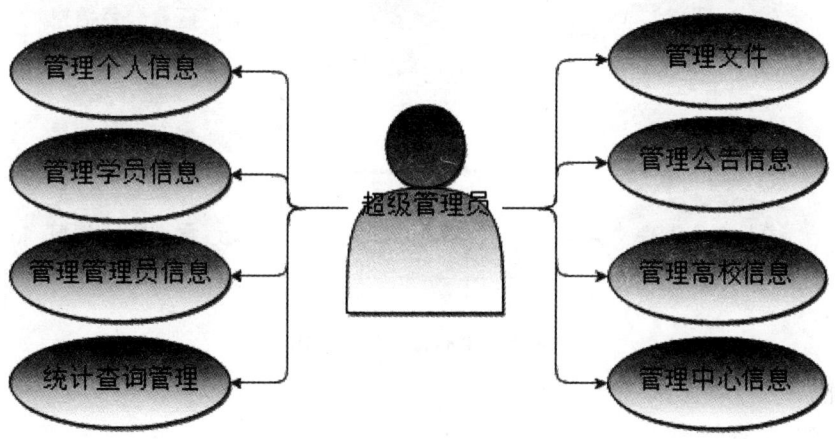

图 3　超级管理员用例图

4. 功能要求

(1)系统管理

包括账户管理和日志管理。其中账户管理可以增删改系统账户信息、修改账户密码等；日志管理详细记录系统的运行状况，方便管理员运行和维护

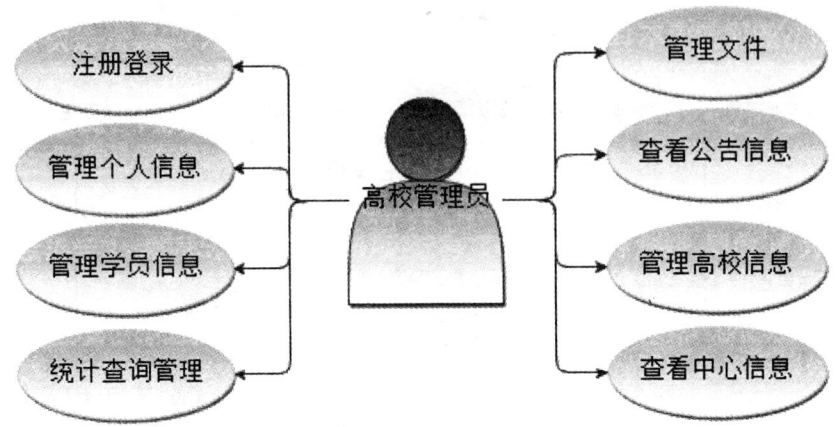

图4　高校管理员用例图

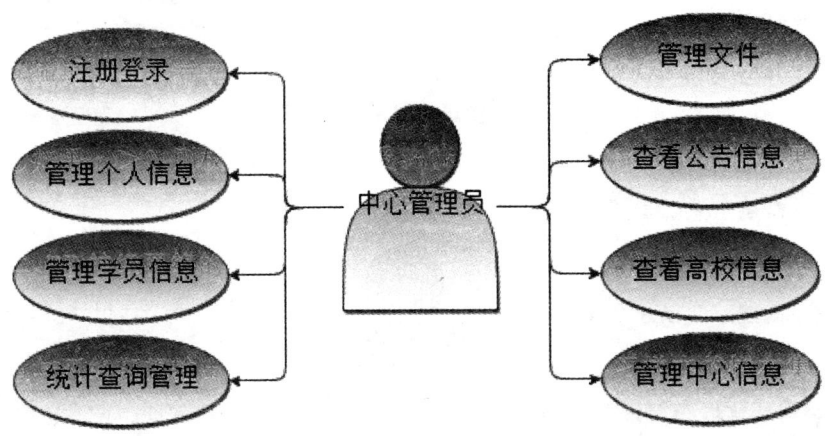

图5　中心管理员用例图

系统。

(2)信息管理

包括公告信息管理、高校信息管理、中心信息管理等。公告信息管理模块,超级管理员可以增删改公告信息,高校和中心管理员可以查看公告信息;高校信息管理模块,超级管理员可以批量导入高校信息,审核高校的信息修改申请,高校管理员可以申请修改本校信息;中心信息管理模块,超级管理员可以批量导入学习中心信息,审核学习中心的信息修改申请,中心管理员可以申请修改本学习中心信息。

(3)文件管理

包括文件的上传和下载管理。系统用户上传文件的时候可以选择是否公开文件,如果公开则其他用户也可以看到,如果不公开则只有上传者和超级管理员才可以看到。

(4)学生学籍管理

学生按照毕业状态可以分为在读学生、毕业生、未毕业学生3种类型,针对这3种类型学生的学籍管理详细阐述如下:

①在读学生学籍管理:可以由各试点高校管理员自学生入学之日起将这部分学生录入系统(通过excel表格批量导入),各类别学生在正常毕业时间之内,即可存入"在读学生学籍正式库";也可以由各学习中心管理员自学生入学之日起将这部分学生导入系统(通过excel表格批量导入),各类别学生在正常毕业时间之内,均存入"学生学籍非正式库",待各试点高校管理员审核通过后,方可存入"在读学生学籍正式库"。

②毕业生学籍管理:可以由各试点高校管理员将本年本季度毕业生数据录入系统(通过excel表格批量导入),系统将此数据与"在读学生学籍正式库"的数据自动对比,如果数据匹配,则匹配的这部分数据从"在读学生学籍正式库"中转到"毕业生学籍正式库";也可以由各学习中心管理员批量导入,导入成功的数据均存入"学生学籍非正式库",待各试点高校管理员审核通过后,方可与"在读学生学籍正式库"对比,如果匹配则从"学生学籍非正式库"转存到"毕业生学籍正式库"。

③未毕业学生学籍管理:毕业生数据与在读生数据进行比对,毕业生学籍管理里没有但在读学生学籍管理里有且达到截止毕业时间的数据,此类数据将从"在读学生学籍正式库"转存到"未毕业学生学籍库"。

(5)查询统计管理

①学生详细信息查询:查询各试点高校和学习中心学生的详细信息。

输入查询条件:入学时间、毕业时间、高校名称、学习中心名称、学生姓名、身份证、专业、层次。

输出结果:学生的详细信息。

②人数统计:查询各试点高校和学习中心的招生人数、毕业人数和在校生数。

输入查询条件:时间段、试点高校名称、学习中心名称、专业、层次。

输出结果:时间段、高校名称、学习中心名称、招生人数、毕业人数、在读人数,点击具体人数,可以查看详细的学生信息。

③统计招生落后的学习中心：统计连续几个单季招生倒数几名的学习中心。

输入查询条件：时间段、倒数名次。

输出结果：学习中心名称、招生人数、倒数名次。

5. 性能需求

学籍管理系统需要存储大量的学生信息，对系统数据的安全性和稳定性要求比较高，因此要求系统具备有效的认证、授权和审计机制，在权限分级和数据分类的基础上，能够对关键操作、敏感数据进行重点防护，同时对外部攻击和滥用具备一定的检测和防御能力，软硬件资源必须配备完善的可靠性措施设计，包括数据库、主机、应用部署、网络等关键环节配备多种高可用性方案，以保障系统的 7×24 小时不间断、可靠运行。

(三) 关键模块详细设计与实现

1. 系统架构及 MVC 结构解析

(1) 系统工程文件架构说明

本系统的工程结构如图 6 所示，图中文件详细说明如下：

App_GlobalResources——应用程序范围内的系统资源，比如字符串等

bin——生成的工程.dll 文件及其所引用的.dll 文件，用于部署网站

ckeditor——第三方富文本编辑组件

ckfinder——第三方文件上传组件

Content——放置图片资源及 CSS 文件

Models——数据库操作封装及业务逻辑

Views——网站 UI

Controllers——控制器，响应用户操作，访问 Models 并通知 Views

obj——Debug 及 Release 所需的工程文件

Properties——只包含 AssemblyInfo.cs 文件，用于描述生成的.dll 文件信息

Scripts——系统所用到的脚本文件

Test Results——生成的测试报告

Global.asax——应用程序初始化设置，包括 ASP.NET MVC URL Routing 规则定义

web.config——网站行为配置

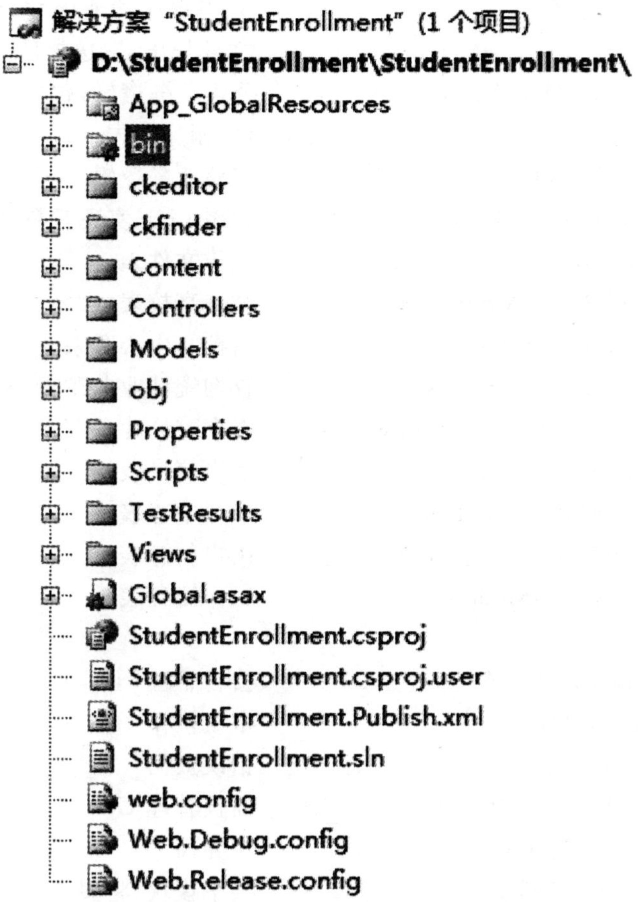

```
解决方案 "StudentEnrollment" (1 个项目)
  D:\StudentEnrollment\StudentEnrollment\
    App_GlobalResources
    bin
    ckeditor
    ckfinder
    Content
    Controllers
    Models
    obj
    Properties
    Scripts
    TestResults
    Views
    Global.asax
    StudentEnrollment.csproj
    StudentEnrollment.csproj.user
    StudentEnrollment.Publish.xml
    StudentEnrollment.sln
    web.config
    Web.Debug.config
    Web.Release.config
```

图 6 工程结构图

(2)MVC 结构解析

本系统的 MVC 分层结构如下所示,所有的页面请求均首先传递给 Controllers 处理,Controllers 获取 Models 数据对象,并且将 Models 传递给 Views,最后由 Views 负责呈现页面。

① Models
　　——Interface 文件夹　　　　　　接口文件
　　——Json 文件夹　　　　　　　　Json 数据文件,实现 AJAX 功能
　　——Paging 文件夹　　　　　　　分页机制实现

|——Utils 文件夹　　　　　　　　　应用程序功能函数，包括验证码、文件导出、发送邮件、枚举变量等
|——BulletinModels.cs　　　　　　公告业务逻辑，包括查询、添加、编辑、删除公告
|——CheckModels.cs　　　　　　　审核业务逻辑
|——DB_Student_Enrollment.dbml　利用 Linq 实现对数据库的封装
|——FileModels.cs　　　　　　　　上传文件表
|——HighSchoolModels.cs　　　　　试点高校表
|——RelationshipModels.cs　　　　高校与中心联系表
|——StatisticsModels.cs　　　　　查询统计业务逻辑一
|——StatisticsModelsPartTwo.cs　 查询统计业务逻辑二
|——StudentModels.cs　　　　　　 学生信息表
|——StudyCenterModels.cs　　　　 学习中心表
|——UserModels.cs　　　　　　　　用户信息表
|——WorkFlowModels.cs　　　　　　工作流程表

② Views
|——Bulletin 文件夹　　　　　　　公告管理 UI
|——Check 文件夹　　　　　　　　审核操作 UI
|——Error 文件夹　　　　　　　　错误页面
|——HighSchool 文件夹　　　　　 高校管理 UI
|——Home 文件夹　　　　　　　　 主界面
|——Shared 文件夹　　　　　　　 共享模块，将多个页面共用部分抽象出来
|——Statistics 文件夹　　　　　 查询统计界面
|——Student 文件夹　　　　　　　学生管理 UI
|——StudyCenter 文件夹　　　　　学习中心管理 UI
|——UploadFile 文件夹　　　　　 上传文件管理 UI
|——User 文件夹　　　　　　　　 用户管理 UI

③ Controllers
|——BulletinController.cs　　　 公告管理
|——CheckController.cs　　　　　审核模块：审核注册信息，上传的学员信息
|——ErrorController.cs　　　　　错误定向

——HighSchoolController.cs　　高校信息管理
——HomeController.cs　　主页面显示逻辑
——StatisticsController.cs　　数据统计模块
——StudentController.cs　　学生管理模块
——StudyCenterController.cs　　学习中心管理模块
——UploadFileController.cs　　文件上传模块
——UserController.cs　　用户管理模块，包含用户登录逻辑

2.学生信息导入

每年度各学期的新生信息与毕业生信息入库均由各试点高校或各学习中心在规定时间内完成，为了信息的安全性和数据的权威性，该模块特别加入审核机制，学习中心管理员上传的学生信息必须等待高校管理员审核通过之后，才被转入正式库。导入学生信息的时候，需要选择导入的数据类型、对应的模板文件和对应的试点高校，具体步骤如图7所示：

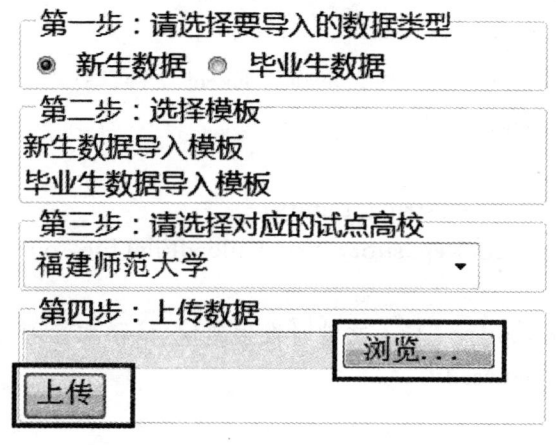

图7

高校管理员在审核学习中心管理员上传的学生数据时，可以选择对照表进行比对，比对匹配的学生信息方可进入正式库，如图8所示。

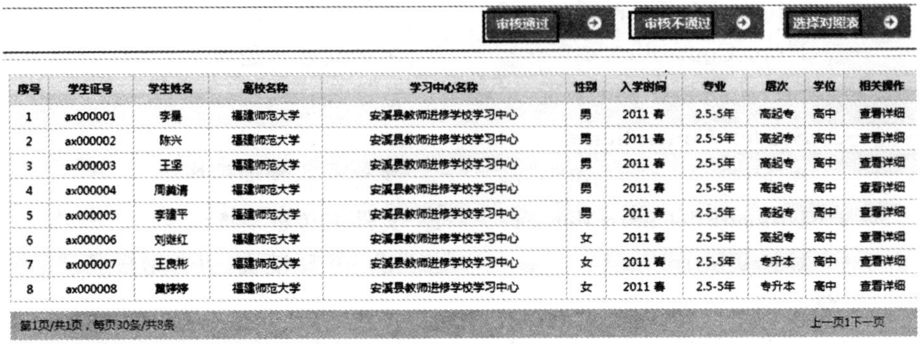

序号	学生证号	学生姓名	高校名称	学习中心名称	性别	入学时间	专业	层次	学位	相关操作
1	ax000001	李量	福建师范大学	安溪县教师进修学校学习中心	男	2011 春	2.5-5年	高起专	高中	查看详细
2	ax000002	陈兴	福建师范大学	安溪县教师进修学校学习中心	男	2011 春	2.5-5年	高起专	高中	查看详细
3	ax000003	王坚	福建师范大学	安溪县教师进修学校学习中心	男	2011 春	2.5-5年	高起专	高中	查看详细
4	ax000004	周黄清	福建师范大学	安溪县教师进修学校学习中心	男	2011 春	2.5-5年	高起专	高中	查看详细
5	ax000005	李建平	福建师范大学	安溪县教师进修学校学习中心	男	2011 春	2.5-5年	高起专	高中	查看详细
6	ax000006	刘继红	福建师范大学	安溪县教师进修学校学习中心	女	2011 春	2.5-5年	高起专	高中	查看详细
7	ax000007	王良彬	福建师范大学	安溪县教师进修学校学习中心	女	2011 春	2.5-5年	专升本	高中	查看详细
8	ax000008	黄婷婷	福建师范大学	安溪县教师进修学校学习中心	女	2011 春	2.5-5年	专升本	高中	查看详细

第1页/共1页，每页30条/共8条　　上一页1下一页

图 8

文件导入代码如下所示：

```
HttpPostedFileBase file = Request.Files["check_info"];
if (false == _fileRepository.CheckExcelFile(file)) // 检查文件格式的合法性
{
    verify.Prompt = "请导入正确的 Excel 文件。";
    return View(verify);
}
string _fullName = string.Empty;
if (false == _fileRepository.SaveUploadFile(file, out _fullName))
{
    verify.Prompt = "导入文件时发生错误，请联系管理员。";
    return View(verify);
}
WorkFlowRequest request = (WorkFlowRequest)_workRepository.GetWorkFlow((Guid)Session["CurrentWorkID"]).Action;
    _myLogger.Info(string.Format("UploadCheckedFile() was called, request: {0}", request));
if (request == WorkFlowRequest.ImportGraduates)
{
    isGraduate = true;
}
DataSet content = _fileRepository.LoadExcelFile(_fullName, Path.
```

```
GetFileNameWithoutExtension(_fullName));
    if (false == _fileRepository.GetStudentList(isGraduate, content, out
errorMessage))  // 检查用户导入的审核列表是否合法
    {
        _fileRepository.CloseExcelFile();
        verify.Prompt = errorMessage;
        verify.ErrorMessages = _fileRepository.GetErrorMessages();
        return View(verify);
    }
    _fileRepository.CloseExcelFile();          // 关闭 Excel 文件
    // 比对用户导入的文件与现有数据库的内容是否一致
    // 如果一致的话,就给出审核一致的提示信息
    if (_fileRepository.VerifyStudentInfo((Guid)Session["Current-
WorkID"]))
    {
        verify.Prompt = "所有学生信息与导入列表信息一致。";
    }
    // 不一致的话,同样给出错误信息,将不一样的地方以列表的方式显现出来
    else
    {
        verify.ErrorMessages = _fileRepository.GetErrorMessages();
    }
    return View(verify);
```

3. 查询统计模块

教育管理部门通过该模块可以详细查询各个时间段每个试点高校、学习中心、专业的招生、毕业生、在校生情况,从而为专业设置、学习中心管理、试点高校管理提供数据支持。系统通过引入 MSChart 控件,为统计结果绘制报表图形,增加报表的可读性,部分报表图如图9、图10、图11、图12所示(以下均为测试数据)。

报表绘图代码如下所示:

```
DateTime startTime = (DateTime)Session["QueryStartTime"];
DateTime endTime = (DateTime)Session["QueryEndTime"];
```

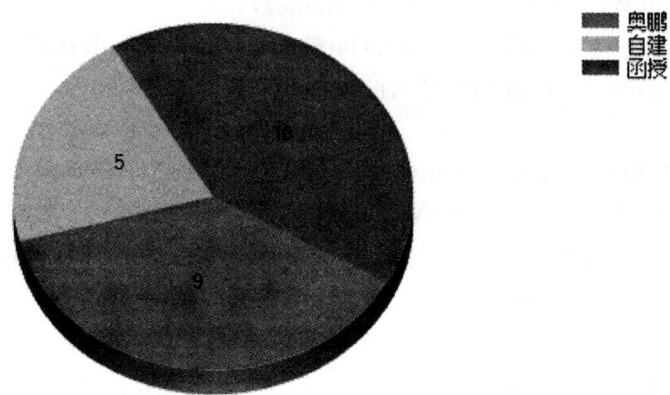

图 9　学习中心招生情况分布图

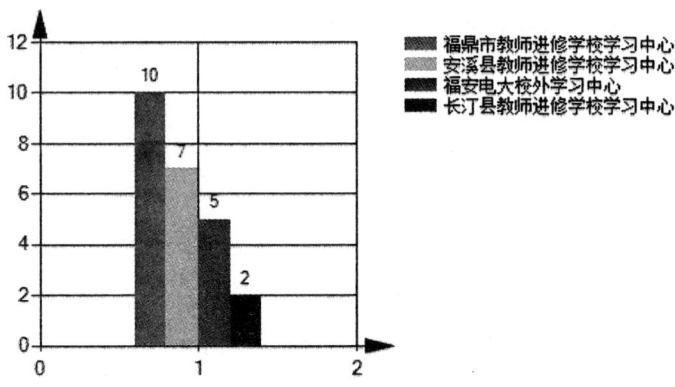

图 10　学习中心招生排行图

List<ResultItemModel> _resultList = _statisticsRepository.QueryStudyCenterEnrollmentOutline(startTime, endTime);
// 创建图表的系列对象
List<string> xValues = new List<string>();
List<double> yValues = new List<double>();
foreach (ResultItemModel model in _resultList)
{
　switch (model.StudyCenterType)
　{
　　case CenterType.AoPeng：

◆福建省远程高等教育学生学籍备案管理系统的设计与实现

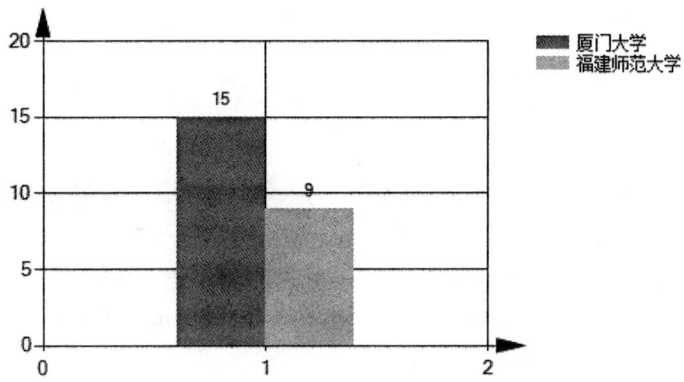

图 11 试点高校招生排行图

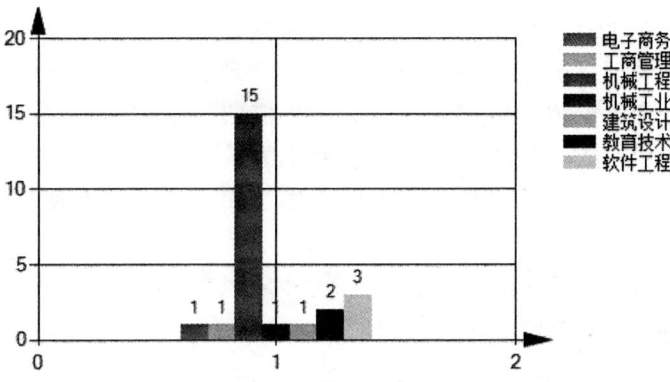

图 12 专业统计图

  xValues.Add(Resources.StringResource.AoPeng);

  yValues.Add(model.TotalEnrollment);

  break;

case CenterType.ZiJian:

  xValues.Add(Resources.StringResource.ZiJian);

  yValues.Add(model.TotalEnrollment);

  break;

case CenterType.HanShou:

  xValues.Add(Resources.StringResource.HanShou);

  yValues.Add(model.TotalEnrollment);

  break;

```
            default：
              break；
            }
        }
Chart chart = _chartHelper.CreatePieChart("招生情况分布图", xVal-
ues, yValues);
MemoryStream imageStream = new MemoryStream();
chart.SaveImage(imageStream, ChartImageFormat.Png);
imageStream.Position = 0;
return new FileStreamResult(imageStream, "image/png");
```

4. 工作流机制

系统存在比较多的审核流程,像高校管理员和中心管理员注册的时候需要等待超级管理员审核,高校管理员和中心管理员申请修改信息的时候需要等待超级管理员审核,中心管理员上传学生信息需要等待高校管理员审核等,为了让系统用户能及时获得任务动态,特别为系统增加了工作流机制,这样任何需要审核的内容都会以任务的形式在系统用户首页动态地提示,如图 13 所示:

图 13　系统用户首页

工作流代码如下所示:

```
_myLogger.Info(string.Format("Comment() was called, user ID：{0}
work ID：{1} IsAudit：{2} Comment：{3}", result.Uid, result.Wid, re-
sult.IsAudit, result.Comment));
User user = _userRepository.GetUserByID(result.Uid);
WorkFlow work = _workRepository.GetWorkFlow(result.Wid);
_myLogger.Info(string.Format("Comment() was called, work re-
quest：{0}", (WorkFlowRequest)work.Action));
```

```
switch((WorkFlowRequest)work.Action)
{
    case WorkFlowRequest.Register:
        // 审核完成,更新 User 表的 isAudit 字段
        _userRepository.UpdateAudit(result.Uid,result.IsAudit);
        // 处理添加新用户的逻辑
        _checkRepository.HandleRegisterAction(result,user);
        break;
    case WorkFlowRequest.Modify:
        // 处理更新用户的逻辑
        _checkRepository.HandleModifyAction(result,user);
        break;
    case WorkFlowRequest.ImportNewStudents:
        // 处理上传文件的逻辑
        _checkRepository.HandleImportNewStudentsAction(result.IsAudit,work.WID);
        break;
    case WorkFlowRequest.ImportGraduates:
        // 处理上传文件的逻辑
        _checkRepository.HandleImportGraduatesAction(result.IsAudit,work.WID);
        break;
    default:
        break;
}
// 在 WorkFlow 表中,说明审核结果
_workRepository.Update(result.Wid,true,result.IsAudit,result.Comment);
return RedirectToAction("Index","Home");
```

(四)结束语

本文从需求调研到代码编写详细介绍了"福建省远程高等教育学生学籍备案管理系统"的设计与实现,重点阐述了系统 MVC 架构、学生信息导入、查询统计、工作流等关键模块的实现。系统的实现为相关学籍系统的开发研究

提供了设计思路和技术参考,有效地解决了福建省远程教育学生的学籍管理问题,很好地规范了远程教育的学生管理,为教育管理部门的相关教育决策奠定了数据基础,极大地推动了《福建省教育信息化"十二五"发展规划》中的教育管理信息化进程,随着系统的进一步使用,后期可以针对该系统做一系列的应用研究,进而从管理层面推进远程教育的发展。

参考文献

[1]姚丽.递归的 MVC 结构[J].软件世界,2007(7).

[2]Joomla MVC 组件开发.360doc 个人图书馆.http://www.360doc.com/content/11/1219/18/1372409_173441270.shtml.

[3]孔欣.基于 LINQ to SQL 技术的实验室管理系统设计[J].计算机时代,2010(8).

[4]工作流.百度百科.http://baike.baidu.com/view/60285.htm.

[5]Charlie Calvert, Dinesh Kulkarni. Essential LINQ [M]. Addison-Wesley Educational Publishers Inc,2009.

[6]孙家兰.基于工作流的协同办公平台的构建[J].科技信息,2012(6).

[7]彭浩.基于 MVC 架构的学生管理系统的设计与实现[J].软件导刊,2008(6).

[8]徐珊珊.基于 MVC 模式的枣庄职业学院学生管理信息系统的设计与实现[D].华东师范大学,2009.

[9]胡芳.基于业务流程的研究生学籍管理系统设计[J].计算机应用与软件,2011(3).

[10]李洪进.LINQ to SQL 技术在 Web 开发中的应用[J].计算机与信息技术,2012(1).

[11]李斌.基于 Linq To SQL 三层架构的通用菜单系统的研究[J].福建电脑,2011(11).

[12]易洋.工作流技术在教学管理系统开发中的研究与应用[J].江苏教育学院学报(自然科学版),2012(1).

[13]孟祥侃.工作流技术在办公自动化系统中的应用[J].经济研究导刊,2012(2).

[14]周让明.浅析工作流技术[J].成功(教育版),2012(6).

[15]蒋微.浅析现代远程教育学籍管理[J].才智,2010(20).

[16]陈楚文.基于 asp 的学籍管理系统的分析[J].计算机光盘软件与应用,2012(4).

[17]张岩.现代远程教育环境下学籍档案管理工作的新思路[J].科教文汇(中刊),2008(8).

基金项目:福建省教育厅 A 类社会科学研究项目"福建省远程教育学生

学籍备案管理系统"成果。

(作者雷乃旺为福建广播电视大学高级工程师,杨惠为福建广播电视大学助理工程师。)

闽台教育论

福建广播电视大学学历教育发展规模探论
——基于BP神经网络界法对学习型社会未来发展的预测分析

王正环　马胜蓝

学习型社会观念已作为与终身教育、终身学习不可分割的社会思潮,在国际社会传播。不少国家和地区把"学习型社会"作为21世纪教育发展的目标,并以此为依据来描绘本国和本地区教育发展蓝图。创建学习型社会已成为一个世界性的追求。因此,研究电大未来的发展,对于把握我国学习型社会建设的进程,具有重要的意义。笔者以福建电大为例,运用BP神经网络界法建立模型,对其未来发展进行预测分析。

本文主要围绕近10年来福建电大开放教育本科的学生情况展开分析。由于开放教育本科自1999年开始招生以来,相关政策较为稳定,即其中的规律性由于受外界影响较小而易较准确地表达;另外,作为福建电大学历教育序列中一个重要组成部分,相信将对开放教育本科的分析结果用以推论整体情况具有较明显的参考意义。

经济运行数据的预测是一个高度非线性问题,采用经典的线性回归方法误差比较大。人工神经网络(Artificial Neural Networks,ANN)系统是20世纪40年代后出现的,它是由众多的神经元可调的连接权值连接而成的,具有大规模并行处理、分布式信息存储、良好的自组织自学习能力等特点,在信息处理、模式识别、智能控制及系统建模等领域得到越来越广泛的应用。尤其误差反向传播算法(Error Back-propagation Training,简称BP网络)可以逼近任意连续函数,具有很强的非线性映射能力,而且网络的中间层数、各层的处理单元数及网络的学习系数等参数可根据具体情况设定,灵活性很大,所以它在许多应用领域中起到重要作用。人工神经网络是一种模拟动物神经网络行为特征进行分布式并行信息处理的算法数学模型。这种网络依靠系统的复杂程度,通过调整内部大量节点之间相互连接的关系,从而达到处理信息的目的。人工神经网络具有自学习和自适应的能力,可以通过预先提供的一批相互对应的输入－输出数据,分析掌握两者之间潜在的规律,最终根据这些规律,用新的输入数据来推算输出结果,适合于建立高度非线性的数学模型。[1]

一、BP 神经网络的基本原理:[2]

BP 网络能学习和存贮大量的输入－输出模式映射关系,而无需事前揭示描述这种映射关系的数学方程。它的学习规则是使用梯度下降法,通过反向传播来不断调整网络的权值和阈值,使网络的误差平方和最小。BP 神经网络模型拓扑结构包括输入层(Input Layer)、隐层(Hide Layer)和输出层(Output Layer),其基本思想就是工作信号正向传播和误差信号反向传播。

1.BP 算法的步骤

简单地说,BP 算法步骤包括两个阶段,第一阶段是计算实际输出,这是从输入到输出的计算与修改,得出神经元的输出,第二个阶段是对权值和阈值的修改,这是从输出层向下进行计算和修改,从已知最高层的误差修改与最高层相连的权值然后修改各层的权值,两个过程反复交替,直到达到收敛为止。

2.BP 算法的改进

BP 算法理论具有依据可靠、推导过程严谨、精度较高、通用性较好等优点,但标准 BP 算法存在以下缺点:收敛速度缓慢;容易陷入局部极小值;难以确定隐层数和隐层节点个数。

(1)利用动量法改进 BP 算法

标准 BP 算法实质上是一种简单的最速下降静态寻优方法,在修正 W(K)时,只按照第 K 步的负梯度方向进行修正,而没有考虑到以前积累的经验,即以前时刻的梯度方向,从而常常使学习过程发生振荡,收敛缓慢。动量法权值调整算法的具体做法是:将上一次权值调整量的一部分叠加到按本次误差计算所得的权值调整量上,作为本次的实际权值调整量,即:

$$\Delta W(n) = -\eta \nabla E(n) + \alpha \Delta W(n-1)$$

其中:α 为动量系数,通常 0<α<0.9;这种方法所加的动量因子实际上相当于阻尼项,它减小了学习过程中的振荡趋势,从而改善了收敛性。动量法降低了网络对于误差曲面局部细节的敏感性,有效地抑制了网络陷入局部极小。

(2)基于模型逼近度变步长

记 $S_k(W)$ 为 $E(W)$ 在 $W(k)$ 处展开的一阶展开式,即:

$$S_k(W) = E(W(k)) + \nabla E(W(K))'(W + W(k))$$,其中上标 t 表示转置。

现记:

$$\Delta S_k = S_k(W(k)) - S_k(W') = -\nabla E(W(k))' \Delta W(k)$$

因为 $SM_k(W)$ 是 $E(W)$ 在 $W(k)$ 处的一阶 Taylor 展开式,我们可把其看作第 k 次迭代 $E(W)$ 的预估下降量,一般来说,当 $W(k)$ 不是局部最小解时, $\Delta S_k > 0$.

又记 $E(W)$ 的实际下降量为:
$$\Delta E_k = E(W(k)) - E(W')$$

则比值 $r_k = \Delta E_k / \Delta S_k$ 表达了 $S_k(W)$ 在 $W(k)$ 附近对 $E(W)$ 的逼近程度,r_k 愈接近于 1,说明 $S_k(W)$ 在 $W(k)$ 附近与 $E(W)$ 吻合得愈好,则称 r_k 为相应于迭代向量 $W(k)$ 的模型逼近度。

因此采用 r_k 的大小来确定 $W(k+1)$ 以及步长 $\eta(k+1)$。思路在于逼近度越好,则步长就相应增大越多。

最后采用直观的批处理过程来改进算法:

① 如果 $r_k < 0$,即平方误差(在整个训练集)在权值更新后增加了,且超过了某个设置的百分比,则权值更新被取消,步长被乘以一个小于 1 的正因子,并且动量系数被设置为 0。

② 如果 $r_k < 0$,而平方误差增长小于设置的百分比,则权值更新被接受,但步长不变,如果动量项系数过去被设置为 0,则恢复到以前的值。

③ 如果 $r_k > 0$,则权值更新被接受,$\eta(k+1) = \eta(k) * (1+r_k)$,如果动量项系数过去被设置为 0,则恢复到以前的值。

二、BP 神经网络的训练策略

BP 神经网络的实际输出值与输入值以及各权值和阈值有关,为了使实际输出值与网络期望输出值相吻合,可用含有一定数量学习样本的样本集和相应期望输出值的集合来训练网络。一般来说,训练样本是网络连接权总数的 5~10 倍。确定 BP 神经网络的结构和权系数来描述给定的映射或逼近一个未知的映射,只能通过学习方式得到满足要求的网络模型。

1. 确定 BP 网络的结构

确定了网络层数、每层节点数、传递函数、初始权系数、学习算法等也就确定了 BP 网络。确定这些选项时有一定的指导原则,但更多的是靠经验。

(1)隐层数的确定:

理论证明:具有单隐层的前馈网络可以映射所有连续函数,只有当学习不连续函数时才需要两个隐层,故一般隐层最多需要两层。一般方法是先设一个隐层,当一个隐层的节点数很多但仍不能改善网络性能时再增加一个隐层。

（2）BP 网络常用传递函数：

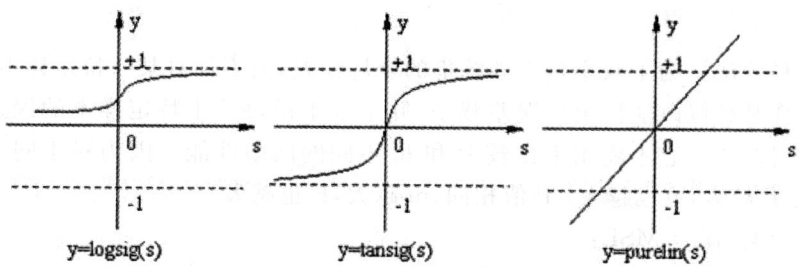

BP 网络的传递函数有多种。Log-sigmoid 型函数的输入值可取任意值，输出值在 0 和 1 之间；tan-sigmod 型传递函数 tansig 的输入值可取任意值，输出值在 -1 到 +1 之间；线性传递函数 purelin 的输入与输出值可取任意值。BP 网络通常有一个或多个隐层，该层中的神经元均采用 sigmoid 型传递函数，输出层的神经元则采用线性传递函数，整个网络的输出可以取任意值。

（3）每层节点数的确定：

对于多层前馈网络来说，隐层节点数对神经网络性能有一定的影响。若数量太少，则网络所能获取的用以解决问题的信息太少；若数量太多，不仅增加训练时间，更重要的是隐层节点过多还可能出现所谓"过渡吻合"(Overfitting)问题，即测试误差增大导致泛化能力下降。课题中采用凑试法：

①先由经验公式确定

$m = \sqrt{n+l} + \alpha$，m 为隐层节点个数，n 为输入节点，l 为输出节点，a 为调节常数，在 [1,10] 之间。

②改变 m，用同一样本集训练，从中确定网络误差最小时对应的隐层节点数。

2. 误差的选取

在神经网络训练过程中选择均方误差 MSE 较为合理，原因如下：

（1）标准 BP 算法中，误差定义为：

$$E_p = \frac{1}{2} \sum_{j=1}^{m} (t_j^p - y_j^p)^2$$

每个样本作用时，都对权矩阵进行了一次修改。由于每次权矩阵的修改都没有考虑权值修改后其他样本作用的输出误差是否也减小，因此将导致迭代次数增加。

(2)累计误差 BP 算法的全局误差定义为:
$$E=\frac{1}{2}\sum_{p=1}^{P}\sum_{j=1}^{m}(t_j^p-y_j^p)=\sum_{p=1}^{P}E_p$$

这种算法是为了减小整个训练集的全局误差,而不针对某一特定样本,因此如果作某种修改能使全局误差减小,并不等于说每一个特定样本的误差也都能同时减小。它不能用来比较 P 和 m 不同的网络性能。因为对于同一网络来说,P 越大,E 也越大;P 值相同,m 越大,E 也越大。

(3)均方误差 MSE:
$$MSE=\frac{1}{mp}\sum_{p=1}^{P}\sum_{j=1}^{m}(\hat{y}_{pj}-y_{pj})^2$$

其中:m 为输出节点的个数,p 为训练样本数目,$\hat{y}_{pj}$ 为网络期望输出值,y_{pj} 为网络实际输出值。均方误差克服了上述两种算法的缺点,所以选用均方误差算法较合理。但在测试中也发现小数据量时均方误差不能很好地反映误差。

3. 输入输出量的变换

由于 S 函数的特殊性,当所有的样本输入信号都为正值时,与第一隐含层神经元相连的权值只能同时加或同时减,导致学习速度很慢,因此对输入进行归一化,本课题中采用线性函数转换 y=0.1+(x−MinValue)/(MaxValue−MinValue),而 sigmoid 函数值在接近 0,1 的时候,曲线比较平缓,变化速度非常慢,为了减少网络学习速度,将输出数据变换在[0.1,0.9],即在预测分类时用[0.9,0.1,0.1]来代替[1,0,0]。

三、数值模拟

1. IRIS 数据集介绍

基准函数(Benchmark Function)IRIS 数据集。在数据记录中,每组数据包含 Iris 花的四种属性:萼片长度、萼片宽度、花瓣长度和花瓣宽度,三种不同的花各有 50 组数据,这样总共有 150 组数据或模式。其中每种类型选取 40 个作为训练数据集,10 个作为测试数据集。

2. 测试结果

采用 Java 语言对改进的 BP 算法进行编程测试,在例子中,使用均方误差,同时步长为 0.5,初始动量系数为 0.5,误差控制精度为 0.02。各种算法的迭代次数见表1。

表 1　各种算法的迭代次数

算法及改进	平均迭代次数
标准 BP 算法	＞10000
带动量项的 BP 算法	＞5000
基于模型逼近度和带动量项的批处理算法	＞2000
模型逼近度和带动量项的批处理算法及输出归一化处理	1000 以内

3. 经济数据预测

采用上述方法对具体的经济运行数据进行预测。由于经济数据是随时间变化而变化的数据,因此,采用时间序列预测的方法建立训练样本。本研究采用3年一个周期预测下一个年度的样本组织方法,建立3个输入单元和1个输出单元的BP神经网络模型。对两个数据——某地区近28年的GDP数据(截至2003年)和某地区28年来的居民消费数据(截至2003年)用经过训练的BP模型计算(预测过程和具体结果略),新年度(2004年)GDP的预测值为6265.3,与实际值的相对误差＜6%;新年度(2004年)居民消费额的预测值为6368.32,与实际值的相对误差＜7%,达到了预定的要求。

从上述模型建立和数值模拟结果来看,采用前馈神经网络进行经济数据预测是可行的,可以达到较好的精度。

四、对福建电大学历教育中开放教育本科招生数的预测分析

1999年以来开放教育本科招生的规模见表2。

表 2　1999—2008 开放教育本科招生规模

单位:人

时间	1999秋	2000春	2000秋	2001春	2001秋	2002春	2002秋	2003春	2003秋
总人数	379	446	1479	607	2243	1574	2627	3148	4442
时间	2004春	2004秋	2005春	2005秋	2006春	2006秋	2007春	2007秋	2008春
总人数	3975	3741	2537	3088	3366	3428	2928	2601	2934

资料来源:福建电大学籍原始信息

用开放教育本科的学生人数数据建立3个输入单元和1个输出单元的BP神经网络模型,具体的4维样本数据和运用上述经过训练的BP模型计算的结果如下：

379	446	1479	607
446	1479	607	2243
1479	607	2243	1574
607	2243	1574	2627
2243	1574	2627	3148
1574	2627	3148	4442
2627	3148	4442	3975
3148	4442	3975	3741
4442	3975	3741	2537
3975	3741	2537	3088
3741	2537	3088	3366
2537	3088	3366	3428
3088	3366	3428	2928
3366	3428	2928	2601
3428	2928	2601	2934

预测：

2928	2601	2934	2735

即2008秋福建电大学历教育中开放教育本科招生数的预测值为2735人。进一步预测结果为(每行最后一个数字为新的预测值)：

2928	2601	2934	2735
2601	2934	2735	2783
2934	2735	2783	2755
2735	2783	2755	2689

可以看出，继续预测未来，将用到前期预测结果，使得进一步预测的误差加大，故对未来几年的较长期预测结果其精确含义较为有限，但其基本变化呈缓慢下降趋势还是具有一定参考意义的。

从表2可以看出，电大开放教育中的学历教育本科部分招生规模从1999年开始快速增长，在2003年秋达到峰值后，缓慢下降。用前馈神经网络建立模型对2008秋的招生数进行预测，得到的结果为2735人。2008秋实际招生数为2924人，误差约为6%，在精度上可以接受。进一步预测结果显示未来的发展呈缓慢下降趋势。

据此推论，福建电大的学历教育招生规模未来几年的发展，在外界影响因素不变或变化不大的情况下，较为理想的结果是保持稳定，但如果措施不力则可能出现缩小情况。其影响因素有二：一是需要接受补偿性学历教育的人数随时间变化逐渐减少;二是相似的教育机构大量出现带来了激烈竞争。其中第一点是需要直接面对的不可逆转的现实问题,这是电大学历教育无法再高速增长的决定性原因。

考虑到学习型社会在我国未来的发展前景,非学历教育的需求人数将远远超过学历教育需求人数。因此,电大宜在加强学历教育的同时,加快实现向非学历教育的倾斜,如今福建电大正在进行的社区教育等就是有益的尝试。若能尽快顺利实现这个转变,电大将在未来中国学习型社会建设进程中继续发挥主体性作用。

参考文献

[1] 冯定.神经网络专家系统[M].科学出版社,2006.

[2] 朱大奇,史慧编著.人工神经网络原理及应用[M].科学出版社,2006.

(本文写作受到福州大学数计学院叶东毅教授指导,特此致谢。)

基金项目:全国教育科学规划项目"现代远程教育文化建设的研究与实践"(FIB060402)子课题阶段性成果。

(作者王正环为福建广播电视大学讲师,马胜蓝为福州大学数学与计算机学院硕士研究生。)

闽台教育论

现代远程教育助力福建学习型农村建设探析

江年攀

学习型社会这一概念是20世纪60年代由美国学者哈钦提出来的。学习型社会是一种社会形态，它以终身教育体系为依托，以满足全民基本的终身学习为要求，以促进人的全面发展为目标，深刻揭示了人们必须不断学习以适应时代发展和社会进步的真谛。因此，建设学习型社会受到国际社会广泛的认同，许多国家相继开展了学习型社会的创建活动。20世纪90年代以来，我国把建设和形成学习型社会作为建设小康社会的战略目标。值得注意的是，学习型农村建设是构建学习型社会的重要组成部分。因此，探讨促进学习型农村建设的有效途径，是时下理论和实践的一个重大课题。

一、加快福建学习型农村建设进程是实现福建社会和谐发展、跨越发展的时代要求

（一）加快学习型农村建设是促进教育公平和城乡和谐发展的现实要求

由于历史原因，福建教育发展，特别是高等教育发展相对滞后，有限的教育资源主要集中在中心城市，农村教育欠债是不争的事实。由于城乡二元结构造成政府长期在农村建设投入特别是教育投入方面的缺失，这使得农村居民接受系统的教育，特别是高等教育的几率少而又少，形成了事实上的教育不公平。对和谐社会建设而言，社会公平是基本元素之一，而社会公平最重要的是教育公平。就发展的观念来说，教育是人类吸纳知识、开发智力、挖掘潜能、适应进步的引擎。致力于学习型农村建设，是提升农村教育水平，扩展农村居民学习环境和机会的重要举措，也是缩小城乡差别，推进教育社会化和社会教育化，建设环境友好型社会，促进社会和谐发展的重要途径。根据第六次人口普查数据，福建省常住人口为36894216人。其中居住在城镇人口为21064429人，占57.09%；乡村人口为15829787人，占42.91%。[1]农村居民约占半壁江山。如果按照"我国通常将县级以下社会统称为农村社区"来区划，[2]农村社区和农村居民的外延将更大。无论从哪个方面和哪个角度讲，努

力建设学习型农村都是我省社会和谐发展的现实要求。

(二)加快学习型农村建设是促进福建跨越式发展的重要抓手

不可否认的是,我省农村落后局面没有得到彻底的改观,农村人口受教育程度低,总体素质不高是不争的现实。这些严重地制约了农民收入水平的提高和农业经济的发展,也直接影响了我省跨越式发展目标的实现。跨越式发展是涵盖社会、政治、经济、科技、教育、文化、交通、物流、金融等各个方面的发展,是涉及社会各个领域的有机统一体。农村作为我省社会极其重要的组成部分,其发展水平与全省发展息息相关。正如胡锦涛总书记所说的——农业丰则基础强,农民富则国家盛,农村稳则社会安。党的十六届五中全会对社会主义新农村建设提出了"生产发展、生活宽裕、乡风文明、村容整洁、管理民主"的发展目标。这个宏伟目标的实现很大程度取决于农民受教育程度和整体素质的提高。2010年初,福建省就海西建设首次做了重大的战略调整,增列人才资源支撑体系作为海西建设的十大支撑体系之一,把人才培养摆在第一位,并把农村实用人才培养作为五大人才培养工程之一。因此,必须把加强农村教育,努力建设学习型农村作为大事来抓。当前,采取有效的手段,进一步提高农村居民的文化水平和文明素养,促进现代农业和农村社会经济的发展,对提升我省跨越式发展的水平,极具意义。

(三)加快学习型农村建设是促进福建社会进步的重要基础

学习型社会以促进人的全面发展和终身发展为目的,是促进社会进步、构建和谐社会的教育基础和智力支撑。就社会文明、进步和发展而言,可持续发展的核心要素是人。1986年联合国大会通过的《发展权利宣言》指出,"人是发展的中心问题";1995年联合国社会发展首脑会议提出,要"建立一种以人为中心的社会发展框架","可持续发展的中心是人"。[3]致力于学习型农村建设,有助于创造促进人的全面发展的学习环境和成才环境,有助于提高农村劳动者和专门人才的劳动技能水平,有利于提升人的科学文化素养,有助于人的终身发展和幸福指数的提高。就我省来说,我们正处在跨越式发展的关键时期,经济建设、政治建设、文化建设、社会建设以及生态文明建设全面推进,工业化、信息化、城镇化、市场化、国际化深入发展,人口、资源、环境压力日益增大,这些都凸显了人才资源发展和提高人民素质的重要性和紧迫性。着眼现实和长远的关系,努力建设学习型农村,是推动我省可持续发全面发展、全面进步的重要基础工程。

二、当前福建学习型农村建设存在的主要问题

(一)观念上的缺失

毫不夸张地说,相当部分的政府官员对建设学习型社会重大意义认识不清,兴趣不大,不像抓经济工作那样认识到位、思路到位、措施到位、工作到位。对学习型社会建设大多停留在口头上和文件中。更谈不上学习型农村建设的具体落实。殊不知学习型社会是一种新的社会发展战略,是把人力资源的开发作为推进社会和谐发展,促进经济社会科学发展、可持续发展的重要抓手,是把人口压力转化为人力资源优势的路径选择。社会的现代化首先取决于人的现代化。党和国家对建设学习型社会十分重视,把"建设学习型社会"写入了十六大和十七大的报告。而在现实中,重要的是各层级的领导要在思想引起足够的重视,理清观念上的误区,这样才能突破思想上的樊篱。只有认识到位,才能有所作为。

(二)政府行为的缺位

政府行为的缺位主要表现在规划制定的缺失和运作目标不到位。在我省,就目前来说,很难看到一份可操作性很强的建设学习型社会的行动计划或者规划纲要。此外,政府行为的缺位体现在没有建立相应工作领导机制和协调运作机制,各级政府尚未把学习型社会建设作为工作考量的评价机制来抓。学习型农村作为学习型社会的有机组成部分,是农村社区社会理想的发展模式,它的建设和形成,离不开政府强有力的组织领导。失却有效的政府行为支撑,学习型农村的建设与形成很难从必然王国走向自由王国。

(三)农村社区教育尚未形成气候

从我省农村社区来说,大致有三种情况。一是城市化的农村社区。这种农村社区由于城市的扩张而成为"城中村",社区居民已失去了土地这一生产资料,户口已整体转为城市居民,而且经济生产不再以农业为主,而主要从事工商服务活动。二是城镇化的农村社区。这是城镇化进展中的转型过渡社区,社区居民由于土地流转成集中经营,经济生产方式发生了明显变化,或工或商,劳动力转岗需求大。三是纯农村社区。这种社区一般由行政村和若干自然村组成,居民的生产活动主要以农业经济为主。从广义来说,以上三种农村社区居民的人口超过全省人口的一半以上,构建和谐社会、实践科学发展,关键是"以人为本",促进人的全面发展。人的全面发展包括思想道德、文化知识、职业技术、健康生活方式等等。只有实现人的全面发展、国民整体素质的提高,构建和谐社会、建设小康社会的进程才能落到实处。人的全面发展需要

教育,需要学习,才能适应生存,适应社会发展与进步。因此农村社区教育和形成学习型农村显得尤为重要。但目前我省农村社区教育尚未形成气候,主要表现在各级政府刚性责任不明确,政策支持力度不强,提供农村社区教育运作的各种保障条件不到位,农村社区教育运作机制尚未形成。农村社区教育是学习型农村建设的基础工程,没有强有力的农村社区教育作为支撑,学习型农村建设则是举步维艰。

(四)学习型农村建设的路径选择尚未成型

如何推进学习型农村建设,我省尚处于研究和实践探索阶段,没有可操作性很强的运作模式。这些年来,省政府通过相关行业和部门开展了以提高农民科学技术、就业转岗培训、农村党员教育、"一村一名大学生计划"、"阳光工程"等为主要内容的农村人员教育,收到了一定的效果。但比较成型而且大规模地实施农村社区教育,推进学习型农村建设仍然没有取得突破性的进展。如何根据我省农村社区的实际,选择一条适合我省学习型农村建设的有效途径是目前和今后一段时期必须面对和解决的问题。我省目前农村社区教育进展缓慢,学习型农村建设成效不明显,很大程度在于尚未找到适合运作的有效途径和发展模式。

三、注重现代远程教育在学习型农村建设中的作用

现代远程教育以开放教育资源,促进教育公平,为学习者提供自主、便捷的学习方式而逐渐为社会所认可。党的十七大报告指出,要"发展远程教育和继续教育,建设全民学习、终身学习的学习型社会"。这表明远程教育已纳入了我们党社会发展的总体思路,成为建设学习型社会的重要战略举措。

(一)现代远程教育为农村学习者提供了自主、灵活、便捷的学习环境

基于互联网的现代远程教育,以其开放的教育资源、超越教学时空、突破时空限制,为学习者提供了自由学习的空间和环境。学习者可以按照自己的进度进行学习。由于工学矛盾,农村的学习者不可能像传统的学校教育那样在规定的时间和地点学习规定的课程,而现代远程教育通过传播媒介,为学习者提供了自主安排学习的自由空间,使学习者可以自主地支配学习活动。自主学习环境的优化,无疑是成人学习者满足学习要求的首选。现代远程教育的发展是教育资源与信息技术高度融合的教育产品,它随着信息技术的发展,所提供自主、自由的学习环境将更加优化。目前,网络学习已步入手机移动学习的时代,先进的媒介技术为远程教育走进千家万户提供了强有力的技术支撑,也为学习者提供了更为便捷、自由的学习可能。随着互联网覆盖面的扩张

和手机普及率的提高,网络学习的前景将更加诱人。此外,现代远程教育为学习者提供自主、灵活的学习还体现在学习者可以按照自己所需选择学习项目。远程教育资源的丰富性,为学习者提供了极大的选择空间,网络带来的海量资源,为帮助学习者完成学习目的提供了便捷的服务。网络教学支持自主学习、灵活学习、开放学习等在面授环境中很难实现的教育形式。这是实现终身学习、创建学习型农村的基础。

(二)现代远程教育为学习型农村建设提供了理想的学习平台

学习型农村建设主要以开发人力资源和提升农村人员整体素质,促进人的全面发展,促进社会的和谐与进步为目的。显然,提供学习支持是学习型农村建设不可缺少的关键要素。现代远程教育的作用就在于它打造了较为理想的学习平台。这个平台以丰富的学习资源和媒介技术为支撑,便于农村网络学习环境的创建和运行。一般说来,农村成员由于生产方式、生活方式、居住条件等方面的原因而形成了一个比较松散的群体,组织学习和自主学习的形式是通过学习平台提供的网络学习环境进行学习。随着计算机网络、卫星网络和电信网络逐步向农村社区延伸,网络教育和网络学习的硬件日趋成熟,现代远程教育服务学习型农村建设已经成为可能。而且,远程教育学习平台学习资源的丰富性、共享途径的多样性为满足农村社区成员多层次、多类型的学习需求提供了条件。充分发挥现代远程教育的优势,不断优化学习环境,大面积、大容量地扩大教育服务面,是目前学习型农村建设较为理想的路径选择。

(三)现代远程教育的成功实践表明它在学习型农村建设中可以大有作为

按照学术界传统的划分,我国的远程教育大致经历了函授教育、广播电视教育和以互联网为基本标志的现代远程教育三个阶段。现代远程教育发展的20多年来,在促进教育公平、大面积地提高人口素质方面取得了令世人瞩目的成就。在学历教育方面,2000年和2011年,东北农业大学和中国农业大学分别获准开展现代远程教育试点,2004年,教育部启动了"一村一名大学生计划",这些主要是开展农业方面的远程高等学历教育。据统计,2009年全国高等学校招生629万人,而远程高等教育网络本、专科招生规模达到162.6万人,[4]约占高等学历招生1/4强,2009年以来大约比例都在这个范围。需要指出的是,远程教育招生对象大多为基层和农村社区学员,2010年,仅电大系统面向农村"一村一名大学生计划"招生就达6.29万人(2004年以来,福建此项计划招收近6000人),在提高弱势群体人员学历教育几率发挥了关键性的作用。目前我国连同广播电视大学在内共有68所高校开展现代远程教育试点工程,这是我国政府利用现代远程教育多快好省培养人才和大面积提高人口素质的重要举措。在利用现代远程教育开展农民工就业培训方面,也取得很好效果。福建省启动"阳光工程",全省许多远程教育机构就参与了这项工作。又如广东省受国际金融危机影响,许多农民工面临失业和重新就业的问题,广东省委利用省农村党员干部现代远程教育网络,组织开展"农民工就业创业活动",效果显著。[5]利用现代远程教育网络,开展教育培训、技术推广、科学普及等一系列旨在提高农民科学素养、经营农业经济能力的教育活动,对于促进农村经济社会建设起到了不可替代的作用。现代远程教育的实践雄辩地说明,利用现代远程教育对广大农村社区开展教育活动,有利于推进教育公平;有利于多快好省大面积地提高农村社区人口素质,建设人才资源强国;有利于对农村各类失业和待业人员进行职业和技能培训,帮助他们再就业;有利于普及科学知识和农业技术,发展农业经济;有利于社会主义新农村建设,推动社会和谐与进步。

四、现代远程教育助力福建学习型农村建设的对策与建议

学习型农村建设必然经历长期而动态的历史演进,是一项庞大繁杂的系统工程。如何进一步发挥现代远程教育在福建学习型农村建设中的功能作用,必须着重从以下几个方面考虑。

(一)政府作为是核心

学习型农村建设是一项惠民工程,是改变我省农村落后现况,促进社会主义新农村建设,推进我省可持续发展和社会文明进步的路径选择。现代远程教育作为推动我省学习型农村建设的重要抓手,政府应当在发挥其有效作用上有所作为,担负起应有的责任。这种责任主要体现为强有力的领导:在组织领导、出台政策、规划制定、经费支持、保障措施、协调运作、监督评价诸方面有所作为。

从社会学的角度看,学习型农村建设作为学习型社会建设的有机组成部分,同促进全社会安全稳定与和谐社会建设有着直接或间接的必然联系。学习型农村建设的重要内容之一是人文教育,它特殊的价值和社会功能就在于能够把矛盾化解在农村社区,把稳定落实在农村社区,把和谐构建在农村社区,把幸福普及于农村社区,进而促进全社会的和谐与进步。

从经济学的角度讲,学习型农村建设对农村经济发展的作用是显而易见的。通过学习把知识转化为能力,使得农村社区居民谋生谋职、提高生存境遇、拓展发展机会、提高生活质量、推动农业经济发展变成可能。它有利于城镇化建设,有利于农业生产方式的转变,有利于绿色经济、低碳经济、生态经济、循环经济发展对农村社区人员科技化知识提升的要求。

经济社会发展的要求决定了学习型农村建设是政府工作的重要内容和必然的责任担当。这项工作内容和责任的重点在于寻求合适方式和选择有效的途径推动学习型农村建设有序有效地开展。现代远程教育助力学习型农村建设主要体现在创造良好的学习环境和教学支持，是政府作为的载体和抓手。没有政府的支撑，现代远程教育的功能和作用就失却了原动力而难以施展，这是不难理解的。

(二)有效的组织管理体制是基础

有效发挥现代远程教育在福建学习型农村建设中的功能和作用，组织管理架构是基础。要在坚持政府为主导的前提下，科学架构组织管理体系(其基本结构如下图所示)，以确保现代远程教育运作和实施。

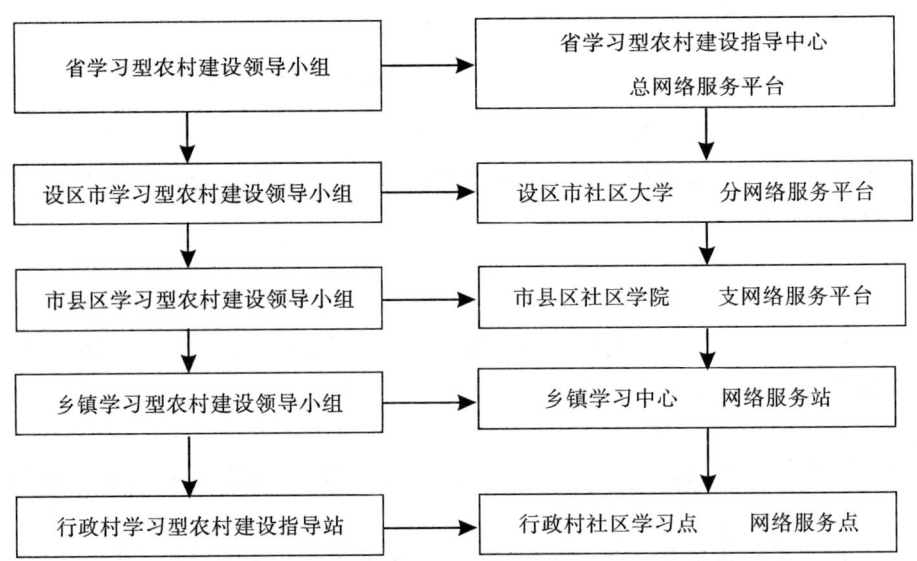

这种管理体系既要体现全省发展总体目标的引领，又要尊重区域社会发展的差异，有利于区域化渐进推演的发展策略；既要体现全省一盘棋的统一领导，又要尊重不同区域个性化发展的模式选择。这样全省学习型农村建设才能真正形成以市县区政府为基础的区域社会发展目标的体系和框架，避免区域需要解决的一系列问题出现边缘化和形式化趋向。

省学习型农村建设领导小组是省人民政府专门机构，由省领导、相关厅局领导和远程教育实施单位相关负责人组成。主要负责全省规划和实施方案的制定；统筹核定全省管理系统人员编制；科学进行经费预算与安排；负责对各区域规划和实施计划进行审定;落实区域责任制并根据实施进程进行有效的监督评价,把评价结果作为区域责任制与工作绩效考评依据;协调解决全省建设过程出现的问题。设区市、市县区、乡镇、行政村学习型农村建设领导机构负责辖区内规划或计划的制定与实施,负责区域建设的经费预算与安排,对辖区内实施现代远程教育的工作部门进行工作指导和业绩考评,并对上级领导部门负责。

省学习型农村建设领导中心和总网络服务平台是省学习型农村建设领导小组下属的具体业务工作部门,负责数字化学习资源整合和网络技术平台建设,并对全省业务部门负有业务指导的责任。目前,全省现有8个设区市已依托设区市电大成了社区大学、46个市县亦依托县级电大成立了社区学院,并拥有相应的网络平台。因此,设区市和市县区可以依托现有社区教育机构开展相应的工作。乡镇则可以依托当地的中学、职中及技校,利用已建成的"中小学远程教育工程"网络体系开展工作。行政村则以村委会为基础,利用我省"党员教育网"及村网络点进行现代远程教育服务学习型农村建设的工作。这样就可以形成从省到村的五级行政教育组织管理体制,在组织管理上有利于全省学习型农村建设活动的开展。

(三)学习支持服务平台建设是现代远程教育推进学习型农村建设健康发展的引擎

一般说来,组织网络、技术服务平台、教育资源是现代远程教育助力学习型农村建设的三大要素。这三大要素的集合,具体以学习支持服务平台形式来运作。学习支持服务平台主要以信息传媒技术为支撑,以现代远程教育为主要教育形式,形成以学习者为中心并满足学习者多种学习需求的学习环境,实现现代远程教育的学习支持。农村社区成员居住分散,集中学习困难,没有学习支持服务平台支持学习者自主学习、灵活学习,学习型农村的形成是不乐观的,甚至是难以想象的。

我省现有信息传输网络有一定的基础,有线电视网、电信网、计算机互联网已逐步向农村延伸。现在关键的是进行有效运作,形成数网合一的格局,以利于远程教学资源的传输。为此,需要实现"建设以卫星、电视和互联网等为载体的远程开放继续及公共服务平台,为学习者提供方便、灵活、个性化的学习条件"的目标。[6]

学习支持服务平台重要组成部分是数字化学习资源的提供。数字化学习资源是教育与信息技术融合的产物,数字学习资源的制作,至少要突出几个要素:1.体现适应学习的网络背景。2.体现资源的本土化。3.体现实用性。4.

易学、易懂，实现交互、自测功能。数字化学习型资源建设除了制作外，更在于整合和共享，以此丰富数字化资源库，以最大限量满足农村社区成员工作、生活、谋职、休闲等需求。学习支持服务平台能否引发农村社区人员的学习兴趣，满足他们学习需求并保证其学习目的的实现，是学习支持服务平台是否具有生命力的关键所在，也是现代远程教育推进学习型农村建设与形成的关键所在。

（四）机制创新是现代远程教育助力学习型农村建设的推手

学习型农村建设是一个巨大繁杂的历史工程，需要一个强有力的工作体系加以实施。而工作体系的高效运作，需要与之相适应的工作机制。所谓的机制，是有机体或工作系统内的构成要素之间相互联系的作用以及制定的过程方式。机制的创新以及能否有效运行，直接关系到功能效果与目标的实现。因此对某个工作体系内在构成要素之间的关系和作用要进行科学的研究与考量，寻找要素之间相互促进的内在联系，从而精心设计和完善其运作程序，这是非常重要的。[7]比如管理机制，学习型农村建设需要通过组织管理系统来实施，因此各层组织的职能分工和服务运作应当有所区分和侧重，要有相应的规范和制度保证。省学习型农村建设领导小组应当行使政府行政职能，做到政令畅通、指挥到位、协调有力、工作落实。省学习型农村建设指导中心作为具体业务单位，负责网络技术平台的建设，畅通信息传播渠道，协调诸多教育、科研、技能培训、社会办学等单位和部门，打破单位和行业樊篱，破除门户和各行其事观念，共同建设和开发学习资源；检查反馈全省工作运行状况，及时调整服务思路，出台新的举措；协调整合全省各系统各行业教育网络和教育资源，避免政出多门，造成浪费，进而形成合力，共同为学习型农村建设服务。各市、县、区、乡镇等学习型农村建设领导机构应根据本地实际，制定相应的工作制度，做到思路到位、措施到位、工作到位。学习资源开发，则可以引入市场机制：采取项目招标；资源共享、权利分明、合作共赢等有利于学习资源建设的措施，形成资源建设良性运作的机制。只有根据我省学习型农村建设的实际和不断推进的需求，及时创新工作机制，才能与时俱进，不断提高现代远程教育服务学习型农村建设的水平。

我省学习型农村建设是一个长期的动态的庞大的工程，如何在推动福建学习型农村建设中更好地发挥现代远程教育的功能和作用，需要在实践中不断探索和总结经验，这也许是一个不断演进的课题。

参考文献

[1]福建人口多少. http：//zhidao. baidu. com/question/297042212.

[2]华芳英. 论城乡化进程中农村社区的变化及社区教育的诉求[J]. 成人教育,2012(3).

[3]陈乃林. 关于终身教育与学习型社会的多维解读[J]. 成人教育,2008(1).

[4]根据中华人民共和国国家统计局《中国统计年鉴》(2010年)及 http：//blog. sina. com. cn/s/blog－47cd90zfo100ch30. hrml.

[5]马红亮. 远程教育社会学的问题研究[J]. 安徽广播电视大学学报,2009(4).

[6]国家中长期教育改革和发展规划纲要(2010—2020年)[M]. 北京人民出版社,2010.

[7]江年攀. 新形势下电大系统建设的困惑与对策[J]. 福建广播电视大学学报,2009(3).

基金项目:福建省教育厅A类社会科学基金课题(JA10330S)成果。

(作者为福建广播电视大学研究员)

福建广播电视大学系统师资队伍建设研究

施宁娜　王凌宇　黄健新　李瑞中　方鸿明　林碧凤

一、福建电大系统师资队伍现状及问题分析

（一）师资队伍现状

1. 师资队伍数量方面

经过30多年的发展，福建电大系统教师队伍已经具备了一定规模。截至2011年9月，全省系统有专任教师862人。从职称结构看，其中高级职称229人，占26.6%，中级职称432人，占50.1%，初级以下201人，占23.3%；从年龄结构看，35岁以下的有305人，占35.4%，36～50岁的有466人，占54.1%，51～60岁的有91人，占10.6%；从学历层次看，具有研究生以上学历或硕士以上学位的163人（其中5人具有博士学位），占18.9%，具有本科学历的665人，占77.2%，专科学历的34人，占3.9%；从学科分布看，以经济类、管理类、文学类和工学类（尤其是计算机类）专业为主，占了总数的73.9%。

除专任教师外，长期聘用校外教师1135人，其中正高级职称42人，副高级职称364人，中级职称609人，初级职称120人。

以上列举了全省电大师资队伍的总体状况，但在不同层级上，师资队伍情况参差不齐。其中，省电大师资状况相对较好，有专任教师149人。从职称结构看，正高4人，副高57人，高级职称占40.9%，中级70人，占47%；从年龄结构看，35岁以下的有39人，占26.2%，36～50岁的有87人，占58.4%，51～60岁的有23人，占15.4%；从学历层次看，具有研究生学历或硕士以上学位的37人（其中4人具有博士学位），占24.8%，其他教师都具有本科学历。35岁以下的专任教师大多数都具有研究生学历或硕士学位。省电大长期外聘的教师约有50人，大多数具有高级职称或研究生以上学历。当然，和普通本科高校相比，学历层次还偏低。

市级电大分校基本建立了相对完整的师资队伍。市级分校编制数大多在

30～50人,其中专任教师普遍占1/3左右,都具有本科以上学历,中青年教师多数具有硕士学位,具有中级以上职称教师的比例普遍在70%以上。其中有相当部分的"双岗位"教师,即同时担任行政和教学岗位工作的教师。此外,还有较为稳定的外聘教师队伍,外聘教师主要来自当地高校,教学水平和能力较有保证。

多数县级电大工作站的师资状况较弱。县级电大编制数普遍在5～10人,主要工作人员为行政、招生、教务人员,学历层次较低,其中部分人员能够兼任教师。其主要师资依靠外聘,外聘教师主要来自当地中专和中小学,难以符合高校的教学需要。

2. 师资队伍管理方面

电大采用的是"分级办学、分级管理"的管理体制,即各级电大由本级政府举办,归本级政府管理,业务上由上级电大指导。各级政府、教育主管部门对电大的性质、任务、发展要求的认识和重视程度不尽相同。地方政府和教育主管部门比较重视的,电大教育的发展就比较好,师资队伍也相对完整,有些地方重视程度不高,电大教育的发展就会受到影响,师资队伍建设也相对滞后。由于干部、人事管理权限的问题,上级电大实际上没有能力影响下级电大的师资队伍建设。

各级电大教师之间的联系主要是通过在教学过程中扮演相互关联的不同角色而产生的。省电大教师担任课程主持教师或责任教师,负责教学计划和大纲的制定、教学过程的组织、教学资源的建设和命题等工作,也承担直属教学点的面授工作,市、县电大教师主要担任面授辅导教师的角色,负责教学的具体实施。

(二)存在的突出问题和解决的思路

1. 系统层面

系统层面的问题主要是由"分级办学、分级管理"的体制造成的。这一管理体制使得电大系统在人的管理上相对松散。上级电大仅在教学方面对下级电大进行指导,在师资队伍建设、管理方面不同层级电大则各行其是。这造成全省师资队伍建设缺乏大局观,重复建设严重,学科建设滞后等问题。

在现有管理体制下,为解决这些问题,应当考虑如何打破地域、组织和人事管理的界限,合理流动配置师资,加强师资队伍整合。可以借鉴虚拟组织形式,将虚拟团队引入电大教学团队建设中,以虚拟教学团队代替传统的教学组织形式,充分挖掘现有师资潜力,组建和做强若干个学科或专业的教学团队。关于电大虚拟教学团队的研究,在第二部分将详细阐述。

2. 省、市电大层面

如果仅仅从学历、职称等指标数据来看，省电大中青年教师普遍具有研究生学历或硕士学位，有博士学位的教师数量逐年增加，专任教师全部具有讲师以上职称，副教授以上的占半数，这样的师资队伍指标与地方普通本科院校相比差距并不太大。

省电大师资队伍建设主要问题出在教师配置使用方面。具体来说，是既存在教师工作量不足的问题，又存在师资不足的问题。一方面由于直属教学班的学生数量逐年减少，专任教师只有很少甚至没有面授教学工作量，主要工作集中在课程设计、资源开发方面。但课程设计、资源开发的工作往往又是一次性的。课程的大纲、计划、模拟题、PPT、录像等教学资源，一旦完成可以使用多年，以后只要在此基础上进行一些完善和修改即可，因此许多教师的实际工作量偏低，能力没有得到充分发挥，一些教师处于闲置状态。但另一方面，一些理工类专业，例如土木工程、水利水电等专业，一直面临师资缺乏的问题，但由于学生数量不足，再引进专任教师又会造成人力上的浪费。

市级电大的师资队伍建设中存在的问题与省电大相似，但更为严重。由于编制数较少（一般在30～80人），市级电大往往只能集中充实少数几个通用性强、招生状况好的专业的师资，其他专业只能依靠外聘教师。

为解决这些问题，可从以下几个方面着手。一是建立完善的"双岗位"教师制度，加强教师岗位与管理岗位的交流。同时通过在收入分配、职称评聘、岗位聘任方面的政策倾斜，鼓励教师在现有教学工作之外承担一定的行政管理或学生管理工作。二是鼓励现有管理人员中符合教师条件和学校专业需求的人员向"双岗位"教师转型，为他们参加教师培训，承担课程和转评教师系列职称等创造条件。同时今后在人才引进中以"双岗位"教师标准为优先考虑。三是加强全省师资队伍整合，加强教师团队建设，鼓励各级电大符合条件的教师参与课程主持和课程管理，改变师资配置方式单一的现状。

3. 县级电大层面

县级电大师资队伍建设滞后，究其主要原因，一是受限于编制数。由于编制较少，县级电大主要是教学管理机构，教师多数从校外聘请，质量无法保证。二是对县级电大队伍建设监控困难，在个别地方电大编制被用来安置"关系户"。三是县级电大在待遇、评价、职业发展等方面条件相对较差，对优秀人才没有吸引力。

为解决以上问题，一是要向编制部门争取制定电大编制标准，根据学生规模，重新核定各级电大人员编制数，争取在编制上有所增加。二是要建立县级电大师资队伍评估标准,通过评估手段,设立在教师准入门槛,争取县级电大新进人员至少具备普通全日制本科学历。对于师资状况不达标的县级电大,限制其办学。三是要利用新增编制,利用各级政府引导高校毕业生向基层就业的优惠政策,鼓励吸收毕业生到县级电大工作。例如,当前福建省选聘的大学生村官和"三支一扶"人员基层服务期满后存在待遇难以解决的问题,可以争取将他们安置到县级电大工作。四是要提高基层电大的待遇,综合运用各种激励手段,调动教师的积极性,同时也增强基层电大对人才的吸引力。

二、福建电大系统师资队伍建设的策略

(一)宏观战略层面,从战略高度看待师资队伍建设,制定中长期的师资队伍发展规划,确定师资队伍建设的基本原则

1. 从战略高度看待师资队伍建设,制定中长期的师资队伍发展规划

近年来,人力资源管理已经进入战略性人力资源管理阶段。战略性人力资源管理是系统地将人与组织联系起来的、统一性和适应性相结合的人力资源管理,是组织为了达到目标,有计划地部署和管理人力资源各种活动的管理模式,其主要有前瞻性、系统性和以人为本的突出特点。如今高校人事部门除了做好传统的人员调配、工资福利、职称评聘等事务性工作以外,更重要的是要紧密围绕学校发展的战略,制定和实施人力资源战略。因此,有必要从战略性人力资源管理的高度考虑福建电大系统的师资队伍建设问题。这首先取决于学校的战略定位。福建电大应当抓住筹建福建开放大学的契机,明确学校发展的整体战略。在学校战略明确的基础上,将人力资源管理和师资队伍建设提高到更高的层面上来,使之与学校发展战略相匹配,并制定相应的中长期师资队伍发展规划。

2. 确定师资队伍建设的基本原则

"量体裁衣"原则

师资队伍建设应从电大实际出发,制定、实施符合学校办学定位和发展战略的队伍建设规划,制定和实施符合本校需要的队伍建设制度。目前开放大学主要以培养为地方经济建设和社会服务的应用型人才为目标。因此,队伍建设必须符合这样的实际,师资队伍要在学科专业结构上侧重于培养和地方的产业、行业经济发展相结合的学科专业人才;技术队伍要着重于平台建设和维护。

"量力而行"原则

电大师资队伍建设主要是从两方面努力,即"内培"和"外引"。无论"内

培"或"外引",都需要财力保障。要分轻重缓急,做好预算安排,全盘考虑,统筹兼顾。队伍建设必须投入经费,但是预算多少要量力而行。要做好队伍建设规划,真正把有限的财力用在"刀刃"上,如急需人才的引进必须优先予以满足和保障,同时做到科学安排,在"内培"和"外引"中尽量使经费使用更加优化。

"专兼结合"原则

充分利用现有的资源,在调动本校一切积极因素的基础上,努力寻找高校、企事业单位能够胜任教学工作的教师、专业技术人员和管理人员,充分挖掘社会丰富的人力资源,采用"客座教授"和"不求所有,但求所用"的策略。这些措施对于缓解人才队伍建设压力,提高人才队伍水平,提高人才培养质量,确实能起到很好的作用,是一条必须持久坚持的原则。

"合作共享"原则

合作共享是指与普通高校或科研院所等的合作,这个合作不是与教师、研究人员或技术人员个体的合作,而是通过与高校或科研院所等单位的对口合作,充分利用高校某些已经成熟的优势专业教学团队,共享高校师资资源;充分利用科研院所或企业比较成熟的研究团队和技术团队,共享人才。

(二)中观战术层面,以现有的系统师资队伍为基础,加强整合。引入虚拟团队的组织形式,加强师资队伍整合

1.电大已有的师资整合实践和探索

在电大发展历程中,许多教育管理者对远程教育师资整合的必要性有着不同程度的认识,也进行过实践探索,如"中心教研组"模式、课程教学团队模式等。

电大的"中心教研组"是一种通过组织集体教研活动,实现知识整合的实践。中央电大李平(2002)对电大中心教研组运行机制进行过分析,认为它在全国电大系统内形成一种教学研究协作体,是"大教研室"理念的一种物化体现。所谓"大教研室",就是把全国电大作为一个有机的整体,并从教学全过程安排和实施教学工作。在实践过程中,中央电大建立了全国范围的中心教研组,许多省级电大也建立了各自的中心教研组,由区域内各电大同一专业的教师等组成,给教师们提供了教研合作和经验交流的常设平台。但是,中心教研组存在"整而不合"的问题。一是其组织松散,只作为一个交流平台存在,并且活动次数不多。从网上可查到的各中心教研组的活动章程来看,多数为一年活动1～3次。二是带有行政色彩,成员构成受到层级、职务、职称等影响,例如,某省电大的专业中心教研组就规定组长原则上是省级电大的专业负责人,

成员为各市、县电大的教学负责人。

　　课程教学团队是一种较新的整合模式,以任务为中心推动师资整合。课程教学团队建设项目于2009年启动,首批选择7门课程组建示范教学团队,团队成员既有来自中央电大的教师,也有来自地方电大以及重点高校的教师,团队以课程建设任务为中心开展教学合作。课程教学团队目标明确,避免了"空中楼阁"式的整合,同时人员来源更加广泛。这一模式目前正在试点之中,效果还有待实践检验。

　　此外,还有一些研究从管理体制改革角度思考师资整合优化的可能性。例如,有的研究认为,师资利用效率低下的原因在于分级管理体制的限制,可以在省级电大成立全省电大师资队伍管理领导小组并成立常设机构,指挥协调全省的师资整合(张萌,2005)。

　　2. 基于虚拟团队的师资整合策略选择

　　虚拟团队是一种在进入信息时代后逐渐出现的新型团队,通过借助现代技术手段进行沟通交流,将位于不同地方,属于不同组织,且拥有不同知识、技能和信息的人才组织在一起,完成某项无法由个人独立完成的复杂任务。

　　虚拟团队与传统组织形式比较,其主要特征有:(1)虚拟性。虚拟团队是一种泛边界的"虚拟"组织,成员来源不拘泥于同一地区、同一组织。同时虚拟团队采用网络化结构,不同于传统科层制结构,团队中每个成员都是网络中的一个节点,地位相对平等。(2)信息化。虚拟团队成员彼此时空分离,更多的是通过现代信息交流手段,如互联网等进行沟通协作。(3)柔性。团队组织形式柔性,成员自愿加入,采用柔性工作方式,团队成员自我管理,自觉工作。

　　电大远程教育与普通教育相比,在教学组织与学生学习方面有自己的特点。(1)无围墙与跨地域。电大属无围墙大学,学生在学校参与学习辅导,回家自主学习,是一种开放式的教育形式;电大从中央到地方各级,均有教学组织单位负责各地学生教学,各单位在教学教务上各司其职,具有跨地域性。(2)学习支持服务基于网络平台。电大建立了"电大在线"网络教学平台,各学科专业教学资源汇集在平台上,教师与学生通过网络平台互动,学生自主学习。

　　电大教学组织和学生学习的特点决定了电大可以采用虚拟团队策略来推动师资整合。首先,通过建立虚拟团队的模式可以将普通高校名师和社会专业人才与电大自有资源有机结合,实现人才的优化组合,优质共享;其次,通过网络化的学习支持服务平台,实现各级各类教师共建资源、共享信息、共同推动专业和课程建设;第三,通过虚拟团队形式引进外部优质师资后,降低了电大配备专业教师的压力,有利于以重点学科与重点专业建设为中心的主干师资队伍建设。

3. 基于虚拟团队师资整合模式的构建

根据电大教学组织形式和学生自主学习的特点,整合模式应围绕远程教育的教学资源建设任务,分专业或课程组建虚拟团队,广泛吸引来自各地、各校,具有不同专长的教师和技术人才,依托专业的远程协作平台开展教学活动,力求师资最优整合,并进而实现知识整合,整合的成果直接通过网络平台向学生开放。

具体而言,全省各级电大可根据自身优势,牵头组建各专业或课程的虚拟教学团队。团队成员分为关键成员(团队负责人、课程主持者、课程设计师、核心技术人员等)和一般成员(辅导教师、导学主任、普通技术人员、辅助人员等)。团队成员从全省各级电大、各高校以及社会相关行业的优秀教师、优秀人才中吸收。团队负责人一般通过竞聘产生,团队核心成员采取公开招聘的方式,在报名基础上严格甄选,并签订聘任协议。团队一般成员则由全国电大该专业的一线辅导教师和技术支持人员组成。

4. 基于虚拟团队师资整合运行机制分析

根据 Mcgrath 提出的团队效能分析的 I-P-O 模型(输入—过程—输出),团队运行过程划分为三个阶段。参考这一模型,本模式的运行也可以分为三个阶段:输入阶段,组建团队达到人员整合;过程阶段,互动合作实现知识整合;输出阶段,成果汇总并完成整合。参见图1。

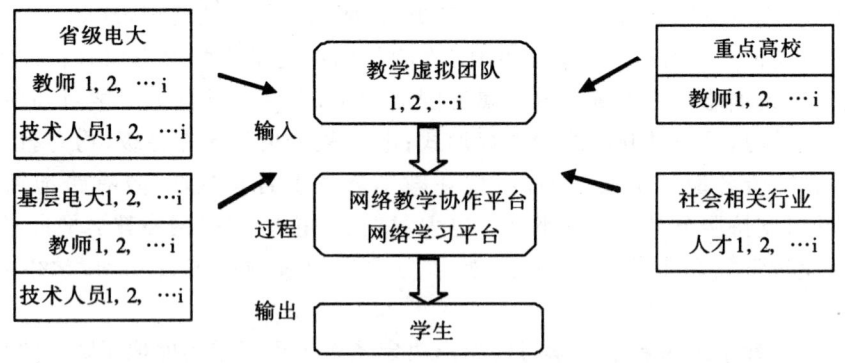

图1 基于虚拟团队的电大远程教育师资整合模式图

输入阶段

输入阶段的工作是组建各个虚拟教学团队,实现人员整合。Mcgrath 认为,输入阶段受到组织和环境因素、团队因素以及个体因素的共同影响。

组织和环境因素指的是虚拟团队任务如何确定,团队成员如何甄选以及团队内部如何组织。确定虚拟团队任务的原则是任务应当是复杂的,而又可以分割成多个相对独立的部分,由不同的任务承担者来完成。对于电大远程教育的虚拟教学团队而言,任务围绕远程教学课程资源建设这一中心来确定为宜。团队成员来源上,考虑到对任务和人员的熟悉程度以及所投入精力的要求,负责人一般以电大自身教师为主;课程主持者和课程设计师角色对专业素质的要求较高,尽量考虑有主持精品课程建设经验的教师,尤其是来自重点高校的名师;核心技术人员应具有较强的教育技术能力和较丰富的多媒体资源开发经验,主要从各级电大技术部门中甄选。在团队内部组织上,虚拟教学团队作为一种网络化组织形式,其成员之间没有明确的等级链,地位较为平等。团队负责人作为领导者,负责组织成员共同制订计划、分解任务、协调沟通以及监督成员的工作。但由于负责人的权力主要源自专家权力而不是法定权力,其地位并不高于其他成员,通常只依靠其专业造诣和威望来履行领导者的职责。

团队因素包括任务结构是否明确以及团队凝聚力的强弱。明确的任务结构使虚拟教学团队中的每个成员都能够准确了解个人所承担任务的目标、方法和成果评价标准,不明确的任务结构则相反。对于进行创造性工作的虚拟教学团队而言,宜采用混合式任务结构,明确任务的同时给成员留出发挥创造力的空间。团队的凝聚力取决于成员之间的信任关系。由于虚拟教学团队的成员分布在不同地区的不同组织,同时团队的运行周期可能并不长,不能通过长时间的接触了解来建立信任度,导致成员之间的信任关系比在传统团队中要脆弱得多。因此,一些研究者认为在虚拟团队中应当依靠团队负责人和核心成员的良好声誉,在短时间内迅速建立起"快速信任"关系(白静,2009)。

个人因素包括团队成员的专业技能、态度和性格等。专业技能上,团队中的教师除了丰富的专业知识以外,为适应远程教育特点,还应具备较强的计算机操作能力,能够在网络环境下开展教学,并能参与制作多媒体教学资源。态度上,团队应挑选态度积极主动、能够全心投入团队任务的成员。由于团队对于个人的管理不具强制性,主动的态度尤为重要。性格上,不同成员虽然性格各异,但都应当具备包容、合作的特质。

过程阶段

在过程阶段,虚拟教学团队成员之间通过互动、合作开展教学活动,将各自所具有的知识、技能加以整合,形成各个阶段性成果。

互动平台与平台知识:首先应建立一个作为知识整合物质载体的网络教学协作平台。目前应用较多的平台是基于 Wiki 技术的多人协作平台。Wiki 平台具有简易性、开放性、协作性、组织性等特点,相对于传统的 E-mail、BBS 网络协作工具,Wiki 平台更强调团队的合作和知识的多向交流,非常适合虚拟教学团队采用。在 Wiki 平台上,全体成员都可以创造和提供教学资源,并对他人的成果提出扩展和修改的意见。经过组织集体研讨,对各种知识内容进行整理和摒弃,提供—整理—摒弃的过程反复进行,最终由专人对知识进行整合。

其他互动形式:互动交流可以采用网络会议、定期面对面会议、个人交流等形式。网络会议可以通过网络聊天室或各种 IM(网络即时通讯)软件来实现,优点是方便、低成本,可以根据任务需要随时召开。但也有一些复杂问题在网络会议中不易解决,作为补充,可定期召集团队成员举行面对面的会议。此外,团队成员间还可以通过电话、邮件、IM 软件等方式开展个人交流。

输出阶段

经过前两个阶段的活动,形成虚拟教学团队的绩效成果,包括直接绩效和周边绩效。

虚拟教学团队的直接绩效是教学任务成果,包括文字材料、多媒体学习资源、教学视频、网上答疑、面授等多种形式,同时引导学生利用任务成果开展自主化学习。学生还可以通过网络平台与教师直接开展互动交流,提出学习中遇到的疑点、难点,寻求解决,促进任务成果的不断更新和维护。

周边绩效体现在团队成员满意度、合作经验总结等方面。如果虚拟教学团队在运行和任务完成方面较为顺利,团队成员在完成任务的过程中能够实现个人目标,则可能产生较高的满意度,使他们更愿意参与到其他虚拟教学团队中。合作经验总结也是重要的成果,能够为未来的虚拟教学团队管理提供经验和教训。

输出阶段同时也是团队人员更替的阶段。团队中部分成员由于个人擅长的任务已经完成将离开团队,而由于任务更新的要求,一些具有新专长的成员将加入到团队中来。

5. 基于虚拟团队的电大远程教育师资整合成功的关键因素

其一,宏观上,要认识师资整合模式形成和运行的内在规律,并采取相应措施来保证整合模式的正常运行。

虚拟团队是一种网络化、柔性结合的团队。基于虚拟团队的师资整合,一不能依靠行政手段等外力来实现,二不能牺牲任何个体的利益。整合要依靠一种内在吸引力来维系,有研究把这种吸引力称为集成内力,并提出一个集成内力公式 $F(t)=E(t)\dfrac{Q_1(t)Q_2(t)}{d^2(t)}$,即集成内力(F)的大小与环境(E)、各个整合要素的质量(Q_1,Q_2)成正比,与各个要素之间的心理距离 d 成反比。t 为时间参数,力的大小随着时间变化而变化(吴秋明,2004)。

这一公式对电大远程教育师资整合模式的形成和运行具有积极的指导意义。要实现有效整合:一要改革教学管理模式,优化教学过程设计,营造良好的整合环境;二要提高自身办学水平,加强师资队伍建设,加大教学经费投入,形成本校在远程开放教育领域的核心优势,增强对系统外师资的吸引力;三要努力缩短学校教师与外部教师之间的心理距离,形成良好合作关系。

其二,微观上,虚拟教学团队的绩效水平受到多种因素的制约,如信任、控制、激励等,必须探索适合虚拟团队的管理手段。

团队信任。Meyerson 等学者提出的"快速信任"是暂时的、比较脆弱的信任关系,有研究认为,在虚拟团队中,应建立一种制度信任,以团队文化等内生制度和团队规则等外生制度作为信任的保障(白静,2009)。

控制与激励。虚拟教学团队对成员的约束力较小,团队成员更多依靠自我管理。为了对团队运行进行有效控制,一要对虚拟团队成员实行任务目标考核办法。团队领导将任务和目标分配给团队各成员,通过网络平台和定期会议制度对阶段性成果进行考核。二要建立团队成员的退出机制,团队成员不能通过阶段考核的,应退出团队,并补充更合适的成员。三要建立公平合理的激励机制,包括薪酬回报、荣誉、工作成就感、个人成长等激励因素来鼓励团队成员加强自我管理、努力实现个人工作与团队目标的契合。

(三)在微观操作层面,重视人才引进,加强人才培养,完善激励机制,构建人才成长的良好环境

1. 重视人才引进

在省级电大层面,一是完善"双岗位"教师制度,在制订招聘计划时,要充分考虑学科和师资规划,有计划、有针对性地补充壮大"双岗位"队伍,达到做大、做强师资队伍的目标。二是要加大高层次人才队伍引进的力度,特别是学校规划发展的重点学科,要大力引进学科带头人,引进具有博士学位或副教授以上职称的教师,促进学科建设上台阶。

在市、县级电大层面,一是争取更多的用人自主权,能够根据学校需求引进人才。二是尽快制定福建电大各级教师引进标准。标准既要符合实际,避免过高、过细,也要体现要求,保证合格的人才进入电大教师队伍。三是逐步提高基层电大教师待遇,保证人才能够在基层留得住。

2.加强人才培养

一是通过培训,提高教师的教学科研水平。包括：

短期进修。根据专业建设需要,安排教师参加高师培训中心推荐的研究生课程进修培训,或参加以学科前沿领域为主要内容的高级研讨班等。继续支持"双岗位"教师岗前培训计划,提高他们参与教学的能力。

根据现代远程教学的需要,以专题的方式进行这方面的培训,有针对性地提高教师包括教学资源建设在内的现代远程教育技术水平。

国内访学。根据工作需要,结合所承担的教学、科研、管理任务,继续选派教师到相关高校以访问学者身份参加进修。

提升学历。继续鼓励教师在职攻读硕士、博士学位,重点支持重点学科的中青年教师攻读本专业领域博士学位,支持"双岗位"教师提升学历。

教学实践。要求青年教师参与教学与过程管理,通过到校部教学班以及下属教学点上课、观摩教学等方式,熟悉教学过程,提高教育能力。

课题研修。设立课题研究专项经费,支持教师在教学实践中开展课题研究,以研究促进学科建设,以研究促进自身专业成长。

二是实施"优秀人才资助和培养计划",设立人才培养专项基金,加大优秀人才的培养和资助力度。根据学校学科发展的需要,着眼学科发展前沿,依据教学、科研并重原则,鼓励教学科研创新。对中青年教师择优重点支持和强化培养,促进优秀人才梯队的形成。包括：

实施"学科带头人资助、培养计划"。制定学科带头人遴选、资助、培养和管理办法,设立学科带头人岗位,明确遴选标准、岗位职责、资助方式和管理办法,资助已经取得高级专业技术职务任职资格并受聘在岗者担任学科带头人,培养15名年龄在50岁以下的副教授及已获得博士学位的骨干教师担任学科带头人,全面负责本学科的建设、发展与规划,建设"精品课程"。5年内,力争使10名培养对象取得正高级职务,使他们成为我校学科建设的领军人物,推动学校事业的可持续发展。

实施"优秀中青年骨干教师培养、资助计划"。制定中青年骨干教师选拔、资助、培养和管理办法,根据学校发展需要,围绕学科建设和教学改革,通过项目资助、自主研究等方式,加大对中青年教师发展的支持力度,选拔并重点资助20名左右具有较高专业水平、较高创新能力和发展潜力,45岁以下的优秀中青年教师,支持其在本学科内跟踪学术前沿,开展创新研究,提高专业学术水平,把他们培养成新的学科带头人和优秀中青年骨干教师。

实施"青年教师培养计划"。结合学校实际,完善有关政策,创造良好条件,鼓励青年教师围绕培训主业加强专业发展。第一,完善学校关于培养与引进博士、硕士工作的规定,鼓励青年教师积极提升学历层次。第二,开拓渠道,完善政策,鼓励并资助青年教师进入国内重点师范院校进修学习、参加国内相关研修班和访问学者项目,促进青年教师不断更新知识结构,提高业务水平。第三,加大青年教师的培训力度,提高青年教师的教学、科研和实践能力,加强现代教育技术专项培训,增强教师信息技术水平和实施素质教育的能力。

3. 完善激励机制,构建人才成长的良好环境

加大收入分配激励作用,探索适合开放大学办学特点的多种收入分配形式和办法,按照"效率优先,兼顾公平"的原则,建立以岗定薪、按劳取酬、优劳优酬、以绩效工资为主要内容的分配办法,将教职工的收入与岗位职责、工作业绩、实际贡献以及知识、技术、成果转化产生的社会效益和经济效益直接挂钩,向优秀教师和关键岗位倾斜,强化激励,提高效率。

构建人才成长的良好环境。进一步营造人才成长环境和校园文化氛围。组织各类业务竞赛,定期评选开放大学教学名师、优秀教师、优秀教育工作者、师德标兵等,组织各类校园文化活动,形成支持和鼓励创新、和谐、奋发的校园氛围,不断优化以事业留人、以感情留人、以待遇留人的人才成长环境,增强教职工的学校认同感和归属感。

参考文献

[1]宁雅丽,范中艳.电大教师队伍现状分析与素质要求[J].甘肃广播电视大学学报,2000(4).

[2]方丽君.电大教师信息素质培养初探[J].远程教育杂志,2003(2).

[3]吴伶琳.基于问题的电大教师信息素养培训模式的构建[D].上海:华东师范大学,2007.

[4]叶秀峰,杨梓松.教育信息化条件下电大师资培训初探[J].南方论刊,2002(3).

[5]陈贵虎.电大外聘教师管理探析[J].广西广播电视大学学报,2007(3).

[6]胥雪亭.关于电大教师队伍建设的新思考[J].淮北职业技术学院学报,2005(4).

[7]钟育炎.浅谈电大教师的绩效考评[J].福建广播电视大学学报,2006(6).

[8]谢宇.对电大教师绩效考核有效性思考[J].湖南广播电视大学学报,2008(1).

[9]张志强,黄丹鋆.试析电大教师激励机制的构建[J].湖北广播电视大学学报,2008(6).

[10]徐喜霞.省级电大师资引进的机制研究[J].科技情报开发与经济,2008(11).

[11]全平.县级电大战略行为研究[D].上海:华东师范大学,2008.

[12]金丽霞.师资队伍建设:广播电视大学30年发展成就的人本化展示——江苏电大的探索与成效[J].江苏广播电视大学学报,2009(3).

[13]张萌.现代远程环境教育下电大系统师资管理体制创新问题初探[J].远程教育杂志,2004(6).

[14]周素萍,王承先,刘臣.远程开放教育教师虚拟团队的构建、管理与监控[J].中国教育信息化,2008(17).

[15]刘怡娟.远程开放教育中以课程开发为中心的教师虚拟团队构建研究[J].北京广播电视大学学报,2010(1).

[16]陶水龙,李莹,刘小星.虚拟团队与远程教学改革——"计算机应用基础"课程教学团队运行机制分析[J].开放教育研究,2010(4).

基金项目:福建省教育科学规划项目"福建电大系统师资队伍建设研究"(FJK10-077)成果。

(本课题主持人施宁娜为福建广播电视大学研究员,王凌宇为福建广播电视大学讲师,黄健新为福建广播电视大学副研究员,李瑞中为福建广播电视大学助理研究员,方鸿明为福建广播电视大学莆田分校副研究员,林碧凤为福建广播电视大学研究员。)

福建财政教育支出和经济增长的计量分析

刘伟宏

一、引言

经济增长理论是经济学中一个古老而崭新的话题。古典经济学之父亚当·斯密被视为现代经济增长理论的先驱,在他的主要著作《国民财富的性质和原因的研究》中,中心议题就是经济增长问题。20世纪中期出现的哈罗德—多马经济增长模型开创了现代模型化的经济增长理论的研究。索洛(1956)在《关于经济增长理论的一篇论文》(A Contribution to the Theory of Economic Growth)中建立的经济增长模型将人均掌握的技术水平给定条件下的劳动生产率、资本—劳动比、资本—产出比都变成了经济增长模型的内生变量。这篇论文成为现代经济增长模型理论的基准。

技术的进步必须依赖于人力资本的积累,正如 Lucas(1988)所说,"人类知识是人类所共有的,既不是日本人的,也不是中国人或韩国人的……国家间技术的差异……不是……一般知识的差异,而是特定人群的知识差异"(Lucas,1988:第15页),即人力资本的差异。人力资本就是体现在人身上的,以其数量和质量形式表现出来的资本,人力资本的保存和增值,也必须通过对人的不断投资、配置和整合才能做到,即人力资本主要来自教育和R&D(研发)投入,因此教育和R&D投入是经济增长的重要源泉。

Helms(1985)利用美国48个州1965—1979年经济数据回归发现,增加教育支出可以提高以个人收入表示的经济增长。Easterly 和 Rebelo(1993)也发现公共教育投资与经济增长正相关。Collins 和 Bosworth(1996)估计了亚洲7国人均教育投入对人均产出增长(人均是指按就业人数平均)的贡献份额,充分表明教育也是东亚经济增长的重要来源。

另外,Griliches(1988)、Coe 和 Moghadam(1993)的经验证据显示,国内R&D积累是生产率的重要决定因素。Mansfield 和 Switzer(1984)、Leyden 和 Link(1991)利用宏观经济数据发现,联邦的R&D支出是私人R&D投资的重要决定因素。Levy 和 Terleckyj(1983)、Lichtenberg(1987)也证明公共研究对私人 R&D 具有重要影响。

我国长期以来教育和科技事业以国家包办为主,财政资金是科技和教育支出的重要来源。我国政府已决定转变经济增长方式,逐步转到依靠劳动者素质提高和科技进步的轨道上来,实施科教兴国战略。由于人力资本和 R&D 是经济增长的重要来源,那么财政的教育和科学研究支出应该促进了我国的经济增长,是劳动者素质提高和科技进步的重要来源,也是实施科教兴国战略的重要组成部分。本文主要分析财政的科研和教育支出与经济增长的关系,为财政科教兴国战略提供理论支持,并提出相关的政策选择参考。

我国各个省份经济状况差异比较大,本文试图通过对福建省 1979—2008 年经济数据的计量分析,来考察财政教育支出与经济增长之间的关系。

二、福建财政教育支出与经济增长的实证分析

传统的时间序列模型只能描述平稳时间序列的变化规律,很多时间序列具有非平稳性的特征,如果事先不考虑时间序列的平稳性而直接对非平稳性数据进行线形回归,很可能会出现"虚假回归"(Spurious Regression),即变量之间实际上并不存在任何线性关系,但相关的检验又都很显著,从而导致这种回归模型的结果毫无意义。1987 年 Engle 和 Granger 提出的协整理论及其方法,为非平稳序列的建模提供了另一种途径。虽然一些经济变量是非平稳的,但是,它们的线性组合却有可能是平稳序列。这种平稳的线性组合被称为协整方程或者被用来表示变量之间长期稳定的均衡关系。以协整理论为基础的误差修正模型(error correction model,简记 ECM),可以反映短期内系统对于均衡状态的偏离程度,即采用长期均衡误差作为短期波动的修正项,从而得到有关偏离程度的调整信息。误差修正模型把变量的水平值和差分有机地结合,充分利用它们所包含的信息。从短期看,被解释变量的变动是由较稳定的长期趋势和短期波动所决定的,短期内系统对于均衡状态偏离程度的大小直接导致波动振幅的程度。从长期看,协整关系式起到引力线的作用,将非均衡状态拉回到均衡状态。[7]

(一)变量和数据的选取。

本文所使用的数据是福建 1979—2008 年的经济改革开放后的时间序列数据,所有的绝对数都采用了真实值。为消除价格变动因素的影响,我们利用《福建统计年鉴 2009》的 GDP 指数(上年=100),计算出 GDP 平减指数(1978=100),最后根据 GDP 平减指数计算出经济数据的真实值(按 1978 年价格计

算）。

实证分析中使用了两个变量：经济增长和财政教育支出。其中，反映经济增长的是人均 GDP（PGDP）；实证分析中所使用的数据来自历年福建统计年鉴。

为了消除序列中的异方差，分别对变量的绝对数进行对数变换，LNPGDP 表示人均 GDP（PGDP）的对数，DLNPGDP 表示其一阶差分；LNCZSR 表示财政教育支出的对数，DLNCZSR 表示其一阶差分。

图 1 为变量 LNPGDP、LNCZSR 的水平序列图，图中显示出两者均不断增长，且变化方向一致，但显示出不平稳性。图 2 为两者的一阶差分序列图，两个变量的变化趋势较为平稳。

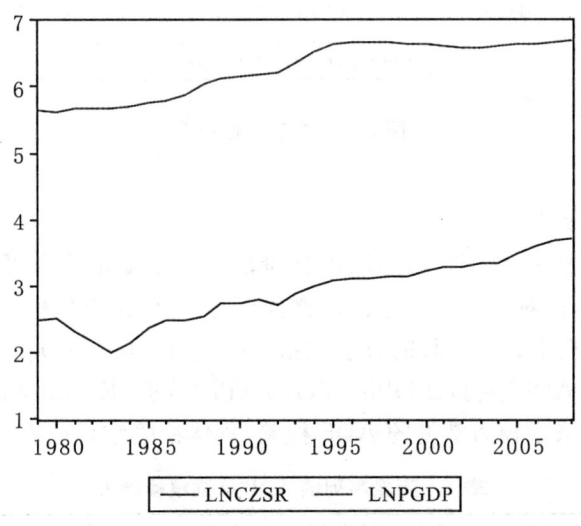

图 1　水平序列趋势图

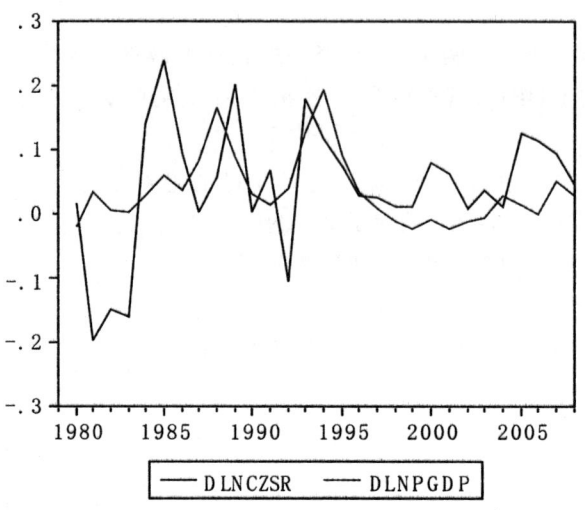

图2 一阶差分趋势图

(二)单位根检验

根据协整理论,只有具有相同单整阶数的两个变量才有可能存在长期均衡关系。因此,在对两者之间进行协整分析时,首先用单位根检验方法来检验时间序列的单整阶数。检验的方法包括 Dickey-Fuller(DF)检验、Augmented Dickey-Fuller(ADF)检验、Phillips-Perron(PP)检验、KPSS 检验、ERS 检验和 NP 检验,本文采用较为常见的 ADF 检验,具体检验结果见表1。

表1 变量序列的 ADF 单位根检验表

变量	ADF 统计量	检验形式(c,t,k)	5%临界值	结论
LNPGDP	−1.823158	(c,t,1)	−3.580623	非平稳
LNCZSR	−0.046300	(c,0,1)	−2.971853	非平稳
DLNPGDP	−2.266018	(0,0,1)	−1.953858	平稳
DLNCZSR	−3.322577	(0,0,0)	−1.953381	平稳

注:(1)检验形式中 c,t,k 分别代表检验模型中含有的常数项、趋势变量、滞后期;
(2)滞后期 k 的选择标准是以 AIC 值最小为准则。

从表1中可以看出,对原序列进行 ADF 单位根检验,根据赤池信息标准 AIC 值选出最可靠的检验结果,检验结果证明原序列是非平稳的,因此我们不能对变量以简单的回归方法进行分析。对原序列的一阶差分进行 ADF 单位根检验,结果表明在经过一阶差分之后两个序列是平稳的。因此,通过检验可判断两个变量均为一阶单整 I(1)。

(三)协整分析

由于两个变量均为一阶单整,所以它们之间可能存在长期稳定的均衡关系,即协整关系。下面利用 Engle 和 Granger 两步法检验经济增长和财政教育支出之间是否存在长期稳定的均衡关系,具体结果如下:

第一步,协整方程。

LNPGDP=3.941267012+0.8043108235×LNCZSR
　　　　　(0.181076)　　(0.061777)
　　　　　 21.76580　　　13.01965

R-squared=0.858236,Adjusted R-squared=0.853173

方程第二行括号内为回归系数的标准差,第三行为回归系数的 t 统计量,回归方程残差分布见图 3。

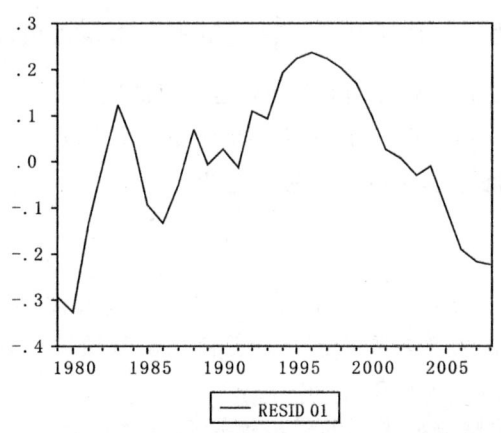

图 3　经济增长和财政教育支出回归分析残差分布

第二步:残差的平稳性检验。

从残差分布图的直观分析来看,回归方程残差(resid01)围绕其均值上下波动,即为平稳序列,为验证假设,对残差序列(resid01)做单位根检验,其 ADF 检验结果见表 2。

表 2　残差序列的 ADF 单位根检验表

变量	ADF 统计量	检验形式(c,t,k)	5%临界值	结论
resid01	−2.626177	(0,0,1)	−1.953381	平稳

从表 2 可以看出,残差序列是平稳的。因此,我们可以说财政教育支出和经济增长之间存在长期稳定的均衡关系,即协整关系。根据协整回归方程可以认为,从长期看,财政教育支出每增加 1% 将会引起人均 GDP 增加大约 0.8043%,即福建省财政教育支出的增加能够促进本地经济的增长。

(四)误差修正模型的建立

误差修正模型(error correction model,ECM)的基本形式是由 Davidson、Hendry、Srba 和 Yeo 于 1978 年提出的,因此,又称为 DHSY 模型。[7] 对于一阶自回归分布滞后模型(autoregressive distributed lag,ADL)可以记为 ADL(1,1),其形式为:

$$y_t = \beta_0 + \beta_1 x_t + \beta_2 y_{t-1} + \beta_3 x_{t-1} + u_t$$

移项后,整理可得:

$$\Delta y_t = \beta_0 + \beta_1 \Delta x_t + (\beta_2 - 1)\left(y - \frac{\beta_1 + \beta_3}{1 - \beta_2} x\right)_{t-1} + u_t$$

以上方程即为 ECM,其中,$y - \frac{\beta_1 + \beta_3}{1 - \beta_2} x$ 是误差修正项,记为 ecm。误差修正模型反映了因变量 y_t 的短期波动 Δy_t 是如何被决定的。它除了受到自变量短期波动 Δx_t 的影响,还取决于 ecm。如果 y_t 和 x_t 之间存在长期均衡关系,即 $\bar{y} = \alpha \bar{x}$,那么误差修正项 ecm 可以被改写为:

$$\bar{y} = \frac{\beta_1 + \beta_3}{1 - \beta_2} \bar{x}$$

可以看出,误差修正项 ecm 解释了变量 y_t 和 x_t 在短期波动中偏离它们长期均衡关系的程度,称为均衡误差。误差修正模型经常被简记为:

$$\Delta y_t = \beta_0 + \beta_1 \Delta x_t + \lambda ecm_{t-1} + u_t$$

根据前文的协整分析得到的经济增长和财政教育支出的协整方程,令误差修正项 ecm=$\hat{u}_t$(协整方程的残差序列),建立以下误差修正模型:

$$\Delta LNPGDP = \beta_0 + \beta_1 \Delta LNCZSR + \alpha ecm_{t-1} + u_t$$

即为:

$$\Delta LNPGDP = \beta_0 + \beta_1 \Delta LNCZSR + \alpha(LNPGDP_{t-1} - 3.941267012 - 0.8043108235 \times LNCZSR_{t-1}) + u_t$$

方程估计结果如下:

$$\begin{aligned}\Delta LNPGDP &= 0.028452 + 0.197127 \Delta LNCZSR - 0.036381(LNPGDP_{t-1} \\ &\quad - 3.941267012 - 0.8043108235 \times LNCZSR_{t-1}) + u_t \\ &= 0.028452 + 0.197127 \Delta LNCZSR - 0.036381 ecm_{t-1} + u_t\end{aligned}$$

在上面的误差修正模型中,差分项反映了短期波动的影响。人均 GDP 的短期波动可以分为两方面:一方面是短期财政教育支出波动的影响,另一方面是偏离长期均衡的影响。误差修正项 ecm 系数的大小反映了对偏离长期均衡的调整力度,系数估计值(-0.036381)表示,当短期波动偏离长期均衡时,将以(-0.036381)的调整力度将非均衡状态拉回到均衡状态。

(五)格兰杰(Granger)因果关系检验

在经济变量中,有一些变量显著相关,但它们未必都是有意义的。Granger 因果检验是用于检验两个变量之间因果关系的一种常用方法,于 1969 年由 J. Granger 提出,Sims1972 年加以推广使用。Granger 解决了 y 是否是由 x 引起的问题,主要是根据现在的 y 能够在多大程度上被过去的 x 解释,解释程度是否由于加入 x 的滞后值而提高。如果 x 在 y 的预测中起作用,或者 y 与 x 的相关系数在统计检验上显著时,就可以认为"y 是由 x 引起的"。Granger 因果关系检验实质上是检验一个变量的滞后变量是否可以引入其他变量的方程。y 如果受到 x 的滞后影响,则认为 y 和 x 具有 Granger 因果关系。

由于 LNPGDP 和 LNCZSR 都是一阶单整序列,因此,需要对两个平稳化后的序列进行 Granger 检验,即对 ΔLNPGDP 和 ΔLNCZSR 进行 Granger 因果关系检验,结果如表 3 所示。

表 3　Granger 因果关系检验表

零假设	F-Statistic	Probability	lags	结论
DLNPGDP does not Granger Cause DLNCZSR	1.60708	0.21658	1	接受
DLNCZSR does not Granger Cause DLNPGDP	0.01959	0.88980	1	接受
DLNPGDP does not Granger Cause DLNCZSR	1.47537	0.25046	2	接受
DLNCZSR does not Granger Cause DLNPGDP	0.02635	0.97402	2	接受
DLNPGDP does not Granger Cause DLNCZSR	2.72118	0.07316	3	接受
DLNCZSR does not Granger Cause DLNPGDP	0.57375	0.63920	3	接受
DLNPGDP does not Granger Cause DLNCZSR	2.11149	0.12675	4	接受
DLNCZSR does not Granger Cause DLNPGDP	0.77404	0.55791	4	接受
DLNPGDP does not Granger Cause DLNCZSR	2.84379	0.05985	5	接受
DLNCZSR does not Granger Cause DLNPGDP	1.10762	0.40277	5	接受

从以上检验结果可以看出,滞后期为 1~5 时,福建省的人均 GDP 变化和财政教育支出变化不存在 Granger 因果关系,说明福建省的财政教育支出的变化对人均 GDP 的变化没有促进作用。

三、结论及政策建议

本文利用福建省1979—2008年经济增长和财政教育支出的数据进行协整分析和Granger因果检验,研究表明:根据协整检验,人均GDP和财政教育支出都具有非平稳的特征,但是它们存在长期稳定的均衡关系。就长期而言,福建省的人均GDP与财政教育支出之间具有统计上的高度相关性。根据误差修正模型,短期内人均GDP与财政教育支出之间具有动态调整机制,非均衡误差项的存在,能够保证人均GDP与财政教育支出之间长期均衡关系的自动实现。

另外,根据Granger因果关系检验,人均GDP和财政教育支出之间不存在Granger因果关系,这可能是由于政府的财政收入中用于生产性支出的部分不足。政府生产性支出是能够对生产者的生产能力产生影响的那部分政府支出。巴罗(1990)模型通过把政府支出提供的公共服务作为私人部门生产过程的一种投入,引入私人部门的生产函数,解释了政府生产性支出在经济增长中的作用。

当前,福建省正面临着十分难得的历史机遇,要加快建设海峡西岸经济区,推动全省经济社会又好又快发展,必须充分利用财政资金对经济发展的促进作用。

第一,利用适当的补贴或税收支出政策鼓励民间进行科教投资。当前,我国主要是国家办教育。国家要打破这种局面,向私人和外资开放教育领域,鼓励私人和社会办学。通过放开甚至实行优惠和补助政策,刺激私人和社会各方办学,弥补国家教育投资的不足。要注意建立合理的教育体系,调整人才培养方向,使教育与产业发展相结合,加强人才的专业化水平和社会适应能力。

第二,增加财政资金用于科技研发的投入,构建科技研发的官产学研一体化的多元投入机制,完善创新体系。发达国家通过官产学研一体化建立的研发投入社会化机制,政府财政投资在其中发挥着不可替代的扶持作用,为高新技术产业国际竞争力的提高提供了坚实的基础。政府要优化政策,创造环境,通过财政资金的投入,建设创新转化服务平台,加强企业创新能力建设。

第三,坚持教育优先发展的战略地位,增加财政资金用于教育的投入,这样可以提高全民素质,加快国民经济的增长。我国劳动力资源丰富,但自然资源相对匮乏。为了充分发挥劳动力资源对经济增长的促进作用,增加教育投入,将国民经济的发展建立在劳动力素质不断提高并得到充分利用的基础上,可以实现经济可持续发展。

参考文献

[1]左大培,杨春学.经济增长理论模型的内生化历程[M].中国经济出版社,2007.

[2]马拴友.政府规模与经济增长:兼论中国财政的最优规模[J].世界经济,2000(11).

[3]庄子银,邹薇.公共支出能否促进经济增长:中国的经验分析[J].管理世界,2003(7).

[4]付文林,沈坤荣.中国公共支出的规模与结构及其增长效应[J].经济科学,2006(1).

[5]刘卓珺,于长革.公共投资的经济效应及其最优规模分析[J].经济科学,2006(1).

[6]齐福全.地方政府财政支出与经济增长关系的实证分析——以北京市为例[J].经济科学,2007(3).

[7]安体富.当前世界减税趋势与中国税收政策取向[J].经济研究,2002(2).

[8]肖芸,龚六堂.财政分权框架下的财政政策和货币政策[J].经济研究,2003(1).

[9]马拴友,于红霞.地方税与区域经济增长的实证分析[J].管理世界,2003(5).

[10]李永友.我国税收负担对经济增长影响的经验分析[J].财经研究,2004(12).

[11]张伦俊,陆建华.地区税收负担与经济发展的均衡分析[J].统计研究,2001(9).

[12]高铁梅.计量经济分析方法与建模——Eviews应用及实例[M].清华大学出版社,2006.

[13]郭健.税收、政府支出与中国经济增长的协整分析[J].财经问题研究,2006(11).

[14]马树才,孙长清.经济增长与最优财政支出规模研究[J].统计研究,2005(1).

[15]王维国,杨晓华.中国税收负担与经济增长关系的计量分析[J].财经问题研究,2006(11).

基金项目:福建省教育厅A类社会科学研究项目"区域金融发展和经济增长研究"(JA12386S)阶段性成果。

(作者为福建广播电视大学讲师)

福建现代远程教育的发展和展望
——以福建广播电视大学 2006—2007 年教学发展为例

何绵山

一、工作进展和特点

（一）教学管理方面取得的初步进展

进一步建立并完善与教学改革相配套的高效运行机制。通过专题研讨学校改革发展大计，提出教学改革中存在的问题及拟采取的对策，明确今后教学改革的目标和步骤，重点抓好学科与专业建设改革、课程体系建设、教学管理改革、教学改革运行机制完善等工作。为保证各项教学改革措施真正落到实处，学校投入 700 万教学改革专项经费，校领导定期听取汇报，跟踪检查各部门的落实情况，有效保证了各项改革措施的落实。

开展个性化支持服务。为进一步推进学校效能建设，切实改进作风，更好地为基层电大、广大学生提供优质、高效服务。进一步实施《福建广播电视大学关于推行服务承诺制度的实施意见》，推行面向基层电大师生的服务承诺制度。并通过畅通诉求渠道、实施责任追究等保障措施来推动各项服务承诺内容的落实。在全面提高教学支持服务质量的基础上，各系积极开展个性化支持服务，如 MP3 音频资源的开发、直播课点课服务、双向视频网络答辩等。提高《海峡教育报》等各类省开课教学辅导材料的针对性，帮助学生复习迎考。

通过资源共享促进资源有效利用。挖掘潜力，整合系统内部教师资源、技术资源，通过资源共享促进资源有效利用。为充分发挥系统内大教研室的作用，充分发挥分校教师作用，每学期根据教学需要，聘请分校讲课效果较好的教师承担部分主持课程和直播课堂工作。凡担任课程直播主讲的教师讲课时，即将主会场转移到分校，由分校在本地直播厅向全省电大进行直播授课。

推进实践教学管理改革。为适应新形势下的办学需求，省校在坚持质量第一、规范制度管理的前提下，适当下放专科毕业论文管理权限，即论文指导教师及论文终审由分校负责。专科毕业论文管理权限的下放，使教学管理更加开放、方便和灵活,充分体现了以人为本的管理理念,有利于分校的发展,适当减轻了省校压力。专科毕业论文管理权限下放后,省校配套下发《关于毕业作业委托终审的有关规定》,每学期通过学号随机抽查的方式对专科毕业论文(设计)质量进行监控。学校还自行开发和使用"开放教育实践教学管理软件"、"集中实践性环节监控指导软件",实现计算机远程管理,有效促进实践教学管理的信息化、网络化,对加强集中实践性环节过程指导及质量监控具有重要的意义。

加快省开课程考试改革步伐。学校根据"统筹计划、分步实施、分类管理、整体推进"的原则,进行课程考核改革的试点,并取得了丰硕的成果。在形成性考核改革方面,构建了以平时作业、课程实验为主体,小组学习、网上学习、专题讨论等为辅助的多元化、全方位考核的形成性考核体系;强化学习过程考核,根据课程特点逐步将形成性考核成绩比例提高到30%~50%;积极开展省开课网上形成性考核测评的试点,逐步增加试点门数。在终结性考核改革方面,对开卷考、半开卷考等考核形式进行探索和实践,以每学期增加10%的速度稳步推进,截至2007年秋季,省开课开卷、半开卷考比例达到55.6%;在积极参加中央电大"基于网络的课程考试"改革的同时,积极开展省开课的试点工作,目前已有12门省开课建立了网考试卷库。

(二)教学资源建设与网上教学方面取得的初步进展

加大使用远程教学手段进行教学的力度。目前开展专业和课程网上教学活动的主要方式有五种:第一,通过双向视频进行实践环节培训和教学研讨。每学期各安排一次专业及课程教学研讨,同时安排一次专业的实践性环节网上培训(主要针对课程实践和毕业作业)。第二,利用直播和录播进行课程导学、重点辅导、作业点评和答疑,每门课程安排不少于12课时的直(录)播。第三,激活BBS讨论。各专业和课程每学期均安排2次以上的BBS讨论,主要进行课程的交互与答疑。第四,网上作业系统。由课程负责教师网上布置作业,学生实行网上答题,提交给课程导学教师,由导学教师负责批改。第五,网上智能答疑系统。通过开发软件支持下的网上智能答疑系统,进行实时与非实时答疑。这些方式的运用,大大丰富了网上教学的功能。

进一步完善网上教学的检查制度。强化对福建电大网上教学巡查小组的领导,定期对课程网上教学进行抽查,保证网上教学健康有序进行。在每季度末各进行一次网上资源检查,分别对省校和分校版的电大在线建设情况以及学生、导学教师应用情况进行检查,反馈检查结果,提出整改意见并由职能部门进行整改落实,极大地推进了网上教学工作。学校网上教学资源检查小组通过对开放教育所有课程、专业主页、后台及有关分校的教学资源开展拉网式检查,大大促进了网上资源的建设。

提高教师对网络教学资源的建设与应用水平。为进一步提高教师对网络教学资源的建设与应用水平,学校举办了由全体教师参加的"教学资源建设经验交流会",由学校获得中央电大课件大赛奖项和省教育厅网络课程立项课程负责人主讲并展示课件。同时在电大主页上建设了师资培训的网页,并要求各教学点对新进教师、兼职教师通过师资培训网页进行培训。

不断完善和丰富教学平台的网上教学资源。第一,充分应用中央电大的教学资源。目前统设必修课程教学资源在教学点的配置率达98%,教学资源的课前到位率达97.6%。第二,大力建设省建教学资源。在已开出的233门省开选修课程中,有223门建成了三种以上相对稳定的教学媒体,占95.7%。至2007年11月止,在电大在线平台上共发布课程教学信息12440篇、网上论坛讨论信息219003条、在线测试试卷千余份。在数字化期刊建设上,图书馆采取包库的形式享有中国期刊网(CNKI)政治、经济、法律、文史哲等几大专题共3000种专业期刊的内容;共享了万方全文期刊近4000种的电子科技期刊的内容。同时还购置了人大复印资料全文光盘,新增建2000—2005年电大试题库,电大试题库数字文献达到2950个。

不断完善教学资源应用的机制。通过重新修订课程教学实施细则,强化网上教学资源的建设与使用。出台鼓励教师开展网上教学的优惠措施。继续完善基层电大参加网上教学活动的登记和反馈制度,各试点教学点接收、参加中央电大和省电大的双向视频教学、直播课堂等网上教学活动,均建立登记和反馈制度。进一步改造教学平台的BBS论坛,增加了多种功能。

努力应用远程教学平台开展网上教学。各专业的教学辅导、学习指导、作业练习以及教务、教学管理能够通过网上发布,实现资源共享,为学生提供有效的学习支持服务。各专业普遍建有QQ群,教师利用QQ群与学生进行沟通。QQ群主要发挥以下作用:一是发布公告;二是共享学习资源;三是交流学习体会。在线的同学,通过QQ,彼此之间有了更多的了解,学习中碰到的问题,大家一起讨论,一起解决。QQ群的建立,增强了师生之间、同学之间学习上的沟通、情感上的交流,在开放教育教学中发挥了一定的作用,成为开放教育学员的学习新园地。网上教学工作已形成了"平面媒体+电视媒体+网络媒体"的多层次、互补型的教学资源支持体系。

(三)师资队伍建设方面取得的初步进展

与前几年相比,师资队伍人数增加了73%。高级职称教师比例大幅度提高,副教授以上职称的比例达到42.5%。

教师学历提高,35岁以下的老师具有硕士学位的比例达到71%。教师总体素质有了较大提升。一支既熟悉远程教育特点,又精通本学科专业知识的教师队伍正在壮大。教师精神面貌发生了深刻变化。一是乐于承当工作,二是能够胜任工作,三是上进心空前高涨,一种以浪费时间为耻,以珍惜时间为荣的学术风气正在形成。

(四)教师科研方面取得的初步进展

科研内容进一步拓展和深化。根据中央电大有关加强学科研究的要求,广大教师的科研从过去的远程教育研究,扩展到学科研究,既有本校特点,又有本学科特点。从科研立项和发表的论文内容上看,学科研究的比例大幅度上升。老师科研意识和主动性大大增强,2006年校级立项的课题基本完成,2007年有80%的老师申报了校立项课题,有的还申报了中央电大立项课题并被批准。

科研的数量和质量均有较大提升。一年多来,教师共发表论文数百篇,最多的老师一年发表40余篇,有的研究成果已成系列,绝大多数老师都能圆满完成科研工作量。发表论文的质量也有较大提升,除了一批论文在核心刊物发表外,有的论文还发表在中国科学院所属研究所、中国社科院所属研究所创办的刊物上,充分展示了教师的科研实力和水平。

科研与教学产生了良好的互动。中央电大提出各省要开出地域文化课的要求后,学校积极响应落实,曾组织全省所有设区市分校的老师和省校有关老师编写并开出了系列有福建特色的课程,将"爱祖国、爱福建、爱家乡"情感导入教学中,使同学们在学知识的同时受到教育和启发,有多部教材获中央电大颁发的首届全国电大省建优质课程奖和推荐奖。广大教师在编写教材的过程中,也受到学术的训练,科研能力得以提高,并对研究闽台区域经济文化产生了浓厚的兴趣,申报了一批研究闽台的课题,发表了一批研究闽台的论文,对上好这些福建特色课起了积极作用。"闽台文化"不仅成为学校的课程特色,也成为学校的科研特色。科研推动了教学,教学促进了科研,二者互动,相得益彰,为宣传海西、走进海西作出了积极的贡献。

二、存在的问题

(一)教学管理存在的问题

教学模式的推广应用不够理想。教学模式改革,尤其是课程教学模式改革有停步不前的迹象,研究与实践脱节,目的与目标反思不够,上下互动不理想,推广应用困难出现反弹现象。

教学点与学生互动不够。有的教学点对学生的导学助学活动开展不够,擅自减少面授辅导课时,学生面授辅导课出勤率逐步下降,有的教学点对学生网上学习及小组学习的引导和支持不够等。

教学点提供的教学支持服务质量急待提高。有的面授辅导仅从本课程特点出发,没有针对远程教育特点和在职成人特点,不能有效运用多种媒体教材和丰富的教学资源进行教学,没有以导为主,重难点不突出,备课只备教材,没有备学生。没有从学生的实际情况和需求出发,而是照本宣科,课堂上形不成互动。

教学质量监控体系不完善。有些分校、工作站教学管理部门的责任与目标不是很明确,有时互相推诿,或出现无人过问的真空地带,教学的过程和环节有时出现脱节,有些检查和整改走过场,有些重要工作进展怎样有关人员长期心中无数。

(二)资源建设和网上教学存在的问题

各教学点对省校组织的网上教学活动参与不够理想。这些教学活动,主要包括:(1)针对专业和课程教师的研讨与培训的"双向视频";(2)针对课程的导学要求、重点辅导和期末复习的"直播课堂";(3)针对学生课程答疑的"BBS讨论"。网上教学活动有待进一步完善。

教学资源建设质量有待提高。因受"先上马,后备鞍"影响,曾只重数量的完成,忽视质量的提升,缺乏精品课件的意识,使网上资源质量提高不快,特别是在教学设计、主编、主讲资质等方面尚有很大的提升空间。

各分校、工作站的网上资源建设不平衡。目前各分校、工作站的网上资源建设虽然取得一定成绩,但发展不平衡,质量、水平参差不齐,有的分校网站缺乏能体现本校优势教学课程的自建资源,缺乏有特色的本校老师自建的多媒体课件、网上辅导课件及电子教案。

网上资源不能完全适合学生学习需要。有的网上资源学生使用起来极不方便,没有想学生所想、急学生所急,学生急需的材料找不到。有的导航系统的设置不方便学生查询使用,有的资料陈旧,没有及时更新。这些都影响了学生通过网上资源学习的积极性。

师生在网上互动不够。其中有学生的原因,也有老师的原因,如有的学生发帖与老师回帖都过于草率和随意,质量不高,有的老师回帖时间过慢。

各网站在协同分工方面缺乏沟通。省校、分校、工作站在网上资源建设方面缺乏沟通,自行其道,无法集中优势力量协同攻关,造成人力浪费、资源浪费。

（三）师资队伍建设存在问题

基层电大教师数量还不够。有的基层电大缺乏课程辅导教师，无法安排一定比例的面授辅导课，学生学习困难得不到解决。

各分校教师比例不平衡。特别是新开专业教师不足，还不能适应教学的需要，有的分校老师专业结构不合理的问题长期得不到解决。

省电大发挥各分校老师作用方面做得不够。虽然省电大已整合了部分分校老师，请各分校老师参与编教材、做课件、上直播课等，但仍有进一步发挥分校老师作用的较大空间。

全省老师之间沟通不够。很少开展全省性的教研活动，各专业老师基本处于长期孤军奋战状态。

（四）教师科研存在的问题

学术精品不多。虽然近些年不少教师的学科科研成果在数量上有较大增加，但发表的刊物档次高的还不多，在学术界引起反响，被转载、转摘的也不多。

缺乏持续性。有的教师发表论文仅为了评职称或完成科研工作量，目的一达到，就不再继续了。缺乏对所研究课题的浓厚兴趣，缺乏献身学术的精神。

三、措施与对策

（一）在教学管理方面采取的措施

通过教师管理体制改革促进教学水平的提升。通过教师管理体制改革，进一步调动广大教师积极性，加强其责任感和危机感。加强对教师完成工作时效性及质量的考核，促进教师改进工作作风、提高服务意识、提高工作效率。通过引进竞争机制，优胜劣汰，进一步整合资源、改善结构、优化配置，由此促进教学水平的提升。

进一步完善教学过程质量监控体系。教学过程质量监控体系包括三个方面的内容，即体系框架、教学环节质量标准及评价记录、教学过程管理流程。要做到每个教学环节的管理有制度、有布置、有检查、有通报，每个教学环节都有具体部门专人负责。要分清并明确省校、分校、工作站各自应负的责任，彻底消除因系统分工不明造成教学过程管理工作上出现的"盲点"现象。

狠抓薄弱环节。如目前"面授辅导"是薄弱环节，一方面要组织好学生听课，另一方面要提高"面授辅导"课的质量。要研究"面授辅导"课的特殊性，即既有本学科重难点,又有开放教育的导学特点,还必须针对学生是在职成人的特点。召开"授课经验交流会",由授课受到好评的老师介绍自己的心得体会。必要时,也可按学科召开全省性的"授课经验交流会"。

(二)在教学资源建设和网上教学服务方面采取的措施

增加个性化网上教学服务措施。一是科学合理安排直播课堂、双向视频和BBS讨论的时间,并在开学前一周在网上发布,同时以邮件形式发到基层电大,以便基层电大做好组织参与和收视工作。二是加大对基层电大网上教学的专项服务工作,如建立并完善专项点播制度(由基层电大提出某门课程的直播要求称为专项点播),主要针对基层电大师资不足或某门课程的导学、答疑及期末复习需要进行专项网上教学服务,加大与基层电大的网上互动功能。

开发教学资源的新种类。增加实用型的教学资源种类:如MP3等音频资源,即由老师提供课程的相关文字资源(如重点、难点提示,考试内容复习,容易出错知识点提示等内容),配音后挂在网上,供学生下载,学生可随时使用MP3的教学资源进行学习,以便更加有效地为学生服务。

进一步整合网上教学资源。如继续启用直播课堂"主会场转移"功能,实现全省电大师资、资源共享。聘请分校中具有较高学术水平和丰富教学经验、在电大开放教育方面教学效果较好的教师担任课程直播主讲教师,继续推动主会场转移举措,由分校在本地直播厅向全省电大进行直播授课。

千方百计提升网上教学资源质量。要把提升网上教学资源质量作为一项刻不容缓的任务来抓,只有高质量的资源,才能吸引学生来上网学习。进一步推广优秀课程和优秀资源,开展全省范围内的优秀网上教学课程的示范教学活动。

加强网上教学活动的组织和师生间的互动。各教学点要认真组织每一次教学活动,要进一步完善以专业和课程为单位的网上教学活动,定期开展网上教学教研活动,充分发挥省校网络平台的优势,加大网上教学活动的交互性、实效性和及时性,创设不同类型课程教学模式,并在实践中继续充实与完善。

加强网上教学资源的利用。各教学点要在这方面下大力气,要让学生上网后得到甜头和实惠,把上网学习作为电大学习中不可或缺的一项内容。要进一步研究提高教学资源使用效率的办法,通过远程监控、与形考成绩挂钩、常规检查与督导等办法,建立健全教学资源应用的长效机制,进一步引导学生使用多媒体教学资源,从而充分发挥网上教学的效果。

加强网上教学的检查与评价。进一步梳理网上教学的相关制度,做到网上教学活动开展有制度、过程有督导、结果有评价、问题有分析、检查有通报、整改有反馈,通过每个季度一次的网上教学检查,形成具有我校特色的网上教学检查监控模式。建立网上教学的反馈与投诉中心,及时收集学生学习效果和反馈信息,使我校的网上教学工作更上一个台阶。

(三)在师资队伍建设方面采取的措施

加强专兼职教师配置。基层电大要按照试点总结性评估指标要求配备专兼职教师,要结合本单位实际,切实查找存在的问题和薄弱环节,加大师资引进和培养力度,采取切实有效的整改措施,并认真落实。

加强兼职教师管理。要求基层电大制定兼职教师管理文件,并按有关规定进行聘任、建档、培训和考核,做到对兼职教师的管理科学化、规范化,较好地调动兼职教师参与试点教学改革的积极性。

加强专兼职教师培训。

(四)在科研方面采取的措施

进一步推进学科科研。支持各任课老师结合自己所熟悉的学科开展研究,使教学科研二者互动。

对科研提出具体要求。定期召开"教师科研工作大会",请有关人员对全体教师进行科研方面的指导。在条件成熟时,要按学科召开全省性教师科研研讨会。

积极申报各种科研项目。鼓励教师积极申报省电大、省教育厅、省规划办、国家规划办的各类课题。

定期公布科研成果。对优秀者,给予一定奖励和配套支持。

(五)正确处理"十大关系"

当务之急,要进一步统一思想,提高认识,这就需要正确处理好"十大关系":

第一,在教学管理上,要处理好"紧与松"的关系。有的办学单位认为"评估"已取得了好成绩,可高枕无忧,已定的制度也不执行,已承诺的也不兑现,认为省校的例行检查是找麻烦,颇有微词。不要认为例行检查通报、退回毕业论文、抓雷同卷等严格措施会逼得学生跑到函授和普通高校去,是与学生过不去。不能认为为了稳定生源,不要太严格,要宽容些。要认识到声誉和质量是电大的生命,不能因为一时利益而放弃了自己的长期发展。更不能认为省校严格要求就是不支持、不理解甚至是为难各办学单位。

第二,在教学组织上,要处理好"严与宽"的关系。有的办学单位兴奋点、注意力只放在招生数上,对教学组织采取应付的态度,有的甚至放任自流,对省电大下达的有关通知、要求、规定等能拖则拖,敷衍了事,没有精心组织好教学工作。只有从"严",才是对学生真正负责,放任自流实际是一种不作为、不负责的态度,看似一时给学生提供了方便,实则最终将失信于学生。要处理好支持服务和质量监控的关系。学生是我们的衣食父母,为学生提供优质服务是我们的责任。

第三,在资源建设上,要处理好"质与量"的关系。在评估时期,因为时间紧,任务重,只好"先上马,后备鞍",只注意资源建设的数量和种类,"质"的问题被忽略了。当务之急是要在"质"上狠下工夫,因为没有"质"也就没有"量",二者是相辅相成、连为一体的。既要认识到没有数量质量就无从谈起,也要认识到没有质量数量再多也是空的,要像抓规模发展那样抓教学质量。不仅在资金方面要舍得投入,在精力方面也要全力以赴。

第四,在网络教学上,要处理好"实与虚"的关系。长期以来,在网上教学方面不同程度存在着虚假现象,一些安排形同虚设,一些资源白白空转,不仅教学处教师白忙乎,技术处的相关人员也白干,这样无形中提高了成本。今后要从实际出发,实在没有人互动的可暂停。要及时通报,及时反馈,把网上教学落实到实处。

第五,在考试设计上,要处理好"难与易"的关系。试题太难会挫伤学生积极性,太易又达不到教学目的,因此要把握得当,坚决避免要么太难,要么太易的现象发生。

第六,在系统分工上,要处理好"抓与放"的关系。认真研究基层电大提出放权的建议,确立标准,能放手的坚决要放,不能放的要认真抓好。

第七,在改革步伐上,要处理好"快与慢"的关系。特别是对一些已有共识、非改不可的,要雷厉风行,落实行动,如果仅满足于口头提提而没有制度跟进,就将使改革流于形式。对一些长期未解决好的关键问题,如怎样使网上资源能确实为学生所用、怎样使外聘教师上课时更有针对性、怎样使学生课堂讨论能收到实效等,必须花大力气、下大工夫改革。

第八,在办学效益上,要处理好"赚与赔"的关系。有的人认为要办学,就要考虑经济效益,对一些经济效益暂时不明显或学生人数较少的专业,则兴趣不大。对这个问题要辩证地看,比如"一村一点"的创办,虽然眼前经济效益不是很明显,但如能争取到组织部和教育局联合下文,也扩大了电大的影响,宣传了电大,进一步拓展了电大的生存空间,为今后的发展打下了基础。有的办学单位因为学生较少就停了这个专业,今后要再恢复就不容易了。现在的"赔",是为了今后更好地发展,只有发展了,才会"赚"。"最大的冒险就是不冒险",因此要坚持多层次、多规格、多功能、多形式地办学,形成多种办学形式之间的优势互补。

第九，在师资建设上，要处理好"多与少"的关系。对教师人数，不能简单地说"多"就好，或"少"就不好，要根据各办学单位自己的不同特点来考量。有的办学单位不研究本区域特点，不考虑研究自己在师资外聘、社会需求、招生规模、学生来源、所设专业等方面特点，而是人云亦云、想当然，这些都影响了师资队伍的建设。

第十，在科研项目上，要处理好"难与易"的关系。有的认为搞科研是普通高校的事，电大条件太差，进行科研太难，因此自己对自己降低标准，认为在科研上无所作为是天经地义的。长期不融入科研主流，将被边缘化。对待科研，既不能妄自尊大，也不能妄自菲薄。要有敢打硬仗的精神，省校闽文化研究所申报国家课题，也是先后申报了多次才成功。其实"难"与"易"也是相对的，要找到自己的优势。比如漳州电大成立了"服务海西建设"课题研究小组，根据漳州市委教育工委、漳州市教育局的部署，承担了三个课题任务，确立了"漳州九龙壁玉石文化研究"、"开漳圣王（陈元光）文化研究"、"漳州关帝文化研究"三个研究方向，拟定了"九龙壁开发的可持续发展战略"、"陈元光对漳州特色闽南文化形成和发展的贡献"、"弘扬关帝文化，促进漳州经济发展"三个课题，在漳州高校科研队伍中找到自己的位置，为本地经济文化发展贡献了自己的力量。这三个课题，外人觉得很难，而对本地人来说并不难。

基金项目：福建省教育科学规划项目"闽港台海峡两岸三地远程教育模式比较研究"系列成果之一。

（作者为福建广播电视大学教授）

再论福建现代远程教育的发展和展望
——以福建广播电视大学2008—2009年教学发展为例

何绵山

一、工作进展和特点

（一）教师管理体制进行深化改革

教师的管理体制创新问题已被提上议事日程，教师岗位聘任改革步伐正在加快。根据学校提出的减轻教师负担，实现数量向质量转变的指导思想，相关部门开始调整原有专业和课程。共停开了部分专业和选修人数极少的课程，减少教师承担课程的数量。根据不同岗位进行课程打包。

突出从数量向质量转变的特点。完成了多个细化方案，包括各级职称的教师岗位要求与职责，教师校内津贴晋级办法，系主任、专业主任职责及待遇，以及配套的省开课程、统设课程建设服务标准，网络课程内容建设标准，科研工作量要求等。变"量"的评价为"质"的评价，明确了教师各类岗位的职责，明确了教师资源建设和科研的要求。

出台工作量改革方案。在教师充分讨论的基础上，通过座谈、个别交谈、电子邮件、QQ等形式与教师进行有效沟通，对教师提出的意见和建议进行充分考虑、吸收。新方案已经于2009年10月正式印发实施。

同时系主任和专业主任、教师全员竞聘上岗。

（二）教学管理进行重大调整

完成学系设置调整。学系设置调整是我校加强学科规划与建设，提升内涵，促进学校可持续发展的重要举措。学校依据教育部颁发的学科门类划分办法，依据教育部颁发的《普通高等学校本科专业设置目录》、《普通高等学校高职高专教育指导性专业目录》，综合本校办学现状及发展规划等实际，经过反复调研，对原有的学系设置及各系的学科、专业划分进行调整。新的学系设置更为科学合理，突出学系设置与学科建设、学校发展的一致性，强化专业主任的学科带头人作用，将有利于推进我校及全省电大系统的学科建设，推进课程教学改革。

积极开展教学比赛、评优。在中央电大开展的各类教学比赛、教学评优活动中,我校取得较好成绩。近年来省电大积极组织、推荐全省电大教师参加全国电大"教学创新奖"、"课程考核方案优秀设计奖"评选,教师优秀论文征集等活动,以教学比赛、教学评优活动来带动教师教学创新、多出成果。值得高兴的是,在各类大赛中,不仅省电大教师踊跃参加,漳州、漳浦、莆田、南平等分校的教师也积极参与,仅分校教师就有 22 人次获奖。

拓展教学支持服务功能和渠道。改造教学管理处网页,细化功能模块,方便分类查询;通过"全省电大教学服务 QQ 群"、"教务管理一键通"等渠道,为全省电大教学管理人员提供便捷的实时信息、咨询服务;及时协调和处理基层电大及学生有关教学及教学管理方面的来电、来信,树立文明服务的窗口形象。

努力构建与现代远程教育相适应的实践教学环境。完成"网上虚拟实验室建设论证"。为进一步加强网上虚拟实验室建设规划,新增"微机接口模拟实验室",支持开放教育计算机及科学技术(本科)专业的"微计算机技术"课程硬件实验、计算机应用(专科)专业的"微机接口技术"课程实验以及数控技术(专科)专业的"微机接口技术"课程硬件实验。

开展远程视频答辩。在漳州地区、龙岩地区的部分本科教学点开展远程视频答辩,涉及的本科专业有汉语言文学、工商管理、教育管理、经济学等,相当部分开放教育本科学生顺利通过毕业论文远程答辩。

考试改革取得明显成效。每学期组织修订形成性考核册约 30 门,根据课程特点增加案例分析、课程小论文、专题讨论、学生学习进程记录等考核要素,努力构建以平时作业、课程实验为主体,小组学习、网上学习、专题讨论等为辅助的多元化、全方位考核的形成性考核体系。稳步推进开卷、半开卷等多种形式的考试改革试点。积极开展"基于网络的课程考试改革试点",加快网络化考试改革步伐,完成了省开课形成性网上测评系统的研发与应用,并在全省电大各教学点全面推进。省开课试卷库建设也开始启动。

(三)资源建设工作推进多方面的创新

深入开展网上教学资源和教学情况检查。2009 年 4 月和 11 月,教学处组织了春季和秋季网上教学资源和网上教学情况检查,对 14 个本科专业和 29 个专科专业所有课程的网上资源情况、网上教学情况进行了集中检查和评估。检查的课程超过 1500 多门次,对检查出的未达到标准的课程马上通知课程责任教师认真做好整改工作。及时更新教学资源,增强教学资源的针对性、适用性,组织好实时非实时 BBS 活动,加强 BBS 主题设计,保证网上教学资源适用够用,网上常规性教学活动正常开展。

进一步提升支持服务能力。第一,以福建"电大在线"为平台,将学生学习所需的教学信息、学习资源、教学辅导、学习讨论、在线作业提交和反馈、在线测试整合在一起,形成网上教学的一站式服务。第二,大力整改"电大在线"课程资源显示烦琐的问题,减少学生点击次数,做到方便快捷。第三,解决一门课程多个 ID 的问题。因为中央电大新旧教务系统并存导致同门课程有多个 ID,可能会让学生在登录选课时出现无所适从的情况,我校技术人员在专业教师的配合下进行新旧 ID 捆绑整合,目前已经完成全部课程的 ID 整合。第四,完善"电大在线"栏目设置,丰富栏目内容和媒体形式。

举办全省首届教学资源大赛。为提升福建电大系统资源建设总体水平,探索资源建设和系统内共享机制,我校于 2009 年 4 至 10 月举办了全省电大系统首届教学资源大赛,并组织技术力量开发了大赛平台,实现了参赛作品的在线提交。大赛涌现了一批教学设计、制作水平较高,教学效果较好的作品。这些作品教学内容丰富,各项功能齐全,特点鲜明,实验(实践)内容对课程的实践教学起到较好的指导作用,同时注重学生的实际需要和应用。大赛充分展示了我校多媒体课件及网上教学资源开发、应用的成果以及近年来学校教育信息化建设和教学资源建设的新进展,特别是利用现代信息技术开展基于网络的远程教育的综合能力的提升。这项赛事将定为常规性赛事,每两年举办一届,以此推进全省电大系统多种媒体教学资源建设,提高教学资源总体质量和应用水平,探索教学资源共建和优质教学资源共享的新机制。

大力推进精品课程及 CAI 课件建设。2009 年,已有 4 个校内精品课程(CAI 课件)项目通过校资源建设委员会的结题验收。另外组织了 3 门课程申报省级精品课程,4 门课程申报中央电大精品课程,其中"比较考试学"获得省级本科精品课程立项;"闽文化概论"被中央电大批准为广播电视大学精品课程,教学处资源办对这两门课程进行了资金配套和人员配备。

积极参与中央电大非统设课程共建申报。2009 年中央电大《关于开展 2009 年度广播电视大学非统设课程教学资源建设试点工作的通知》下发后,我校申报了 8 门课程,共获得 5 门课程的承建权,居全国电大第一。课程建设周期为两年,建成后将在全国电大使用。承建这些课程,不仅是福建电大对全国电大的庄严承诺,对提高教师的素质,对示范、促进其他课程的建设,对提高福建电大的知名度,也都有极大好处。这五门课中,有四门课的教材是请普通高校教授主编的(其他电大也基本是利用普通高校力量),只有一门"民族与宗教"的本科教材完全由我校主编、主讲、主持。通过编写教材出人才,已成为一种惯例。

(四)科研工作取得一定成绩

取得 5 个国家和省部级课题的立项。一年来,我校获省部级立项的课题有:福建省社科规划办的项目"闽台五缘文化研究"、福建省"软科学"项目"农地流转对福建省农业'五新'应用影响的实证研究",中华宗教文化交流协会的项目"大陆与台湾地区佛教发展比较研究"、国家社科规划办的特别委托项目子课题"河洛文化与闽台五缘"、国家社科规划办的重大委托项目子课题"闽台文化史"等。

发表论文的档次有所提升,主要表现为在核心刊物上发表的论文有所增加,如在《南艺学报》、《农学通报》、《财政研究》、《宗教学研究》、《佛学研究》、《福建论坛》等核心刊物发表了多篇论文,老师研究水平有所提升。

通过学科研究推动教学取得初步成效。中央电大要求电大教师通过科研推动教学,要知晓所承担学科的研究前沿,要结合学科进行科研,要将科研成果及时转化为教学资源。我校通过学科科研推动教学的一系列举措得到了中央电大认可,在中央电大组织的优秀论文评审活动中,我省电大系统教师获奖人数在全国电大中名列前茅。为庆祝 30 周年校庆,展示我校学术研究成就,我校选编了教师优秀论文集《左海萃英》。

二、存在问题

从我校教学检查情况看,一些地方办学指导思想出现偏差,规范管理意识淡薄,教学过程落实不够到位。从师资配备、面授辅导课、网上教学、形成性考核、实践教学等环节看,都不同程度地存在一些问题。

(一)各教学环节抓落实不够理想

如面授辅导课的开课率、到课率有的没达到要求,特别是实行开卷考的省开课。课堂教学管理水平还有较大的提升空间,教师课堂教学设计及导学助学水平也有待提高。不同程度地存在形成性考核中学生疲于应付,作业上交不及时,教师评阅质量下降等问题。毕业论文质量、社会调查报告质量参差不齐。

(二)多媒体教学资源还不能完全适应学生学习要求

教学资源制作的水平不平衡。网上教学资源建设还需进一步规范,特别是如何针对不同的课程和不同的学习对象来整合、应用多媒体教学资源,还显得相对薄弱。有的多媒体教学资源(课件、视频)的互动性不足,现代化的教学方法和手段还没有得到充分的应用。对网络教学资源更新不够及时,网上教学活动的开展还缺少有力措施。

(三)学生没有充分利用网络进行学习

学生利用多媒体教学资源自主学习的适应能力不强,在网上所提的问题有代表性的还不多。实行开卷考试的课程的教学资源利用不理想。学生上网学习的积极性有待提高。除了一些专业基础课外,学生 BBS 论坛的发帖数还不够多。

(四)各分校、教学点参与网上教学的质量参差不齐

分校、教学点在网上教学和资源建设方面主动性不够强,在教学组织方面也存在时紧时松现象,教学模式创新不够。

三、措施与对策

(一)全面提升全省电大系统教学及教学管理人员的水平和能力

教师教学水平及创新能力是学校内涵建设的重要因素。今后要以全面提升全省电大系统教学及教学管理人员的水平和能力为主轴,开展各类教学比赛、评优、培训和交流考察活动。省电大每年划拨专项奖励经费,鼓励全省电大教师积极开展教学创新、多出成果。建议今后每年至少在全省电大系统开展 1 次专项教学比赛及评优活动,如课程教学设计比赛、案例教学比赛、形成

性考核设计比赛、课件大赛、精品课程评选等,对获奖者给予表彰和奖励,以形成良好的示范效应。有计划地开展教学管理人员的业务培训、交流考察活动,提升教学管理能力。

(二)确保面授辅导教学环节落到实处

面授辅导是电大开放教育教学过程中不可缺少的重要环节之一,是电大为学生提供学习支持服务的重要组成部分,也是电大教育区别于其他网络教育的重要特征和优势体现。面授辅导环节的质量的好坏,将影响到学生课程通过率和毕业通过率,影响到电大的教育质量。各教学点应根据教学计划的安排,综合考虑课程的特点及学生的需求,科学、合理地安排面授辅导课。要重视对专兼职教师的业务培训,加强对教师课程"教学设计"及"导学效果"的督导考核,提高面授辅导课的质量,激发学生听课的兴趣。要加强专业管理人员与学生的交流与沟通,加强课堂教学管理,提高学生课堂到课率,同时要做好面授辅导与其他助学形式之间的配合,切实帮助学生解决学习中的困难。

(三)利用远程教学手段解决小专业、小课程面授辅导问题

针对基层教学点存在的小专业、小课程面授辅导课成本高、效果差的问题,要进一步加大"直播课堂点播"、在线答疑等网上教学服务的力度,为这部分学生提供个性化学习支持服务。各教学点应在每学期第一周,将学生数在10人以下的课程报省电大教学管理处资源建设办公室,由省电大根据需要,优先为点多面广、学生分散的课程安排直播课堂和BBS答疑。与此同时,省电大和分校要积极探索、主动采取措施,帮助基层教学点解决面授辅导教学环节存在的实际困难,并加大对面授课组织实施情况的监控。

(四)稳步推进省开课网上形成性考核

以省开课网上形成性考核为抓手,深化课程考核改革。基于网络的课程考核改革,是电大考试改革发展的方向。网上形成性考核既符合现代远程教育的理念,又能够一定程度上解决作业册印发不及时、作业抄袭、作业提交和评阅不及时等实际问题。省电大将加快对省开课网上形成性考核软件的升级,提供更为人性化的操作平台,构建省开课网上形成性考核技术支撑环境。进一步完善课程考核一体化设计,逐步建立形成性考核试题库,实现网上作业随机组合,稳步推进省开课网上形成性考核,力争5年内逐步普及省开课网上形成性考核。

(五)加大对毕业论文监管力度

改进本科毕业论文指导教师资格审核管理办法,减少中间环节。规范毕业论文远程视频答辩要求。规范毕业论文远程视频答辩的申报、准备、答辩要

求、技术支持等环节,在学生数偏少的专业中推广毕业论文远程视频答辩。毕业论文远程答辩的实现,在充分发挥我校优质教育资源,培养更多的专业人才以及降低教育成本等方面具有重要意义。

(六)通过教学检查加强教学监控

教学检查是电大远程开放教育教学质量保证体系的重要组成部分,是加强教学过程管理的重要措施,是规范教学和教学管理行为的重要手段。省电大、分校、工作站都应各司其职,有目的、有计划、有效果地开展教学检查,建立教学质量监控的长效机制。除了配合中央电大的教学检查,省电大也将开展形成性考核成绩抽查。

(七)加大网络课程建设的力度

省校教师每年要完成至少一门网络课程建设。为做好网络课程建设工作,一要加强教师的培训工作;二要成立课件研究开发工作室,开发出网络课程的统一模板;三要购买相关网络课程制作的软件。通过网络课程的建设,提高学生利用网络学习的兴趣,提升网络资源利用率。对分校、教学点按照中央电大的检查指标进行网上教学检查并定期通报。

进一步加强网上教研活动。将网上教研活动制度化,定期在网上举行各个专业的教研活动,及时向市级电大等传达中央电大有关教学要求和指导意见,提高教师网上教学的能力和水平。分校、教学点要认真组织教师参加中央电大或省校的网上教研活动,及时掌握有关教学信息和教学要求。加强运用现代信息技术进行网上教学模式、课程教学设计的研究。

省校及各分校、教学点要加强教学资源建设的力度与更新的频率。努力提高教学资源的质量,充分利用现有资源,开发一批有较高质量的网络课件,增强资源的针对性和有效性,满足学生个性化自主学习的需要。要及时更新网上教学信息,加强对学生学习的指导。

基金项目:福建省教育科学规划项目"闽港台海峡两岸三地远程教育模式比较研究"系列成果之一。

(作者为福建广播电视大学教授)

通过课题研究指导福建远程教学的新尝试
——福建广播电视大学"教学组织形式的研究、改革与实践"课题研究综述

何绵山

以课题研究形式开展"人才培养模式改革和开放教育试点"工作,是试点工作不可缺少的一个环节,也是一个新尝试。通过研究,可为试点工作提供经验;而试点工作的具体开展,又不断为研究提供了丰富的第一手资料。

我校开展中央广播电视大学"教学组织形式的研究、改革与实践"课题研究,经历了以下几个阶段:

第一阶段:组建课题组和申报课题。根据中央广播电视大学的有关要求,我校于1999年7月成立了"教学组织形式的研究、改革与实践"课题组,经校领导研究决定,由何绵山任组长,郑树民任副组长。课题组在中央广播电视大学远距离教育科学研究所项目申请书的"项目论证"栏中对本课题的阐述是:"现代远程开放教育教学组织的形式有多种,研究其形式,并对其各种形式进行比较,找出较适合的形式,应为本课题的重点和难点。""本课题的理论意义和实践意义在于为不同区域、不同环境、不同程度、不同条件的远程教育学生提供可参考的教学组织形式。"课题组的阐述得到了校领导的强有力的支持,校领导在项目申请书的"单位意见"栏中明确签批:"我校将该项目列入子课题研究管理,给予时间保证和研究经费。"课题组由此开始运转。

第二阶段:启动和展开。在对全省电大系统开放教育教学现状进行调研和分析后,课题组决定以公开出版《现代远程开放教育教学组织形式的研究、改革与实践》作为该课题最终成果,并拟定了课题撰写大纲,具体如下:

序(0.1万字)

前言(0.3万字)

第一章 现代远程开放教育的教学组织形式(4万字)

第一节 现代远程开放教育概念与内涵(1.5万字)

(主要阐述其特点,特别要区分其与普通成人教育及以往教育的不

同,给现代远程开放教育定位,从培养目标、教学计划、教学大纲、教学评价、管理体制、学籍管理、教学辅导方式等多方面差异进行论述。)

第二节 现代远程开放教育的教学组织形式(1.5万字)

(主要阐述现代远程开放教育教学组织形式与普通成人教育的差异,以及其特点和要求。)

第三节 研究现代远程开放教育教学组织形式的意义(1万字)

第二章 现代远程开放教育教学组织概况(10万字)

第一节 国际著名开放大学教学组织模式(有代表性选几种)(2万字)

(可请我校特聘教授、澳洲远研专家塞利亚·罗姆博士和香港公开大学曾文华博士提供有关外文资料,由省电大英语教研室或分校英语教师译为中文。)

第二节 台湾、香港地区现代远程开放教育教学组织形式现有模式(2万字)

(可借用主持人承担的省首届教育科学规划项目"闽港台海峡两岸三地现代远程开放教育模式比较研究"中部分有关资料。)

第三节 福建省远程开放教育教学组织形式模式(6万字)

[此节选择有代表性的教学点,原则上是分校,也可是开展比较好的工作站,具体要求应包括:1.教学班基本情况。如全称、专业名、人数、学员组成、教师来源等。2.教学组织形式。(1)个别化学习为主、集体学习为辅、自学和集中辅导相结合方式的情况,学习集体的形式(如班级和小组);(2)小组学习的基本框架,如怎样自学和研讨,怎样根据具体情况开展活动,教师怎样进行辅导、指导、咨询、答疑等活动;(3)小组学习活动计划的组织,如必参加的常规活动,包括学习、实验和社会调查,再如自由参加的教学活动,包括视听学习、上机、上网学习、串讲课、答疑等;(4)有哪些不足和教训,有哪些经验和体会;(5)应注意哪些问题。3.可考虑运用多种方式进行研究。如系统分析、文献调研、目标实验分析、抽样调查等。不做统一要求。切忌人云亦云,要有自己特色。4.字数。每个个案(即教学点)5000字左右。5.撰稿者最好为直接参与教学组织的各方面人员,必须包括有关部门领导、专业教师、班主任等人员。作者名字都将在书中列出,作者享有应有的权益。]

暂定如下教学点:

001:省电大校部"金融学"专业(2000年春160人)。

002：省农行干校"金融学"专业（2000年春80人）。

003：(1)福州电大"金融学"专业（2000年春50人）。

(2)福州电大"教育管理"专业（1999年秋80人，2000年春147人）。

(3)福州电大"英语"（1999年秋61人）专业教学班。

（以上三个点可任选一。如愿写第二个或第三个，编号为：003-2、003-3，下同）

004：(1)泉州电大"英语"专业（1999年秋96人）。

(2)泉州电大"教育管理"专业（1999年秋105人）。

（以上两个点可任选一）。

005：(1)漳州电大"英语"专业（1999年秋80人）。

(2)漳州电大"金融学"专业（2000年春50人）。

（以上两个点可任选一）。

006：(1)南平电大"金融学"专业（2000年春50人）。

(2)南平电大"教育管理"专业（1999年秋98人，2000年春81人）。

（以上两个点可任选一）。

007：龙岩电大"金融学"专业（2000年春50人）。

008：(1)三明电大"金融学"专业（2000年春50人）。

(2)三明电大"英语"专业（1999年秋59人）。

(3)三明电大"水利"专业（1999年秋21人）。

（以上三个点可任选一）。

009：永安电大"教育管理"专业（1999年秋140人，2000年春64人）。

010：邵武电大"教育管理"专业（2000年春71人）。

011：宁德电大"教育管理"专业（2000年春25人）。

012：泉州鲤城工作站"教育管理"专业（1999年秋98人，2000年春220人）。

第三章　现代远程开放教育教学组织形式的实践与改革（4.5万字）

第一节　现代远程开放教育教学组织形式的经验（1.5万字）

（主要通过对以上12个个案研究得出，并将其有普遍指导价值的经验上升为理论，不仅要求指出其可借鉴之处，更要分析其原因。）

第二节　现代远程开放教育教学组织形式目前存在的问题及解决办

法(1.5万字)

（主要通过对以上12个个案的研究,对其存在问题进行分析提炼,找出其普遍存在的问题,并分析造成的原因,指出解决的方法。）

第三节　现代远程开放教育教学组织形式的最佳模式(1.5万字)

（根据以上12个个案,通过比较,包括与台港、海外案例进行比较,得出可行的最佳模式。）

第四章　面向21世纪现代远程开放教育教学组织形式(1.5万字)

（根据21世纪的新挑战,对远程开放教育教学组织形式进行宏观展望。）

后记(0.3万字)

为进一步推动课题的开展,更广泛地动员更多有关人员参加,课题组于2000年5月10日向全省各分校、工作站发出了《关于进一步落实"人才培养模式改革和开放教育试点"项目的通知》,通知公布了课题的组织情况、基本内容、重点和难点,课题研究的理论意义和实践意义,课题进展计划,课题科研经费预算等,并印发了撰写纲要;要求全省电大系统有关人员积极参与本课题研究,对纲要提出意见。在短短的时间内,课题组收到了全省电大系统近40封来信,大家不仅表达了参与课题研究的愿望,也对课题组所拟定的撰写纲要提出了宝贵意见。这些意见主要为:课题最终成果由出版社公开出版是保证课题质量的有力措施,也是提高参与者研究热情的动力。因为参与者面广,各个教学点所遇重、难点不一样,故不宜以专著形式结题,不应追求系统性,应在实用性上下功夫,特别要加强阶段性成果用于试点实践的实例分析,要对开放教育试点工作展开过程中亟待解决的重难点进行研究。归结一句,就是不要先定好框框,要有什么问题研究什么问题,研究成果要为指导实践服务。

第三阶段:调整和开展。根据大家所提的意见,课题组及时做了调整,即:第一,不搞空而玄的形式,不涉及一些无需探讨（或早已解决）的纯理论问题,而是以解决实际问题为主要目标,最终结题成果以单篇论文结集的形式出版;第二,扩大参与课题的研究者队伍,只要是从事试点工作的电大系统同志都欢迎参加;第三,研究所涉及的教学点由分校扩大到工作站,凡有教学点的单位,都列入研究范围。课题组负责人在2000年4月于福州森林公园召开的全省课题研讨会上,同年9月于连江召开的文经部教学工作会上,2001年12月于福州西湖宾馆召开的全省远教工作会上对此都作了阐述,并写出了《"教学组织形式的研究、改革与实践"课题研究中期进度报告》,报告中陈述:"目前因开放教育课程与2000年设计制定大纲时有较大出入,不仅新增了许多开放教育专业和课程，人员也有所变动，且课题组对开放教育的理解也进一步深入，故决定对此课题作进一步调整。"报告对原定大纲、进度等作了适当调整，进一步明确了课题所要解决的问题。

第四阶段，深入和完成。为了力求课题的圆满完成，课题组再次对参与课题研究的人员发出通知。通知要求对各分校已开展的课题进行评估，评估情况分为4种：1.符合要求；2.基本符合要求，但要适当调整；3.不符合要求，但与其他课题（如《学习模式研究》）有关，介绍其与相关课题组联系；4.不符合要求，拟请重写。为进一步发动更多有关人员参加，课题组向全省280多个教学点寄发了通知，并根据中央电大《"人才培养模式改革和开放教育试点"研究项目教学系统设计方案》中的规定，进一步明确了本课题所要研究的内容为：探索以个别学习为主，集体学习为辅，在集体学习中以小组学习为主的教学组织形式。学习集体可分为班集体和学习小组两种形式，不同专业、不同课程可根据学生的实际需要，组织不同的教学活动。

为使参与者都进一步明确所研究范围，课题组还草拟了若干选题，供大家参考，如：

其一，关于教学过程的改革与实践。
1.怎样根据新生不同基础组织好教师分别教学。
2.怎样组织学生运用多媒体教材自主学习。
3.怎样组织高效率的面授辅导及小组讨论学习。
4.怎样组织好学生运用多媒体教材练习、复习。
5.怎样利用现代远程教育手段提供各种形式的同步教学信息。
6.怎样利用学习场所及时组织多种助学活动。
7.怎样组织实施集中实践教学环节。
8.怎样组织好形成性考核的各类考试。

其二，关于教学中有关问题的改革与实践。
1.怎样组织外聘教师与学生沟通。
2.怎样组织学生从网上获取有关教学信息。
3.怎样有效组织学生使用CAI课件和音像教材。
4.怎样组织好学生的收视工作。
5.怎样组织好学生的实验、实习。
6.怎样组织好学生利用双向视频进行学习。
7.怎样组织好学生充分利用电大所提供的学习支持服务。（包括多媒体学习材料、助学服务信息、指导性教学文件、集中辅导和指导等。）

针对陆续收到的稿件中不规范、跑题的现象,课题组又制定了《写作要求》寄发所有参与者,明确要求:

1.切忌做纯理论的阐述,要用个案说明要阐述的道理,可以有正反两面(正确的和错误的)。

2.本课题以研究报告形式结题,故要明确写明班级地点、全称、专业、人数等,要有真实性,可以在研究过程中进行分析、对比,可采用问卷调查、座谈、列表等形式。

3.文章一定要突出"开放教育"、"教学组织形式"、"改革"、"实践"这四个方面特点,切忌混同于一般电大教学。所选个案一定要有特色,有作者体会,如要明确本人所写的有何创新价值、对这一个案的评价等,要能对今后开放教育的教学组织形式提供借鉴。切忌人云亦云、面面俱到、记流水账,要突出最主要方面。

4.切忌套话、空话,不要阐述一些人人皆知(或早已解决的)的道理(诸如"什么是开放教育"等)。一般要有:特色个案介绍、原因分析、经验总结(好的方面和不足的方面、今后努力方向等)。

5.格式上一般应有两个标题,一是作者从文章中提炼出一句关键话作为主标题,让读者一目了然;二是可看出全貌的副标题。

第五阶段,修改和提高。课题组对完成的稿件进行了审读,或由课题负责人直接修改,或提出意见后由本人修改。有的作者三易其稿,有的作者稿件被淘汰后又主动请缨。大家把参与课题研究作为一项有意义的任务,全力以赴来完成。在大家的共同努力下,终于如期完成了课题研究。

综观本项目研究,有以下几个特点:(1)作者队伍合理。从岗位上看,有任课教师、管理人员、技术人员;从职务上看,有分校领导、省校或分校中层领导、工作站负责人和普通教师;从职称上看,有高、中、低三个级别。他们都在开放教育的第一线,有许多切身的体会。(2)地域分布广泛。全省13个分校中,有泉州分校、福州分校、南平分校、三明分校、龙岩分校、宁德分校、漳州分校、省直学院、永安分校、漳浦分校、农行分校等11个分校有关人员参与研究(设区市的分校除莆田分校当时尚未有开放教育外,其余都参加了研究),并有东山、沙县、连城、德化等县级工作站在开放教育第一线的有关人员加盟。(3)涉及的专业有代表性。开展个案研究的有金融本科、工商管理本科、法律本科、英语本科、小学教育专科、教育管理专科等,而综合研究中所涉及的专业更多。(4)探讨的内容有针对性。如所探讨的开放教育教学组织形式下的小组学习的作用和存在问题及解决办法、任课教师在开放教育教学组织形式中的定位与作用、教学管理人员在开放教育教学组织形式中的定位与作用等问题,都是改革教学组织形式非解决不可的问题,因此都很有针对性。(5)选择角度多样。如有以学习小组为例进行分析的,有以某专业为例进行探讨的,有以某课程为例进行剖析的。有以个案分析为主的,也有综合研究的。(6)研究的问题有现实性。文章所涉及的问题,大都是开放教育的难点、热点、焦点,许多问题亟待解决,因此有很强的现实指导意义。(7)研究的内容有包涵性。如可以有正面的经验,也可以有反面的教训;可以是成熟的看法,也可以是初步的设想;可以是个别的局部经验,也可以是有代表性的典型例子;甚至个别相矛盾的看法也收在集子中(如有的认为学习小组开展些与学习无关的活动是不务正业,有的则认为学习小组开展与学习无关活动可促进彼此了解,很有必要。)

本项目研究者皆为直接参与开放教育的有关人员,所使用的数据、信息皆来自第一手,相关的统计分析表格等皆为研究者亲自制作。本项目研究是指导性研究,即"从实践中来,到实践中去",通过研究归结出有代表性的问题,对这些问题剖析后又用以指导实践。

本项目从不同区域、不同专业、不同角度探讨了以个别学习为主,集体学习为辅,在集体学习中以小组学习为主的教学组织形式,以大量的具体事例证实了这种教学组织形式的优越性,并分析了妨碍其正确实施的因素,提出了系列对策和办法。同时还探讨了任课教师、教学管理人员、技术员这三支队伍在这种教学组织形式中的定位和作用。在目前不少人对以个别学习为主、集体学习为辅观望怀疑,对三支队伍怎样在新的教学组织形式下有所作为仍持疑虑之际,本项目研究结论雄辩地证实:以个别学习为主,集体学习为辅,在集体学习中以小组学习为主的教学组织形式虽然还有许多亟待解决的问题,但它无疑是开放教育中提高学习效能的一种最佳途径,三支队伍在这种新型的教学组织形式中不应该是束手无策,而应该并完全有可能大有作为。

目前该项目研究暂时告一段落,但还存在许多需要继续探讨的问题,如不同专业的学习小组是否都要沿袭统一模式的教学组织形式,妨碍个别学习的隐性障碍有哪些,三支队伍怎样进一步适应并为这种教学组织形式服务,其进一步提高服务质量的障碍是哪些等。由于这项工作是前人未进行过的新尝试,课题虽已按期结束,但存在问题一定不少,我们希望与大家继续共同努力,不断探索,力求今后将这项工作做得更好。

[本项目研究的主要成果为:(1)《"教学组织形式的研究、改革与实践"项目研究报告》,共1.3万字。(2)《教学组织形式的研究、改革与实践》,收入34

篇研究报告,共 18.6 万字,由厦门大学出版社 2003 年 2 月出版。]

  基金项目:中央广播电视大学"人才培养模式改革和开放教育试点"研究课题"教学组织形式的研究、改革与实践"(532—200)系列成果之一。

(作者为福建广播电视大学教授)

福建广播电视大学开放教育教学组织形式的研究、改革与实践

何绵山

一、学习小组在开放教育教学组织形式中不可替代的作用及存在的问题和解决的办法

1.学习小组的优越性。三明电大分校通过问卷调查表明,凡学习小组开展得较好的专业、课程,学员的学习情况就比较令人满意。其作用主要表现在:(1)角色的转变,体现了主体教育思想,促进了师生的交流。在小组学习过程中,师生角色发生了变化,教师逐渐从知识的传授者转为学习的组织者和辅导者,成为学生自主学习的顾问,主要是指导学生制订学习计划,获取学习信息,掌握学习技能等,而学生则成为小组学习的主角,一切以学生为中心,以学生学习为中心。(2)良好的人文环境,有利于学生综合素质的培养。小组学习有利于非智力素质和智力素质的培养,一是有利于学生合作精神的培养;二是学生学会了沟通和表达,增强了自信心;三是有助于提高学生的自主学习能力和创新动力。(3)优势互补,调动了学生的积极性。小组学习为开放教育师生之间、学生之间提供了优势互补的机会与可能,如:能力上的互补、资源上的互补、时间上的互补等。

2.学习小组的效能。(1)互导互补效能。互导,指在同一学习小组中确定一两个知识水平较高、学习较主动的学员,在小组讨论中起引导作用;互补,除了知识互补,主要指计算机网络技术和多媒体应用的互教互学以及从各个信息渠道获取的教学资料的互传互通。(2)竞争效能。在学习小组之中设立积分制,对在学习小组中发挥骨干作用的学员核定分数,作为形成性考核或实践环节测评的加分,在学习小组成员中实行只加分而不扣分(即对未承担职责的其他成员不予扣分)的办法,让更多的人愿意承担责任,争取加分,形成小组活动的竞争态势。(3)协作效能。鉴于形成性考核与实践环节评定在"开放教

育"教学监控系统中出现的盲点,与其容许"个别化"考核的虚假,不如倡导"集体化"考核的真实。小组活动成果考核的内容,可以是作业,也可以是实验、实习、社会调查等实践活动。这种小分工大合作必然要求每个成员都要对小组活动成效负责,要求他们在集体学习过程中发挥协作精神,从中也产生了促进自学的动力。小组学习的成效体现在:(1)有关教学、考核、考试资料或信息的互通;(2)自学过程心得体会的交流;(3)作业、实践活动和社会调查的合作;(4)可对本专业教学和管理工作提出意见、建议。

3."合作"是学习小组能否取得实效的基本因素。三明电大通过对叶明月小组和陈俊明小组的比较分析得出结论,实现合作必须具有几个条件:(1)时空条件——合作的前提。组员同在一个较小的空间范围,能有一致的活动时间。(2)思想条件——合作的关键。具有共同的愿望、态度,能够产生心理认同、情感认同。(3)个性条件——合作的基础。具有互补的可能、优势。(4)组织条件——合作的保证。学校是小组合作的规划者、创建者、引导者、评价者。在小组合作中,应注意:(1)因势利导,精心组织。在正式入学之前的入学教育活动后就精心组织学习小组,效果最佳。反之,或待正式学习之后组织,或先草率组织,一段时间后再开展活动,都难以达到预期效果。(2)因组利导,提供服务。对各专业、各年级小组的具体构成,活动的地点、时间、方式、次数、内容等不必强求一致,应因组制宜。校方责任在于制定原则性、规范性的制度,并加以指导、协助、激励、评价、督查。过度干涉,强求一致,或听之任之,放任自流,都不可取。(3)因势利导,把握时机。事实说明,只有在最需要的时候开展小组的协同学习,才最有吸引力,最有成效。三明电大的经验是:在学生整个专业学习过程中,重点抓入学和毕业这头、尾两个时期,每学期又重点抓期初、期中、期末三次活动。期初共同明确学习目标,制定个人学习计划、小组活动计划;期中共同小结,交流学习经验,探讨学习方法;期末共同复习,相互鼓励,答疑解难,迎接考试。

4.学习小组(以课堂小组为例)活动在教学组织形式中的作用。以案例讨论为切入点。主要可分为三个阶段,第一阶段为案例讨论的课前准备:第一,在组织课堂小组讨论前一两周,预先印发案例材料和思考题,同时指导学生了解如何使用一些原理和分析方法,为学生提供一个向导,而不拿出一个解决问题的方案或标准答案;第二,在小组讨论的当天,视学生实际到位情况,进行现场分组;第三,留出20~30分钟时间让学员继续熟悉案例内容,整理个人发言提纲。第二阶段为正式讨论:第一,采用轮流发言的方式,让每个学生就各自的侧重点进行发言;第二,进行互相提问、补充、探讨和辩论;第三,进入畅所欲言的案例启示讨论环节。第三阶段为讨论后的总结:第一,把大家讨论的要点进行重申提炼;第二,指出讨论中不够深入、不够深刻的问题,进行讲解评点。总之,通过讨论,一是促进了学生相互学习、交流提高;二是在一定程度上培养了学生分析和处理问题的能力;三是帮助学生增加了感性认识。

5.学习小组参加人数逐年减少的原因。泉州电大分校开放教育首届英语本科共招收学生88人,中途辍学4人,现有学生84人,其中77人为中小学英语教师,7人在其他部门从事与英语相关的工作,英语水平比较整齐,入学水平测试60分以上的有76人。但小组活动并不理想,其具体活动情况如下:

时 间	活动小组数	每月活动次数	参加人数的百分比
第一学年	12	1.5	85%
第二学年	12	1.2	70%
第三学年	10	0.5	40%

从上表可以看出,到第三学年有两个学习小组已停止集中学习活动,其余小组集中学习活动的次数越来越少,参加小组集中学习活动的人数也越来越少。其原因是多方面的,最主要的有两个:(1)学生的英语程度不一样,学习方法不一,参加小组活动的要求和热情也就不一样,有的长期在农村教书,口语较差,在小组学习中互相切磋,对其纠正发音和提高表达能力有帮助,他们尝到甜头,每次小组活动都积极参加。也有程度比较好、口语流利的同学,认为参加小组活动没必要,收效不大,是浪费时间,考试合格即可。(2)学习小组存在一些形式与功能不相适应的问题。由于这一批学生是首届参加试点的学生,第一学年没有条件自主选修,大家的课程都是一样的,学习小组不存在形式与功能矛盾的问题,所以第一学年的学习活动开展得比较好,但到第二、第三学年,同一小组成员学习进度出现分化、选修课出现差异,小组形式与功能出现矛盾,一些小组和一些学生便难以坚持开展集中学习活动。可见,小组成员选课不同是没有开展活动的主要原因。

6.学习小组存在的障碍及解决的对策:(1)组织障碍。学习小组只具备了组织的两个基本特征,即目标和职责分工,缺乏用来指导和约束组织活动和组织成员的规范,这将很难确保组织目标的实现。(2)资源障碍。不是学生对计算机和互联网的应用不够熟练,而是网上提供的教学资源太少,以南平电大分校2000年秋金融本科顺昌学习小组为例,所调查的14人,全都能使用计算机,其中10人会上网查资料,占71%,8人会熟练使用计算机和网络,占57%,但他们表示网络提供的教学资源太少,一是学校网站内容少,二是进入学校网站困难。克服组织障碍与资源障碍的对策:(1)加强教学资源建设。要发挥电大整体优势,积极拓展和其他开展现代远程教育高校的合作之路,在解决网上教学资源短缺的同时,也要提高质量,要体现网络的特点,不能只是提供简单的文字翻版。(2)加强对学生服务支持体系的建设。(3)组织开展校内各种联谊交流活动。(4)加强导学工作。

7. 学习小组学习中存在的普遍性问题:(1)小组学习计划性不强,内容和形式都较为单一,缺乏学习的有效性。有的学习小组随意性较大,计划性较差,形式只限于课堂上的室内交流,结合实践较少。(2)小组学习活动开展不均衡。由于受专业、课程、人员等因素影响,不同专业和课程的小组学习活动出现了不均衡的情况。(3)有的学生对小组学习不适应,参加的热情不够。有的学生受传统教育思想和原有教育背景的影响,更依赖于教师的辅导课,不习惯小组的讨论学习。

8. 学习小组出现的某些误区:(1)学习小组班级化。主要指在教学点的基础上人为地对学生进行分组,指定小组长,以小组长代替原来的班干部行使管理职能,使学生自主学习的积极性受到很大的打击。(2)活动组织无序。即小组活动缺乏科学而具体的活动计划,缺乏教师的参与和指导,流于形式,没有建立相关的评价和监控体系。(3)活动内容错误。在实践中,出现了"合作"完成作业情况,即由小组成员分解完成部分作业,然后进行转抄,甚至在考试过程中互相"帮忙",使小组的活动出现不正确倾向,错误发挥小组的作用。(4)小组活动不明确。如小组活动不是为解决学生学习中的困难而组织的,纯粹变成学生之间的娱乐活动,活动内容多是与学习无关的游玩、度假、野营、聚餐、卡拉OK等,甚至于拉关系,偏离了学习小组的初衷。

9. 解决学习小组形式与功能不完全适应的办法。泉州电大以首届英语本科学习小组为例,说明解决的方法:(1)专业管理人员组建固定学习小组。(2)自发形成学习小组。学生根据大部分必修课程都有听力对话考试的特点,自发结成三四人一组或两人一组的学习对子,自行找时间、找地点进行会话与听力练习。(3)随机形成学习小组。面授辅导课进行课堂讨论时,前后座位的学生便形成一个学习小组。这种学习小组是随机的,成员每次都不一样,但所起的协同学习作用,与由固定成员组成的学习小组并无区别,而效果还更好些。这三种学习小组在进行协同学习与教学管理方面各有所长,也各有所短,彼此不能取代,都有其存在的合理性。

10. 加强小组学习有效性的措施。(1)以观念的转变带动"角色"的转变。小组学习应当是学生自主学习的一种形式,大家都要有"以学生为主"的思想,学生要明确自己是教育和教学活动的中心,从教育对象变成了自我教育的主体,既是学习活动的参加者,又是管理者和受益者,要变被动学习为主动学习。(2)分工合作,增强学生自主学习的责任感。小组成员应合理分工,如有的同学负责召集、组织,有的同学负责信息的获取、传递,资料的印发等,在学习内容上也可以进行分工。这样人人有任务,人人有责任,形成一个学习链,增强了大家学习的责任感。(3)开展灵活多样的小组学习。学习小组可以开展多种形式的活动,如师生一起观看、学习多媒体教材,参加网上学习,参加直播课堂的学习,然后进行讨论、交流;可根据课程内容的要求,一起进行社会调查,搞案例分析;或师生一起进行模拟实验等。可以在学校,也可以在单位或家中进行,可以在教师指导下进行,也可以由学生自己组织。(4)为小组提供良好的学习环境。良好学习环境包括师生的见面沟通,完善的管理,必要的设施、场地和各种信息源及支持服务等。

二、任课教师在开放教育教学组织形式中的定位与作用

1. 任课教师要转变观念。任课教师要充分认识开放教育与传统教育的不同,要以培养学生自主学习的意识、习惯为己任,调动学生主动参与教学的积极性。帮助学生从"学会"转变为"会学"。变传统的"以教师为中心"为开放的"以学生为中心",从传统的以"教"为主,转变为教学生如何"学",即"导学"。对学生的导学有多种,如答疑辅导式导学、启发式导学、助学式导学、提高式导学等。

2. 任课教师要熟悉开放教育的各种相关教学服务手段,并指导学生运用这些手段进行自学。如运用多媒体课件上辅导课,从中央电大网页下载有关的实施细则、教学要求和教学目的,参与电大网页已经建立的网上咨询和答疑活动,通过电子信箱等现代化手段指导学生。

3. 任课教师必须善于与学生沟通。沟通的内容包括:(1)指导学生尽快适应开放教育的学习方法;(2)指导学生制定切实可行的学习计划;(3)指导学生自主选择学习资源;(4)批改和评价作业。此外,任课教师要经常深入各学习小组,与学生一起交流,可把作业放在小组活动中讨论、讲评并解答疑难等。

4. 任课教师要善于摸索运用适合本学科的教学组织形式。以连城电大2000级小教专业"高数B(1)"为例,任课教师试用了三种教学组织形式:(1)全班集体辅导形式。一般是在开学初期使用,如向学生介绍该课特点、学习方法,并对217名学生进行摸底测验,按成绩分为A、B、C三组。(2)分组辅导形式。根据不同小组,营造一种能使学生自由学习的环境和气氛,并提供一些可

由学生支配的资源,如书籍、地图、教科书、网上教学信息及教师本人的解题方法,鼓励和引导学生独立思考,帮助学生理解一些较难、较抽象的教学概念并掌握一定的科学方法。(3)个别辅导形式。这种辅导形式主要针对个别年龄偏大、基础较差的学生,有时要有重点地进行面对面、手把手、一对一的辅导答疑,以平衡学生的学习程度。由于辅导得法,"高数 B(1)"这门原被视为最难的课程及格率为98.6%,极大地鼓舞了学生的信心。再以电大永安分校"闽文化概论"课为例,任课教师探索的经验是:(1)任课教师要组织好学习小组。根据课程性质,将辅导课分为知识性辅导、技能性辅导、拓展性辅导三种,按这三类辅导课形式,把学习小组分为相应的三大组。知识性学习小组的组建,主要考虑学生自然因素,即便于联系协作;或地域因素,即同单位、同居住区等;或条件因素,即有无上网条件等。技能性学习小组的组建,主要考虑学生的学习内容因素,如按哲学、史学、文学、音乐、经济等划分。拓展性学习小组的组建,主要考虑学生学习方法因素,其活动内容主要是交流思维方法、研究方向,互相启迪等。每个学生可以根据自己的情况,参加一个或者两个甚至三个学习小组。任课教师在学习小组的作用,主要是提供小组成员的通信联络方式、活动时间、活动地点、召集人、活动内容、每人任务等,将这些内容制成表格发到每个人手中,以使每个学生都知道自己在小组中的角色、地位和任务,并要定期检查小组活动的情况和效果。(2)任课教师要做好对三类辅导的实施。知识性辅导课的实施,是使学生顺利学习本课程的最基础知识,这类辅导课有媒体选用辅导课、知识辅导课、答疑解惑课、作业讲评课等。技能性辅导课的实施,是使学生能应用本课程的知识,如:启发学生剖析本书作者的研究方法、途径和本书结构等;引导学生如何确定自己所要收集整理的内容,如何收集整理各方面史料等。拓展性辅导课的实施,是使学生沿着教材作者的研究方向做进一步探讨,或是对本地区的相关文化专题进行探讨,如:引导学生确定研究专题;选择专题研究的方法;了解该专题研究的前沿信息或最新成果。本课程经两轮教学,学生 193 人次,期末考试全部一次性合格。

  5.任课教师必须在教学中运用多媒体技术。任课教师利用多媒体技术教学,是指利用计算机,综合处理和控制符号、语言、文字、声音、图形、图像、影像等多种媒体信息,把多媒体的各个要素按教学要求进行有机组合,并通过屏幕或投影机显示出来,同时利用计算机上网把有关信息及时传达给学生。福建电大任课教师结合其给省校直属学院开放教育2001级中文本科班上"艺术欣赏"课的实践,认为要从三个方面入手做好这部分工作:(1)根据教学目标和教学内容的特点确定每节课中使用多媒体教学手段的范围;(2)制作有创意的电子教案或课件,搜集好有代表性的素材;(3)精心设计各教学环节。

6.任课教师要不断提高自身素质,积极开展小组合作式教学。在开放教育教学中,教师被定位为学生学习的"组织者、指导者和咨询者",与传统教育相比,实际上对教师提出了更高的要求,它要求教师必须具备扎实的专业功底、高度的组织能力和随时与学生交流互动的能力。因此,开放教育教师必须接受继续教育,进行知识更新,调整知识结构,提高内在素质,适应教学需要。另外,辅导教师每学期必须有计划地安排几次可操作性强的小组学习活动,进行小组合作式教学,有针对性地与学生进行交流和深入的讨论,以了解学生的学习情况,调整辅导方法,培养学生的各种能力,实现教学目标。同时对小组学习不要拘于单一的形式,可以开展多种形式的活动,比如,可以师生一起观看、学习多媒体教材,参加网上学习,参加直播课堂的学习,然后进行讨论、交流;也可以根据课程内容的要求,一起进行社会调查,搞案例分析;还可以一起进行模拟实验等等。总之,课程辅导教师应根据课程的特点,指导学生进行合适的小组学习活动。小组学习应当较灵活,可以在学校,也可以在单位或家中进行,可以在教师的指导下进行,也可以由学生自己组织。只要能达到相互学习的目的,就是有效的小组学习。这种灵活的形式,有助于增强学生参加小组学习的热情和兴趣,提高学习效果。

三、教学管理人员在开放教育教学组织形式中的定位与作用

1.教学管理人员要充分利用现代教学手段为学生服务。(1)利用网络资源帮助学生自学。如福州电大分校 2000 年秋工商管理本科专业的教学管理人员,积极引导学生利用网络自学,先是由管理人员提供中央电大、福建电大和福州电大网址,引导学生登录各级电大网站,用自己学号注册,查阅或下载相关教学信息、资源、课件等;再由管理人员上网,帮助学生下载相关资料,引导学生自己上网查找,之后将任课教师的课件挂到网络上,以满足学生对教材整体认识的要求,努力使学生习惯上网浏览,从中获益。为加强集体凝聚力及满足相互交流的愿望,管理人员在 WWW.Chniaren.com.cn 校友录中建立了"工商管理 2000 年秋季本科班"区,请学生陆续加入。在这里面,大家不仅加深了对班集体成员的互相认识,还可以通过本地聊天室加强情感交流,通过讨论区对课程中的某些方面问题展开讨论。东山县电大工作站的教学管理人员积极组织学生上中央电大、省电大、电大漳州分校网站获取教学信息,并督促引导学生从 VBI 获取教学资源,管理人员将重要的教学信息及时通过电子信箱传给学生,也收到明显效果。

2.教学管理人员应组织好高效率的辅导课。漳浦电大分校教学管理人员一开始尚未走出传统教学路子,导致2000年秋金融专科"经济数学基础"整个教学点40位学生期末平均成绩仅为41.12分。之后管理人员根据开放教育特点精心组织好辅导课,他们的做法是:(1)以双休日辅导为重点教学环节,充分发挥学生的学习主动性,改以往每周一次为每月一次,针对金融工作月末、季度末工作忙特点,把每次的辅导课安排在每月中旬。(2)以分期集中辅导为关键教学环节,确保学生自主学习的有效性。如把"经济数学基础"辅导安排在开学、期中和期末。具体如下表:

两种不同教学方法实践情况调查

课程	项目 学期	学生数	到课率	面授辅导方法	面授辅导时间	学习小组	期末成绩及格率	期末成绩平均分
经济数学基础	第一学期	40	60%	传统灌输法	每周一次	不组织	0%	47.12
	第二学期	40	98%	以学为主,以导为辅	每月一次,分期集中	分成多个小组	99%	71.02

3.管理人员要认真把好分组关。漳浦分校管理人员将2000年秋金融专科班的学生分为7个学习小组,其原则是:(1)按学生居住地区分组;(2)按学生的工作单位分组;(3)根据导学答疑的需要临时分组;(4)加强小组活动的组织和领导,精心确定组长。管理人员的介入,使小组活动效果大大增强,如下表:

小组活动情况调查表

小组类别	小组活动情况			活动效果				期末成绩(经济数学基础)平均分
	活动内容	活动方式	活动时间(小时/周)	好	较好	一般	差	
信用社	经济数学基础	①小组讨论;②交流学习心得;③答疑、解难;④作业评讲	2		13.6%	2.7%		63.7

续表

小组类别	活动内容	活动方式	活动时间(小时/周)	活动效果 好	活动效果 较好	活动效果 一般	活动效果 差	期末成绩(经济数学基础) 平均分
中行	经济数学基础	①小组讨论；②交流学习心得；③答疑、解难；④作业评讲	2		13.5%	2.7%		65.2
保险(财产)	经济数学基础	①小组讨论；②交流学习心得；③答疑、解难；④作业评讲	2		13.5%	2.7%		67.7
农行	经济数学基础	①小组讨论；②交流学习心得；③答疑、解难；④作业评讲	6	13.5%	54.1%	18.9%		74.6

电大龙岩分校管理人员在划分学习小组时,事先认真参阅学生入学档案,根据学生专业结合以下几个方面对学习小组进行合理划分:(1)学生工作单位和工作性质;(2)学生居住地点;(3)学生入学前所学专业;(4)学生入学前所担任职务。

4.管理人员要不断提高自身素质。(1)要认真学习开放教育管理的理论,掌握有关新技术、新方法;(2)不断增强服务意识,加强与学生的沟通,广泛听取学生意见;(3)要每天上网一次,学习、查询自己所管理专业的学习资料并及时下载整理,迅速将重要资料通过学习小组及时传达至每个学生;(4)要善于实践和总结。

5.教学管理人员要变"以管理为主"为"以服务为主",要真正做到以学生为中心,想学生所想,急学生所急,加强学习体系的建设,如:(1)及时提供教学媒介,包括文字印刷媒介(主教材、学习指导书、作业与评价、课程教学大纲、课程教学实施细则、考试复习大纲、考试说明等)、音像媒介(电视录像课、录音带、VCD光盘等)、网络媒介(CAI课件、IP课件、流媒体课件等)。(2)提供交互式辅助手段。认真安排好每一节辅导课;提供有关人员电话,促成电话答疑;支持学生利用语音信箱;及时向学生发送电子邮件;安排BBS讨论时间,组织好双向视频的教学活动。及时在网页上公布有关信息,及时下载有关资料。(3)提供现代化学习场所,如多媒体教室、多媒体视听阅览室、计算机机房等。(4)与有关单位签订合作协议,为学生提供教学实习与实践基地。

6. 教学管理人员要成为外聘教师与学生沟通的桥梁。省电大直属学院管理人员积极组织外聘教师与学生进行沟通交流,成为二者之间的桥梁和纽带。其提供的沟通方式有:(1)专题讲座;(2)指导小组学习;(3)作业和实验报告的批改、检查和讲解;(4)"导"学互动;(5)通信联络(用电话、电子信箱、网上BBS讨论、书信等沟通);(6)互访。

四、技术人员要进一步发挥在开放教育中的作用

1. 技术人员要尽可能发挥计算机网络技术在教学组织形式改革中的作用。(1)通过局域网促进学校内部教学环境的变化。(2)通过广域网促进学校教学环境的扩大和延伸。(3)通过互联网,使可共享的资源由校园范围、广域范围进一步扩展到全世界,建立起真正的网络学校、虚拟课堂,让更多的异地教师与学生利用计算机网络进行信息交流,彻底弥补传统教学在学习环境、师资、资源等方面的不足。

2. 充分利用现代教学技术手段,为开放教育的教学组织形式服务。技术人员应将接收到的IP课件、VBI信息共享至局域网,让广大学生能不定时间地点地学习,要把中央电大网站、省电大网站的教学内容转挂上地方局域网,要协助教师制作好各专业的CAI课件,为学生提供学习支持,做到人机交互,实时学习。

五、开放教育教学组织形式与多个教学环节的关系

1. 形成性考核作业质量的提高。作业要与教学进度同步,所布置的作业质量要提高,题目要灵活,应有利于思考,不要照搬书本。

2. 考试形式要适合成人特点。可适当增加选修课的开卷考,减少名词解释、填空等死记硬背形式。

3.要确保实践课质量。以农行干校2001年春金融本科"保险学概论"课为例,一是要找好实践单位,二是要分好组,三是要设计好实践方案,四是要写好调查报告和实习报告。

六、结论

1.以个别学习为主、集体学习为辅是开放教育的一种最主要的教学组织形式。其优越性和效能是显而易见的,是无可非议的。但要充分发挥其优越性和效能,并非易事。要处理好许多环节,要考虑到许多因素,要花大力气、用大功夫去组织,那种认为分好组就万事大吉的想法是错误的。学习小组在开展活动时出现不顺利的现象很正常,其原因有多方面,既不能怪组织者,也不能怪学生,要做认真的调查,对症下药。能否实现充分合作,是学习小组活动能否顺利开展的重要因素,对此不可掉以轻心。要随时了解、掌握学习小组开展活动时存在的障碍,拿出积极的对策。既要关注学习小组存在的普遍性问题,防患于未来;也要及时发现学习小组存在的个别误区,及时消除不良因素。要鼓励学习小组创造性地开展活动,不拘一格地提高学习小组的效能。

2.任课教师要在开放教育的教学组织形式中找到自己的位置。任课教师要充分认识开放教育与传统教育的不同,要熟悉开放教育的特点、精通各种现代教学手段,要善于与学生沟通。任课教师要努力探索能激活开放教育教学组织形式的教学法,要在学习小组中找到自己的位置,不仅要上好辅导课,更要指导好学习小组,特别在新的教学组织形式下任课教师要怎样发挥作用,不同的专业、不同的课程、不同的学生,有不同的方法。应以激发学习小组中学生的学习主观能动性为目标,鼓励任课教师积极探索新的导学法,对一些并不立竿见影的探索不要急于否定,支持任课教师变传统的"以教师为中心"为开放的"以学生为中心",任课教师既要完成角色的转变,又不能放弃应有的责任。

3.教学管理人员在开放教育的教学组织形式中大有用武之地。学习小组能否组织成功,与教学管理人员有着极大关系。许多事实都说明,教学管理人员是否有责任心,直接关系到学习小组命运。教学管理人员要根据各种因素把好分组关,调配好组长和各种资源,不但要组织好高效率的辅导课,还要认真组织好小组活动,组织好任课教师与学生的沟通,组织好学生的实验、实习;要努力提高自身素质,学会现代教学手段,并通过这些手段更好地为学生自学服务。教学管理人员要组织好学生充分利用电大所提供的各种学习支持服务,提高学生自主学习的质量,激发学生自主学习的兴趣和热情。教学管理人员要变"以管理为中心"为"以服务为主",以学生为中心,经常深入学生之间,与学生沟通,成为学校与学生之间的桥梁。

4.技术人员要充分利用现代教学技术手段,为学生自主学习提供方便和条件。

5.要抓紧落实开放教育教学组织的各个环节,不能出现盲点。

参考文献

[1][美]亚瑟·A.汤姆森等.段盛华等译.战略管理:要领与案例[M].北京:北京大学出版社,2000.

[2]项保华.战略管理——艺术与实务[M].北京:华夏出版社,2001.

[3]贺桂英.远程开放教育中课程辅导教师的职责和作用[J].中国远程教育,2001(2).

[4]张德利.远程开放教育导学环节初探[J].中国远程教育,2000(10).

[5]丁兴富.中外远程教育系统的课程设置[J].辽宁广播电视大学学报,2001(2).

[6]查卫平.美国大学快速发展远程教育[J].中国高等教育,2000(6).

[7]王为杰.远距离教育理论的历史演变[J].开放教育研究,1997(3).

[8]窦淑华.创新精神与创新教育浅议[J].辽宁广播电视大学学报,2001(4).

[9]吴文侃.当代国外教学论流派[M].福州:福建教育出版社,1990.

[10]张顺燕.微积分的思想和方法[M].北京:中央广播电视大学出版社,2001.

[11]单尊.数学是思维的科学[J].数学通报,2001(6).

[12]黄宜梁.论小组协同学习法[J].中国远程教育,2000(12).

[13]宋时春.远程合作教学模式探析[J].开放教育研究,2000(2).

[14]林伟玲.对电大文秘专业课程体系和教学内容的探讨[J].开放教育研究,2000(3).

[15]陈东.开放教育[M].上海:上海教育出版社,2001.

[16]柯白杨.开放教育教育中教师的角色定位[J].福建广播电视大学学报,2001(10).

[17]林群.对提高开放教育自主学习效果之思考[J].福建广播电视大学学报,2001(10).

[18]李力.现代远程教育论[M].广州:南方日报出版社,2001.

[19]黄云龙.现代教育管理学[M].上海:复旦大学出版社,1993.

[20]陈沛霖.学校管理心理学[M].武汉:武汉工业大学出版社,1992.

[21]邢永富.现代教育思想[M].北京:中央广播电视大学出版社,2001.

[22]黄宜梁.再论开放教育学习方略[J].福建广播电视大学学报,2000(4).

[23]赵弘、郭继丰.知识经济呼唤中国[M].北京:改革出版社,1998.

[24]裴娣娜.教育方法研究导论[M].合肥:安徽教育出版社,1995.

[25]何绵山.面对二十一世纪的中国远程教育教材[J].福建广播电视大学学报,1999(4).

[26]盛群力、李志强.现代教学设计论[M].杭州:浙江教育出版社,1998.

[27]叶亦乾.心理学[M].北京:中央广播电视大学出版社,1995.

[28]徐光兴.学校心理学[M].上海:华东师范大学出版社,2000.

[29]程正方.学校管理心理学[M].北京:中央广播电视大学出版社,2000.

[30]何绵山.论电视大学的改革与发展[J].教育评论,1988(2).

[31]何绵山.对进一步发展广播电视大学若干问题的思考[J].江西教育科研,1992(2).

[32]何绵山.试论远距离教育观念的更新[J].教育评论,1993(2).

[33]何绵山.试论电大观念的更新[J].成人高等教育研究,1994(2).

基金项目:中央广播电视大学"人才培养模式改革和开放教育试点"研究课题"教学组织形式的研究、改革与实践"(532—200)系列成果之一。

(作者为福建广播电视大学教授)

现代远程开放教育的教学实施
——以福建广播电视大学教学改革为例

薛 峰

一、开放教育的教学方式

（一）学的模式

"开放教育"强调学生个别化自主学习，其内涵包括主动地、有主见地学习，学生既是学习活动的参与者，又是学习活动的管理者。学生必须确立学习由自己安排的观念，提前了解所学专业的教学计划，课程教学大纲，根据自己的情况选择学习课程，制订学习计划，科学安排学习时间，独立、灵活地安排各教学环节的学习，并根据实际情况及时做好调整，以获得最佳学习效果。平时在学习过程中要采取适当措施，有意识培养自己、锻炼自己，逐步实现自我控制，不断增强学习动力，修正学习目标，改进学习方法。学生还要学会通过现代技术手段获取教学信息和教学资源，同时还要主动争取导师辅导，经常参加小组活动，加强与其他同学交流，不断解决学习中遇到的问题。

（二）教的模式

由于"开放教育"学的模式的彻底转换，传统以教师为中心、以课堂教学为主要形式的"教学模式"就必须进行改革，即变"教"为"导"，也就是导师要指导或引导学生自主学习和个别化学习。

1.指导学生自主选择专业与课程，包括介绍"开放教育"的管理制度、导学手段、教与学的模式、支持服务体系等；介绍专业培养目标、培养方向、学制、教学计划及开设的主干课程；介绍开设的必修课和选修课，课程的免修免考条件，各课程在计划中的地位、主要要求、难易程度等，以帮助学生能自主地、科学地、合理地选择专业与课程。

2.指导学生制订专业与课程学习计划，学生根据导师安排与个人具体情况对自主学习时间与学习进度制订计划，同时还要订出自我激励与应变措施。

3.指导学生选择学习媒体。学生要进行有效的个别化自主学习，必须合理选择学习媒体。一般来说,中央电大(统设课程)、省电大(省开课程)都为各课程准备了文字主教材和学习指导书、录像带或录音带、光盘、网上辅导材料、语音信箱、直播课堂等,其文字主教材与学习指导书是每人必备的,其他媒体是为满足不同条件和需求的学生准备的,导师应帮助学生了解各种媒体的内容和作用,从学生的需求和可能两方面帮助学生选择媒体。

4.指导学生自主学习课程的内容,是导学过程中最重要的部分,包括以下几个方面:

a.课程内容总体介绍与学习进度安排。帮助学生了解课程体系结构和各章节应注意的问题,让学生对课程内容和学习要求有一个基本的了解。

b.学习方法建议。导师根据课程特点,指导学生如何看书、做读书笔记、运用理论方法去分析解决实际问题,带着问题参与讨论、提问与辅导,备考与考试等环节。学习方法指导应贯穿整个导学过程,随课程进展来进行。

c.作业批改与讲评。作业要及时全批全改,必要时需写出恰如其分的批语,评分要准确,符合作业实际情况,并作好登记。每次辅导课,作业要按时发给学生,并在课堂上认真评讲。

d.课程内容辅导:传统教育强调课堂全面面授,开放教育主张以"导"为主。导师课前应通过作业、网上咨询、电话答疑等渠道了解学生的学习情况,特别是学习过程遇到的问题,在集中辅导时应侧重解难答疑,难点讲解、作业评讲、学习方法指导、小组活动内容安排等,集中精力解决共性问题。个性问题可通过电话答疑、E-mail 辅导、信函辅导和当面个人辅导来解决。

5.组织检查社会调查与实习。开放教育多数课程都安排了社会调查、实习、毕业作业等实践性环节。指导这一环节应注重实效,先提出内容具体的方案,然后针对学生个别化自主学习的特点组织社会调查、实习、撰写毕业作业。要与协作单位密切配合,加强过程控制与结果检测,随时检查、监控,最后根据有关标准认真评定成绩。

6.指导小组活动。教师要提出要求,并尽可能参加小组活动,了解学生学习中遇到的困难,及时予以解决,同时还要定期组织小组交流,增强学习小组之间的联系,不断提高小组活动效果。

(三)以课程为单元组织教学

传统教学以教师、教材、课堂教学为中心,组班教学是其教学组织形式。开放教育注重以课程为单元组织教学,强调以学生为中心,以先进的教学手段和丰富多样的教学媒体为基础,围绕学生个别化自主学习开展形式多样的远距离助学活动。办班单位必须以课程为单元安排集体辅导、小组活动,提供支持服务,指导个别化自主学习,保证学生在任何时间、任何地点、任何条件下都能运用现代信息手段获取相关课程信息,通过各种渠道解决学习中遇到的困难,并在教师的指导下自学文字教材、音像教材、多媒体教材以及独立完成实践性学习环节。集体辅导课一般不超过教学计划时数25%,不同时间入学的学生可同时参加同一课程的辅导课。

二、开放教育的教学支持服务

建立完善的教学支持服务系统是强化教学过程的有效保证。省电大和试点电大的校园网建设及两者间宽带网互联,各县级电大工作站与分校、省校的宽带网互联,省校与各试点单位配置的网上阅览室、视听阅览室、多媒体教室、多媒体语言实验室、双向视频系统、答疑电话等为开展教学支持服务铺平了道路。目前开放教育每门课程都开发了两种以上媒体,为学生个别化自主学习提供了有利条件。学生一进校就应接受"开放教育"入学指导,以转变学习观念,适应远程开放教育教与学的模式,了解获取教学资源、教学信息的渠道。

学校通过各种渠道为开放教育学生提供充足、实用的学习指导文件(包括教学计划、学期开课表、教学大纲、专业教学实施方案及课程教学实施细则、考试说明)、学习资源(包括文字教材、音像教材、CAI课件、网络课件、网络辅导材料、复习指导等),还充分利用广播电视、直播课堂、计算机网络、VBI、BBS、电子信箱、语音信箱、答疑电话、双向视频等远程教学手段,为学生提供实时和非实时的教学辅导、教学信息反馈和咨询服务,及时解决学生在学习中遇到的问题和困难。为创造良好的学习条件和学习环境,多数办学单位能为学生提供视听阅览室、多媒体教室、语音实验室、电子图书馆,逐步成为能为开放教育学生提供全方位服务的开放教育学习中心。

省校与各办学单位同时为从事开放教育教学的教师提供支持服务。教学部门每学期初都向教师提供指导性文件、招生情况与相关教学信息。各办学单位还为教师个人提供E-mail地址、上网条件、现代科学技术培训、教学培训,使教师能与本省其他课程辅导教师、省校及中央电大课程主持教师通过网络直接进行教学信息交流,同时通过网络得到他们的教学指导,获取有关教学与科研信息。省校还为教师提供制作多媒体课件的必要设施与经费,保证教师能为学生提供高质量的多媒体课件。

三、开放教育的实践性教学环节

开放教育中,实践性教学环节对于完成培养目标、配合理论教学、培养学生分析问题和解决问题能力、确保教学质量,具有特别重要的意义。开放教育实践性教学环节占有较大比重,接教育部要求,还要逐步调整和扩大实践教学比重。实践性教学环节主要由集中实践性教学环节和课程实践性教学环节两部分组成。集中实践性教学环节包括社会调查、各类实习、毕业作业(论文或设计)等;课程实践性教学环节主要包括课程大作业、课程实验、课程设计等。中央电大制订实践性教学环节的教学要求,内容包括目的要求、教学内容、实验步骤、时间安排、考核内容与成绩评定标准及方法等。

学校应采取措施加强校内必要的实验室和实习、实训基地建设,同时注意资源的优化配置与共享,充分利用当地普通高校和社会教育资源,建立相对稳定的校外实习、实训基地。辅导教师根据中央电大实践性教学环节大纲的要求,组织这一教学环节的具体实施。

四、开放教育的形成性(学程性)考核

课程形成性考核(学程性考核)是远程开放教育中强化教学过程管理、提高教学质量的重要措施。是指对学习者学习过程的测评和课程学习的阶段性考核,起着督促学习、了解学习情况的重要作用,是教学质量监控的重要方式。

课程形成性考核一般包括平时作业考核、课程大作业考核、单元测验或期中测验等。一门课程的记分平时作业一般为4次,大作业2～3次,课程单元测验或期中测验可采取笔试、口试或无纸化等不同方式进行。教学部门一般在每学期开学第一周内下发形成性考核内容。

课程辅导教师指导督促学生独立完成、及时上交作业;及时批阅作业,根据作业质量,客观准确地评定学生的成绩,并在学生交作业后两周内反馈给学生。成绩一经评定便不得改动。教师评定成绩应根据学生实际情况拉开档次,适当控制优秀率。学生的平时作业保存在该生的学习档案中,由教学单位妥存备查。

形成性考核成绩按有关规定的比例计入课程总成绩,一般说来,形成性考核成绩在课程总成绩中所占比例不超过20%,特殊课程可适当放宽至30%～50%。课程总成绩不及格者,如果形成性考核成绩及格,可以参加下一轮的课程期末考试,形成性考核成绩继续有效。反之,如果形成性考核成绩不及格,则应重新参加该门课程的形成性考核和期末考试。教学管理部门对课程形成性考核完成情况进行抽查,并按有关规定,对不合格者予以处理。

五、关于开放教育的教学改革

(一)关于课程教学方式的改革

打破班级和专业界限,以课程为单元组织教学,建立灵活的学习小组。(1)允许不同入学时间或不同专业的学生同时学习同一门课程,在条件许可情况下,学生有权决定提前或推迟某门课程的学习时间。(2)办学单位必须配有专业管理人员或辅导员,其职责为以课程为单元做好教学管理并提供支持服务,如及时认真选聘辅导教师,对学生进行选课指导,及时制定以课程为单元的教学辅导表,合理安排面授辅导、音像辅导、直播课堂辅导,提供学习辅导材料。(3)以学生地域相邻、课程相同、行业相近和自愿的原则建立学习小组,鼓励根据实际情况组建学习小组,允许学习小组模式的多元性。学习小组由组织能力较强的学生任组长,辅导教师要积极指导和参与学习小组活动。学习小组制订以课程为单元的小组活动计划,组织小组成员参加集中教学辅导,参与网上答疑和学习讨论,完成实验、实习和社会实践等教学环节,或在学校多媒体阅览室等教学场所和其他场所开展学习交流。(4)学习小组成员制订专业学习计划表、课程自主学习计划表(内容包括教学媒体的综合利用、学习方法设计、学习各环节时间投入比重安排等)、课程学习过程记录表。办学单位统一印制小组活动册(内容包括学习次数、时间、地点、效果等),记录学生的教学活动内容。

坚持以学生个别化自主学习为主、教师辅导为辅的原则,加强学生自学能力的培养。(1)做好开放教育学生的入学教育,所有学生都必须认真学习"入学指南",了解远程开放教育有关知识,熟悉远程开放教育的教学和教学管理特点,以及本专业的教学要求,保证有效地进行自主学习。(2)结合"入学指南"学习,所有学生都要集中一段时间进行计算机技术和网络技术等培训,确保能熟练运用计算机在网上寻找学习资源、浏览教学信息、参加网上讨论。(3)根据不同课程实际情况,面授辅导课一般不超过教学计划规定的课内学时的25%,个别课程可根据实际情况适当增加课时,但不能超过规定学时的50%。(4)教师的辅导课必须摒弃系统讲授,以"导"为主,注重于重点、难点提示和剖析,自主学习方法指导,课堂答疑,组织学生讨论,作业讲评等。(5)专职教师上课采用电子教案,以多媒体教学资源和手段进行教学。兼职教师也要做到能利用两种以上媒体上课。

加强开放教育课程教学的开放性,加强教学活动的交互性。(1)及时在网上公布省校、分校任课教师名单及 E—mail 地址。开展课程网上 BBS 讨论、实时网上答疑、实时视频答疑,鼓励和促进学生与教师的远程实时或非实时的沟通交流。(2)教学点根据具体情况和有关规定,合理安排每门课程的自学、辅导、作业、实践、测验等主要教学环节比重,并保证每个环节的落实。如自主学习时间是否适宜(应防止少于教学环节总学时60%)、面授辅导是否重点突出(应防止面面俱到的流水账式的讲解)、作业是否独立完成(应防止抄袭或请人代做)、实践(实验)是否亲自动手(应防止无人验收、走过场)、测验是否经常化(应防止集中在最后突击)、考试是否严格管理(应防止监考不严而让学生产生侥幸心理),最大限度发挥各环节的互补作用,使之成为一个有机体。

(二)关于教学支持服务的改革

为学生提供有效的助学服务。(1)按规定完成校园网建设,并根据开放教育设点要求配置网上阅览室、视听阅览室、多媒体教室、多媒体语音实验室、闭路电视系统和答疑电话等教学设施,并充分利用这些教学设施进行教学。(2)配置网上教学资源管理员,由专人负责整合中央电大与省校提供的网上教学信息与辅导材料,确保学生能及时在本校局域网上或在家中或在商业网吧接收到中央电大、省校网上和VBI的教学资源及有关教学信息。(3)课程主持教师、辅导教师则根据学生需要,及时在网上补充有关辅导材料。(4)省校、分校教师充分利用广播电视、直播课堂、计算机网络、VBI、BBS、电子信箱、语音信箱、答疑电话、双向视频等远程教学手段为学生提供实时和非实时的教学辅导。(5)整合系统教学资源,开展"直播课堂"教学及课件制作。分校可推荐上课效果好的任课教师给省电大,经省电大统一审核调配后,面向全省电大系统开展远程面授辅导。分校任课教师根据需要,有选择地制作课件,优秀课件可送省校展播。"直播课堂"及课件一经选用,所用经费划入省校专项经费开支。(6)以"教学方法的改革"为主题,召开有学生代表参加的教学研讨会,不断总结经验,推进教学改革。课程辅导教师必须在学生的学习方法上给予必要的指导,帮助学生了解开放教育的性质和特点,并在教案和教学设计中充分体现。

对教师的教学支持服务。(1)省校、分校为任课教师配备计算机、打印机、数码相机、摄像机等必要设备,为教师提供良好的上网和制作多媒体课件条件。同时对教师进行现代教育技术应用和网络技术、多媒体课件制作技术等培训。(2)省校定期面向全系统召开相关教学研讨会及教学培训会,并逐步利用双向视频会议系统进行全省性教学活动。分校定期组织开展本校及所属电大专、兼职教师培训。培训的主要内容为《远程教育技术培训教材》(福建省电大编)、《福建广播电视大学关于各分校开放教育教与学模式改革的实施意见》、《开放教育教与学模式》(光盘)等。(3)省校在全省电大进行课件制作招标,为分校教师创造机会,加强集体攻关,优势互补。分校采取措施支持教师参与竞标,并尽可能为其创造条件。(4)分校教师可参加省校教材编写、题库建设、期末改卷等,在实践中不断提高业务水平。

(三)关于素质教育的改革

认真开展符合现代远程开放教育特点、有助于提高学生素质的各项活动。按照《省电大关于加强开放教育学生素质教育的意见》的要求,各办学单位结合本校具体实际订出实施计划,多形式地开展学生素质教育。省校组织教师编写了具有本省地域经济、文化特点的《闽文化概论》、《闽台区域经济》等教材,各办学单位应开设具有地方特点的省开选修课,培养学生爱祖国、爱家乡的感情;可根据需要,不定期举办各类讲座,扩大学生的视野,并及时组织学生收看电视或为他们播放贴近现实的有关专题讲座片,以丰富学生的知识结构,提高学生的学习兴趣。

加强校风、教风、学风建设。以各种形式开展健康有益的校园文化活动,如学生读书活动、学生书画展活动、学生专题研讨会活动等,并组织适当的实践、参观、社会公益等活动;定期评选系统内优秀教师,对在教学科研中作出优异成绩的予以重奖;鼓励勤奋学习风气,定期表扬优秀学生,并给予一定物质奖励,对违反纪律的学生及时进行批评教育;在学生中倡导正确的人生观、价值观,强调互相帮助、互相支持的团队精神,注重学生创新能力、适应能力的培养。

基金项目:福建省社科规划项目"学习型社会教育新体制:教育课程超市的试验研究"(2003B0132)系列成果之一。

(作者为福建广播电视大学副研究员)

福建广播电视大学地域文化课教学改革初探
——以"闽文化概论"课程教学为例

郑长青

一、课程课题简介

"闽文化概论"是我省开放教育试点教育管理专业设立的一门选修课程，开设一个学期，54学时，3学分。本课程教材是根据中央电大下放40%课程后"要开出有地方特色课程"精神编写的，囊括福建文化各个方面，旨在使学生进一步认识福建、了解福建、热爱福建，更好地建设福建。本课程的主教材是何绵山著，北京大学出版社出版的《闽文化概论》，辅教材为《闽文化续论》，配有李正光、吴金聪编写的《闽文化概论》辅导课件，鸿宇信息公司开通闽文化课程知识问答。责任教师何绵山。形成性考核占期末总成绩20%，即20分，分两部分，一是四次书面作业占15分，二是教学辅导教师自设的专题讨论，占5分。根据责任教师建议，本课程教学要以学生自学为主，辅以课堂教学和课程讨论，辅导教师要充分发挥自主性，结合本地区文化资源和特色，采用灵活形式，有所侧重，有所创新。

根据省校和本校的安排，我承担了本课程的辅导教学任务，并在以上精神指导下，根据大纲要求，开展特色性辅导教学。第一轮是2000年春季班学生63人，第二轮是2000年秋季班学生130人。

二、自助式选课

电大生源水平不是整齐划一的，有的是普高毕业的高考落榜生，学习基础较好，有的是普通中等专业学校毕业的，具有专业特长，有的是职业高中毕业的，基础较弱，我们不能用一种教学方式强制学生接受，而要针对学生实际，根据学生需要采用多种形式去适应学生。

所谓自助式选课，就是辅导教师根据课程设置教学目标，针对学生实际和辅导教师自身的能力，列出不同的辅导课形式，由学生自由选择。犹如自选商场,教材及网上教学资源是原料,教学目标是技术指标,辅导教师是加工厂,各种形式的辅导课是产品,学生是客户,学校是超市。辅导课形式与学生需求一一对应。我开出的辅导课类型有知识性辅导课、技能性辅导课和拓展性辅导课,供学生自由选择,学生可以选择一种课,也可以同时选两种或三种课。学生选择情况为:参加知识性辅导课94人,参加技能性辅导课127人,参加拓展性辅导课22人。针对选课倾向进行了问卷调查,归纳起来,主要如下:

选择知识性辅导课原因为:(1)基础较差,自学有一定困难,需要通过老师的讲解帮助才能更好地理解;(2)有许多疑问希望得到解答,有些字也较生僻难懂;(3)家庭和单位条件限制,没有上网条件。

选择技能性辅导课原因为:(1)本课程的技能应用课题和本地文化结合得较紧密,有吸引力,又富有挑战性;(2)通过接受技能辅导,可以少走许多弯路,节省时间精力,提高效率。

选择拓展性辅导课原因为:(1)有兴趣,想试一试自己的能力;(2)有进一步钻研下去的打算,希望能在这一方面有所成果。

看来,学生的学习愿望是多方面的,作为辅导老师,对每一个学生都不可怠慢。因材施教,孔子早就提出来了,我们电大完全有条件有必要从形式到内容,真正地落实这一人本主义的教学原则。

三、组建协同学习小组

协同学习小组是指在开放学习环境中,学生为了达到共同的学习目标,自愿结合成立的学习小组,为共同克服远程开放学习中设施、设备、教学资源、信息反馈以及学习评价等方面的不足和困难,调动自主学习积极性,激发创新能力,培养协作精神,从而达到提高学习质量,共同完成学习任务的一种远程开放学习的学习组织。

根据这一协同学习小组的内涵,本课程是这样组建学习小组的:首先,按照三类辅导课形式,把学习小组分为相应的三大组。每一大组里又根据不同因素再分成几个小组。知识性学习小组的组建,主要考虑学生的自然因素,即便于联系协作,或者是地域因素,即同单位、同居住区等,或者是条件因素,即有上网条件等,或者是人情因素,即平时就是好友等。技能性学习小组的组建,主要考虑学生的学习内容因素,如按哲学、史学、文学、音乐、经济等来组织划分。拓展性学习小组的组建,主要考虑学生的学习方法因素,他们的活动内容主要是交流思维方法、研究方向、互相启迪等。一个学生可以根据自己的情况,参加一个或两个甚至三个学习小组。每一个学习小组组织起来,都要进行有效管理。辅导教师对学习小组的管理,主要是提供小组成员的通讯联络方式、活动时间、活动地点、召集人、活动内容、每人的任务等,将其制成表格发到每个人手中,以使每个学生都知道自己在小组中的角色和任务,并要定期检查小组活动的情况和效果。

四、三类辅导课的实施

1. 知识性辅导课的实施,意图使学生顺利学习本课程的最基础性的知识,主要辅导内容为:(1)媒体选用辅导课。这种课主要介绍本课程的多种媒体教学资源,如本课程的主教材及特点、辅助教材的辅助作用,特别是要介绍和指导如何使用网上教学资源,有的学生对上网学习缺乏经验,上网次数多、时间长,却没有什么效果,要帮助学生提高上网质量,培养网络道德和驾驭网络的意志力。(2)讲授辅导课。因为有的学生长期在讲授课模式下接受教育,对于自主学习还不适应,若不进行讲授辅导,他就无法自学。但是,讲授辅导也不同于传统的讲授课,不是重复课本内容,如果要那样讲,时间上也不允许。我们的知识性讲授辅导课,是要在提纲挈领地讲授主要知识后,辅导学生如何自学,提高其自学能力,最后达到不讲授的目的。(3)答疑解惑课,针对学生在学习过程中遇到的个别性问题和普遍性问题,进行解答,答疑解惑课不能流于简单的问答课,除了直接回答学生提出的问题外,要适当联系该问题与全书其他内容的关系,指导学生眼观全书,而不是管中窥豹,只见一斑。(4)作业讲评课。作业讲评课不是标准答案公布课,主要是辅导学生作题的方法和技巧,评价作业的意义等,以提高学生对作业的认识和作业的质量。

2. 技能性辅导课的实施,意图使学生能应用本课知识。针对本课程,主要辅导内容为:(1)启发学生剖析本书作者的研究方略、途径和本书的结构等。(2)根据本书的研究方向,引导学生发掘本地区值得研究的文化史迹,指导学生如何确定自己所要搜集整理的内容等。(3)对各方面文化史料如何搜集整理进行具体的指导。

3. 拓展性辅导课的实施,意图使学生沿着本书作者的研究方向作进一步研究,或者是对本地区的相关文化进行专题研究。这类辅导课主要讲三个方面的内容:(1)如何确定研究专题。(2)专题研究的方法。(3)提供学生该专题研究的前沿信息或最新成果。

五、非试卷式考核设想

考核的根本目的是了解学生对所学课程知识的掌握情况,看是否达到本课程设置的教学目标,所以,考核形式与教学目标应该一致。目前,整个课程体系,各课程虽然内容各异,目标不同,但考核形式却基本相同,都是一张试卷一考了事,实难真正考出学生的掌握情况及运用水平。我认为,考核首先应该与电大教育目标相符,即培养应用型中高级人才。所以,试卷应能体现应用的能力,而目前,很多试卷都是考知识性的内容,误导学生死记硬背课本中一些常识性的知识。其次要与本课程设置目标相符。采用什么形式进行考核,内容与目标要相一致。再次要与学生实际相符。我们强调学生自主学习、个性化学习,这自然使学生在学习结果上也表现为各自不同的情形,可是考核却还是统一的试卷,还要整齐划一,从个别化开始到大同化结束,这样的考核形式,会影响学生个别化学习的积极性,在学习方法和内容上,还是被考卷所强制,不得不放弃一些个别化倾向,因为学生无论怎样学习,最终目的是要通过考试,所以,本来可以丰富多彩的教学情景必将黯然失色许多。

所以,我产生了非试卷式考核的设想。针对本课程,我设想考核内容分三部分。第一部分,由平时作业构成,平时作业完全是考核学生对本课程知识的理解和掌握。作业量可以大些,要覆盖全书,只要完成作业,便对全书知识基本掌握,这一部分是知识性考核,可以占到30%。第二部分由专题研究构成,即原来形成性考核"专题讨论"部分的扩展延伸。我教本课程最深刻的和最有新鲜感的体会是责任教师设计了这个专题讨论。这个专题讨论虽然比重不大,但是,一能体现本课的地方特色,二能调动辅导教师的积极性,三能真正地考察学生的应用能力,所以,我设想这个专题讨论可以设置为专题研究,并且设置两个渠道,一是书上已有专题的扩展研究,二是涉及本地相关文化的专题研究。作为考核要求,就是要学生交一篇研究报告。这部分是拓展性考核,可以占到30%。第三部分,由学生提供的材料构成。因为每一个地方的文化都是源远流长、丰富多彩的,能被学者发现和写到书上的,仅仅是大海里的一滴水而已。如果能让学生按照书上已架构的框架搜集本地的或他所了解的有关文化材料,这就使学生从一个学习者变成了一个研究者,可以提高对学习本课程的兴趣;对本课程来说,研究者则遍布全省,而且代代相传,后继有人。这部分是技能性考核,可以占到40%。为了避免学生偷懒抄袭或重复,可以把第二、第三部分的资料在学校备案,应届生可以先查阅历届生所提交的这两部分材料,已经有的,不要重复,若发现有谬误的可以作为商讨专题。作为辅导教师,可以摘编历届学生的优秀专题和较成熟可靠的材料,印发给学生,作为本课程的补充教材。

再具体到某个学生来说,考核也要体现个别化、自助式、分类化。就是说,除了第一部分知识性考核不能商量外,第二、第三部分的考核,可以由学生自主选择,有的学生若在专题研究方面更有兴趣,可以多选一个或几个专题进行研究,而免除技能性部分考核。而有些学生可能掌握许多本地文化材料,或者他了解搜集的渠道宽畅,能提供更多的材料,可以选择多提供材料,而免除拓展性部分考核。在技能性部分考核中,也不能要求每个学生面面俱到,允许学生自主选择。

在考核时间上,也不要规定统一的时间,规定一个最后期限即可,在此之前,只要学生完成了,就可以交给辅导老师初审,辅导老师认为未达到考核目的的,可以要求学生继续完成,直到满意为止,若到最后期限还不能完成,那就只能算考核不合格,需要重读。

在考核评价上,也可以改用等级制。因为除了第一部分可以评分外,第二、第三部分就很难用分数来评价,只能用等级来评价优劣。比如说技能性考核部分,有人提供50条材料,可没有一条是经过考证的,而有人只提供一条材料,却证据确凿,甚至是史学家所未发现的,弥足珍贵,他们两人谁更优秀?当然是后者,前者只能说是勤劳,而勤劳不一定有成果,优秀就是优秀,如果是用分数评判,就很难体现他们之间质的区别。

六、结果分析与结论

本课程经过两轮的教学,学生193人次,期末考试全部一次性合格,说明基础还较扎实。127人次参加技能性辅导,有93人次搜集永安地方文化资料,本课程教学策略实施期间,正值永安创建"全国优秀旅游城市"和筹办"福建永安笋竹节"有利时机,有关旅游和笋竹方面的内容较多,其中在《永安报》、《永安竹业》、永安电视台等媒体上发表播报的信息、小论文有36篇,民间谚语俗句93条,民歌71首,民间故事18篇。其中有一个学生还被电视台选为笋竹节专题节目主持人,有5人参与旅游项目的策划,28人参与笋竹节的筹备工作。本课程的开设,就像一个发生器,激发引导学生关注社会、关注文化、关注历史,实现了它应有的社会价值。有22人次参加拓展性研究,其中有11个人写出了论文。虽然不是每一个学生都能实现预期的目标,但通过本课程的学习,确实燃起了他们感受自身所处环境的文化的热情。

结论是:(1)地方选修课一定要结合本地特色,如果仅仅停留在课本的教学上,那将错失对学生进行爱国爱乡教育的良机,也浪费了本地丰富的教育资源。(2)基础教育是基础,一定要牢牢把握住,不得放松、不可偏废,而技能性与拓展性要求不可硬性规定,要面对学生实际,有些学生确实有兴趣,有想法,但不一定有能力完成,因为能力的提高不是一朝一夕的事,本课程的学习,对他来说可能是一个很好的起点,引导他将来的努力方向。(3)辅导老师要加强自身修养,才能适应学生的学习需要,否则每一门课程都会教得平平淡淡,索然无味。(4)自助式分类辅导策略确实可行,是知识性教学向能力培养发展的一个方向,切合开放教育要求,应该进一步探索和完善。

参考文献

[1]黄宣梁.论小组协同学习法[J].中国远程教育,2000(12).

[2]宋时春.远程合作教学模式探析[J].开放教育研究,2000(2).

[3]林伟玲.对电大文秘专业课程体系和教学内容的探讨[J].开放教育研究,2000(3).

基金项目:中央广播电视大学"人才培养模式改革和开放教育试点"研究课题"教学组织形式的研究、改革与实践"(532—200)系列成果之一。

(作者为福建广播电视大学永安分校副教授)

开放教育模式下成人外语学习策略使用情况研究
——以福建广播电视大学成人非英语专业英语学习者为例

严春容

近年来,随着终身学习理念的提出,非学历教育、网络教育、开放教育等非传统教育模式的涌现,中国出现了为数众多的成人业余英语学习者。针对非母语语言学习环境下的成人二语习得者语言学习策略的研究迫在眉睫。

二语习得研究表明,成功的二语习得者能够根据不同学习任务和自身学习需求调节并应用有效的学习策略。然而,制约学业成就的因素众多,如学习者的认知结构、智力因素、非智力因素等。作为一个特殊的学习群体,成人学习者有着特殊的认知水平、心理特征和个性差异。因此,在当前的教育现状下,针对成人英语学习者学习策略使用状况的研究有着现实的意义。本文拟借鉴美国研究者Oxford(1990)编制的语言学习策略量表(Strategy Inventory for Language Learning—SILL)[1],对福建广播电视大学开放教育模式下的成人非专业英语学习者运用语言学习策略的基本情况进行调查分析,期望能从中发现问题,帮助学生提高策略使用的意识、培养学习兴趣、提高学习效率,并对教与学产生积极的意义。

一、语言学习策略理论

(一)学习策略和策略型学习者

20世纪70年代以来,西方研究者提出了几种具有代表性的学习策略的定义。Ellis认为语言学习策略是指学习者为促进二语的理解和使用而采用的有意识的行为、步骤或技巧。[2] Oxford认为语言学习策略是指学习者用来学习、理解以及运用目标语促进交流、促使语言学习更成功的方法。[1]

自Joan Rubin于1975年提出"理想的语言学习者"(good language learner)的一些基本特征之后[3],研究者们开始关注策略型学习者与其学习成效之间的相关性。Wesche1979年通过对加拿大公务员培训学校中成年外语学习者学习行为的研究发现:学习成绩提高很快的外语学习者比其他学习者采用更多类型和数量的学习策略(转自 Oxford)。[4]

(二)影响学习策略使用的因素

影响学习者使用学习策略的因素有很多。语言学习动机决定了学习者使用学习策略的频率。[4]Gardner 和 Lambert 指出两种学习动机倾向:(1)工具型:为职业或学业的需求而学习;(2)融合型:为更加融入目标语的语言环境而学习。[5]

年龄是影响学习成效以及学习策略应用的重要因素。年长的语言学习者往往受以下因素的干扰:过了学习语言的关键期、先前语言学习经验的差异、成熟的认知结构、语言输入的形式、社会文化的因素等。

现实的状况是:成人学生缺乏对外语学习策略的充分认知与关注,由于各种因素的制约,难以将一系列行之有效、合理适用的策略应用于外语学习,以便更好地培养学习兴趣和提高学习效率。

(三)Oxford 语言学习策略分类

可以命名的学习策略有上百种之多,针对学习策略分类的标准、方法和出发点也不尽一致。1981 年 Rubin 提出根据对外语学习者发生作用的直接程度的标准来划分语言学习策略的类型。[3]Oxford 于 1990 年在此基础上将语言学习策略划分为直接策略和间接策略。直接策略包括记忆策略(①建立学习材料的内在连接;②运用影像与声音;③有系统的复习;④运用肢体动作等非言语符号辅助手段)、认知策略(①通过加强语言技能的各种练习;②运用二语来接收与传递信息;③分析与归纳学习材料;④组织和整理)和补偿策略(①运用上下文等线索来猜想;②应用简单的已知的知识替代或阐释新的有难度的知识)。间接策略包括元认知策略(①确立学习目标;②制订学习计划;③评估学习效果;④能动地调整策略)、情感策略(①减轻焦虑感;②自我鼓励;③调整学习情绪)以及社交策略(①及时澄清疑问;②同伴合作;③培养团队学习精神)。[1]具体分类如图 1 所示:

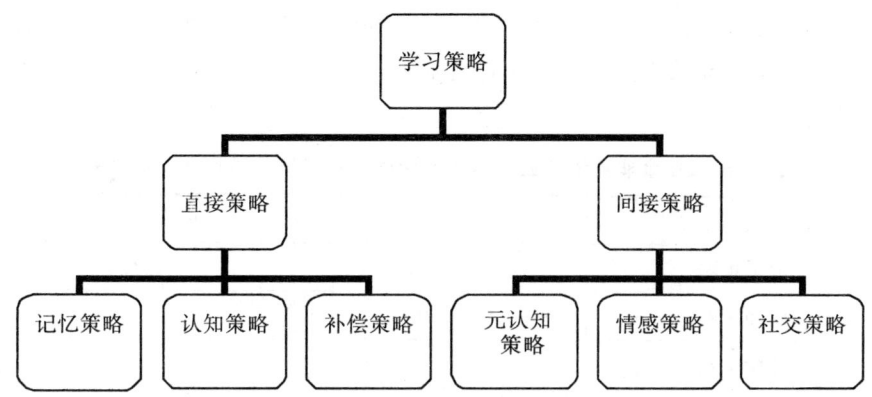

图 1 Oxford 语言学习策略分类法

我们的调查将基于 Oxford 学习策略分类法以及语言学习策略量表（SILL）设计调查问卷。

二、调查研究

（一）调查对象和调查方法

我们抽取了福建广播电视大学开放教育专科会计、工管、计网、物流等 4 个专业共 106 位成人业余学习者为调查对象，年龄范围在 19～30 岁之间，其中女生 62 人，男生 44 人。所有调查者均接受过完整的初中英语的学习，但只有 32% 的学习者接受过完整的高中英语的学习，英语基础薄弱是普遍现象。

根据 Oxford 学习策略分类法设计调查问卷，共设计 35 个问题，前 5 个问题是对学习者基本情况的调查，如学习动机、兴趣、前期学习经验、年龄、使用策略的意识等；接下来针对六类学习策略各设计 5 个问题，共 30 个。问卷在课堂内完成，要求学习者如实根据自身学习英语的情况选择相应选项。剔除字迹潦草、删改随意、未完成的问卷共 6 份，数据分析将基于 100 份有效问卷。

（二）数据结果分析

问卷采用李克特五级记分法，在每个问题后附 ABCDE 五个选项（对应 1～5 计分），A 表示完全不符合本人的实际情况，B 表示基本上不符合本人的实际情况，C 表示有点符合本人的实际情况，D 表示大部分符合本人的实际情况，E 表示完全符合本人的实际情况。

根据 Oxford（1990）的研究中用策略平均值的大小表示受试者使用该策略的频率，即高使用频率（3.5～5.0）、中使用频率（2.5～3.4）、低使用频率（1.0～2.4），研究者将调查对象所选的选项转换成李克特计分数字。将每位被试每类学习策略运用得分值的均值输入 SPSS 统计软件进行描述性统计分析,计算出所有被试六大类学习策略总体使用情况的平均值和标准差。数据结果如表1所示:

表1 成人业余非英语专业语言学习策略使用情况的平均值和标准差

Oxford SILL 分类	均值(Mean)	标准差(SD)
记忆策略	2.39	.863
认知策略	3.10	.627
补偿策略	3.13	.719
元认知策略	3.07	.843
情感策略	2.58	.698
社交策略	2.91	.637

从表1可知使用六类学习策略的频率由高到低依次为:补偿策略(3.13)→认知策略(3.10)→元认知策略(3.07)→社交策略(2.91)→情感策略(2.58)→记忆策略(2.39)。

该调查结果与国内两位研究者所做的调查稍有偏差,如孙妮调查的成人二语习得者(专业英语学习者)学习策略的使用频率依次是:元认知策略(3.419)→补偿策略(3.253)→认知策略(3.167)→社交策略(3.058)→记忆策略(2.891)→情感策略(2.991)[6];孙灵芝和陈建平调查的非英语专业本科生使用语言学习策略的频率依次为:情感策略(3.293)→元认知策略(3.207)→社交策略(3.185)→补偿策略(3.137)→认知策略(2.954)→记忆策略(2.795)[7]。

与国内的两项调查结果相比较,本研究结果与 Oxford 1995 年所做的美国外语培训机构成人外语短期学习者使用语言学习策略的一项研究结果更接近:补偿策略(3.16)→社交策略(3.15)→认知策略(3.10)→元认知策略(2.91)→记忆策略(2.56)→情感策略(2.34)。[4]在 Oxford 的研究中,学习者六项策略使用频率的均值为 2.87(SD=0.344),与本研究的调查结果几乎一致(M=2.86,SD=0.31)。

但在对上述四项研究的数据结果进行配对样本 t 检验时发现,所有的样本之间差异性都不显著($p>0.01$),说明二语习得者在语言学习策略使用情况上存在共性,即:学习者都只是"中等程度"地使用了语言学习策略,并非

Joan Rubin 所说的"理想的语言学习者"。

三、讨论

调查数据显示,福建广播电视大学成人非英语专业学生语言学习策略的使用频率总体偏低:六大类学习策略均属"中等使用频率:(2.5～3.4)"范畴,而记忆策略(M=2.39)则落入"低使用频率:(1.0～2.4)"范畴内。学习者相对较多地使用了补偿策略、认知策略和元认知策略。本研究将在比对国内外所做的另外三项同类调查数据基础上,结合调查对象的基本情况进行分析讨论。

(一)工具型的学习动机

从收集到的调查对象的基本情况得知:87%的成人学生学习英语是带着工具型学习动机来的。他们的学习目标只是为了通过期末考试、拿到课程学分、不影响毕业、顺利拿到毕业证书,诸如此类。虽然大部分学习者(96%)对英语国家的文化较感兴趣,但只有13%的学生希望学好英语以便能够更好地与英语国家的人进行书信或口语交流。Crookes 和 Schmidt (1989)[4]认为语言学习动机可以从七个方面影响学习:(1)兴趣;(2)领悟力;(3)对成功或失败的期望值;(4)对学习成效的感知力;(5)学习决心的明确性;(6)学习毅力;(7)学习参与度。因此,工具型学习动机的学习者学习相对被动,无法将内在需求转化为外在动力,其结果必然影响学习者运用学习策略的主观能动性和自觉性。

(二)运用语言学习策略的意识

89%的学生从来没有考虑过要运用学习策略来提高学习成效,也不曾了解过语言学习策略的内涵与外延。由于英语基础普遍薄弱,大部分学生没有信心也不认为可以通过运用适当的学习策略来提高语言水平。从表1可以看出,在 SILL 量表所包括的六类学习策略中,记忆策略的均值是 2.39,表明成人学习者使用记忆策略的频率相当低,基本上还拘泥于使用机械的"死记硬背"(rote memory)的方法来记忆英语词汇和句型。

因此,对英语教师来说有必要对成人学习者进行语言学习策略的意识培训,帮助学习者了解语言学习策略的一般性概念以及运用方法,使得他们更关注并自觉地运用学习策略来提高学习成效。

(三)开放教育教学模式的特殊性

数据结果显示,学习者相对较多地使用了语言学习策略中的补偿策略(M=3.13,SD=0.719)和认知策略(M=3.10,SD=0.627)。说明学习者具有相对成熟的认知结构,掌握认知活动的一般规律并能适当加以运用。表现为学习外语过程中能够运用诸如猜想、替代、分析、归纳、组织、整理等方法来完成学习任务。然而,"以自学为主、面授为辅"的开放教育的学习模式对成人学习者提出了更高的要求。在集中性面授等教学活动的机会和频次都有限的情况下,学习者要想更有效地提高学习效果需要更经常性地运用更多的策略。

从调查中我们得知,与 Oxford 1995 年的研究不同的是,成人业余学习者在学习外语时较少运用社交策略（M=2.91,SD=0.639),其频次位于六类中的第四。而在 Oxford 的研究中,美国成人外语短期学习者运用社交策略的频次（M=3.15,SD=0.65)仅次于补偿策略（M=3.16,SD=0.57),位居第二。[4]这种差异的形成不仅与中国传统文化的影响、中国人内敛的性格特征相关,也与教学模式的特殊性相关。由于面授频次少、大班教学等原因,造成学习者之间的交流和沟通不畅,不易于寻求同伴合作和培养团队学习的精神。

因此,如何克服开放教育教学模式的不足,建立起操作性强、能够发挥实际运作功能的合作学习小组,是需要管理者、教师和学习者积极考虑、共同配合解决的难题。

（四）学习者自我监控学习的能力

克服开放教育教学模式不足的方法之一是培养学习者成为管理自身学习的主人。换句话说,学习者应善于运用元认知策略来提高学习成效。国内外研究者已经达成的一个共识是:元认知与学业成就之间显著相关。元认知在学生学习活动中起着重要的作用,对多种认知活动都有着广泛的影响,是影响学生学业成绩的关键因素之一。它具体包括:学习者确立明确的学习目标;制订可操作的、行之有效的学习计划;定期评估学习效果;根据评估适当调整策略。因此,元认知策略对认知主体提出了更高的要求,学习者必须对自身心理状态、能力、学习任务和目标有更多的认知,积极调节并监控学习的整个过程。

调查数据显示,本研究中的被试运用元认知策略的频率不理想（M=3.07,SD=0.843),位于六类策略中的第三;该结果与 Oxford（1995)的研究结果近似（M=2.91,SD=0.63),在其进行的调查中,该策略的运用位列第四。[4]本调查结果与国内另两项的研究结果不一致:在孙妮的调查中,成人二语习得者使用元认知策略的频次最高（M=3.419)[6];孙灵芝的研究中非英语专业的全日制本科生使用元认知语言学习策略的频次也较高（M=3.207),位列第二[7]。对于这种差异,可能的解释是:孙妮研究中的受调查者是英语专业的学生;而孙灵芝的被试学习形式是全日制的,且本科生有需要通过全国英语四、六级考试的压力等。这说明学习任务、学习形式的不同会影响学习者运用元认知策略的频率。

针对本研究中被试使用元认知策略频率偏低的情况,笔者认为教师要充分认识到其对学习者学习成效的重要性。可以采取以下方法来引导学习者掌握和使用元认知学习策略,如:讲解元认知策略的概念及内涵,讲授元认知策略的执行步骤,在教学过程中有意识、有计划地进行元认知策略的培训等。关于元认知学习策略的培训,国内已有不少的研究者在语言学习的听、说、读、写四项基本技能上都做了很有价值的尝试,如纪康丽[8][9]、潘黎萍[10]等。

四、结论

本研究的调查结果显示:在开放教育模式下,成人业余非英语专业学习者语言学习策略的使用情况不容乐观;学习者只是"中等程度"地使用了Oxford语言学习策略量表(SILL)的六类学习策略。在与国内研究者所做的两项同类调查数据进行比对之后,我们发现开放教育模式下的成人业余学习者使用语言学习策略的频率相对更低。这一研究结果应引起我们足够的重视。研究者认为,在开放教育模式下更应该强调对学习者进行语言学习策略的培训,加强学生使用学习策略的意识,引导并帮助学生运用适当的、有效的学习策略来提高学习效率,培养外语学习的兴趣。换句话说,为了提高语言学习的成效,必须注重培养成人学生成为策略型的语言学习者。

参考文献

[1] Oxford R. Language Learning Strategies:What Every Teacher Should Know [M]. Rowley, Mass:Newbury House, 1990.

[2] Ellis R. Instructed Second Language Acquisition:Learning in the Classroom [M]. Cambridge, MA:Bassil Blackwell, 1990:148.

[3] Rubin J. Study of Cognitive Processes in Second Language Learning [J]. Applied Linguistics, 1981(11):117—131.

[4] Oxford R. & Ehrman M. Adults' Language Learning Strategies in an Intensive Foreign Language Program in the United States[J]. System, 1995(3):359—386.

[5] Gardner R. C. & Lambert W. Attitudes and Motivation in Second Language Learning[M]. Rowley, MA:Newbury House, 1972.

[6] 孙妮. 成人二语习得者学习策略实证研究[J]. 西安外国语大学学报,2007 (3).

[7] 孙灵芝,陈建平. 二语习得策略使用的现状调查及分析[J]. 山西农业大学学报(社科版),2007(3).

[8] 纪康丽.外语学习中元认知策略的培训[J].外语界,2002(3).

[9] 纪康丽.如何提高学生的元认知知识[J].外语教学,2005(2).

[10] 潘黎萍.元认知策略在二语课堂阅读中的可教性实验研究[J].外语教学,2006(1).

基金项目:福建省教育厅 A 类人文社科研究项目"开放教育模式下成人外语学习者语言学习策略使用情况实证研究及其对策"(JA10321S)阶段性成果。

(作者为福建广播电视大学教师)

福建开放大学建构模式与运作研究

江年攀

20世纪60年代末70年代初,在传统大学改革发展的基础上,出现了一种新型的以开放为主要特征、体现教育与现代信息技术高度融合的大学,即开放大学。1969年,世界上第一所开放大学——英国开放大学成立,并以其全方位的开放性、优异的办学质量取得巨大的成功。据不完全统计,世界上命名为"开放大学"的高等学校已近60所。这些开放大学在推进所在国家和地区的全民学习和终身教育中发挥了重要的作用。近半个世纪以来,开放大学以它开放的教育理念——教育对象、教育内容、教育手段、教育资源、教学过程、教育地域、教学管理等一系列的开放,以及价值取向和社会效益,越来越受到国际社会的重视,并成为各国政府教育改革发展的重要内容。

一、建设福建开放大学的可行性与紧迫性

(一)建设福建开放大学符合国家教育改革的既定政策

建设开放大学是国家教育改革发展的战略要求。早在1978年,邓小平同志在听取英国前首相希思有关英国开放大学办学情况的介绍后,就亲自批示成立广播电视大学。从一定意义讲,广播电视大学的开办,呈现了开放大学的性质。1988年,原国家教委颁布的《广播电视大学暂行规定》明确规定:"广播电视大学是采用广播、电视、印刷和视听教材等媒体进行远距离教学的开放性高等学校。"[1]1995年,原国家教委在转发《关于广播电视大学贯彻〈中国教育改革和发展纲要〉的意见》的通知中指出:"广播电视大学发展的总目标是:立足国情,适应经济建设和社会发展的需要,扩大开放办学的程度,发挥现代化教学手段的优势,为更多的求学者提供终身接受教育的机会和条件,提高广大劳动者的素质,培养各类应用型人才,努力建设成具有中国特色的现代远距离教育开放大学。"[2]这两个文件明确地体现了国家倡导"开放办学"和建设"开放大学"的意志和决心。2010年7月,中共中央、国务院颁布实施的《国家中长期教育改革和发展纲要(2010—2020年)》(以下简称《纲要》),郑重提出"办

好开放大学",表明了党和国家深化教育改革、建设开放大学政策的连贯性,是党和国家正确分析世界经济和社会发展潮流,根据我国经济社会发展对教育的要求,创新教育的伟大决策。

(二)建设福建开放大学是主动适应省域经济社会发展和学习型社会区域化的必然要求

1. 建设省域开放大学是终身教育体系构建和学习型社会区域化发展的选择。

我国已经实现高等教育大众化,但实现高等教育公平仍然是一个漫长的过程。特别对偏远地区、欠发达地区和弱势群体而言,接受高等教育仍然是个奢望。建设开放大学,实行宽进严出的学习制度,为学习者提供开放、便捷、灵活的学习方式和条件以及低廉的学习成本,既是建设和谐社会的要求使然,也是构建全民学习、终身学习的学习型社会的重要途径。我国地域辽阔,区域经济社会发展的不平衡,形成了区域化推进的发展格局。这是尊重国情、承认差异,实现我国经济社会发展目标的重大创新。同样,构建终身教育体系,建设学习型社会,必须选择区域化发展的模式和策略。我们应该看到,由于地理环境、历史背景、发展条件的不同,我国各地区经济与社会差异巨大,所以学习型社会建设和终身教育体系构建的重心不在中央而在地方。这是符合中国国情和经济社会发展要求的选择。这种选择内在地要求开放大学建设必须与终身教育体系构建和学习型社会形成的区域化战略相适应。基于我国国情及行政体制,相对独立的社会发展区域主要体现为省级行政区划,因此,开放大学建设的重点应当在相应的社会区域,即重点建设省级开放大学。只有这样,开放大学的建设才能真正纳入区域经济社会发展的目标体系,才能具有生存和发展的基础,才能在构建省域终身教育体系、建设学习型社会中发挥更大的作用。[3]

2. 建设福建开放大学是适应福建教育科学发展、跨越发展,主动服务海峡西岸经济区建设的现实要求。

人才资源是福建省贯彻落实国务院提出的海峡西岸经济区建设重大战略的根本保障。2010年初,福建省就海西建设首次作了重大的战略性调整,增列人才资源支撑体系作为海西建设的十大支撑体系之一,把加强人才培养摆在第一位,提出要全面实施高层次专业技术人才、企业经营管理人才、党政人才、高技能人才和农村实用人才等五大类人才培养工程。这是针对福建人才资源培养和开发水平与经济社会发展不相适应的现实提出的战略举措。区域经济社会的发展,不但需要各种层次、各个领域的人才支撑,更需要与之相适应的,有利于区域科学发展、充满活力、富有时代特征的现代教育体系。建设福建开放大学,使之成为具有福建特点的现代教育体系的有机组成部分,有利于创新人才培养模式,有利于区域经济社会的科学发展。这首先表现在以继续教育为己任的福建开放大学的建设,有利于深化福建教育改革和创新,有利于高等教育布局的调整和科学发展。从总体上看,福建高等教育资源利用率不高,高校人才培养数量不多,继续教育资源缺乏统筹规划,受行业管理体制约束和行业垄断等因素的影响,现有继续教育资源的整体优势和作用得不到有效的发挥。因此,通过创新继续教育体制机制,建设福建开放大学,对于有效整合学校教育资源和社会教育资源,建立继续教育服务平台,为学习者提供适应工作和就业需求的各类学历与非学历继续教育,加强对现有劳动力资源的职业教育与技能培养,提高新增劳动力平均受教育年限及产业工人技术素质和就业适应能力,改善从业人员的知识结构,增强从业人员和企业的创新能力,尤为必要。《21世纪中国成人教育发展论坛宣言》指出,在日益变化的社会,不同地域、种族、民族、性别、宗教和阶层之间在成人教育机会上的差距面临不断加大的危险。必须通过多样化的成人教育项目,缩小成人教育机会之间的差距,促进成人教育资源的公正分配,保证日益发展的信息社会不至于忽视人的最基本权利。[4]就福建省而言,由于历史的原因,高等教育相对滞后,学校和社会的教育资源未能有效地向社会开放,以职业培训和继续教育为主的终身教育网络尚未形成,阻碍了教育公平的进程。据有关资料统计,2007年福建15岁及以上人口平均受教育年限为7.89年,低于全国8.40年的水平,在东部13个省、市中排名倒数第一,位列全国31个省、市第23位。目前,新增劳动力年继续教育时限在华东地区位置靠后。因此,致力于福建开放大学的建设,融通各类教育,整合各类教育资源,搭建学习平台,使之成为开放与远程教育连结八闽城乡所能涉及的各类人群的学习中心,是福建经济社会和谐发展、教育公平逐步实现的现实要求。

福建省教育厅组织的福建开放大学项目论证专家组指出:筹建福建开放大学符合福建实际。成立福建开放大学,是广大人民群众接受高等教育的迫切需要,是福建社会经济发展的迫切需要,是福建成人教育发展的必然,是海峡西岸经济区发展先行先试的要求,符合国家和福建中长期教育改革与发展规划;组建福建开放大学,能够创新终身教育体制机制,很好地整合和统筹福建省成人教育资源,加快构建福建省终身教育体系的步伐,能够促进教育公平,逐步打通终身教育体系与国民教育体系、学历教育与非学历教育沟通衔接的渠道,构建终身学习立交桥,为人民群众创造便利的学习机会和多样化的选择。

二、福建开放大学性质、任务和内涵特征

建设福建开放大学,首先必须明确它的性质、定位、功能、任务和基本内涵。这是非常重要的。

(一)福建开放大学的大学属性不可动摇

解读《纲要》,不难发现"办好开放大学"是在第八章"继续教育"中出现的。没有把"开放大学"放在普通高等教育的板块中加以阐述。这并不意味着"开放大学"不是大学,不具备大学的属性,而主要表明"开放大学"的办学模式、办学重心、培养对象、服务功能的侧重点不同。继续教育是面向学校(主要是全日制学校)后所有社会成员的教育活动(当然包括大学后的教育),是终身学习体系的重要组成部分。《纲要》把"办好开放大学"放在"继续教育"这一章和"构建灵活开放的终身教育体系"这一条目,可以明显看出国家"办好开放大学"的意图和用心。

从继续教育的层面讲,福建开放大学的大学属性是明确的。继续教育包括学历继续教育和非学历继续教育,学历继续教育当然包含大学的高等学历教育,从这个意义上讲,开放大学同其他高等学校一样具有举办高等学历教育的大学属性和功能。

福建开放大学作为深化教育改革的产物,它是一所由福建省人民政府举办的,具有自主办学权的独立设置的大学。同时它也是一个运用办学系统并通过远程教育网络开展学历继续教育、非学历继续教育以及提供终身学习支持服务、办学覆盖全省城乡的远程开放大学。

(二)福建开放大学的任务目标

在高校林立的中国,为什么还要提出"办好开放大学",这显然与"开放大学"承担的任务与目标是紧密相连的。《纲要》提出的战略目标是"到2020年,基本实现教育现代化,基本形成学习型社会,进入人力资源强国的行列"[5]。这是需要各类教育共同努力才能实现的总体目标。当然,由于各自教育对象不同、领域不同、层次不同、任务不同,因此其各自呈现的教育特点与任务分解也有所不同。纵观《纲要》,提及"学习型社会"的,主要在第二章"战略目标"和第八章"继续教育"中。从文件的层次结构和侧重点看,建设学习型社会的主要任务落在继续教育上。作为第八章唯一提及学校名称的"开放大学",其重担与努力目标是不言而喻的。显然,开放大学不但要努力体现教育现代化的成效,而且其主要任务是促进学习型社会建设,为学习型社会服务。

着眼于学习型社会建设和终身教育体系构建省域化的需求,福建开放大学建设目标是成为福建省发展继续教育和终身教育的主体力量和支撑平台,主要任务包括五个方面:(1)稳步发展学历继续教育,适应高等教育大众化、普及化发展趋势,满足社会成员接受优质高等教育的需求。(2)大力发展非学历继续教育,为各类从业人员更新知识技能和提升职业能力提供服务。(3)提供全民终身学习支持服务,大力推展社区教育和老年教育,满足社会成员多样化、个性化终身学习需求。(4)推进现代信息技术与教育的深度融合,建设集教学、科研、管理、服务于一体的网络平台和数字化学习资源库,促进教育信息化和数字化。(5)搭建终身学习"立交桥",探索建立学习成果认证和"学分银行"制度,促进各级各类教育和不同学习成果之间互相衔接。

(三)福建开放大学的内涵特征

福建开放大学是专事于福建继续教育和服务于终身学习支持的大学,是与构建学习型社会和教育信息化发展要求相适应的现代开放大学。它应该具备以下的内涵特征。

1.办学系统化。开放大学是一所大学,也是一个系统。这是开放大学办学的最大特色。纵观国内外开放大学的办学形式,基本都是以系统办学模式呈现的。这种系统办学的最大特点是善于整合系统内外的教学资源,为系统内各个成员单位(也曰子系统)提供教学支持,在办学规模、办学交流、办学评价、学习成果上进行有效的界定,为大容量的学习对象实现教育目标。

2.教学网络化。除了必要的面授辅导外,开放大学的教学主要通过网络进行。网络教学的最大特点,就是能够打破时空的界限,为学习者提供自主学习的空间和自由支配的学习时间以及便捷的学习方式。当然,网络教学也决定了开放大学的教学组织更加人性化,对教育内容、教学方法、教学资源信息化程度和技巧的要求更加严格和更加贴近受众,教学服务必须紧趋学习者的需求,只有这样,才能真正实现网络教学的效果。

3.教学资源信息化。教学网络化是通过教学资源信息化来实现的。信息化是开放大学强化服务能力的主要手段。教学资源信息化一方面要着眼于优质教学资源的采集和整合,根据办学需求,立足系统,整合社会和其他高校的优质教学资源,形成对各类优质教学资源的整合机制。要特别注重吸纳学科和专业的最新研究成果,进而提升资源建设质量。另一方面,要紧趋数字化传媒技术飞速发展的步伐,以卫星、电视、互联网和不断涌现的电子传媒为载体,建设远程教育数字化公共服务平台,形成覆盖全省、延伸至社区和家庭的教育辐射,推动学习模式和教育服务方式的创新。通过教学资源信息化、数字化水平的不断提高,促进网络教学质量的提升。

4. 教育服务对象大众化。《纲要》指出:"大力发展现代远程教育,建设以卫星、电视和互联网等为载体的远程开放继续教育及公共服务平台,为学习者提供方便、灵活、个性化的学习条件。"[6]这是国家赋予开放大学的光荣使命,也是开放大学的职责所在。福建开放大学是构建福建终身教育体系和建设学习型社会的重要抓手,它不但为主要劳动力人口提供继续教育服务,致力于提高劳动者的素质,还肩负着面向全省社会人员提供学习服务的重任。因此,教育对象的公众化是福建开放大学的主要服务内容。从这个意义上讲,应当坚持适应需求、以人为本、机会公平的办学原则,坚持"开门办学",坚持开放,积极推行入学对象、教学资源、教学管理、教学过程的全面开放,提供便捷灵活的学习方式,为求学者营造和谐、自主的学习环境和条件。

三、福建开放大学建构模式

福建开放大学建构框架是建设福建开放大学的重要内容,是福建开放大学良性运行、履行职责的保证。科学地筹划福建开放大学的建构,应着重从以下几个方面考虑。

(一)明确福建开放大学的功能与作用

福建开放大学的功能作用,首先体现在提升高等教育大众化的水平上。远程高等教育作为我国高等教育体系不可分割的重要组成部分,在推动高等教育大众化进程中功不可没。不论从国内远程高等教育发展趋势的大背景分析,还是从福建省高等教育的现状看,远程高等教育的市场都很大,学历需求相当旺盛。2009年,福建省高等教育毛入学率达到24%以上,作为战略目标,2012年、2015年福建省高等教育毛入学率分别要达到32%和40%。到2020年,高等教育毛入学率达到53%,进入高等教育普及化发展阶段。[7]要实现这个战略目标,现有大学(全省高校84所)要扩大一倍或现有招生数要翻番。为普及高等教育,扩大教育面,使人们广泛享有接受高等教育的权利,通过远程教育扩展教育规模也许是最为合理的高教模式。事实上,远程教育以其低成本、高效益的优势成为实现这个战略目标最重要、最有效的手段。因此,推动高等教育大众化、普及化进程为远程教育的发展提供了巨大的空间。显然,福建开放大学建构框架必须有利于远程高等教育的发展。

其次,从发展继续教育、构建终身教育体系的层面上看,福建开放大学的重要功能在于通过信息技术开展以继续教育为重点的终身教育,通过教育资源信息化、数字化,搭建随时随地学习的公共服务平台,满足不同学习人群的学习需求。从福建人力资源开发主要目标看,2012年20~59岁劳动人口平均受教育年限达9.5年,新增劳动力平均受教育年限达12年;2015年,20~59岁劳动人口平均受教育年限达10.5年,新增劳动力平均受教育年限达13.3年;2020年,20~59岁劳动人口平均受教育年限达12年,新增劳动力平均受教育年限达14年,从业人员继续教育年参与率达60%以上。从一定的意义上讲,扩大继续教育规模和受众,单靠传统的学校教育是难以完成的,因此,以教育和信息技术高度融合为标志的远程教育在继续教育中充当重要角色的地位不容置疑。再者,《福建省中长期教育改革和发展纲要(2010—2020年)》强调:"大力发展终身教育,完善终身教育发展机制,利用现代信息技术,充分发挥各类教育资源作用,建设集学历继续教育、非学历继续教育和公共支持服务为一体的开放大学,建设终身教育资源库和学习超市,推进各类教育资源向社会开放,开展社会公益性教育",[8]对福建开放大学又一功能作用作了明确的阐述。理所当然,福建开放大学建构必须有利于促进这一功能的实现。

(二)注重体制创新

福建开放大学的建构模式,很大程度直接影响着它的管理效能和运作效果。它与省内独立设置的高等教育机构和院校的关系是怎样的,与普通高校及其网络教育、成人教育的关系是怎样的,与高等教育自学考试机构的关系是怎样的,与社会办学力量的关系是怎样的,这些林林总总都必须加以论证和考虑。《纲要》虽然对开放大学建设提供了政策依据和指导原则,但开放大学在建设与运作过程中可能遇到的矛盾和问题,在《纲要》中是没有答案的,而在现实中却是难以回避的。《纲要》在"继续教育"一章中提出:"搭建终身学习'立交桥'。促进各级各类教育纵向衔接、横向沟通,提供多次选择机会,满足个人多样化的学习和发展需要。健全宽进严出的学习制度,办好开放大学,改革和完善高等教育自学考试制度。建立继续教育学分积累与转换制度,实现不同类型学习成果的互认和衔接。"在第二十一章"重大项目改革和试点"中提出"终身教育体制机制建设试点"要求:"建立区域内普通教育、职业教育、继续教育之间的沟通机制;建立终身教育网络和服务平台……建立学习成果认证体系,建立'学分银行'制度等。"[9]解读《纲要》这些章节及对开放大学功能的阐释,基本可以理解为:开放大学开展远程高等教育,主要是作为终身教育体系构建和学习型社会建设的重要途径加以规划的,其重心必须是"大力发展非学历教育,稳步发展学历继续教育",建立"远程开放继续教育及公共服务平台,为学习者提供方便、灵活、个性化的学习条件",为终身学习服务。而"建立继续教育学分积累与转换制度,实现不同类型学习成果的互认和衔接"属于教育体制机制方面政策指导性的突破,意在促进教育体制机制的创新。因此,福建开放大学构建模式必须考虑创新机制,有利于在省域内"实现不同类型学习成果的互认和衔接"。

(三)福建开放大学构建模式之考虑

福建开放大学作为福建省人民政府直属高等学校报教育部审批。作为一所大学和一个系统,它必须以系统为支撑,通过省内其他高校和高等教育机构的参与(指在省政府协调下,通过协作形式以办学权、教学资源、技术、媒介等加入)而形成"大学—总网络服务平台—系统"的架构。总网络服务平台由多个服务平台组成,内容涵盖学历教育、继续教育、技能培训、终身教育等等。基本结构图如下:

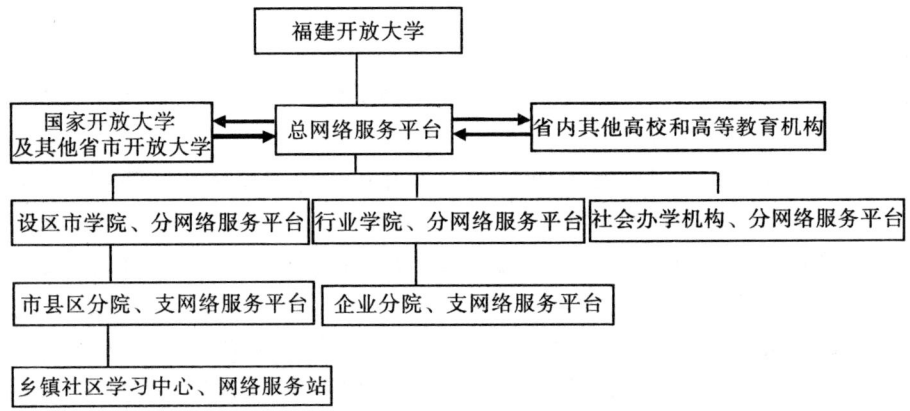

1. 以福建广播电视大学为基础组建福建开放大学。

福建广播电视大学成立30多年来,致力于现代远程教育的理论研究和实践探索;以远程教育的形式面向八闽大地开放了大学教育资源,促进了教育公平;积极参与"人才培养模式改革与开放教育试点"工作,推动了远程教育条件下面向成人在职学习和职前培养的教学模式、管理模式和学习支持服务的教育革新;积极从事社区教育和终身教育理论研究,率先建成"福建终身教育在线",并成为教育部、财政部"国家终身学习公共服务平台模式研究及示范项目",为建立全民学习的学习型社会进行了有益的试验和探索。30多年来,福建广播电视大学已形成了覆盖八闽城乡的远程教育办学系统。近几年来又依托8家设区市电大和44家县级电大成立了8所社区大学及44所社区学院,构建了基于网络的教、辅、导、学相结合的人才培养模式。探索并实践以宽进严出和实行弹性学分制为特征的人才培养途径,锻炼成长了一支熟悉现代远程教育规律的专业化教育队伍,逐步建设和不断完善远程公共服务体系,实现了自身的强劲发展。这些实践与探索,充分显示了福建电大在构建终身教育体系和建设学习型社会方面的地位和作用,为组建福建开放大学奠定了一定的基础。《福建省中长期教育改革和发展规划纲要(2010—2020年)》在第六章"构建终身教育体系"、"建设福建开放大学"条目下指出:"以广播电视大学系统为基础,利用现代信息技术,充分发挥各类教育资源作用,创新体制机制,建设集学历继续教育、非学历继续教育和公共支持服务为一体的开放大学。"这段话的精要之处在于"创新体制机制"。必须吸纳有利于福建开放大学运作的成员和成分参与组建,才能有效地保证"充分发挥各类教育资源作用",才能促成各级各类教育纵向衔接、横向沟通,建成省域学习成果认证体系,由此带动教育体制机制的创新。当前,基于资源整合考虑,可以从机构上整合福建教育电视台、福建电教馆、福建省自学考试办公室、厦门广播电视大学进行组建。至少可以着手以非机构整合的方式,即加盟方式(入盟的单位和机构不产生建制、人事和资产关系变更),通过签订协议明确职责,以促进办学顺利开展。省主管部门负责协议执行的监督保障,把上述单位以及省属其他高校相关的部分办学权、教育资源、媒介技术等以协定方式加以整合,以利于福建开放大学的运作。

2.认真开展总网络服务平台和各层级系统的论证评估和验收。

总网络服务平台是福建开放大学的根本所在。拥有满足学习者需求的由一系列先进的现代远程教育平台所组成的总网络服务平台,才能为广大社会成员提供丰富的办学层次、多元的办学内容、自由出入的学习场所、富有弹性的学习形式以及优质的学习资源和学习支持服务。学习者可以自由选择专业、课程、工作乃至喜好所需要的学习内容和学习媒介及学习方法,根据自己的学习形式,进行自主学习、交互学习、互动学习、小组学习、协作学习或者合作学习,并实现自我检测和学习成果评价。[10]要根据福建经济社会发展和社会需求对总网络服务平台先期服务内容作出科学的论证和设计,以满足基本需求为出发点,从机构、技术、媒介、硬件、资源、办学权诸方面加以考虑,在福建广播电视大学的基础上,增加必要的成员和成分,搭建福建开放大学框架。同时,对福建开放大学以下的各级子系统(学院、分院、学习中心及所属网站)进行评估验收,确保各层级办学系统的办学硬件和软件符合要求。

四、促进福建开放大学良性运作的几点建议

福建开放大学是一所面向全体社会成员,综合运用现代信息技术、教育技术等各种手段,提供大容量学习资源,实施远程开放式教育的新型大学,是福建省全民学习、终身学习资源整合与利用的公共服务平台。促进福建开放大学的良性运作,逐步实现各级各类教育的相互衔接、沟通和学习成果的互认,服务于全民终身学习活动,必须着重从以下几个方面实施突破。

(一)政府作为是促进福建开放大学良性运作的引擎

福建开放大学主要是应用远程教育手段开展教育活动的。与国际上远程教育先立法后建校不同的是,中国远程教育立法严重滞后,使之在发展中缺少一贯性的政策与法律保障。[11]当今,远程教育被边缘化并存在信任危机是不争的事实。因此,政府作为显得尤其重要。这是因为:(1)福建开放大学的建设不仅是教育改革发展的产物,而且是改善民生,促进教育公平,促进人的全面发展的社会工程,是政府的目标工程和社会的民生工程,从而构成了政府的责任行为。(2)福建开放大学建设与运作涉及继续教育乃至终身教育领域的制度创新,它涉及的资源整合、各类教育的衔接沟通乃至学习成果的互认需要一套完整的认证体系和运作机制,这些都需要政府的指导、协调和决策。(3)根据福建开放大学的定位和省域社会发展目标,政府作为有利于引领学校管理机制和运行机制的创新,使之成为福建发展继续教育、建设学习型社会和构建终身教育体系的重要抓手,促进任务和目标的实现。基于上述原因,有必要成立以分管教育副省长为主任、相关厅局和开放大学校长为委员的福建开放大学校务委员会,具体指导、协调福建开放大学建设。在这方面,北京开放大学的设计与运作可以作为较好的借鉴。其具体做法是:由北京市政府统筹领导,协调各委办厅局县,开展相关工作。a.实施"首都远程开放教育教学资源整合与北京开放大学分类化远程开放教育教学体制创新工程项目"。这个项目的核心是落实北京开放大学的办学自主权。b.实施"首都远程开放教育办学资源整合与北京开放大学社会化远程开放教育办学体制创新工程项目"。这个项目的核心是"打破体制障碍",初步建成以北京广播电视大学为主体,融合各县区职工业余大学、社区教育学院、电大分校、行业教育组织、企业办学站点和自学考试中心作为二级区域学院和行业学院的北京开放大学。c.实施"首都远程开放教育媒体资源整合与北京开放大学大众化知识传播数字媒介体制创新工程项目"。重建专门用于远程开放教育的北京教育广播电台、北京教育电视台,创建北京开放大学出版社三个大众教育传媒机构,强化北京开放大学的远程开放知识信息传输能力,建设首都远程开放教育知识信息数字传输中心,提升首都的大众知识传播媒介文化软实力。这个项目的重点是继续完善北京学习型城市网这一首都市民远程终身学习公共服务平台,将其延伸到社区和居民家庭,为其提供方便、快捷、丰富、到位的远程学习、开放学习、灵活学习和终身学习的支持服务。d.实施"首都远程开放教育科研资源整合与北京开放大学专业化远程开放教育科研体制创新工程项目"。这个项目旨在利用首都国家和地方学科专业研究机构、产品研发机构和高效顶尖学术团队非常密集的优势,开展广泛的远程开放教育科研合作,开展以创新专业、创新学科、创新教学、创新组织、创新平台、创新服务、创新模式、创新评价为特征的远程教育教学及管理研究,提升北京开放大学学术研究水平。另外,从2014—2020年,分两个阶段用两个3年时间实施7项工程。其中,"首都远程教育制度资源开发与北京开放大学人性化远程开放教育教学机制创新工程项目"重在着手制度创新,逐步实现远程开放教育与开放大学内其他各类教育形式以及普通高校学分相互承认,甚至在开放大学内实现所修课程学分与市内其他各类高校的学分互认。这个项目旨在开发一系列与开放大学开放教育相配套的远程开放教育管理、教学、支持服务制度,为远程学习者灵活、多样的媒体自学保驾护航。[12]

(二)稳定的财政投入是促进福建开放大学健康运作的推进剂

福建开放大学办学主要是通过现代信息技术开展以继续教育为重点的终身教育。[13]作为开放大学,管理、资源和技术是它有效开展远程教育的三大核心要素。暂且撇开管理成本,单从资源和传输技术软硬件建设投入看,开放大学要满足各类学习者的需求,它所需的教学资源必然要丰富而多样,没有相应的财力支撑,可满足众多学习者需求的多门类、多专业、多层次的资源建设就无从谈起。同样,教学资源传输媒介及相关技术平台建设,更需求大量的原始投入,并且必然随着信息技术的发展而进行不断充实和更新。这些都必须有相应的财政投入作为支撑。从经费保障的角度来审视,开放大学办学学费收入是有限的,不足以支持教学资源建设和信息技术平台的庞大支出。从其他角度讲,建设福建开放大学,服务于学习型社会和终身教育体系的构建,是民生工程和惠民工程,政府有责任和义务为此提供有效稳定的财力支持。从历史上看,英国开放大学1969年成立,除了先期论证、设计与立法外,投入的运行经费支持全部列入国家预算,在强大的财政支持下,英国开放大学才能以一流的教学资源、一流的本土化管理和一流的科研成果位列英国品牌大学前十名。从现实来看,已经挂牌的"上海开放大学",其基础建设、项目性建设都得到市政府有力的财政支持。刚刚卸任的上海开放大学校长张德明教授深有感触地说:"上海市政府对上海开放大学建设的政策支持和财政保障力度是前所未有的。"可以肯定地说,根据福建开放大学建设进程和运作成本,稳定适度的

（三）科学设计和与时俱进不断改进管理机制是促进福建开放大学高效运作的抓手

所谓的机制,是一定机体或工作系统内在构成要素之间互相联系和作用以及制约的过程方式。机制的创新以及能否有效运行,直接关系到功能效果与目标的实现。因此,对某一个工作系统内在构成要素之间关系和作用要进行科学的研究和考量,寻找要素之间相互促进的内在联系,从而精心设计和完善其运作程序。这是非常重要的。[14]就福建开放大学内部管理分工而言,它主要涵盖招生、教学支持管理、教务管理、考试管理、教学资源建设、教学技术平台建设、科学研究与评价等七个主要方面。彼此业务有分工,更有交叉,各工作责任存在相互影响的内在联系。除了制定相应的目标管理制度之外,更需要探求相互促进的责任要求。此外,福建开放大学又是一个办学系统,整个系统的管理模式必须顾及系统运作的优化和办学效率,形成合力,保证各项工作的高效运行。制度创新是完善管理机制的灵魂。《纲要》提出"完善中国特色现代大学制度",强调"各类高校应当依法制定章程,依照章程规定管理学校"。为此,要在充分调研、论证的基础上,制定《福建开放大学章程》,明确学校内部关系,确立治理结构,吸纳市场运作机制,在职责与权益、分工与分配方面做到互利共赢。在开放大学具体运作过程中,要通过制度创新促进管理机制的优化,进而促进开放大学的良性运行。

（四）优化教学资源建设是福建开放大学良性运作的基本保证

优化教学资源首要的前提是必须制作优质的教学资源。开放大学是以远程输送优质教学资源实现远程教学任务的。没有优质的教学资源做保证,学习者对学习资源就没有兴趣,学习目的就难以满足,学习链条自然中断,远程教育将难以为继。从这个意义讲,教学资源是吸纳和满足学习者的关键所在。优质教学资源至少有四个要素:一是专业教师的课程教学创意,二是学习者的课程学习需求,三是技术人员的课程情景实现,四是媒介的课程文化氛围。[15]专业教师课程教学创意主要表现在教师对课程难点重点的把握上,教师根据学生在媒介文化环境下接受知识传授的情景,估计学生受课能力以进行教学设计。这里包含对学生提供课程策略、过程指导、方法咨询,促使学生科学学习、优化学习、高效学习、兴趣学习,达到教学目标的实现。对技术人员而言,要通过技术手段,为学生创造远程教育课程教学媒体情景,易于引起学生对课程的兴趣与关注,实现快乐学习,在创意的媒体教学氛围中更好理解教学内容。这其中既有课程的视频教学文化情景的创意,也有音频教学文化情境的创设,更有网络教学文化情境的创造。优质教学资源建设是教师和媒介技术人员共同创造的成果,两者缺一不可。做到教学资源与信息技术完美的融合绝非易事,实现两者统一的行之有效的办法是进行教学资源项目的投标与竞标,由专家委员会审定教学创意与设计,优者中标,待项目完成后再进行验收。当然,制作优质的教学资源仅仅是优化资源环节的一部分。优化资源更重要的是要从学习者需求出发,通过调查研究,通过各类资源整合尽量遴选出适应和满足学生需求的教学资源,这里面有太多的工作要做。显然,优化教学资源在满足学生需求、赢得教育市场上举足轻重,是开放大学良性运作的基本保证。

总而言之,福建开放大学建设是社会发展和教育改革的创新工程,需要在建设实践中不断摸索,不断发现问题、解决问题。只有立足于本省社会发展的实际,大胆创新,不断总结经验,不断完善适应社会经济发展需求的运作机制,才能在构建福建终身教育体系、服务学习型社会的进程中更好地发挥其应有的作用。

参考文献

[1]国家教委关于颁发《广播电视大学暂行规定》(88)教计字063号[Z].1988.

[2]国家教委关于转发《关于广播电视大学贯彻中国教育改革和发展纲要》意见的通知(教电〔1995〕3号)[Z].1995.

[3]彭坤明.建设省级区域开放大学的现实依据[J].现代远程教育研究,2010(4).

[4]中央教育科学研究所成人教育研究中心.21世纪中国成人教育发展论坛宣言[J].中国成人教育,2001(6).

[5][6][9]国家中长期教育改革和发展规划纲要(2010—2020年)[M].北京:人民出版社,2010.

[7][8]福建省中长期教育改革和发展规划纲要(2010—2020年)[N].福建日报,2011-02-16.

[10][15]张亚斌,周宏,安卓,侯艳华,康彩霞.从加拿大的远程教育支持服务看开放大学的责任担当[J].现代远距离教育,2012(1).

[11]张亚君.开放大学的责任与构建[J].现代远距离教育,2011(3).

[12]张亚斌.开放大学建设的行动布置[J].现代远距离教育,2011(3).

[13]叶文华.开放大学建设:理念先导、路径选择与体制创新[J].现代远距离教育,2011(3).

[14]江年攀.新形势下电大系统建设的困惑与对策[J].福建广播电视大学学报,2009(3).

（本文参考了福建广播电视大学《福建开放大学建设方案》及本校部分研究成果。）

基金项目：福建省教育厅 A 类社会科学研究项目"福建开放大学建构模式与运作研究"（JA113205）成果。

（作者为福建广播电视大学研究员）

开放教育学生权益保护

夏良玉　张以华　林光明　许勇　黄文伟　戴婧

开放教育学生群体的特点以及电大培养模式和运行机制的特点，决定了开放教育学生权益保护既有与普通高校学生权益保护相同的方面，又有所区别，有其特殊性。目前，对开放教育的学生权益保护工作的研究还不系统，而当前的办学越来越凸显以人为本，为学生服务的理念，探索并构建具有开放教育特点的学生权益保护工作机制，是开放教育实现"内涵发展"的必然要求，也是继续深化人才培养模式改革的重要课题。对提升为学生提供优质教育服务的能力和水平，增强学生的归宿感，保护其学习动机，提高其学习积极性，增强人文关怀，保证学生顺利完成学业等都起着积极作用。同时，远程教育教与学的分离使得借鉴普通高校学生权益保护工作表现出一定的局限性，对于开放教育来说，由于管理机制的不完善，出现了一些侵害学生权益的事情，这些都要求我们必须系统地认真地研究学生权益保护工作。因此，开展开放教育学生权益保护研究具有积极意义。

正是基于以上理由，本文拟从探讨开放教育学生权益保护现状入手，在借鉴国外远程开放教育学生权益保护制度与启示的基础上，以期建立和完善适合我国开放教育学生权益保护的架构。

一、开放教育学生权益保护现状与问题

（一）开放教育学生权益界定

1.学生权益界定

权益是指受国家法律保护的权利和利益，权利是社会关系主体能够按照自己的意志为或不为一定行为，以及要求他人为或不为一定行为，以实现自身利益的许可和保障。学生权益是指学生在接受学校教育过程中应享有的权利。

（1）学生与学校关系

目前我国高等教育包括普通高等教育和成人高等教育、公立高等教育和

私立高等教育、全日制高等教育和非全日制高等教育等多种模式,教育形式的多样化,使高校与受教育者之间产生了多重法律关系。正如我国学者马怀德教授所说:"高校与受教育者之间存在着多重法律关系。"即:行政法律关系、内部管理关系、民事法律关系。行政法律关系体现在我国《高等教育法》、《学位管理条例》的相关规定中,学校享有学生学籍管理权、学位证书颁发权等行政权力。内部管理关系体现在各高校制定的日常生活学习管理制度,学生学分取得、教学课程安排、教科书指定、教师授课规范等内部管理规则方面。民事法律关系体现为受教育学生与学校是平等的主体间自愿选择、协商一致、等价有偿的教育消费合同关系,学校向学生提供必要的教学资源、学习场所、学习环境等各项教学和管理服务,学生在接受教学服务、教育消费时,缴纳对价学费,或称教育服务费用。但我们必须指出,这种教育消费不同于一般的商品消费,因为教育消费目的是围绕着学生主体自我素质的提高,而商品消费是着眼于物的使用价值;学生权益产生于教师的教与学生的学的特殊行为中,这是一个复杂的双向性的教育教学过程,而不是简单的买卖合同关系。厘清学校与学生之间的法律关系,才能正确定位高等教育学生的法律"身份",才能正确界定学生权益内涵。

(2)学生权益内涵

根据我国《宪法》、《教育法》、《高等教育法》及教育部有关规定,我国受高等教育学生享有的权益主要包括,第一,作为公民享有《宪法》赋予的权利,即:受教育权,言论自由权,人格受尊重权,结社权、隐私权等。第二,作为学校的行政管理相对人,享有学籍权,知情权,获得奖学金、贷学金、助学金权,获得公正评价权,获得相应的学业证书、学位证书权,申诉、起诉权等。第三,作为教育消费民事合同关系一方主体,享有选择受教育项目权,参加教育教学活动权,使用教学设施、设备、图书资料权,获得公平有偿教育服务权等一切合同权利。

2. 开放教育学生权益特点

(1)开放教育概述

1969年,英国开放大学的首任校长克劳瑟爵士(Lord Crowther)在其就职庆典上给开放大学赋予了四项意义深远的本质涵义:开放教育对象、开放教学时空、开放教学方法、开放教育观念。开放教育面向在职成人学生,实行不同程度开放入学政策,放宽入学条件,学生可以按照自己的学习需要、学习进度、学习方式等自主安排学习,以学生自学为主,老师导学为辅,利用卫星、互联网、电视等多媒体技术开展教学活动。自1999年教育部决定实施"中央广播电视大学人才培养模式改革和开放教育试点"项目以来,开放教育学生数达280万人,建立开放教育学生权益保护制度成为我们急需解决的问题。

开放教育不同于普通高等教育,开放教育学生是一个特殊的受高等教育群体,他们的入学条件、受教育方式、与学校关系等,均与传统教育形式下的学生完全不同。开放教育学生学籍的取得主要源于学校和学生的双向选择,是协商一致的结果。学生根据自己知识结构需求选择学习专业、学习课程、学习方式、学习地点,并支付接受教育的对价,与学校形成平等的教育消费合同关系。

(2)开放教育学生权益特点

开放教育学生权益,就是指远程开放教育学生在接受高等教育过程中应享有的权利,也就是国家现行法律及规章制度所确认和保障的利益。任何组织和个人都必须尊重学生的合法权益,非法侵害学生合法权利须承担相应的法律责任。

根据开放教育的性质特点,除一般的受高等教育者所享有的权益外,开放教育学生权益主要体现在教育消费的自主选择权、教育服务质量的保障权,以及权益受侵害后的法律救济权等方面。

(二)开放教育权益保护调查分析

2010年6月,本课题组设计了"开放教育学生权益状况调查问卷",向来自福建、天津、贵州、西安和沈阳五个地方参加开放教育教学、管理和学习的师生发放调查问卷共计2235份,其中教师435份,学生1800份,收回有效问卷2130份,问卷回收率95.3%。其中,课题组在福建省随机选取了6所设区市电大分校、11所县级电大分校、学院、工作站,以及省电大直属教师和学生共发放问卷1715份,其中教师315份,学生1400份,收回有效问卷1610份,问卷回收率93.9%;课题组向天津、贵州、西安和沈阳四所省级电大发放问卷520份,其中教师120份,学生400份,收回有效问卷520份,问卷回收率100%。

问卷分为教师版和学生版两个版本,教师版分为学生权益保护情况调查和学习支持服务满意状况调查两部分;学生版分为学生权益保护情况调查和教学支持服务满意度两部分,并请被调查者留下对学生权益保护方面的意见和建议。

1. 学生版问卷的调查结果分析

(1)学生权益保护情况的调查结果

在接受问卷调查的学生中,有75.2%具有"学生权益"意识,19.5%偶尔有"学生权益"意识,5.3%没有"学生权益"意识。但是,认为自己完全知道有哪些权益的学生只占被调查者的17.4%,认为自己知道一些学生权益的占68.9%,认为自己完全不知道的占13.7%。从调查中可以看出,参加开放教育学习的学生群体,权益保护意识还比较淡薄。有相当一部分学生完全不知道自身权益,这表明学生的权益意识严重缺失,学生维权意识的教育和培养工作任重道远。

在被问到学生的基本权益(多项选择)时,有83.6%的学生认为"享受专业知识辅导"是开放教育学生的基本权利,78.1%选择"学习过程中享受学校各种服务的权利",51.9%选择"参加学校组织的各种文体活动的权利",48.2%选择"享受思想政治教育的权利",39.1%选择"评价授课质量好坏的权利",23.6%选择"享受各种多媒体教学资源服务的权利",18.1%选择"享受有利于能力、素质等各方面提高的服务"。

受访学生中,有95.2%认为在学习过程中自己的基本权益得到和基本得到保障,4.8%认为有时受到侵害,没有人选择经常受到侵害。对学校在保护学生权益方面工作满意和基本满意的占96.7%,不太满意的占3.3%,学生群体对自身的学习权益情况和学校的权益保护工作总体感到满意。

在回答权益受到侵害的部分学生中,认为享受多媒体教学资源服务的权利受到较大侵害的占66.3%,认为自己专业知识辅导权利受到较大侵害的占45%,认为思想政治教育权利受到较大侵害的占43%,认为评价权受到较大侵害的占43.6%,认为参加学校文体活动权利受到较大侵害的占20%,认为远程咨询服务权利受到较大侵害的占24.5%。可见,我们目前的多媒体教学资源服务远远不能满足学生的学习需求,专业知识辅导工作还有待进一步加强;同时,开放教育学生的思想政治工作也需要进一步加强(如建立健全党团组织等),今后,还须为学生提供更多对学校管理服务等方面进行评价的机会。

当权益受到侵害时,5.3%的学生选择"认了,无所谓",62.8%的学生选择向有关老师反映,28.3%的学生选择向学校有关部门反映,同时有3.6%的学生选择"习惯了,觉得反映了没用"。在向学校投诉或反映情况时,选择完全可以解决问题的占9.3%,选择基本可以解决问题的占78%,选择不一定能解决的占了12.7%。由此可见,任课老师和专业辅导员仍然是学生利益诉求的首选渠道,其次才是学校相关部门。学校相关工作部门应畅通学生权益诉求渠道,在学生维权方面发挥更大作用。

(2)学生对教学支持服务满意度的调查结果

学生选择最须进行满意度测评的项目依次是专业辅导课教师的辅导质量

(29.3%)、学习资源提供(29.3%)、组织员的服务质量(25%)、毕业论文指导(16.4%)。对学校提供的教学支持服务表示很满意或基本满意的学生占94%,表示不满意的占6%;对面授辅导课的质量表示很满意或基本满意的学生占94%,表示不满意的占6%;对在线学习的质量表示很满意或基本满意的学生占89.3%,表示不满意的占10.7%。可见,学生对在线学习质量的满意度相对最低。

认为可以方便地在学校网页上查找到所需资源的学生占95.3%,认为能方便地与组织员联系的学生占97.2%。对于学校成立专门的学生权益部门开展学生权益保护,有57.7%的学生认为很有必要,学生整体上对成立权益保护部门持较高的期望值。

2. 教师版问卷的调查结果分析

(1)对于学生权益保护状况的调查结果

在接受问卷调查的教师中,有91.2%具有"学生权益"意识,8%偶尔有"学生权益"意识,0.8%没有"学生权益"意识。完全知道学生有哪些权益的占被调查者的40%,认为自己知道一些学生权益的占58.3%,认为自己完全不知道的占了1.7%。从以上数据中可以看出,绝大部分受访教师具有学生权益意识,但是部分教师对"学生权益"的概念比较淡薄,尤其是对于学生权益的具体概念,超半数的教师并不完全明确,还有少部分教师完全没有学生权益概念,这一现状令人担忧。

在被问到学生的基本权益(多项选择)时,有80%的教师认为"享受专业知识辅导"是开放教育学生的基本权利,75.7%选择"学习过程中享受学校各种服务的权利",75.7%选择"参加学校组织的各种文体活动的权利",75.7%选择"评价授课质量好坏的权利",74.8%选择"享受政治思想教育的权利,69.6%选择"享受有利于能力、素质等各方面提高的服务",61.7%选择"享受各种多媒体教学资源服务的权利"。在这一部分,教师的选择顺序与学生的有很大的不同,学生更重视享受专业知识的辅导,而教师更重视学校为学生提供的文体活动等综合服务。

受访教师中,100%认为学生在学习过程中基本权益可以或基本可以得到保障。认为学校在保护学生权益方面工作到位或基本到位的占97%,认为不到位的占3%。当学生的权益受到侵害时,76.8%的教师会尽力帮学生解决问题,23.2%的教师会帮,但常常觉得心有余力不足。可见,从事开放教育教学和管理的教师都有热心帮助学生维权的意识,但部分教师由于维权机制的缺乏,对于学生维权的工作机制和实际效果缺乏信心。

在学生受侵害的权益方面,认为学生参加学校文体活动的权利受到较大侵害的占 23.5%,认为学生评价权受到较大侵害的占 21.7%,认为学生享受多媒体教学资源服务的权利受到较大侵害的占 16.5%,认为学生远程咨询服务的权利受到较大侵害的占 10.4%,认为学生专业知识辅导权利受到较大侵害的占 9.6%,认为学生政治思想教育的权利受到较大侵害的占 6%。教工对当前开放教育学生中文体活动缺乏和评价权缺失表示出较强的不认同,今后应多开展开放教育学生文体活动以拓展学生综合素质。

认为学校(教学点)对学生开展权益保护相关宣传或教育工作基本到位,学生维权意识不断提高的占 26.2%,认为有开展,但是力度不大的占 68%,认为没有开展的占 5.8%。由此可见,绝大部分学校(教学点)在日常工作中意识到了学生权益宣传和教育的重要性,但工作力度不够大,成效不够明显,得不到教师的认同。

(2) 教师对学习支持服务状况满意度的调查结果

受访教师认为,学生对学校提供的教学支持服务表示很满意或基本满意的占 96.5%,表示不满意的占 3.5%;对面授辅导课的质量表示很满意和基本满意的占 97.7%,表示不满意的占 2.3%;对在线学习的质量表示很满意或基本满意的占 96.6%,表示不满意的占 3.4%。认为学生可以方便地在学校网页上查找到所需资源的占 98.8%。这方面的调查结果显示,教师和学生对于学生得到的学习服务满意度评价基本一致。

认为学校在学生权益保护方面的制度措施等完全可以保障学生权益的占 26.1%,认为基本可以保护,但需要改进的占 73.9%。认为学生权益问题得不到保障最大的原因是教育工作者对学生权益保护意识薄弱的占 21.1%,认为学生自身权益保护意识薄弱的占 42.2%,认为学校对学生权益保护工作不重视的占 7.8%,认为全社会对学生权益保护意识薄弱的占 28.9%。可以看出,学校教师对目前的学生权益保护工作效果基本满意,但是认为还需要下大力气改进;而社会和学生自身的权益保护意识亟待提升,这一结果与对学生的调查结果相吻合。

(三) 开放教育学生权益保护现状

近年来,特别是开放教育中期评估后,各级电大愈来愈重视内涵建设,在开放教育学生保护方面也做了大量的工作,取得了明显的成绩,得到了学生的认可,但与学生的要求相比较,还有较大的差距,还有许多工作要做。下面就开放教育学生权益主要的方面谈谈存在的问题。

1. 学籍权

学籍权是公民享有受教育权的重要体现。学籍是学生在教育活动中享受权利和承担义务的资格,是学生身份的基本标志。现代远程开放教育学生取得学籍,便意味着与学校建立正式的教育服务合同关系,标志着享有所获学籍学校学生权利的开始。学籍权是现代远程开放教育学生进行教育消费、享受教育服务的基础。学籍权的取得是以注册的方式完成的。现代远程开放教育对学生的入学条件基本上没有限制,学生只要具备入学的基础性学历,即具有接受高一层次学历教育的知识基础与学历层次,便可通过自由选择,与学校达成合意而取得某个学校的学籍。由于学籍的取得主要是学校与学生双向选择、协商一致的结果,因此,终止学籍也应当由学校与学生共同商定。对于学校单方面取消学生学籍、剥夺学生学籍权利的行为,应当设定严格的法律限制和学校章程限制。

2. 知情权

学生对于所注册学习的教学点的合法性、收费依据、收费项目及标准、专业及课程设置、教学安排及变更等的教学教务信息、教学管理制度的具体内容及其修改、作业批改评阅情况、考试考核成绩、处罚依据及其合理合法性,以及学生在学期间的基本权利等信息,应该享有充分的知情权。在此方面,中央电大和省市级电大做得较好,会及时通过报纸、网络等媒体公示、发布批准的教学点及其招生专业、层次及规模,收费依据、项目及标准以及日常教学教务信息等,学生较满意。部分县级电大及教学点存在较多问题,仍有"点外点",乱收费,教学教务信息通知不到位,学生不了解相关规章制度,考试成绩出错或迟下发给学生,对违纪学生的处理公开性和透明度不够,处分的程序存在瑕疵,没有及时告知学生、听取学生申辩、召开听证会等现象,忽视学生权益,有时甚至侵犯其合法权利。

3. 获得公正评价权

学生在学业成绩和品行方面有获得公正评价的权利。公正评价既包括日常管理中的公正评价,又包括评选各类荣誉称号过程中的公正评价。学校对学生学业成绩的评价一般通过考试打分的方式进行。在还没有找到替代考试的其他评价方式之前,学生的学业成绩都通过分数来表达。为了实现公正评价,考试评分标准必须明确和公开,评分过程必须公证。现代远程开放教育注重学习过程的考核与测评,学校在考评时必须客观、公正,评价标准要统一和具有可操作性,任何随意评价的做法都是对学生权利的侵犯。学校对学生品行的评价一般通过对学生在校内外思想品德、行为规范等表现的考察,以打评语的方式进行,学校应当有一套为学生所接受的评价标准与评价办法,以确保考核者本着客观、公正、公平原则评价学生品行,避免以喜恶和情绪去评价学生。在评选奖学金、助学金、优秀学员、优秀学生干部、优秀毕业生和各类单项荣誉称号时,学校应当确保评选过程的客观、公正、公平。有的教学点在评价学生时没有本着客观、公正、公平的原则,导致学生有意见并投诉的现象时有发生。今后在完善评价体系、执行评选推荐程序等方面,还需要进一步改进优化。

4. 获得学历证书、学位证书权

我国教育法规定,高等学校实行教育考试制度、学历证书制度和学位制度。学校依照一定标准对学生进行学业、品行上的评价,对成绩合格,并具有相应学术水平的学生授予相应的学位,并颁发相应的学历证明。获得学历证书、学位证书是学生的一项重要权利。学生学业达到条件后,学校应当向学生颁发学历证书和学位证书。学历证书和学位证书是对学生在学校修读的效果所作的总结与证明,是学生被社会了解与承认的重要凭证。学校不能随意单方面剥夺达到条件的学生获得学历证书、学位证书的权利。原先学生学业达到条件后,毕业证书发给学生的时间较滞后,学生对此意见颇多,现在此问题已得到较好改善,学生能及时领到证书。

5. 申诉、起诉权

《教育法》规定受教育者享有申诉权,但只是针对学生受处分而言。根据远程教育时空分离、学习者权利易受侵犯的特点,有必要扩大学生申诉起诉的范围,进一步加强对学习者权利保护的力度,如对教学服务不到位亦可以提起申诉。目前,有的电大已经成立申诉处理委员会,有的还未成立,学生申诉渠道不太畅通。而申请行政复议或者诉讼成本更高,有必要尽快建立相应的机制,保障学生权益。

6. 选择受教育权

对于学习方式、学习进度与安排、最终毕业时间、媒体教材与资源品种、学习地点与场所、学籍异动方式与内容、非规定性教学活动参与等方面,学生在规定的范围内应有自主选择权。有些教学点为了办学管理上的方便,以各种借口和理由给学生的自主选择设置障碍;有些超出规定的范围,人为地要求学生统一选择所修课程,统一学习方式和进度;有些为了经济利益,自主搭配额外的学习媒体;对于学员要迁移学籍、修改专业等,有的教学点则以各种理由进行限制。

7. 参加教育教学活动权

对于各类教学活动（无论是网上网下还是课内课外，无论是面授教学还是电视直播课堂、远程交互交流、实验实践等）、学习小组活动、教学制度建设、学生及学习管理、教学水平与管理服务水平评级以及教学资源品质测评等，学生应享有充分的参与权。近年来，在教学方案及教学策略的制定和调整、多媒体教材的编制和使用、教学管理制度的建设与修订、教学成果的选优评比等方面，学生有越来越多的参与权。但有的教学点在是否参加教学活动、参加哪些教学活动，在何时何地参加教学活动等方面，没有充分考虑学生的具体情况及意愿，采取限制学生自主学习活动或用强制性手段迫使学生参加一些教学活动等方式限制学生的参与权。

8. 监督权

对于办学单位的合法性及办学行为是否经批准和公示，招生时在入学资格、毕业年限、收费标准、毕业待遇等方面的承诺；教学真实条件，教师资格与配备数量，教师备课准备、作业批改和论文指导的认真程度，师德教风和为人师表等教学实际投入的表现，政策水平、制度执行情况、考风考纪、管理和办理时效等方面的管理能力，使用教学设施、设备、图书资料方面，服务态度、场所及教学服务条件的提供与保障，特别是教学服务场所的开放程度和便利程度方面的服务水平等教育服务质量方面，学生应享有充分的监督权和保障权。但有的教学点在招生宣传时不负责任地乱承诺，夸大宣传；学生对某些教师的教学不满意；有的则完全让学生自学，到期末直接参加考试；有的论文指导不认真，还乱收费；有的服务意识淡薄，管理水平低下；有的教师言行不配为人师表等。针对上述问题，学生相对处于弱势地位，这方面的权利保护有待加强。

9. 获得教育服务权

学校在提供教育服务、组织教学活动时，除了教育内容必须正确和符合培养规格要求以外，还应当全面考虑和照顾不同学生的实际情况，既在时间上满足学生的需要，又在教育方式、内容、深度、广度上适应不同学生的基础水平与兴趣爱好。学生一般是为了解决工学矛盾而选择现代远程开放教育这种学习方式的，学生支付教育费用以后，便获得相应的教育消费权利。如果学生没有获得良好的教育服务，学校就可能构成违约。目前在服务水平方面，有的教学点还有待进一步提高。

10. 结社权

现代远程开放教育学生和高等学校其他类别的学生一样，享有组织和参加学生社会团体的权利。在学校内组织和参加学生社团，是学生的一项重要权利,这是基于宪法赋予公民的结社权而派生出来的。现代远程开放教育学生既在现实的校园也在虚拟的校园环境中学习,有现代化的联络方式,同样可以组织各种学生社团,在现实的校园和虚拟的校园环境中开展丰富多彩的社团活动,营造校园气氛,丰富文化生活,培养各方面的兴趣与能力,促进学生相互之间的交流与交往,应用所学知识服务社会。现代远程开放教育学校对学生组织和参加学生社团的管理可能难度较大,但是,决不能因此而剥夺学生应当享有的这项权利。目前在此方面活动开展较少,校园文化氛围不够浓厚,与学生的期望还有很大差距,要下大力气加以改进,丰富校园文化生活,提高学生的综合素质。

(四)开放教育学生权益保护机制存在的主要问题

1. 教育法律法规体系尚未健全

我国教育法律法规在设置权利义务时,往往偏重于学校权利的授予,而忽视学生权益的保障。现行教育立法《中华人民共和国教育法》、《中华人民共和国高等教育法》、《中华人民共和国义务教育法》、《中华人民共和国就业促进法》等,唯有《中华人民共和国教育法》第五章第42条对受教育者权利做了明确规定,即:受教育者享有参加教育教学活动权;使用教学设施、设备、图书资料权;获得奖学金、贷学金、助学金权;获得公正评价权;获得相应的学业证书、学位证书权;申诉、起诉权等法律法规规定的其他权利。其他教育法对学生权益保障少有涉及,远程开放教育立法几乎是空白,更谈不上远程开放教育学生权益保障制度的健全与完善。

2. 学校内部规章制度缺乏法律监督

学校内部规章制度虽不具有法的普遍约束力,但作为内部管理规范和自治规则,对学生在校学习期间的学习生活管理有约束力。学校内部规章制度涉及面广,规定全面具体,它包含了学校对学生的学籍管理、学位授予条件、课程设置安排、学分取得方式、信息资源使用条件等的教育教学管理规范。这些规范只有符合相关法律规定,才能起到法的补充和完善作用;如果不符合相关法律规定,就应当予以废止,对学生不能产生约束力。现实中,远程开放教育学校的管理者由于法律意识欠缺或为学生服务意识不到位,在制定学校内部规章制度时,没有结合自身实际情况,依据现行教育法律法规和部门规章,设置一个科学的合法化的可操作性的学校规章制度。甚至,有些学校管理者自行制定的自治性规范文件还与国家教育法律法规或规章相抵触。如:对学生违纪的任意处理、对学生学费的违规缴纳、对学生学籍的无故剥夺、对学位授予的条件苛求、对信息平台的限制使用等。这些违规的学校内部规章侵害了学生合法权益,且缺乏有效的法律审查和监督制度。

3. 学生权益保护救济途径不通畅

现行的法律法规对学生权益救济途径做了些规定。《中华人民共和国教育法》第42条第4款规定:"受教育者享有下列权利:……对学校给予的处分不服可向有关部门提出申诉,对学校、教师侵犯其人身权、财产权等合法权益,可提出申诉或者依法提起诉讼;……"该规定过于抽象,缺少相应的条款对其进行具体化,表现为:第一,在学生申诉程序规定方面。目前,仅在新修订的《普通高等学校学生管理规定》中,对高校处分权纠纷申诉程序做了较为具体规定。即:"学生对处分决定有异议,可向学校学生申诉处理委员会提出书面申诉;对学生申诉处理委员会的决定仍有异议,可向学校所在地省级教育行政部门提出书面申诉。"但该规定适用的对象为"接受普通高等学历教育的研究生和本科、专科及高职学生",将远程开放教育学生排除在外。同时,该规定在实践中也存在一些问题,如:多数学校至今尚未设置学生申诉委员会等相关机构,也没有规范的制度和工作机制;学校对学生进行处分时或作出有关学生的重大决定时,并没有听取学生意见,也不及时告知学生、听取学生申辩、召开听证会,剥夺学生的监督权、申诉权。学生申诉制度形同虚设。第二,在学生起诉权行使方面。虽然,《中华人民共和国教育法》规定学生不服学校处分决定,可以向有关部门申诉,或依法提起诉讼。但现实中,法院却常常以高校对学生的管理属行政内部管理行为,根据《行政诉讼法》规定不属于行政诉讼受理范围为由而拒绝受理,从而造成学生权益的被侵害缺乏司法程序监督,救济途径不通畅。

4. 教学双方对学生权益保护意识不强

在学校方面:一是广大教育工作者对开放教育学生权益的内涵和特点了解不够,在思想上重视不够认识不到位,往往认为远程开放学生是成人性质的学生,他们有各自的单位,政治思想教育、素质教育都是单位的事,学校负责上辅导课及考试就好了,如果真是这样,难道新形势下的远程开放教育仅仅是专业教育而不需要综合素质教育吗? 还有至少30%左右没有就业或没有单位的学生的政治思想教育和其他素质的教育该由谁来管? 二是办学规模不断扩大,使得学校无论是师资力量、教育教学设施还是教学手段都一时难以适应求学者的要求,这里主要是指开放教育学生学习所需要的学习支持服务(包含辅导课件是否丰富、远程辅导答疑是否到位及时、各种学习服务质量如何等等)相对滞后,一时很难满足学生远程学习的需求。三是高校改革发展过程中出现的利益关系调整,导致部分教师重利益轻投入轻效果,这里主要是指辅导教学课、实验和毕业论文指导的质量问题,在这些方面往往存在重视量而忽视质的现象。四是教育教学工作者对保护学生权益的必要性认识不足,依法管理、依法从教的法制意识有待进一步增强。在学生方面:学生本身对保护自身权益的意识比较淡薄,大部分学生在权益受到侵害时往往抱着忍忍就过去了的想法,有些甚至一点都没有觉得自己的权益受到了损害,还有一部分学生在权益受到侵害时也向老师反映,结果发现问题并没有得到解决,后面再遇到相同问题也就不反映了。

二、构建我国开放教育学生权益保护设想

《国家中长期教育改革和发展纲要(2010—2020年)》第20章第64条明确指出:"学校要建立完善符合法律规定、体现自身特色的学校章程和制度,依法办学、从严治校,认真履行教育教学和管理职责。……保障学生的受教育权,对学生实施的奖励和处分要符合公平、公正原则。建立符合法治原则的教育救济制度。"根据这一指导思想,笔者认为,健全教育法律法规,规范学校规章制度,畅通教育救济渠道,是保障学生受教育权,进一步发展远程开放教育的必然要求。

(一)健全教育法律法规体系,实现依法治校

国家教育法律法规体系应当将现代远程开放教育纳入法制轨道,单独制定《远程开放教育条例》,或在《高等教育法》中专章制定有关远程开放教育的条文。加强学校组织管理,加强教学质量监督,切实保护学生权益。

1.明确学生权益保护内涵

开放教育学生权益保护原则应当以人为本,坚持在改革发展中保障学生合法权益;学校教育应注重学生个体发展,坚持有利于学生成长、成才原则;充分体现教育公平、公正原则。在此基础上,确定开放教育学生享有的权利主要包括:知情权,学生有权在招生时知悉所要注册的学习教学点的合法性、学费缴纳依据和标准、专业与课程设置、教学教务信息、教学管理制度、考试考核标准、处罚依据及合法性、权益侵害救济途径等信息;选择权,学生有权根据自己需要,选择学习方式和方法、学习进度和安排、学习地点和场所、学籍异动方式等;参与权和监督权,学生有权参与教学活动的开展,监督教学制度建设、教学和管理服务、教学资源品质建设等。同时,可借鉴国外大学学生宪章之规定,根据我国开放教育之特征,制定《开放大学学生宪章》,宪章内容可包括:制定宪章之法律依据;明确开放大学为全社会公民提供平等公平的受教育机会的原则;保障学生在入学、缴费、选课、申请奖学金等信息方面的知情权;保障学

生享有学习环境和学习支持服务的优质教育服务权;赋予学生参与权、监督权、结社权;明确学生申诉权、起诉权,畅通法律救济渠道。

2. 建立学生权益保护机构

各远程开放教育学校应根据实际情况,建立健全学生权益保护机构。第一,成立学生权益保护组织,赋予该机构监督、督促学校和学校相关部门为广大学生提供良好的教育教学服务的权利。第二,建立校内法律咨询服务机构,就学生入学、学习、安全、维权等提供法律帮助,当学生权益受侵害时赋予它协调、解决的职能。第三,建立学生维权渠道,如:维权信箱、维权电话、网上维权QQ、网上维权信箱等,保证维权渠道畅通。

3. 确立学生权益争执解决的途径和程序

学生对被剥夺学籍,被退学处理,因违纪、违规、违法受纪律处分,不授予学历证书、学位证书等决定不服的,可向学校学生维权组织反映、咨询,并在该组织协助下,向学生申诉委员会提出申诉。申诉委员会按照"受理—复查—答复"的流程,根据学生要求,召开听证会,听取学生陈述和辩论,及时公正处理学生申诉。学生对关系到重大权益的申诉处理不服的,可依法提起行政诉讼,或民事诉讼。

4. 确定侵害学生权益的法律责任

侵害学生权益的法律责任包括合同责任和因疏忽大意产生的侵权责任。学校对学生处分错误的,应及时纠正;造成名誉损害的,应当恢复名誉、消除影响、赔礼道歉;造成经济损失的,应当负民事赔偿责任。

(二)规范学校规章制度,保障教育教学质量

建章立制是规范学校管理行为的重要手段,根据现代远程开放教育学生权益保护需求,笔者认为,教育行政管理部门应加强学校"自治规章"审查,建立学校"自治规章"备案制度;赋予学生对校内"自治规章"的审查提请权。学校内部规章制度应侧重体现规范的招生制度和招生广告、良好的学习支持服务系统、优质的教育教学服务质量等方面内容。

1. 规范招生制度

学校招生计划、招生章程和招生宣传广告等须经省级教育行政管理部门审批,招生信息必须实事求是,不得发布虚假信息,误导社会,误导学生。

2. 建设良好的学习支持服务系统

学生学习支持服务应界定为远程开放教育学生在学习时接受到的各种信息的、资源的、人员的和设施的支持服务的总和。在资源服务上,学校应提供给学生完善到位的信息资源服务,其内容全面、准确;传递渠道多样、畅通;服

务模式具有个性化。在技术设施服务上,应当做好视听设施、通信设施和计算机及网络环境等三方面的支持服务工作。在学习过程服务上,应做好导学服务,学习辅导服务,作业、考试与反馈服务,实践教学服务。

3. 提供优质的教育教学服务

充分发挥教师及教辅人员的教育教学服务作用,建立课堂辅导教学质量监督和评价机制。一是建立辅导检查制度,要求学校教学、教务管理部门定期开展对课堂辅导的检查,包括教师对待课堂辅导的态度、教学水平、教学内容以及辅导教学质量等。二是建立学生评价制度,开展学生对教师辅导水平、态度等的监督和定期评比,对教师课堂辅导教学质量进行评定,同时,对个别态度不好、教学水平不高、辅导效果不佳的教师可以通过一定程序要求其限期改进,或撤换。三是建立定期的座谈制度。针对开放教育学生利益受侵害的问题以及日常管理等问题,学校领导和有关职能部门要定期听取学生意见或建议,通过座谈交流,促进相互沟通、理解。这样,既能密切教育者与受教育者的关系,也能解决学生在学习、生活中遇到的实际问题,保护学生的合法权益。四是建立责任追究制度。这包括两方面的内容:对侵害学生权益事件的责任追究以及对权益侵害事件发生后不作为的责任追究。坚持对侵害开放教育学生权益事件的责任追究,一方面可以从学生权益保护的角度落实对教育管理者的行为责任要求,另一方面可以从源头上减少侵害学生权益事件的发生。

(三)完善法律救济制度,切实保护学生权益

1. 建立学校处分听证制度

听证制度是指学校在作出影响学生重大权益的处分决定时,应当听取学生陈述和申辩,以保证处分决定的合理性和合法性的一项程序性制度。《国家教育考试违规处理办法》第25条规定:"……被处理人或单位对所认定的违规事实存在异议的,应当给予其陈述和申辩的机会,被处理人受到停考处理的,可以要求举行听证。"可见,我国立法明确了学生请求听证的权利,但并没有具体的实施措施。应借鉴国外立法经验,如美国高校对学生处理实行听证制度,召开听证会,经过辩论、商议等一整套透明度极高的严格程序,依照法律法规对学生作出相应的处理意见。建议学校在作出开除学籍、不授予学位证书、不颁发毕业证书、停考等处理决定前,应书面通知学生,并赋予学生请求听证的权利。由学生代表、当事人、专家学者、法律顾问出席听证会,经双方辩论、商议后再做裁决。

2. 健全申诉制度

《中华人民共和国教育法》规定受教育者享有申诉权,并在《普通高等学校

学生管理规定》中明确了申诉程序,但该规定在适用主体上却将远程开放教育学生排除在外。因此,国家教育立法应补充规定,明确远程开放教育学生同其他普通高等教育学生一样享有申诉权,并明确具体的申诉程序。开放教育学校应尽快成立学生申诉处理委员会,该委员会可由学校有关领导、相关职能部门负责人、教师代表和学生代表组成,且学生和教师代表不少于2/3。学生对申诉委员会作出的决定不服的,可向上级主管部门申请行政复议,或直接提起诉讼。

3. 畅通民事诉讼渠道和行政诉讼渠道

远程开放教育学校与学生既存在民事教育消费合同关系,又存在行政管理关系。一方面,学校作为民事合同缔约方,如果违反合同约定侵害学生人身权或财产权,学生可依据《合同法》及相关法律规定,提起民事赔偿诉讼。另一方面,学校作为教育行政管理者,因其行为的社会管理性而具有了行政诉讼被告资格。因此,当管理者在行使行政权力侵害学生重大的受教育权时,如:开除学籍、不授予学位证书、不颁发毕业证书等,学生可依《行政诉讼法》相关规定提起行政诉讼。

参考文献

[1]孙晓莹,梁宗华. 美国教育法律中的学生权利及其保障研究[J]. 沈阳师范大学学报,2006(4).

[2]尹晓. 现代远程教育学生的权利界定[J]. 理论纵横,2009(12).

[3]马怀德. 学校、公务法人与行政诉讼法[J]. 行政法学论丛·第3卷,2000.

[4]丁兴富. 远程教育学[M]. 北京:北京师范法学出版社,2001.

[5]丁新,陈武. 欧盟成员国远程教育法规评析[J]. 电化教育研究,2003(3).

[6] Student Charter Open as to people Open as to places Open as to methods Open as to ideas(《英国开放大学学生宪章》)文本.

[7]彭志忠,向蓉. 中美高校学生管理法治化比较及其启示[J]. 湘潭师范学院学报(社会科学版),2009(9).

[8]王洪成. 中外教育司法制度比较研究及启示[J]. 河南教育学院学报(哲学社会科学版),2006(2).

[9]丁兴富. 远程教育学[M]. 北京:北京师范大学出版社,2001.

[10]陈乃林. 现代远程高等教育教学与管理研究[M]. 北京:中国人民大学出版社,2005.

[11]张小芳. 高校学生违纪处分听证制度的构建[J]. 宁波大学学报(教育科学版),

闽台教育论2008(1).

[12]倪洪涛.论制约我国大学生权益公法救济的现实障碍[J].甘肃政法学院学报,2007(11).

中央广播电视大学课题"具有开放教育特色的广播电视大学学生工作机制构建"(GAQ0030)之子课题"开放教育学生权益保护"成果。

(课题主持人夏良玉为福建广播电视大学研究员,张以华为福建广播电视大学研究实习员,林光明为福建广播电视大学助理研究员,许勇为福建广播电视大学助理研究员,黄文伟为福建广播电视大学泉州分校讲师,戴婧为中央广播电视大学助理研究员。)

面向 21 世纪福建远程教育文字教材建设浅探

何绵山

福建远程教育文字教材从无到有,在过去的 20 年中得到很大的发展。面对 21 世纪的挑战,它在许多方面都还有待进一步完善和提高。本文拟就统设课、省开课、实践课文字教材建设作一肤浅探讨,以期引起有关行家关注。

一、统设课

所谓"统设课",是指由中央电大编写、出题、全国统一开设的课程。目前中央电大陆续开出了近 300 门统设课课程,国内外近千名专家、教授承担了课程编制工作,成绩是明显的。但随着时代的发展,其局限性也越来越明显,具体如下:

课程设计不合理。(1)不能成为一个有机体。如文字教材一般由主教材、参考教材、指导书三部分组成,按理各有各的作用,但真正能起到互相衔接补充的并不多,有的指导书仅是主教材各章节的压缩和重复,指导性不强;有的参考书游离于主教材之外,学生不知所云。(2)电视教材不够形象,大多为教师机械重复主教材内容。(3)教学大纲对课程规定的教学目标经常与教材不一致。(4)各种媒体间不能有机地形成一体化,有的试卷不能很好体现教学中的重难点,或太易,或太难。

教材内容滞后。更新速度慢,如法律、财经一类课程,各种新法规颁布很长时间了,教材还是无法体现。一些课跟不上时代,不能及时吸收学术界新成果,缺乏前瞻性。

教材内容深浅没根据。随意性较大,对所学对象程度把握不准,有的教材量偏多、偏深;有的教材量偏少、偏浅。

课程设计缺乏创造性。形式比较单调,一些练习和思考题设计较死板,偏重于死记硬背,真正开发智力、开拓思维的不多,没有给学习者留下发挥余地。学生无法根据自己的条件和需要进行学习方式的选择。

对统设课进行认真总结和研究,对于更好地发展远程教育是很有必要的。

第一,对已开过的课进行调查评估,建立起一套行之有效的评估方法,既要有面,也要有点。对有代表性的教材,要收集各方面意见进行详细剖析,总结出有规律的经验。要及时对一些不适宜的课程进行改革,奖励优秀的,惩罚差的。建立反馈制度,定期总结经验。在有关刊物开辟教材评论专栏,评论者可以是教师,也可以是学生,要进行长期追踪。第二,建立专门研究机构。建议成立课程研究所(或称课程研究中心),要有专职人员进行全方位研究,可在全国聘任有关人员为兼职研究员,定期拿出成果,拿出带有指导性的意见。要经常进行教材研讨,出版发表研讨教材的专著和论文,使现代远程教育课程研究成为一个专门学问,先姑且称之为"远教课程学"。

建立高水平的远教课程编制队伍,是提高统设课水平的关键。在这方面,国外有着很成功的榜样。如英国开放大学的课程编制往往由课程组集体承当,课程组成员一般包括:(1)课程组主席,一般由开放大学有经验教师担任,他要对课程质量和进度负责;(2)课程各单元撰稿人,由开放大学专职教师或校外专家担任;(3)开放大学制作中心编导;(4)开放大学教育技术专家;(5)课程协调员;(6)开放大学专职辅导教师;(7)编辑。每个成员各司其职、各负其责。事实证明,这种阵容是有助于编制高水平教材的。

统设课程编制人员,一般应由某学科著名专家教授、中央电大专职教师及少量地方电大专职教师组成,有搞音像教材的专家,还应配有摄制、编导人员。这种组成最大的优势是能充分利用国内一流专家的水平,有利于提高教材的知名度,但在适用性方面却存在很大缺陷。由于主持者对学生知识结构、学习环境、学习情况等不了解,往往从自己爱好特长出发,有意无意地照搬普通高校课程的内容和套路;编者对音像、CAI等远教手段不了解,无法设计出最佳的一体化方案,所提出的思路、设计都较为肤浅。

当务之急是怎样使设计编制者既是本学科、本专业行家,又懂得远教特点。对编制人员,要进行有关知识的培训,对一些关键性人员应要求持证上岗,应有严格要求。

二、省开课

所谓"省开课",是指各省电大自己编教材、自己出题、自己开设的课程。中央电大在选修课中,下放了40%为省开课。这个举措有着多方面的意义:(1)各地方电大可根据当地需要,开设更有针对性的课,有利于地方人才的培养。(2)各地方电大可根据自身师资情况开课,有利于发挥教师特长,进一步挖掘教师潜力。(3)有利于地方电大教师队伍的培养,使教师通过编写教材、进一步提高素质,推动科研,调动教师积极性,为评职称、评奖创造条件。(4)有利于进一步搞好教材建设,形成百花齐放局面,一方面可缓解中央电大编教材压力,另一方面也可形成自己特色,出拳头产品,由此向省教委等有关方面申报优秀课程。

但必须引起关注的是,地方电大可自开40％选修课的政策,还远远没有被用足用好。据了解,目前地方电大自开选修课的情况主要有三种:(1)基本照搬中央电大的选修课,自己不开选修课,只图省事。(2)所编选修课教材与中央电大重复,缺乏当地特色,一些地方电大所编教材如《公关写作》、《经济应用文写作》、《大学语文》、《语言交际学》等课,中央电大已经有了,如果没有新意而另起炉灶,为编教材而编教材,似没有必要。(3)虽开出少量有特色的选修课,但远远没有达到40％。过去地方电大要求中央电大下放一些课程,一旦中央电大下放了一些课程,怎样把它开好,确定是一个值得探讨的问题。

从目前看,编好省开课教材的困难不少,如:(1)学生人数少,教材无法多印,造成出版困难。(2)编写人员力量不足。要编写出高质量、有特色的省开课教材,其主持者需为精通或较精通某一领域的专家学者,而电大教师在这方面较为薄弱,因为学养和功力的形成,非一日之功,得有一个积累过程,好的写作班子难以组成。(3)时间不足。地方电大教师一般都一人身兼多职,除了要上好面授课外,还要兼顾管理方面工作,就是假期也非常短暂,不可能有专门编教材的时间。(4)资金缺乏。真正按中央电大教材建设要求,远程教育的课程,必须有主教材、辅教材、指导书等,最好还要配音像教材和CAI课件等,这些都必须投入一定资金。而各省难以在此投入更多资金。

怎样才能建设好省开课教材呢?(1)各部门重视。必须充分认识省开课在创校名牌、培养学生、促进师资队伍建设等方面有着积极作用,要步调一致地在这方面投入资金和精力,给予积极扶持政策倾斜。(2)充分发挥各地方电大的协作作用,向协作要效益。如电大华东协作区每年都开一次协作会,应将讨论如何协作编教材列为议事日程。(3)在教材使用上互相调剂支持。如某个地方电大编出的省开课教材能适合其他地方电大选修,其他地方电大应积极购买。这样可减轻出版资金周转方面的压力,互利互惠。(4)逐步完善一套省编选修课教材建设制度,确保省编选修课教材质量。(5)建立教材建设专项基金,用以对省编选修课教材进行建设和改革,使之日趋完善。(6)由中央电大负责教材建设同志出面,定期对省编选修课教材进行评估考察,好的进行奖励,适合的可推荐至中央电大选用。

要编好省开选修课教材,当前要着重抓好以下几种课程的建设:

1.有鲜明区域特点的课程。如目前在海外有闽籍华人 1000 多万,台湾 80％居民祖籍福建,福建文化以其鲜明特点在中华文化中占有独特地位。福建电大编写了《闽文化概论》一书为省开选修课教材。目前,"闽文化概论"作为福建电大重点课程已立项,正在进行题库建设,有条件时准备搞 CAI 课件,逐步将其完善。福建是全国改革开放综合试验区,外向型经济发达,福建电大开出了省编选修课"外向型经济概论",受到广大学生的欢迎。

2.现实需要,又有独特价值的课程。如有专家预言,21 世纪最突出的焦点将表现在民族、宗教等方面,"民族宗教无小事",福建是个宗教大省,以汉传佛教为例,据 20 世纪 80 年代末调查,全国汉传佛教寺院 5000 多座,福建就有 4000 多座;全国僧尼 17000 人,福建有 10000 人。全国首批重点汉传佛教寺院,福建有 14 座,为全国之最。提高对宗教的正确认识,特别对于那些与宗教关系密切的同志来说,全面正确地贯彻执行党的宗教政策,依法加强对宗教事务的管理,积极引导宗教与社会主义社会相适应,是一个紧迫任务。但目前人们对宗教认识差异甚大,或认为宗教是迷信,或认为宗教是鸦片,或认为宗教是文化。如能开出一门"宗教学原理"的选修课,用中共中央 19 号文件(即《关于我国社会主义时期宗教问题的基本观点和基本政策》)为主线编写教材,让大家真正了解何为宗教,知晓社会主义阶段宗教特点,无疑有利于今后工作。特别是有关专业(如旅游管理、乡镇管理、行政管理等),更应该上好这一门课。此外,在一些民族地区(如福建的畲族人数为全国最多),则可相应开设"民族学概论",这对于更好地了解民族文化、民族政策等,是有益的。

3.有一定经济效益、覆盖面大、市场前景看好的课程。如目前一些非中文类专业学生的语文水平亟待提高,可在非中文类专业的学生中开设"中国语文"课,不仅可提高学生的语文水平,也可提高其整体文化素质。此外,海外学中国语文浪潮方兴未艾,过去大都用台湾编的教材,后因台湾编的中国语文教材用注音符号、繁体字,与大陆教材用拼音、简化字不同,故海外学生希望大陆能编出好的《中国语文》教材,其海外市场看好。必须指出的是,《中国语文》与《中国文学》、《大学语文》不同(具体可参见拙文《多媒体教材编制的构想——以〈中国语文〉为例》,载《开放性与教学现代化》,中央电大出版社 1998 年版)。《中国语文》多媒体教材应包括:(1)主教材《中国语文》,为文字教材,内容包括语言和文学两部分;(2)参考教材《〈中国语文〉学习参考》,为文字教材,主要为专家学者谈学习《中国语文》的方法;(3)自学指导教材《〈中国语文〉学习指导》,主要为各章节重、难点的学习提示和习题;(4)录音教材《〈中国语文〉导读》，对名篇进行鉴赏诵读；(5)录像教材《中国语文》，以实物实景展示中国文学的内涵和历程；(6)CAI课件，主要为作业练习和答案检索等。

三、实践课

实践课，是指电大学生在实践性教学环节中应完成的课程，这类课程大都与学分挂钩，要求较高，有一定难度。其开展如何，直接影响到学生学习的质量。但由于它又不属于一门全学期在课堂开的正式课，引不起重视，一般没有专门为实践课而编写的实践课教材，这给学生实践带来诸多不便。实践证明，有没有实践课教材，对于实践课的质量好坏，是有重大关系的。

近些年，有关教师根据实践课需要，编写了系列有关实践课教材，得到广大学生和任课教师的欢迎。综合各种反应和反馈，我们体会到，编写实践课教材应注意以下几个方面：

1. 针对性。如福建方言复杂，师范专业学生学普通话历来是个大难题。但为师范生而编制的教师职业技能培训教材《教师口语》中，没有福建人学普通话的章节训练，因此，不少学生学了这门课后仍然"乡音未改"。我校老师针对此情况编写了《〈教师口语〉参考资料》，将"福建各方言区的人学习普通话的难点"作为重点，并列出"福建方言和普通话词汇差别对照举例"、"福建人容易读错的常用字"等表，使学生得到有针对性的训练，将学好普通话由盲目性训练变为有目的训练，收到事半功倍效果。

2. 实用性。如电大普通班师范生每年都要到中学实习，电大虽然曾制定了《教育实习纲要》，对实习要求作出了原则上的规定，但学生仍感到实习过程中难以一下进入角色，许多问题无处请教。为此，福建电大有关教师编写了《教育实习手册》一书，书中分"实习前的见习"、"进入实习学校"、"实习小组的自我管理"、"教学工作实习"、"班主任工作实习"、"实习中的人际关系"等九章，并附有"实习生实习体验摘要"、"各类实习表格"、"教学班实习总结"等，学生反映很实用，对他们顺利搞好实习起了很大作用。

3. 指导性。如毕业作业是非常重要的实践性环节，我们针对这个环节中常出现的问题，编写了《毕业论文指导》一书，书中分"毕业论文写作基础要求"、"各专业写作指导"、"答辩、终审"等三大部分，如"各专业写作指导"描述了本专业研究的历史、分析了目前研究现状、提出了选题参考，有较强的指导性。此书对于一些身处偏僻地区、资料缺乏的学生来说，是很有必要的。

4. 可操作性。如进行财会模拟实验是财会学生必须进行的项目，通过会计模拟实验培养学生的会计操作能力，是公认的一种行之有效的教学方法。

我校有关教师在长期带学生模拟实验的过程中不断总结经验,编写了《会计实验教程》一书。书中对操作要求做了详细的规定,并通过收集改编和制作各种基础会计和财会图表、票据,为学生提供了各种仿真会计实验依据,具有较强的可操作性。再如"模拟法庭"是法律专业学生均应完成的一项重要实践活动,但怎么开展？如果没有具有可操作性的示范材料,模拟将流于形式。福建电大有关教师针对这个薄弱环节,结合所开设的实体法和程序法课程相关内容,编写了《模拟法庭案例习题》,让学生按案例所提供的角色各司其职,完成相应的实践内容和司法文书,最后由有关评委进行评定。相关教师将在实践中进一步完善其内容,继续在可操作性方面进行设计,拟在逐步总结经验的基础上,编一本《模拟法庭教程》。

文字教材建设是完成教学任务的主要保障,搞好统设课、省开课、实践课的文字教材建设,对于远程教育来说,其意义尤为重要。我们相信,经过不懈努力,我省电大文字教材一定会再上一个新台阶。

基金项目: 福建省自学考试课题"现代教材教学媒体研究"(0219)系列成果之一。

（作者为福建广播电视大学教授）

用现代教学媒体新理念指导福建远程教学资源建设
——以《闽文化概论》一体化教材的设计与制作为例

李正光　边建军　何绵山

在学校的大力支持下,我们用现代教学媒体新理念指导《闽文化概论》一体化教材的设计与制作,在各方面做了新的尝试和努力,取得了令人欣慰的效果。

一、《闽文化概论》一体化教材的组成

《闽文化概论》一体化教材主要由以下四个方面组成:

其一,主教材《闽文化概论》(文字教材)。书中详细介绍了闽文化源流(即:古越文化的遗风、中原文化的传入、宗教文化的传播、海外文化的冲击、台湾文化的交融、领域文化的渗透)和特点(即:多元性、延伸性),并从最能代表闽文化的文化现象,如哲学、史学、文学、艺术、工艺、宗教、民俗、教育、建筑、经济、科技等11个方面入手,准确地高度浓缩了闽文化的精华。作者在长期文献积累的基础上,又进行了艰苦的、广泛的社会调查和实地考察,使其所列的11个方面尽可能具有代表性,让学生学完本书后对福建本地文化有一个较为系统清晰的认识。书中的论述注意面的概括,也注意点的挖掘,既系统又深入。如"艺术"一章,先分音乐、舞蹈、戏曲和绘画四节,各节之下再分小类,各类之下再分小点,各点之下再分地域,地域之下还分不同特色等,层层深入,细加比较,从而阐发了福建地方艺术中的多项深层内涵。该教材并不仅仅停留在一般陈述上,而是进一步归纳分析总结,透过现象去揭示其规律。每章每节每点,都力求在对各类文化现象进行阐述后,逐一分析这些现象的成因和各自所具有的特质,使学生不仅能全面了解闽文化内容,还能从本质上认识、把握这些内容。

其二,辅教材《闽文化续论》(文字教材)。此教材主要是对主教材内容的进一步深化和说明。中央电大要求远程教育教材除了主教材外,一般还需配备辅教材,以便于学生自学。《闽文化续论》对主教材所涉及的闽文化的源流和特点进行了细化和进一步补充,如在主教材"源流"一节涉及"古越文化的遗风"的基础上,辅教材从闽越文化的内涵、闽越文化的蛇崇拜、闽越文化的鬼神崇拜、闽越文化对福建艺术的影响、遗存于福建民间的闽越文化习俗、闽越文化的流播、闽越人与高山族及畲族关系、闽越人精神文化特征对福建文化影响等多方面进行说明,进一步深化了闽越文化与闽文化的关系。书中还补充了闽文化的精华——福建民间故事、民间歌谣、民间谚语等民间文化,使学生对闽文化有更加全面的认识。

其三,《闽文化》多媒体课件(CAI)教材。此教材经福建省高校技术协会研究审批立项,由省教育厅拨款进行研制,专家验收通过时被评为"优秀"。旨在根据远程教育需要,供分散学习的学生自学。特别利用影像、声音、动画和文字等丰富多彩的学习媒体和富含意境的精美界面,激发学生的学习兴趣,以便更好地掌握学习要点。该课件与主教材相对应,主要有四大块内容:(1)闽文化源流与特点。(2)闽文化各种文化现象。此为课件核心,根据文字教材内容,由哲学、文学、史学、艺术、宗教、工艺、民俗、建筑、教育、科技、经济等11个方面组成,每部分由概述、特点、人物、成因、录像等项目组成。(3)闽文化综论。选取了与闽文化相关的论文,供学生及闽文化爱好者查询。(4)综合练习。由练习题、作业、在线交流、网络答疑等板块组成,供学生在学习后巩固所学知识,进行测试。学生利用网络可以参与设在省电大服务器上的课程网页BBS进行课程讨论并通过 E-mail 与任课教师取得联系。

其四,《闽文化》网络课程。此教材经福建省高校技术协会研究审批立项,专家验收通过时被评为"优秀"。其主要内容为:(1)12次课程内容辅导;(2)自学参考资料;(3)有关教学信息;(4)模拟试卷;(5)每单元作业;(6)闽文化BBS论坛。本网络课程采用模块化组织,将课程内容进行浓缩,配以大量丰富多彩的视频、插图、音频讲解等形式,活灵活现地向学员展示了课程内容。课程共分12个模块介绍本网络课程的学习知识,学生通过快速导航、快速导读以及学习页面右中部的图文检索可以快速定位到所需知识点的相关页面上,整个操作实用、便捷。自测练习提供分项练习和综合练习两种。在各个学习模块的分项练习中有单选、多选、判断等多种类型的自测题,提交答案后系统将自动分析答案并统计该题正确率,以利于教师提供有针对性的辅导;回答错误的题目将显示在独立的页面并附有参考知识的网址,有利于学员进一步补缺补漏以自我提高。综合练习是根据考试内容来设置的,方便学员系统地检查知识点的掌握程度并熟悉考试题型。此外,教学文件模块将提供学员们与课程相关的教学教务文件;互动交流模块提供给学员和教师有效互动的空间。

不管是网络课程还是多媒体课件,只要能够上网,即有强大的互动功能。交互主要包括课程内容评价、BBS论坛互动、作业互动、自测自评、考试系统等。

二、《闽文化概论》一体化教材着力解决的问题

其一,在教学方式上,解决了师生难以互动这一远程教学中长期存在的难题。由于电大为远程教学,学生难见老师的面,平时难以与老师进行互动。这套一体化教材使学生通过网络平台,可以与老师互动,学生可随时向老师提问题,老师及时回答问题,使问题得到及时消化,极大地激发了学生的学习热情。老师也在与学生交流中及时发现问题,在第一时间内作出教学调整,做到了真正意义上的教学相长。

其二,在教学内容上,解决了学生在学习过程中感到枯燥难懂等烦恼问题。这套一体化教材的网络课程采用模块化组织,将文字教材的内容进行形象化处理,配以大量丰富多彩的视频、插图、音频讲解等形式,活灵活现地向学员展示了课程内容。多媒体课件中贮存了大量的有关资料,网络课程则可以不断链接新资料,这些都大大满足学生延伸学习的需求,使学生在学习过程中感到兴致盎然。

其三,在自学模式上,解决了学生不知如何自学等焦虑问题。以学生为中心的自主学习模式是电大远程教学的主要特征,特别是学生分散的教学点,学生自主学习尤为重要。这套一体化教材在编撰时就是按便于学生自学的理念而设计的:一是文字教材各章节难易比例恰当,重点突出,难点、要点一目了然;二是多媒体课件检索方便,通过快速导航、快速导读,可以快速定位到所需的知识点,整个操作实用便捷;三是网络课程具有人机交互功能,如课程内容评价、BBS论坛互动、作业互动、自测自评、考试系统等,使学生能及时知道自己的不足而补缺补漏,由此不再惧怕考试。本着学生以学为中心、教师以导为主的指导思想,本课程着力建设成能够在教学中充分运用"支架式"、"抛锚式"、"随机进入式"、"自我反馈式"和"发现式"等多种形式的互动式教学体系,通过多媒体提供图文声像并茂的多种感官综合刺激,激发学员的学习兴趣,并进行协商会话、协作学习,发展联想思维和建立新旧知识之间的联系。学生可以根据自身学习特点来选择学习方式,实现随时随地的教与学。

《闽文化概论》一体化教材解决了全省电大长期缺乏地方文化课教材的问题,多媒体课件以生动形象的内容解决了学习者因学习内容抽象枯燥而产生的畏难情绪和心理疲劳等问题,网络课程以密集的容量、链接的灵活性和"人机互动"的形式彻底解决了学习者在自学中遇到的种种问题。

这套一体化教材之所以7次获奖,是因为它有效地解决了远程教学长期存在的诸多问题,为远程教学教材的编制开辟了一条新路,它不仅保证了本课程的教学质量,也为电大其他课程教材的设计编制提供了成功的范例。

三、《闽文化概论》一体化教材的创新点

其一,在观点上提出独到看法。如主教材中提出的闽文化的源流、闽文化的特点及各章节所揭示的文化现象,都是作者长期思考的结果,特别是闽文化的多元性和延伸性为首次提出,之后得到学术界的认可,有关学者在著述中普遍采用了这种观点。

其二,在资料使用上有新颖之处。教材中的许多资料,是作者多年通过田野调查和长期从各种古籍著述中聚沙成塔般收集而得的,如讲述闽文化的延伸性时,其中闽文化向台湾、东南亚、美国延伸的资料,都是作者亲自赴所在地收集田调而得。教材中的视频大都也是作者亲自拍摄,如有关"福州人在纽约"的许多录像,皆为作者6次赴纽约所拍,因情境变迁,许多已成绝版。

其三,在教材一体化设计上有创新处。文字教材、多媒体课件、网络课程这三种类型的教材互为联系,形成一个有机体,但各有各的功能,决不重复。文字教材是主教材,为教师讲课重点和学生学习考试的依据;多媒体课件将主教材中所涉及的每个文化现象都用多种媒体表现,让学习者游历其间,直观形象地感受闽文化的博大精深,激发了学生形象思维能力,引发了学习者的学习兴趣。网络课程以"人机互动"见长,弥补了文字教材和多媒体教材的不足。正在建设和完善之中的网络课程将以上诸种优势集于一身,提供了一个功能强大、资料齐全、界面优美、导航清晰、多向互动的教学环境。

四、《闽文化概论》一体化教材产生了良好的社会效益

本教材曾被福建广播电视大学中文、图书、文秘、市场营销、国际贸易、法律、小学教育、旅游、教育管理、行政管理、物业管理等10余个专业选用。有数万名学生学习了此课程,准备今后再扩展10余个专业。此课程不仅在全省电大使用,也被多所兄弟院校选用。许多学生学习后在学习体会中表示:学习了此课后,知道了家乡的灿烂文化,更加热爱家乡,增强了作为闽人的自豪感。教育部委托中央电大进行的"人才培养模式改革和开放教育试点"课题研究中的"教学组织形式的研究、改革与实践"子课题,曾以《闽文化概论》一体化教材和教学为个案进行研究,研究结果认为这种有主教材、辅教材、CAI课件、网络课程的一体化教材,有利于学生自学,使学生在学习中取得良好效果,使学生进一步认识福建、了解福建、热爱福建,更好地建设福建。文字教材出版后,其内容除了被大陆多家刊物转载转摘外,还被台湾的《历史月刊》、《鹅湖月刊》、《中国文化月刊》、《台湾源流》、《政治大学民族学报》、《淡江史学》等转载转摘,并被美国最大华文报纸《世界日报》分期连载,由此引发了对福建人素质的讨论。国务院《古籍整理出版情况简报》、《福建日报》(3次)、《福建学刊》、《福建师大》、《文化生活报》、《海峡教育报》、《中国图书评论》、《福建宗教》、《朱子研究》、《东方文化》(香港)等10余家报刊发表评论赞誉主教材,如《福建日报》发表的李少明的《璀灿的闽文化——评〈闽文化概论〉》一文指出:《闽文化概论》有"三个方面特色和价值:系统全面、内容广泛;深入挖掘,细致入微;有述有论,见解精辟"。《福建学刊》(后改名为《东南学术》)发表的林兴宅等人的《闽文化研究的新收获——简评何绵山新著〈闽文化概论〉》一文指出:"《闽文化概论》吸收了历史上和近年来海内外闽文化研究的成果,去粗存精,删伪留真。由于作者博采而精审,使这本书保留和发掘了近些年来被人遗忘的不少珍贵资料。作为福建人,读了此书,都不能不感谢何先生为我们寻根认祖,介绍祖先传统的习俗、风情所作的努力。"《中国图书评论》发表的陈石怀的《地域文化研究的新创获——〈闽文化概论〉评介》一文指出:"《闽文化概论》的作者以翔实的材料,展现了闽文化的全貌,表现了闽文化的成就。在丰富的材料中,作者进行了全面而有系统的梳理,为闽文化的历史作了具有条理性和客观性的总结和评论。它将引起人们研究闽文化的更大兴趣。"

学校各有关部门积极支持《闽文化概论》一体化教材的设计和编制,多次聘请校外有关专家提出建设性意见,并给予充分论证。在编写文字教材时经过反复酝酿,力求精益求精。多次在全校老师中演示多媒体课件和网络课程,让教学第一线的老师提出各种修改意见。多次召开学生座谈会,认真听取学生意见。将本教材的使用研究纳入中央电大"人才培养模式改革和开放教育试点"课题的"教学组织形式的研究、改革与实践"子课题研究,由永安电大立项的《自助式分类辅导策略——以"闽文化概论"教学为个案》由厦门大学出版社出版后,在基层教学班引起共鸣。学校在10多个专业安排"闽文化概论"课程,在时间、经费上给予充分保证。给参与编制者折算教学工作量,使他们能潜心研制;在经费上大量投入,不仅给文字教材拨出研究经费,还对CAI课件和网络课程专门拨款或进行配套(如省教育厅拨2万元,我校立即配套2万元)。支持并鼓励文字教材参评省社科优秀成果奖,CAI课件、网络课程参加省、中央电大评奖,使本教材前后共 7 次获奖。《闽文化概论》一体化教材正式使用以来,受到学生广泛欢迎。从教学内容上看,此课程有助于学生了解家乡、热爱家乡,受到爱国爱乡的教育,积极投入海西建设。从教学形式上看,此课程成功地解决了远程教育中"老师怎样教、学生怎样学"等长期存在的难点问题,为以"自学为主"的学习方式提供了良好的平台,为今后编制其他课程一体化教材提供了经验和借鉴。从教学效果上看,此教材使抽象的教学内容视觉化、形象化、互动化,使学习者在学习过程中不感到疲劳而觉兴致盎然。从教学效益上看,此教材的研制大大扩大了教学规模,在不增加投入的情况下,可使愿选学此课程的学习者(无论是几千人还是几万人)同时受益。从教材本身影响上看,除了电大系统外,亦有多所兄弟院校选用了此教材,海内外 10 余家报刊发表了有关的评论文章,对其内容予以高度评价,此教材为学校赢得了荣誉。

五、《闽文化概论》一体化教材制作的体会

其一,领导高度重视。学校领导高度重视编写有区域特点的省开课教材,在各个环节上给予充分支持,不仅亲自参加论证,要钱给钱,要人给人,要时间给时间,还亲自赴教学班在学生中进行调研,亲自所取反馈意见,从质量上严格把关。

其二,前期工作扎实。一部好教材的编写前期工作极为重要。在论证阶段,校领导不仅聘请了省内有关专家进行反复论证,多次座谈,并征求中央电大有关领导和专家意见,经过不断论证,使作者明确了目标和方向,没有走或少走弯路。

其三,作者的长期准备和积累。作者长期醉心闽文化研究,为此做了 10 余年的准备和思考。以主教材中第七章"宗教"为例,作者曾于 1973—1978 年在全国重点寺庙林阳寺住了 5 年,并参与《福建宗教》杂志的创办与编辑,参与《福建宗教志》的编写,为省民宗厅撰写《福建宗教》VCD 解说词,长时间亲历八闽各地宗教场所进行调查,收集了第一手资料。再以辅教材中闽文化向台湾、东南亚、美国延伸的资料为例,也都来自第一手。作者多次到台湾"走透透"(除了澎湖外都走过了),并亲自赴东南亚考察,作者父母等居住美国的家人也为他收集了大量资料。

其四,充裕的时间。教材编制者没有急于求成,而是经过长期的试教试用后才将教材投入正式使用,主教材先在普通班试用,在征求意见的基础上进行修订。辅教材先出内部印刷品,试用后在广泛征求意见的基础上才公开出版。

这样,教材的缺憾就被控制在最低程度。

其五,大量资金投入。文字教材编写伊始,学校就投入大量经费,校领导明确表示要将其打造为精品。正是有了经费保证,初稿才有可能呈送众多专家审阅而得到质量保证。在初期的课件制作中,我校投入了数千元经费。省电教协会将此教材的 CAI 课件立项后,省教育厅即拨 2 万元经费,我校也立即配套 2 万元。大量资金的投入是此一体化教材顺利保质完成的根本。

其六,发动各分校积极参与。在制作一体化教材的 CAI 课件时,有许多图片和影视资料需要各地提供,因此专门成立了由 9 个设区市的电大分校教师组成的编委会,各设区市分校提供了大量珍贵的资料,从而保证了 CAI 课件的完整性和独创性。

其七,激励政策的落实。主教材获福建省人民政府颁发的第三届省社科优秀成果奖后,我校立即给予奖励。与之配套的 CAI 课件获校一等奖、省优秀课件奖、中央电大佳作奖后,我校都给予不同程度的奖励,大大激励了制编人员的热情。

其八,不断学习汲取前沿知识。学校定期进行现代教学媒体建设的培训,并从香港公开大学、北京师范大学等地请媒体制作专家来校开讲座并进行指导。我们用现代教学媒体新理念来指导具体教学资源建设,大大提升了教学资源建设的质量,所设计、制作的各种教学媒体多次获奖。

基金项目:福建省自学考试课题"现代教材教学媒体研究"(0219)系列成果之一。

(作者李正光为福建广播电视大学教授,边建军为福建广播电视大学副教授,何绵山为福建广播电视大学教授。)

福建广播电视大学省开课多媒体课件的设计与制作
——以《诗词鉴赏》为例

边建军

笔者参与制作的《诗词鉴赏》多媒体课件,自 2005 年开始试用至今,受到师生的广泛好评,并被评为精品课程,获得多种奖项。笔者回顾这一制作经历,从课件框架的搭建、模块的设计、界面设计,到交互性功能的实现……每个过程都颇有感受。笔者认为,要制作高水平的多媒体课件,应从以下几方面入手:

一、精心搭建课件框架

(一)精心设计每个模块

课件框架由一个个模块组成,所以精心设计每个模块是一个极为重要的环节,一定要予以高度重视。《诗词鉴赏》多媒体课件分四大模块:漫谈诗词鉴赏、诗词作品选析、历代诗论词话、综合自测练习。这四大模块贴合课程教材的教学内容,各个模块相互协调与补充,能有效地达到教学目的。漫谈诗词鉴赏模块:介绍诗词的发展概况、特点及诗词鉴赏知识;诗词作品选析:这是教学软件的核心模块,结合书面教材选取了从先秦到清代 135 位作家的 275 篇作品,下设的子模块有作品原文、作者介绍、字词注释、作品赏析、录像等;历代诗论词话:选取了古今较有影响的诗词理论著作,供学员及诗词爱好者欣赏和学习;综合自测练习:下设综合练习、能力自测、作业、在线交流、网络答疑这几个子模块,学员可在课后进行能力测试以检查自己的知识掌握情况。为方便交流互动,还设了 BBS 及智能答疑系统供师生共同讨论。

(二)以人为本,从学习者的角度出发进行设计

在设计《诗词鉴赏》多媒体课件时,本着以学习者为中心的理念,从使用者的角度换位思考,进行设计。一是考虑不同学生的学习条件、资质及学习动机的差异,尽可能提供多种多样、丰富的学习资源,把一本平面的教材,变成一个立体、内容丰富的多媒体课件,以满足不同的学习需要。二是设计生动的互动

环节。我们设计的师生互动、人机互动、生生互动这样的全方位互动环节,还有一些网站链接,供下载学习资源,以及可以自动扩展的智能答疑系统等等,真正突出以人为本、以学生为中心的理念。我们的网上实时讨论及教师点评,可通过网络现场解决学员的疑问;大量的综合练习及自测题,均来自我们后台的题库,随机生成,学生可以在线答题,由计算机自动生成测试结果和分数。所有的题目都会提供答题提示,学员的测试过程,也是一个学习的过程。我们提供的多渠道、全方位的教学互动环节,如 BBS 讨论,智能答疑,电子邮件……都是我们在搭建多媒体课件框架时要充分考虑的。三是我们考虑到成人业余学习的特点,不但有规范的教师精讲环节,还设计了自测环节,方便学员多学多练。拓展链接了相关专业网站、参考书目及杂志的阅读,力图开拓学生视野,充分调动学员的学习兴趣及积极性。通过视频欣赏等环节,尽量避免机械的重复记忆,加深学生对诗词作品的背景知识的认识和理解。

（三）模块设计符合教学规律,充分发挥多媒体课件的优势

教学过程分四个基本阶段:一是激发学习动机或学习兴趣,二是感知教材,对所学的教材获得感性认识,三是理解教材,即教师引导学生进行思维加工,由感性认识上升为理性认识,发展学生的思维能力,四是知识的巩固,即复习及测试。我们在设计课件框架时要充分利用多媒体课件的特点,力求与上述教学阶段完美结合。如我们选择优美的背景音乐、如诗歌般有意境的界面,配上娓娓动听的诗词诵读,很容易将学员带入诗词描绘的情境中,学员也就很容易获得感性认识。无论是字词注释、作品背景介绍,还是作品赏析环节,我们的设计原则就是把一首平面的诗词,变成一幅立体的色彩丰富的画卷,使学员对诗词有一个感性的认识。而历代诗论词话,引导学生理性地思考,拓展思路,形成自己独到的见解。教学的最后一个阶段:知识的巩固,我们也充分考虑了,用一个能自主评价的题库来检查学员的知识掌握情况。我们在多媒体课件的框架搭建时,每个模块都要精心设计。

二、充分体现多媒体课件表现力丰富的特点

（一）多媒体课件使每个知识点形象化

多媒体课件不但通过画面、声音、色彩可以自然逼真地表现丰富多彩的世界,还能把抽象的事物用生动直观的方式表现出来,使原本枯燥无味的教学过程充满了魅力。中国的古典诗词,意境优美,韵味悠长。我们要利用好多媒体手段,把它们充分表现出来。每个朝代都有其不同的文化特征,我们尝试用不同的画面和音乐来表现它们,让学员不但能从古诗词中,还能从画面,从音乐,

从娓娓动听的诵读声中游历其间,大大激发了学员的学习兴趣。

（二）多种媒介的有机结合

我们将视频、音乐、Flash动画、界面等多种媒介有机结合,有效运用,把知识点用生动直观的方式表现出来,使学习者在学习过程中感觉到乐在其中,美在其中。在课件中,我们集合了大量多媒体学习资源,如书画、名家作品、影视资料等,使学习者的听觉、视觉在学习知识过程中全方位得到刺激,加深了对知识点的记忆与理解,枯燥的学习过程也变得生动有趣。

（三）每个知识点都有最佳展现

为了使知识点突出,便于学员理解和掌握,我们对教学资源进行了有序的整合。对于每个知识点的学习,我们掌握一个清晰原则,即在一个界面上,出现的信息不要太复杂,以免分散学员的注意力,将一些信息进行整合,尽量使界面简洁,资源的内容条理分明,突出重点,用有效的资源扩展内容,使学习者迅速掌握知识的核心。在设计时,我们用了一些模块、浮动层、链接等技术手段,把不同的知识需求分开。文字、图片、视频、背景音乐结合起来,能取得传统课堂难以企及的教学效果。背景知识介绍、诗词诵读、BBS讨论、写诗填词等教学手段,把每一个知识点表现得淋漓尽致。

（四）丰富的学习资源与新颖的表现形式相结合

在课件制作过程中,我们没有简单地把学习资源进行堆砌,而是根据我们的教学理念及教学规律对其进行有效的整合,使每个素材发挥最大效能。我们整合学习资源,依据的是情景性、均衡性、整合性、开放性原则。情景性原则,是让学习者能身临其境,在真实的场景中学习到知识与技术。均衡性原则,是我们在进行课件设计时,充分考虑课程各个模块的比重,合理编排,突出重点要点,同时也使知识点的分布不至于失衡。整合性原则是指我们对各个知识点进行有效的整合,使之形成一个有机的整体。开放性原则是指整个课件就是多学科教师组成的团队运作的成果,以及设计过程的开放性。遵循了以上四条原则,才能突破普通教学课件平面化的局限,真正实现各种媒介的有效结合。《诗词鉴赏》课件利用唯美的画面、优美的古典音乐、韵味悠长的诵读、丰富的背景视频,不仅让学习者沉浸于古典诗词之美,大大激发了学习兴趣,而且课件丰富的内容和合理的布局编排能充分满足学生的学习需要。

三、严格掌控设计的每一个环节

《诗词鉴赏》多媒体课件主要采用Authorware进行制作,大量运用Flash动画和Windows Media视音频流媒体等技术手段。在设计过程中,我们力求严格掌控每一个环节：

（一）界面设计环节

界面的风格不但要与教学软件的内容一致，还需符合友好性原则及方便使用。中国的古诗词具有 3000 多年的文化积淀，要把它完美地表现出来，呈现在学习者面前，不是件容易的事。成功地完成界面的设计，是完成这个多媒体课件非常重要的一个环节。在设计过程中，我们搜集了大量的素材，从历代名画中找灵感。传统文化中，"诗画同源"，我们在设计时，也着重体现"诗中有画，画中有诗"的美好境界。无论是下拉式菜单，还是左列和上列的两级导航菜单，我们都力求导航条清晰，有条理，整个界面图文并茂、布局合理、画面典雅，学习者一打开课件，就能留下很好的印象，在体会古典诗词之美的同时，又能很好地进行学习。

（二）交互设计环节

多媒体的交互性，是指用户可以与计算机的多种信息媒介进行交互式操作，所以可以得到有效控制和使用信息的手段。交互能力是体现多媒体教学软件强大生命力的重要指标之一，没有交互性的课件就不能称之为多媒体课件。交互性是指利用图形、图标、窗口、按钮等美观的图形界面作为人机交互的界面，实现信息的传播与接收。《诗词鉴赏》教学软件采用混合式交互设计，综合应用了直线式、分支式和循环式进行交互。

（三）艺术设计环节

具体来说，一是界面的艺术风格要与课件的内容相吻合。如色彩搭配、标题与背景、功能区布局、页面的字体、画面立体感，如何区分交互区与显示区等等，是否有较强的操作性。二是屏幕对象的艺术性。如文本的字体、颜色，视频出现的位置，声音大小，背景音乐的处理，艺术字的大小、字体，颜色的艺术处理等等。三是要把握好整体艺术风格。整体艺术风格对于体现《诗词鉴赏》多媒体教学课件的主题，着重增强其艺术性、感染力、表现力都有重要作用。

（四）导航设计环节

《诗词鉴赏》多媒体教学课件的内容很丰富，各知识点之间的脉络复杂，有一个清晰明了、条理分明的导航设计尤为重要，有了这样的导航设计，学习者即使在不熟悉知识结构和教学内容的情况下也能顺利地完成学习，不至于发生"迷航"。我们设计了四个导航模式，第一是帮助模式。让学习者能随时激活帮助模式，读懂软件的操作方法和使用技巧。第二是设置软件地图。将软件的结构用地图表现出来，方便使用者查找。第三是使用按钮标示导航。按钮上的说明文字简明扼要，让使用者很容易就能明白操作结果。第四是光标导航。在交互区改变光标的色彩或形状,让使用者能够轻松分辨交互区,并进行相应的交互操作。

(五)网络功能设计环节

使用多媒体课件的学习者在学习方式上可能会有较大的差异性。为了方便学生个别化、自主化学习,我们特别考虑在软件中设计一个端口用来给学生答疑解惑。网络的普遍使用,使这一构想变为可能。我们在课件中设计了一个BBS论坛及智能答疑系统。当学生遇到学习难点及疑惑时,不仅可以通过邮箱与老师联系,还可以在BBS论坛上与老师在线交流,在线的同学还可以在一起分享答疑过程。智能答疑系统即使老师不在线,仍然能回答学生的提问,如果是系统不能回答的,老师在后台完成解答后,答案将成为答疑系统的一部分,智能答疑系统可以在师生一问一答中,实现自身升级。《诗词鉴赏》多媒体课件还补充了一些资源扩展及相关专业链接,便于学生更加深入地学习,全方位地掌握知识。

四、优化学习支持功能

(一)强化交互性功能

多媒体课件不能不体现强大的交互性。我们可以设计"课程公告"、"网上论坛"版块,让教师使用这些版块指导学生学习,为学生答疑。每学期开展在线讨论,实现实时交互。在"资料下载"版块下,教师可以根据课程需要及学生提出的学习需求上传学习资料,供同学们共享。每一个教学阶段,我们都设置了学生评价这一互动环节,真正实现了"以学习者为中心"这一宗旨。

(二)强化学习资源拓展功能,扩大学生的视野

我们在《诗词鉴赏》多媒体课件中设置了"资料下载"、"休憩小站"等版块,并且链接了专业网站,提供了参考书目供学生参考阅读。

(三)优化自测环节,帮助学生检查学习成果,在练习中巩固知识

我们建立了一个题型多样的模拟题库,涵盖每个知识点,利用计算机随时编制综合练习及自测题。在学生完成答题后,计算机会自动评判成绩。所有的题目均有答案或答题提示,学生完成练习或自测时便可得到相应指导。

(四)方便的交互平台

为使交互过程方便顺畅,我们设计了使用极为方便的平台。如BBS论坛,论坛中设计了主题讨论区(作品赏析、课程学习、期末指导、学习天地)。各种畅通的交流方式,随时为远在各地的学习者提供教学及咨询服务。

（五）课程趣味性

为激发学生学习热情，我们提供了丰富的背景资料供学生阅读。在中华博大精深的文化氛围中学习，增加他们学习的乐趣。

基金项目：福建省教育厅 A 类科技项目"现代远程教育课程课件制作研究"（JA11287）系列成果之一。

（作者为福建广播电视大学副教授）

闽台教育论

福建广播电视大学统设课多媒体课件的设计与制作
——以《高等数学实验》为例

边建军

一、引言

随着现代教育技术的发展和教学改革的不断深入,传统的大学数学教学内容及方法不断地受到挑战,在数学课程教学的过程中,引入现代化的教学手段,大力开展计算机辅助教学和多媒体教学,将计算机应用在数学教学和学习中,改变"一张纸、一支笔"的传统学习方式,激发学生学习数学的好奇心与积极性,提高数学教学的效益和质量,已成为数学教育现代化和数学教改的现实课题。基于教学工作需要,2006年我们申请开发《计算机数值分析与计算》应用软件这个课题,本课题的初始模型创建于"数值分析"课程的教学活动,由于课程的原因,需要进行大量的递推计算,于是我们设想将计算步骤编写成程序,让计算机来完成计算过程,使用者只需在相关的界面按钮上输入有关的信息、数据,就可以从计算机上读取分析、计算结果,用计算机进行操作、分析、计算,摆脱手工计算的繁琐。考虑到在计算机上还可以实现数学实验,于是我们在2006年研发的基础上,于2008年进一步开发制作了《高等数学实验》课件,集计算、演示、答疑于一体,经进一步的加工、充实,使得界面更加友好、美观、实用,在专科数学课上演示,学生反应热烈,兴趣盎然。

二、《高等数学实验》多媒体课件编制的原则

(一)针对性原则

课件在设计时,一切从学习者的角度出发,满足学习者自主学习的需要。从学习者角度出发统领所有设计,以全方位立体教材的形式,提供给学生形式多样、总量丰富的拓展性学习资源,在多方面进行了尝试和探讨。例如交互性要求,我们在课件的设计中,体现了人机互动、师生互动的特点。为学习者提供了较为丰富的可拓展的学习资源。在教学设计方面,我们充分考虑到成人

学习的特点,例如个人学习的时间,学习的方法不同,把精讲和多练结合起来。利用Flash动画对一些数学实验过程结合音乐和讲解进行展示,把枯燥的数学理论,变得趣味十足,通俗易懂。

数学实验是一种全新的数学教学模式,在这一模式中,教师不再是数学知识的简单的传授者,而是教学活动的组织者和教学问题的设计师;学生的学习积极性,学习能力和探索、创造能力都得到了积极的发展。实践证明,大胆地使用计算机辅助教学,遵循教学的基本原则,根据具体的教学内容来灵活确定课堂教学的设计形式,不断完善计算机软件设计,引入数学实验,来有效调动学生的学习兴趣和积极性,是搞好大学数学教学,培养学生发现问题和解决问题的能力,提高大学数学教学效率和效益的一条有效途径。我们在设计课件的时候,界面友好,学生可以根据自身的工作情况合理安排学习进度,并且每一学习阶段都可以复习,并检测自己的学习水平。

(二)科学性原则

为了使我们的课件能最大限度地满足教学需要,达成教学目的,就要求课件具有高度的科学性。也就是说,课件在对象的描述、概念的说明、理论的阐述、材料的引证、原理的论述、动画的设计、实验的演示等方面都必须准确无误,所表现的图像都必须客观真实。

在学习知识的过程中,我们要培养学生对知识探索的兴趣,通过模拟实验情境去发现问题、解决问题,在演算证明推理中,引导学生发现和学习知识。这一过程通过我们的课件平台演绎出来,激发了学生的求知愿望,加深了他们对基本概念的深刻理解。

(三)个性化原则

"以学生为中心"是远程开放教学的重要指导思想。它是以学生的个体化、自主学习为基础的。由于学生的学习时间、学习基础有较大的个体差异,因此,在学习进度、学习方法,以及学习能力方面都有不同的特点。我们在编制课件中,应该尽量满足学生的不同需求,突出个性化的特点,方便学生的学习与使用。

(四)交互性原则

在现代教学中,我们非常注重学生与教师的交互性。学生可以自己建构知识体系,学生才是学习的主体,老师只是充当学生的指导者与协作者的角色,是学生的学习伙伴。教师不应单纯靠灌输知识来教学,必须注意知识的双向传递。课件中设计的人机互动、师生互动模式,如网上答疑等,都体现了这一特点。通过互动,达到拓展思维空间,深刻理解概念的教学效果,引导学生主动学习。学生在数学概念的求证、演算、推理的过程中,充分获得学习的乐趣,这对传统的数学教学是一个有益的补充与提高。

(五)动态性原则

数学的许多概念与理论过程,是在动态过程中展现规律的,因此,我们在课件中会运用一些特定的软件来体现这一动态过程,通过声情并茂的展示,给学习者留下深刻的印象。

(六)艺术性原则

艺术性的原则具体来说,表现在界面颜色搭配、固定区域的处理、标题的协调性等方面。例如,色彩搭配合理、具有一定立体感、交互区与显示区相对固定的界面表现出更强的操作性等等。还有屏幕对象的艺术性。例如文本、图像、(动画)、声音、视频等,其艺术设计包括文本字体的大小、类型、颜色,图像的大小、位置,图像的艺术处理、出现、消失方式,声音的大小、是否循环、是否作为背景音,动画、视频的显示位置等。设计涉及多个要素,要综合考虑,从屏幕整体显示效果设计各自的艺术特性。整体的艺术风格要能激发学生的学习兴趣和学习积极性,才能达到增加学习效果的目的。该课件的每一个界面都经过我们的精心设计,力图清晰地展现每一个学习要素,并具有相当的美感,为学习者创造一个轻松愉悦的学习环境。

三、《高等数学实验》多媒体课件的设计思路和结构设计

"高等数学"是高校理工科各专业必修的一门基础课程,高度概括、抽象严谨是数学课程的一大特点,为化解难点,帮助学员理解抽象的概念,或解决繁琐的计算问题,我们精心设计制作了《高等数学实验》多媒体课件,以期通过多媒体的方式,表达抽象的知识,使学生易于接受,消除学生对高等数学单调、抽象、枯燥等畏惧的心理,感受数学软件的好用与实用,体验学习数学的乐趣,提高教学效果。

本课件结合大学数学课程内容,采用 Flash、几何画板、Mathematica 数学软件、Dephi 语言编写程序,将课件按模块划分为:知识点、动画区、软件区、几何画板、数值分析、智能检索、在线讨论、在线练习(见图 1 主界面)。

☆基本概念:我们所要求学生掌握的基本知识及主要概念,如函数及特点、复合函数、极限的概念等主要知识点(如图 2 知识点)。

☆动画:利用 Flash 软件制作了一些动画,生动地反映了主要知识与概念的形成、变化、推理演算过程,一些疑难点可以直观形象地展现在使用者面前,使其加深对重要知识点的消化与理解。图文并茂的动画效果,既直观,又有一

◆福建广播电视大学统设课多媒体课件的设计与制作

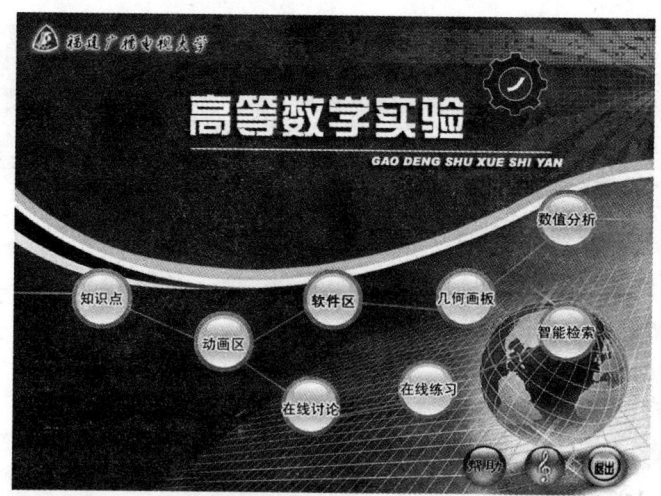

图1 主界面

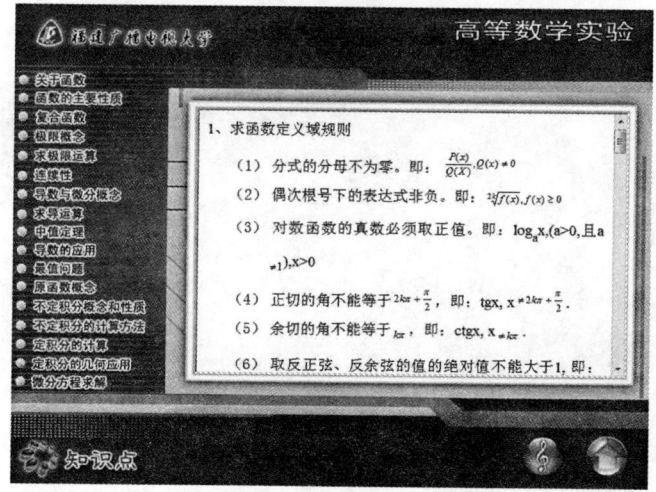

图2 知识点

定的趣味性,加强了学生对概念的理解(见图3动画区)。

☆几何画板和Mathematica数学软件区:解决了初等数学中的几何、代数问题及绘函数图形,求导数、积分,解线性方程组、常微分方程等问题(见图4几何画板)。

☆数值计算与分析:主要功能是用于数值的计算与分析,如:求解线性方程组、函数的插值逼近、数值积分、非线性方程求根、常微分方程的数值解法

· 265 ·

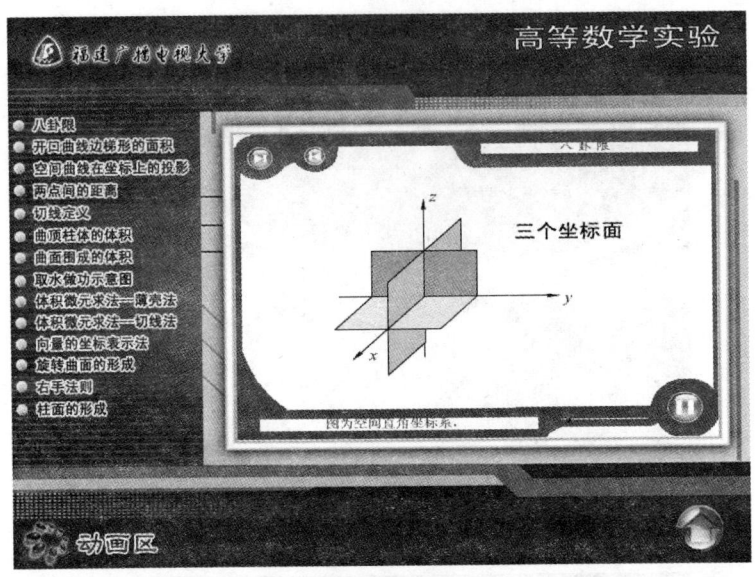

图 3 动画区

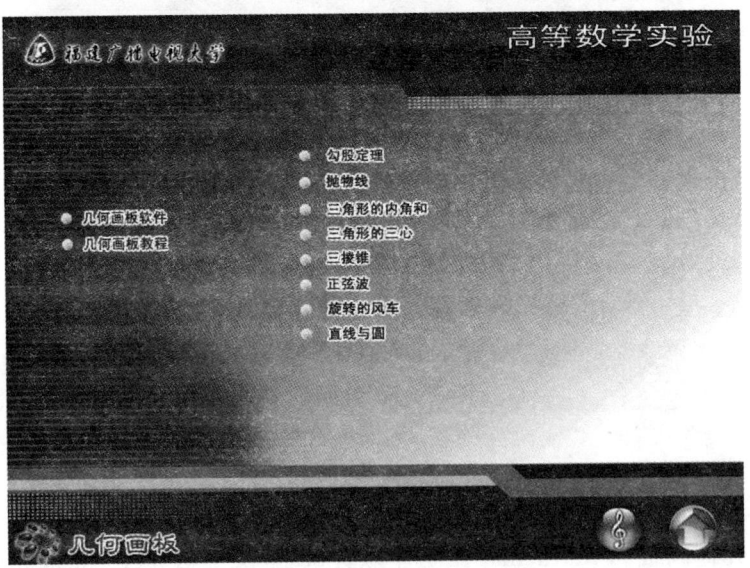

图 4 几何画板

等(见图 5 数值分析与计算)。

例如,在讲解幂级数时,我们结合函数图像,用不同阶的幂级数来逼近(见

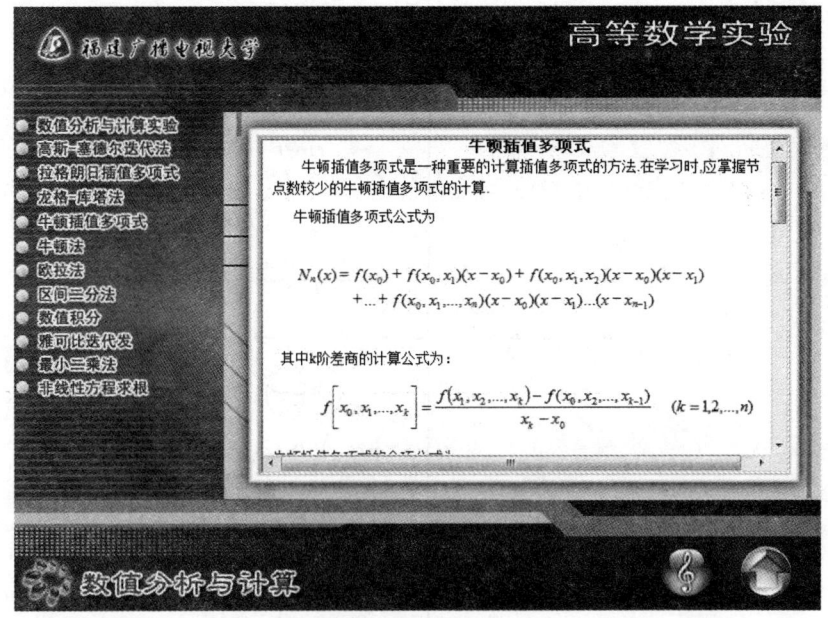

图 5　数值分析与计算

图 6 马克劳林多项式图形演示、图 7 数值实验）。

例，$f(x)=\cos x$ 在 $x=0$ 处的各阶马克劳林多项式为：

$$\cos x \approx P_0(x)=1$$

$$\cos x \approx P_2(x)=1-\frac{x^2}{2!}$$

$$\cos x \approx P_4(x)=1-\frac{x^2}{2!}+\frac{x^4}{4!}$$

$$\cos x \approx P_6(x)=1-\frac{x^2}{2!}+\frac{x^4}{4!}-\frac{x^6}{6!}$$

$$\cos x \approx P_8(x)=1-\frac{x^2}{2!}+\frac{x^4}{4!}-\frac{x^6}{6!}+\frac{x^8}{8!}$$

图形演示

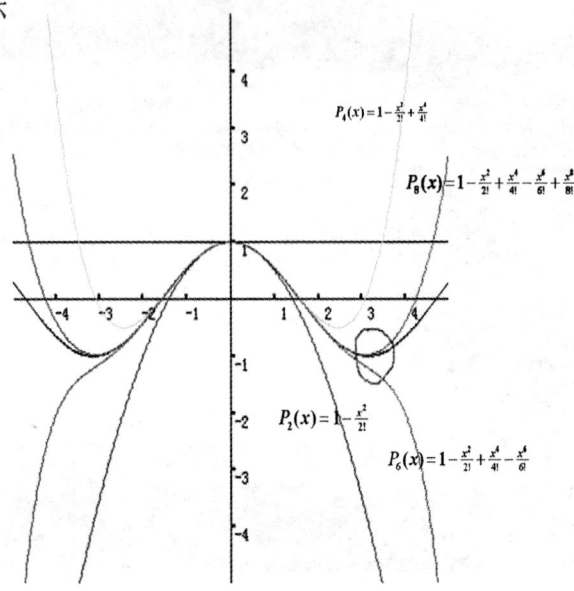

图 6 马克劳林多项式图形演示

数值实验

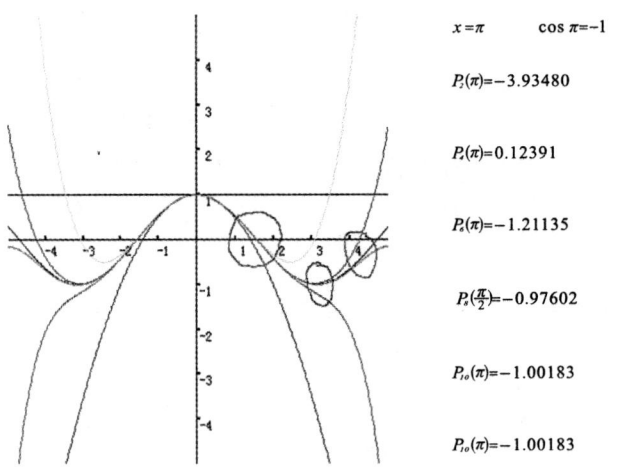

$x = \pi \qquad \cos \pi = -1$

$P_2(\pi) = -3.93480$

$P_4(\pi) = 0.12391$

$P_6(\pi) = -1.21135$

$P_8(\frac{\pi}{2}) = -0.97602$

$P_{10}(\pi) = -1.00183$

$P_{10}(\pi) = -1.00183$

图 7 数值实验

结论

$$\cos x \approx P_n(x) = 1 - \frac{x^2}{2!} + \frac{x^4}{4!} - \frac{x^6}{6!} + \cdots (-1)^n \frac{x^n}{n!}$$

让项数无限增加,则得到了一个无穷级数

$$1 - \frac{x^2}{2!} + \frac{x^4}{4!} - \frac{x^6}{6!} + \frac{x^8}{8!} - \frac{x^{10}}{10!} \cdots$$

且对任意的 $x \in (-\infty, +\infty)$,只要 n 越来越大,cosx 的马克劳林多项式均收敛于 cosx,或者称 cosx 在 x=0 处可以展开成马克劳林级数,即

$$\cos x = 1 - \frac{x^2}{2!} + \frac{x^4}{4!} - \frac{x^6}{6!} + \frac{x^8}{8!} - \frac{x^{10}}{10!} \cdots, |x| < +\infty$$

又如,对数值分析与计算,我们采用 Delphi 语言编写了计算程序,内容主要包括数值逼近、数值代数、微分方程数值解法等,主要功能是用于数值分析与计算,界面举例如下(如图 8 牛顿法公式求解近似值):

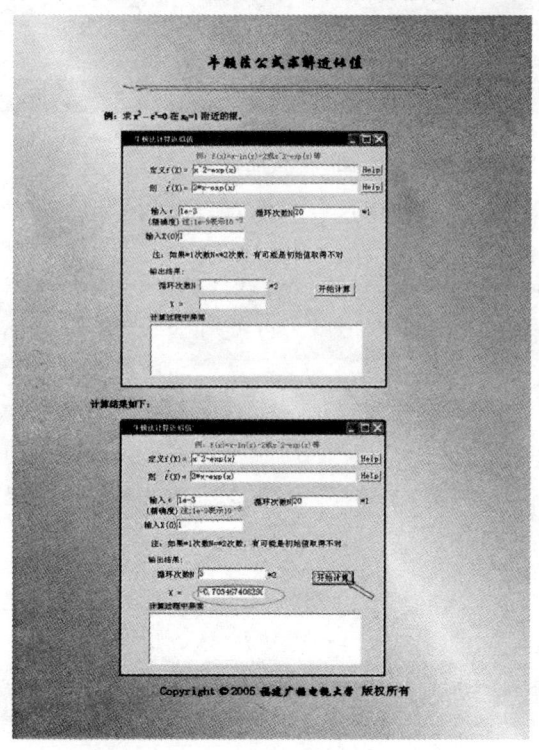

图 8 牛顿法公式求解近似值

使用者只需在相关的界面按钮上输入有关的信息、数据,就可以从计算机

上读取分析、计算结果。

☆智能答疑：用于使用者查询高等数学中某些常见的概念，并可将常见问题置顶，当使用者提出的问题，答疑库中没有答案时，老师可以在后台编辑答案，使答疑库在使用过程中不断充实（见图9 智能检索）。

图9　智能检索

☆在线测试：学生可以使用这一功能对自己的学习成果进行自测，题库可以根据需要不断充实（见图10 在线测试）。

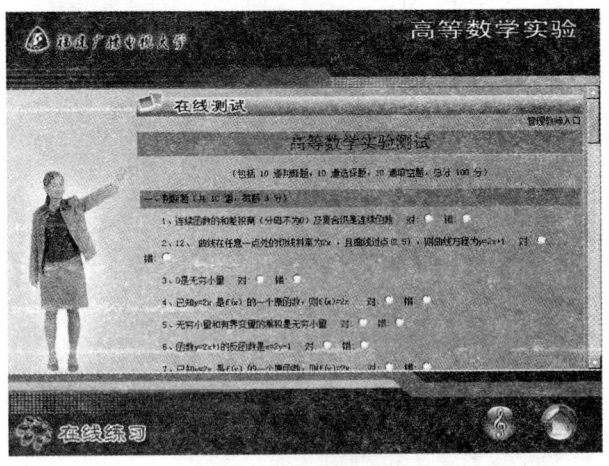

图10　在线测试

☆在线讨论：良好的人机对话，有利于师生间的交流（见图11 在线讨论）。

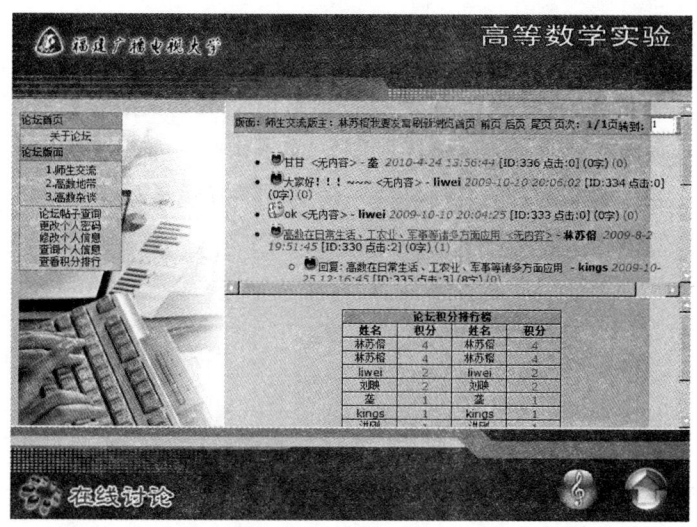

图 11　在线讨论

四、结语

多媒体课件集计算机知识、多媒体创作、教育学理论、教学方法、美学、传播等各学科知识于一身,是多媒体技术与教学方法、专业知识高度结合的产物。这对课件创作人员提出了很高的要求,要求是精通专业知识,有丰富的教学经验,有相当的计算机知识,有多媒体技术,懂编导,有美学知识的通才。这样的人才较为少见,因此,在课件编写过程中,需要各方面的人才分工合作,各展其才,才能制作出优质的多媒体课件。

计算机进入数学教学,必将引发一场新的教育革命,并形成一个新的数学教育前景,如何在大学数学教学中充分地发挥计算机的优势,缩小数学课与专业课的距离,使数学内容更加形象化、生动化,更有亲和力,更加适合学生的需求,已成为大学数学教改的现实课题。

参考文献

[1] 严文祥. 高等数学实验浅谈[J]. 长春理工大学学报(综合版),2006(9).

[2] 裘宗燕. 数学软件系统的应用及其程序设计(第一版)[M]. 北京:北京大学出版社,1994.

[3] 林苏榕.《概率统计实验室》教学辅助课件的设计与制作[J]. 福建广播电视大学学

报,2003(5).

基金项目:福建省教育厅 A 类科技项目(JA11287)系列成果之一。

(作者为福建广播电视大学副教授)

试论福建广播电视大学精品课程的建设
——兼谈现代远程教育学习资源的设计

何绵山

经过多年的努力,福建广播电视大学在课程建设上已形成了自己的特色:
一是从地域特色出发。如遵照福建省委、省政府提出的要进行"爱祖国、爱福建、爱家乡"教育,要进行"五缘"、"六求"研究等要求,为更好地投身海峡西岸经济区建设,结合我校学生都生活工作在本省的实际,根据我省的地域特色,我校为专科学生编写了《闽文化概论》(北京大学出版社)、《闽文化》(英文版,厦门大学出版社)、《福建外向型经济概论》(厦门大学出版社)、《福建区域经济》(厦门大学出版社)、《福建宗教文化》(天津社会科学院出版社)、《福建经济专题研究》(厦门大学出版社)等教材;为本科学生编写了《闽台经济与文化》(厦门大学出版社)、《闽台区域文化》(厦门大学出版社)等教材。二是从我校长期积累的基础和实力出发。如我校是全国最早创办汉语言专业的电大,早期就编写过系列古代文学教材。在此基础上,我校为专科学生编写了《古代诗词鉴赏》(福建教育出版社),为本科学生编写了《中国文学与中国文化》(福建教育出版社)。三是从我校已有的学术成果出发。如我校有关人员参加的国家"十五"重点图书《中外考试制度比较研究》(华中师范大学出版社),在社会上倍受好评,于是利用此优秀成果,在本科生中开设相关课程。再如我校有关人员长期研究中国考试,在此基础上编写了《考试管理技术》(华中师范大学出版社),在本科生中也开设相关课程。四是从现实需要出发。如"社区工作"是有关专业急需开设的课,有关人员组织各方面专家编写了《社区工作理论与实践》(中国华侨出版社)。通过各种教材编写,不仅打造了电大的品牌课程,缓解了省开课教材不足的现象,还由于省电大所有有关教师都不同程度参加了编写工作,进一步提高了教师的业务水平。经过多年的全力拼搏和精心构造,福建电大省开课自编教材已成系列,有的被兄弟院校选用,有的文字教材获省人民政府颁发的省社科优秀成果奖、中央电大首届省建教材优秀奖和推荐奖,相关课程获省级精品课程立项;有的多媒体课件和网络课程获省教育厅和中央电大立项,并多次获奖,在社会上产生了一定影响。《古籍整理研究》、《中国图书评论》、《福建学刊》、《福建日报》、《东方文化》(香港)、《普门》(台湾)等30多家媒体高度评价了这些教材,为电大赢得了荣誉。

学习资源是指在学习环境中,可用于学习的一切资源,包括信息、人员、资料、设备和技术等。一般可分为两类:专门设计的学习资源,如文字教材、视听教材、CAI课件、IP课件、网络课程等;非专门设计的学习资源或可利用的学习资源,如戏剧、博物馆、文化遗址、电视节目、有关书籍等。以远程学习为主要特点的电大,目前最主要的学习资源,是指专门设计的"文字教材"和"网络课程"(也称"课程网络"、"课程网站"、"学习网站"、"网上教学资源")。本文拟以我校"闽文化概论"、"诗词鉴赏"、"闽台经济与文化"及"民族与宗教"这四门曾获中央电大精品课程(其中"闽台经济与文化"还同时获福建省精品课程)的设计为例,谈谈学习资源设计的要素及如何处理各要素之间的关系。

一、文字教材的设计

(一)文字教材设计的原则

文字教材的设计,似应遵照以下几个方面的原则:

所设计的教材要确实需要并有原创性。编写文字教材,首先要看是否有需要。如果教学确实需要的教材,但已经有人编过,再编质量不可能超过现成的,那就没有必要再编写。不能为编而编。我校编写的10余本系列区域文化教材,都没有人编过。如"民族与宗教"("福建民族与宗教")内容具有时代性和原创性,"民族宗教无小事",福建省是以汉族为主体的多民族散杂居省份,是华东地区少数民族人口比例最多的省份;福建历来是一个宗教大省,五大宗教在福建均有着悠久的历史和广泛的群众影响。但长期以来,一直缺乏全面评述介绍福建民族与宗教的教材,《福建民族与宗教》这本教材的问世,填补了这个空白。由于没有任何可借鉴的模式,这门课程从内容到形式,都具有原创性。

不同专业的教材设计有不同的要求。同一种类型的教材,因为专业不同,编写的要求也不同。定位要准确,教材内容要符合本专业培养目标的要求。如《诗词鉴赏》是为"小学教育专业"的学员而编的,不是为中文专业学员而编,所以要求不一样。全书虽遵循渐进原则,但各篇又相对独立,也就是说,前面解读过的词句,后面又出现时,只要是理解本篇需要的,就进行再解释,读者可以不按书中顺序而任意选其中一篇学习而不会受到影响,这就大大开拓了学员的学习空间,激发了学员的学习兴趣和主动性。

针对不同学习对象教材设计应有不同侧重。在设计文字教材时，对学习对象要作一番研究和了解。取舍要恰当，"什么该取、什么要舍"要根据学习对象来安排，以准确体现教学意图。如我校虽然开出了"民族与宗教"（"福建民族与宗教"）课程，但学习对象既不是民族或宗教专业的学生，也不是从事民族、宗教工作的专职干部，而是行管专业学生。因此教材既不宜在理论上过于艰深，也不宜过分考虑其政策性和可操作性，但必须保证让学生掌握福建民族与宗教的基本知识。

针对不同层次的学习者教材设计应有所区别。如专科和本科都开设有区域文化课，但由于层次不同，所开出的区域文化课也应该不同。教材要难易适中，对教学中的重难点把握要准确到位，要充分考虑到学习者不同层次的特点。我校在专科层次开设"闽文化概论"，在本科文史类开设"闽台区域文化"，在本科经济类开出"闽台经济与文化"，都是区域文化课，虽然有衔接，专科和本科的内容是不同的，要求也不一样。再如行管专业本科和专科都开设"民族与宗教"，但二者不是用一种教材，而是既有联系，又有区别。本科选用的是全国通用的《民族与宗教》，专科选用的则是《福建民族与宗教》，前者是后者的拓展和延伸。这样不会造成学习上的重复和学员的疑虑。

不同课程模块的教材设计定位着力点应有所不同。如目前每个专业都设置了公共基础课、专业基础课、专业课、通识课、专业拓展课、实践课。"闽文化概论"、"闽台经济与文化"定位于通识课，"诗词鉴赏"定位于专业选修课，"民族与宗教"定位于专业拓展课。由于课程性质不同，着力点不同，通识课要有广泛的适应性，专业选修课适应面较狭窄，专业拓展课则是原专业的一种延伸。定位不同，相关教材设计的着力点也应该不同。

要研究本专业开设的其他课程。与本专业开设的其他课程，不能重复，更不能互相矛盾，让学员无所适从。要形成一种互补，要最大可能地调动学员已有的知识库存，使学员认为学了有用。如行管专科同时有"闽文化概论"和"民族与宗教"（"福建民族与宗教"）课程，而"福建宗教"在"闽文化概论"中又是重点，怎样使这两门课的教材既不重复，又能互补？这类问题要在设计时认真加以考虑。再如行管专业本科开设的"当代中国政治制度"和"民族与宗教"，这两门课都涉及"民族区域自治制度"，如何不重复又能相辅相成，我们在设计《民族与宗教》这本教材时，对《当代中国政治制度》进行了认真的研究，做了较为科学的设计。

(二)文字教材设计的要求

文字教材设计的要求,似可从以下几个方面考量:

要有自己的创新。"21世纪什么最贵——创新。"文字教材所指的"创新",一是指别人没有写过,自己的编写是首创,如我校编写的系列区域文化课程有关教材《闽文化概论》、《闽文化》(中英对照)、《闽台区域文化》、《闽台经济与文化》、《福建外向型经济》、《福建历代作家评传》、《福建外向型经济概论》、《福建区域经济》、《福建经济专题》、《福建经济与文化》等;二是指虽然别人写过,但根据需要另辟蹊径,设计出了自己的风格和特点。如《诗词鉴赏》这类文字教材,用汗牛充栋来形容也不为过。但为什么我们还要再编一本呢?我们编写的《诗词鉴赏》是专门提供"小学教育专业"选修之用的,根据学员的需求和实际,在许多方面做了新的尝试,形成了鲜明的特点,因而有别于一般的《诗词鉴赏》。

要有开放教育的学习特点。要考虑以学习者为中心、以自学为主的特点,从学习者"成人、在职、业余"的实际角度来设计。不可贪大求全,切忌生吞活剥,分析要清楚,观点要鲜明,说理要透彻,语言要简练,尤其是架构要特别适合自学。《闽文化概论》评述福建各种文化现象后,都做了提纲挈领的总结,便于学习者从总体上把握。

要符合课程教学目标。首先对课程教学要达到什么样的目标要非常明确,其次要准确把握课程的深度、广度、重点、难点,取舍要准确,总量要控制得当。《民族与宗教》(《福建民族与宗教》)从福建主要的民族和五大宗教入手,从广度上看,囊括了福建民族宗教的基本内容;从深度上看,把握住了福建民族宗教最根本的问题。重点、难点也区分得较好,便于达到教学目的。同时详略得当,选择了最具代表性的内容进行阐述。

要使主教材和辅教材相辅相成。文字教材主要包括主教材、实验教材、导学教材及学习参考等。根据课程教学内容和要求的不同,总体上可分为分立式和合一式两大类。主教材与学习指导(导学、助学、小结、测评)融为一体的称为"合一式"教材;主教材与学习指导分别成册的称为"分立式"教材。由于网络课程的出现,许多学习指导的功能可以由网络课程来承担,网络的特殊性(如可随时变更、定时互动、对不同学生进行不同指导)也决定了今后学习指导的功能由网络来承担是大势所趋。

要使文字教材与网络课程相得益彰。要把握文字教材和网络课程的各自特点,要清楚什么用文字来表达合适,什么用网络来体现合适,以利发挥各自长处。文字主教材主要系统陈述教学内容,是教学大纲的具体化。网络课程是所有资源的汇总,对文字教材的内容进行充实,并使之形象化,供学员全天候学习,重在提供一个互动平台。

二、网络课程的设计

(一)网络课程设计的原则

网络课程的设计,似应遵守以下几个方面原则:

要便于浏览并易于操作。最好是"一键式",一打开界面就可以看到与主教材有关的内容,不要使学习者产生畏难情绪。如"民族与宗教"网络课程,主要内容都在界面上,使学习者一目了然。教材14章各章的"学习建议"、"本章精讲"、"教学辅导"、"章节练习"、"参考资料"都在界面上,大大方便了学习者的学习。任何一门网络课程,设计得再好,但是如果使用不方便、不快捷,让学习者望而生畏,最终的结果必定是无人问津。

要能提高学生的学习兴趣和学习自主性。一是要紧扣学习内容,使学员觉得看了有用;二是要使文字教材的内容变为形象可感,让学员深有感触;三是要有独到的内容,即别处看不到的,独此一家;四是最大限度地发挥各种媒体的功能,如"闽台经济与文化"采用多种互动式模式和模块化组织,将课程内容小块浓缩,配以大量丰富多彩的动画、插图、音频讲解等形式,活灵活现地向学员展示了课程内容,以期激发学员的协商会话、协作学习,发展联想思维和建立新旧知识之间的联系,实现随时随地的教与学。

要体现情境化和视觉化的设计原则。一是要重视学习媒体的形象化。二是要将多种媒体进行有机结合,通过视音频、图片、动画等多种媒体,选取最合适的资源展现形式,综合运用多种媒体,由此尽可能地把知识讲得生动易懂,避免学习者在学习过程中感觉枯燥难懂。三是使每个知识点都能得到最佳展现。四是将丰富的学习资源和新颖的表现形式融为一体。

要包括本课程教学过程的全部内容。教学功能要健全,内容要全面,要能体现整个教学环节的全过程,要使学习者通过网络上的学习,完全满足本课程学习的需要,不需要再依仗网络以外的其他媒介。如"诗词鉴赏"课程的教学活动设计主要包括:一是通过视频辅导,系统讲解诗词赏析的方法、赏析有代表性的诗词作品。二是通过网络课程的不同栏目,让学生全面自主地学习课程知识,满足他们自主学习需要。三是通过影像片段来加深学生对作品和写作背景的认识和理解。四是实时讨论与教师评点,进行实时互动,通过网络现场答复学生问题以及重难点,并进行专题评点。五是通过网上非实时的答疑活动,即时解决学生学习过程中的问题。六是通过网上教学指导学生进行网络学习习惯的养成和学习方法的适应,区别面授与网上教学的教学重点,指导学生选择不同教学媒体、评价不同选择的学习效果,从而提升其自主学习能力和网上教学的效果。

要与其他媒体资源的有效整合。多种媒体的选用要恰当,文字教材是学习和考试的依据,视听教材以直观形象化方式演绎和讲解文字教材内容,网上辅导增加学习的互动和延伸,三种媒体不是简单的重复,而是各有各的功能和作用,要符合本课程的教学需要,符合电大的教学特点,有可行性。课程网络是一个不断积累、整合、优化的过程。充分发挥多种教学媒体各自的优势;注重多种教学媒体教材的综合运用;一些媒体,如视听教材、CAI 课件、IP 课件等多种教学媒体通过优化配置后,进行综合利用,最终成为网络课程中的某个部分。如"闽文化概论"在我校从 1996 年开设至今,已有 15 个年头,最初是按学校立项的小课件制作,以后是按省教育厅立项的 CAI 课件制作,后来省教育厅再立项为网络课程,已制作的 CAI 课件即成为网络课程的一个部分。如滚雪球般越滚越大,不断丰富,可谓聚沙成塔。

要有自己独特亮点。所谓"独特",是指网络课程中有的内容只有在本网页可看到,其他任何地方都看不到。有独此一家的意思。如"闽文化概论"中的许多视频大都是作者亲自拍摄,闽文化有两个主要特点,一是多元性,二是延伸性,世界上有人群的地方,必有福建人。福建目前人口有 3600 多万,在海外的就有 1200 多万,目前仅福州人在纽约的就有近 80 万,网络课程中有许多关于"闽文化在纽约的延伸"的精彩视频,皆为作者九次赴纽约所拍,因情况变迁,许多已成绝版。再如为了表现文字教材《民族与宗教》(《福建民族与宗教》)第八章《福建宗教概述》的内容,文字撰稿人在有关方面的帮助和支持下,走遍福建五大宗教有代表性的场所,拍摄了 120 盒录影带,从中剪辑与编制出适合第八章内容的视频。这些都是学员非常爱看的精彩之处。

要突出交互性与智能性。辅导教师可以根据教学需要,依托网络学习平台组织各种在线学习活动,如在线个别辅导、答疑、讨论、调查等,促进学生的内容加工,并减少学习的孤独感。不管是网上内容还是网络课程、多媒体课件,只要能够上网,即有强大的互动功能。交互主要包括课程内容评价、BBS 论坛互动、作业互动、自测自评、考试系统等。"在线交流"和"网上论坛"两个栏目可以实现教师和学生们实时和非实时交流和共享看法。目前正在考虑将四次形考作业上网,学员在网上做作业,教师在网上改作业。

要体现个别化学习的需要。一切从学习者角度出发。要突出以人为本、以学员为中心的核心理念,从学习者角度出发统领所有设计,尽可能提供给学生形式多样、总量丰富的拓展性学习资源。一是在课程内容和学习资源的选择方面，要考虑到学员的学习条件、学习动机的差异性，以充分满足各种学员学习需求。二是在教学方法方面，充分考虑到成人业余学习的特点以及本课程的学科基础课的性质定位，将教师的"精讲"与学生的"多练"结合起来，将一般描述和重点讲解相结合，使教学内容尽可能具有典型性、示范性和启发性。三是在学习活动的安排方面，力图将知识的掌握和能力的培养融会贯通，尽量避免机械的重复式记忆，积极调动学生的开拓性和创造性。

（二）网络课程设计的要求

网络课程设计的要求，似可从以下几个方面考量：

严格把关设计过程。一要把好界面设计关；二要把好交互设计关；三要把好艺术设计关；四要把好导航设计关；五把好网络功能设计关。

精心设计模块。一体化教材的模块设计极为关键，一开始就要予以高度重视。要精心经营课程教材的总体设计，要有全局观念，合理编排教学内容，努力使各种资源各有侧重，协调互补。

强化学习支持服务的内容。一是强化交互性功能；二是为学生提供较为丰富的拓展学习资料和导航；三是编制大量的、各种形式的学习自测题，包括综合练习和综合自测；四是建立使用方便的交互平台。如"诗词鉴赏"网络课程根据学习重点和学习难点，采用针对性的讲座辅导、视频演示、情景还原、背景介绍、小组讨论、专题讨论、写诗填词等灵活多样的教学手段，解决学生的实际学习中的各种难题，激发学生的学习兴趣。

处理好与文字教材的关系。一是要吃透文字教材，对哪些是重点、难点要心中有数；二是要熟悉网络的各种功能；三是要仔细分析文字教材中哪些内容用适合用网络来表现；四是要尽可能丰富网络上的学习资源，不能仅仅满足于堆砌各种资料，要根据学生的学习需要，用先进的教学理念和教育技术设计编排各种资源，使之最恰当地表现文字教材内容，发挥最大效能。

充分发挥网络的特点。要把网络的各种功能的特点发挥到极致。网络功能的功能特点包括：第一，开放性；第二，延伸性；第三，时效性；第四，多元性；第五，互动性；第六，形象性；第七，场景性。在每课程的每一个章节中，均应拥有丰富的学习资源，让学员结合自己的学习状况和目前已有的认知水平，选择与自己学习特点、学习内容相适应的学习资源，自定步调地通过网络进行学习。

三、建设高质量学习资源(主要指"文字教材"和"网络课程")的关键

(一)处理好各学习资源要素之间的关系

网络课程与文字教材互为表里,如车之两轮、鸟之两翼,二者浑然一体,缺一不可。文字教材为学生学习的依据,网络课程不是对文字教材的机械重复,其作用,一是对文字教材的深化、拓展,二是让学生通过视频等优美的画面,不仅从视觉,也从听觉等到方面来感受课程内容;三是通过网络可以师生互动,学习中的问题可以及时通过交流得以解决。网络课程要很好地体现教学意图,不仅成为这门课不可或缺的教学内容,也成为必要的教学手段。

(二)要有一个不断完善的过程

网络课程的建设,最理想的是要在已具备文字、视听材料、多媒体课件、IP课件、网上教学辅导等丰富的教学资源下进行,这样有利于根据教学需要进行选择。好的网络课程,都要有一个不断补充、不断调整的过程,不可能在短期内做成精品,也不要寄希望一劳永逸。我校的大多数精品课程,一般都先由学校立项作小课件,之后又由省教育厅立项资助做 CAI 课件,之后再由省教育立项资助做网络课程,最后才评为中央电大精品网络课程。要将网络课程放在实践中不断检验,不断推陈出新,才能与时俱进。

(三)原则性和灵活性相结合

要根据不同内容的教材来决定编制计划。如按规定每门课程全部书稿的总字数应控制在每课内学时 5000 字以下,而"诗词鉴赏"则为每课内学时 8000 字,除了诗词本身要占一定篇幅外,还在于给学习者更多的选择余地。再如按规定每门课程文字教材的参编人数原则上不多于 5 人,而《闽台经济与文化》则有十多位老师参加编写,这是因为教材涉及 9 个设区市与台湾的经济往来,需要请 9 个设区市电大分校的老师参加,因为具体资料在各设区市比较好找,各设区市电大分校的老师更有发言权。

(四)教材编制者对所要表述的内容必需有一定的研究

只有厚积薄发,才能编制出精品教材。一是最好与学科课题相结合,这样可开阔视野,了解本学科的学术前沿。如我们在编写《闽台经济与文化》时,则承担了国家艺术科学规划办的"闽台文化艺术源流"、福建省社科规划办的"闽台'五缘'文化研究"等课题;在编写《民族与宗教》(《福建民族与宗教》)时,则承担了国家社科规划办的"台湾佛教与台湾社会变迁"、中华宗教交流协会的"大陆与台湾地区佛教发展比较研究"、福建社科院台湾研究中心的"闽台佛教源流"等课题,在完成课题的同时,也为编写教材打下基础。二是要与自己的

研究强项、或今后长期研究的方向相结合,如在编写《闽台经济与文化》前后,编写人员在《文史哲》、《香港中文大学中国文化研究所学报》、《淡江史学》等内地、台湾、香港的杂志共发表了600多篇有关论文;在编写《福建民族与宗教》之前,于1999年就开始进行准备,编写过程中,编写人员已在《近代史研究》、《宗教学研究》、《回族研究》、《海交史研究》、《教育评论》、《法音》、《中国穆斯林》、《中国道教》、《世界宗教研究》、《世界宗教文化》、《佛学研究》等刊物发表了240多篇论文,出版了《台湾佛教》、《闽台佛教亲缘》、《福建宗教文化》、《闽台佛教源流与互动》、《闽台佛教论》等多部专著,可谓厚积薄发,在此基础上编写教材,心中有数,可游刃有余,较为准确表现了福建民族与宗教的主要内容。

(五)要有合理的编制队伍

一是年龄上要合理,要老中青三结合;二是在职称上要合理,要教授、副教授、讲师三个层次;三是在分工上要合理,要有负责文字的、负责设计的、负责具体制作的三种类型,缺一不可。

(六)认真听取专家、辅导教师、教学班管理员及学员的意见

专家指校外学科专家、远程教育专家、网络设计专家。辅导教师指各分校的责任教师和各教学点的面授教师。教学班管理员在第一线,能直接听到学员的反映,他们的意见往往是真实的。学员的意见虽然平时可通过网络与教师交流,但如果教学点教师主动征求,往往更有代表性。

基金项目:福建省自学考试课题"现代教材教学媒体研究"(0219)系列成果之一。

(作者为福建广播电视大学教授)

试论福建广播电视大学的直播课

王 芳

直播课是在现代教育思想、教育理论的指导下,充分利用现代信息资源整合课程内容的一种全新的教育教学模式,其根本目的是提供优化的教育资源,培养学生的自主学习能力,注重学习者内在自我表现的发展。它由一个主教室和多个分教室构成,通过互联网进行一点对多点的实时交互式教学,是以计算机网络为核心的信息技术与课程知识点整合的结晶。本文以福建广播电视大学直播课为例,对如何上好直播课、如何充分发挥直播课的效用谈一些肤浅看法。

一、上好直播课的教学要求

（一）积极了解、分析教学对象是保证直播课教学质量的基础

现代远程开放教育的学生作为一个特殊的群体,与普通高校的学生相比,有相同之处,但更具有诸多方面的特殊性:之一是差异性。现代远程开放教育学习的个性化、自主化、社会化以及办学的多层次、多规格、多形式,决定了现代远程开放教育的学生有相当大的差异。从学生的结构上看,他们之间存在着年龄差异、工龄差异、职务差异、学习基础差异、家庭环境差异及学习条件差异等等。从学生的自身情况看,又具有角色的多重性特点。他们在接受教育时是学生,在单位或是业务骨干或是领导,在家庭中或是父母或是未婚青年。他们在接受远程开放教育的同时,还要完成好本职工作任务,处理好家庭中的各种关系。特别是直播课的受教育面又比较广,不同专业、不同年级、不同层次、不同地区的学生的情况可能差别很大。之二是复杂性。办学层次的多样性,决定了学生的学习动机、学习目标的复杂性。他们当中有的是为了取得学历或学位,以满足社会对人才资格的要求;有的是为了充实和提高自己,以担负起更重要的工作担子。因而,主讲教师对教学对象的文化结构和层次、学习目的、学习困难和要求等要有个基本的了解和分析。在这个基础上,了解学生的知识结构及其对学好本学科内容所需要的基础知识的掌握情况,尽可能地

预见学生在听课或自主学习过程中会有什么疑难问题需要解决,以搭建一个知识支架,把复杂的知识简单化,有针对性地进行教学,以便于将学生的理解逐步引向深入。

(二)强化教师的专业知识、智能素质,是提高直播课教学质量的前提

教师要传播知识,就要先拥有知识。为了教书育人,教师拥有的知识越多越好,广泛而扎实的专业基础知识和丰富的实践经验,这是提高教学质量的必备条件。由于直播授课与传统的教学方式不同,它通常要面对全省学生,教师与学生的影像、声音通过计算机网络相互传递,教师在课堂上可以随时提问学生,学生也可以向教师提出问题,这种交互式教学,更需要教师具备全面、系统、扎实的专业知识。因此,强化教师的专业基础知识,提高教师的专业智能素质,是直播课教学质量提高的前提。

强化教师的专业知识、智能素质,首先意味着教师应全面掌握所教课程,精通学科知识,这是实施有效教学的基本保证。全面掌握所教课程,精通学科知识,要求教师对所教学科的基本理论和基本知识要了如指掌,对该学科的历史演变、目前状况和发展趋势要心中有数,了解本学科理论研究和实践的最新情况,对现实中存在着有些教材的部分内容已经过时的现象,教师备课时要能及时发现,并在直播教学时给予指出。只有这样,教师才能有把握地对所授知识进行独立思考,形成个人见解,再将这些知识传达给学生,引导学生融会贯通地把握教材并及时掌握最新的相关知识,使其能够运用这些知识进行推测,想象它在不同情境中可能有的意义和含义,达到知识延伸的效果。

强化教师的专业知识、智能素质,还意味着教师要跟上时代的发展,及时更新观念,顺利完成角色转换。更新观念要实现三个转变,即:从以教师为中心向以学生为中心转变,从一次性教育向终身教育转变,从封闭教育向开放教育转变。当今教师面对的是急速变迁的社会,随着社会的进步、经济的发展,新的知识、新的社会现象和社会关系层出不穷。教师只有不断关注学科发展的新态势、新成果、新进展,不断掌握新的知识,不断充实提高自己,才能使学科教学与学科发展紧密结合,才不至于落后于时代。而且,教育工作本身所具有的前瞻性,也要求教师必须通过持续性、多元化的学习来适应社会的变迁。

(三)掌握教学技能,运用科学、有效的教学方法,是提高直播课教学质量的关键

理想的直播课教学效果可以从以下几个方面去把握。

1. 合理的教学设计。首先,要确定教学目标。目前直播课普遍采用单元教学法,主讲教师要科学设计单元的教学目标。直播课的教学目标应围绕教

学的重点来设计,设计要适合学生自主学习的需要和条件。基于这个出发点,直播课的单元教学目标应确定为:使学生掌握单元内容的学习要求;基本掌握单元内容的自主学习方法;初步掌握单元的重要内容。其次,选择合理的教学内容,教学安排要详略得当。各门课程的教学,都有其教学内容体系,要求教师按照教学内容体系,面面俱到、主次不分地进行讲授,这是不可能的,也是不必要的,更是不可取的。直播课讲授虽以教材为基础,但绝不是机械地按照教材字面进行,而是要求教师认真钻研教学大纲,妥善处理教材,抓住重点,讲透难点。所谓重点内容,既包括课程教学内容中的重要知识点,也包括学生学习过程中发现的疑难问题。从教与学的关系上说,为学生释疑解难,这是教师作用的主要体现之一,可以使教学内容具有明显的针对性,也会对学生产生较强的吸引力,从而调动学生的学习积极性。

2. 细心选择恰当的教学方式、方法,善于组织和使用多媒体教材。直播课授课时数少,讲授的内容必须经过精心挑选,既要保证达到教学目标、解决学生的学习困难,又要在规定的时间讲完,同时还要考虑知识的连贯性,注意所讲内容的自然衔接,以避免出现由于知识断层而造成学生听不懂的现象。所以,直播课的教学方式、方法必须依据教学内容、教学目标和学生的知识基础、学习能力等来选择和设计。比如:语言的表达,应如何做到更通俗易懂?有些内容是否可以通过多媒体技术来辅助教学,这样效果是否会更好些?进而考虑应该选用哪些媒体资源?对于一些抽象的理论,是否可以借助图表或结合典型的案例、实例来帮助理解,并培养学生运用知识来分析和解决问题的能力?哪些问题可以通过课堂讨论的方式寻求解决之道以及如何组织好直播课的教学讨论?……利用多种媒体教学可以向学生展示丰富、典型的具体经验和感性材料,突出观察点,揭示现象的本质,减少学生观察的困难。同时利用课件等还可以将图像分解、组合,揭示现象的内在联系,引导学生深入思考,丰富学生的联想,培养他们思维的灵活性、深刻性和创造性,从而突出重点,突破难点,化难为易,提高学生的学习能力和学习效率。教师一定要熟悉本课程的多种教学媒体资源,争取创设特定的情景,来激发学生的求知欲,使其将全部的心理因素都投入学习活动。这样不仅可以提高学员的学习兴趣,也培养了学员的主动性,让他们真正成为学习的主人。同时,在直播课采用多媒体的教学手段时切忌"喧宾夺主"。多媒体作为辅助手段,弥补了传统教学方法在直观、形象、信息流量等方面的不足,但这些手段的运用只能定位于"辅助"二字上,教师幽默的教学语言、生动的教态、深入浅出的讲授是多媒体教学手段所不能取代的,教师在直播课教学中的"主导"地位不容置疑。

3. 精心制作电子教案。直播课上利用多媒体计算机演示文稿。教师在编制电子教案时,要对呈现的教学信息进行合理的设计。除了演示标题、概念、重要结论等内容外,应穿插一些图片、图表、音频、视频等内容,增强表达效果。制作电子教案时,通常应用 PowerPoint 软件制作演示文稿。

4. **课堂讲授重在启发,灵活掌握提问技巧**。现代教育改革,一是由强调教师在教学中的主导地位向强调学生在学习中的能动性转变,二是对于教学内容的传授,应当从以单纯重视内容、单纯传授理论知识为主向内容方法并重、传授知识与培养能力并重的方向努力。我们的教学目的不仅仅是要授人以"鱼",更主要的是要授之以"渔"。教师的根本职责在于"引路",而不是代替学生"走路",贵在引导,妙在开窍。因此在直播课教学中,教师应充分尊重学生的主体地位,培养其学习的独立性。为了开拓学生的思路,发展学生的思维能力,教师在讲授时应重在启发,引导学生去发现问题、分析问题和解决问题,同时,教学过程应当具有适度问题性,给学生留下想象的余地,让学生能由此及彼、由表及里、由原因想到结果、由个别想到一般,使学生在教师讲授点拨的基础上独立地学习、思考和探索,从而达到"举一反三"的教学效果。通常教师的引导、启发等作用是通过提问来实现的,因此掌握提问技巧对提高教学质量十分重要。提问的方法既与讨论目标有关,也与学生的理解、水平和提问本身所起的作用密切相关。教学中教师应根据实际情况的不同而变换提问的方法。有时学生对某种提问的方法不适应,或对所提的问题不理解而答不上来,可以变换另一种提问方法,从另一个角度来提问,这样就有可能使学生理解,从而找到解决问题的方法。有时为了深入地讨论一个问题,还可以从不同侧面来提问题,从多个角度来启迪学生的创造性思维。

(四)持续不断的教学反思,是直播课教学质量稳步提高的手段

每一堂直播课后,教师都应当有一个理性的思考,教师不妨通过直播现场或双向视频的录像回顾授课当时的情景,回顾学生当时的反映,或者通过各种渠道获取所需的信息并通过分析信息形成判断。在整个评价、反馈过程中,教师可以问自己下列问题:这节课的深度、范围对学生是否适合?授课方式是否适当?教学活动是否达到预期效果?本次授课的成功表现在哪里?是否用另外的教学活动或方法会更成功?通过对这些问题的分析,就可以判断自己是成功地完成了教学目标,还是需要重新设计教学策略,通过实践—反思—更新—实践的循环,教师的教学能力与教学水平才会稳步提高,教师也会因此变得更加成熟。

要上好直播课除了课前要做好充分地准备外,在直播过程中还需注意以

下几点：

一是在语言表达方面应正确掌握和运用规范而有个性的教学语言，提高自己的语言修养。直播过程中，由于无法像传统课堂面授那样能直接从教学对象的面部表情中获得教学反馈信息，教师要注意控制讲课的语速，使学生能跟上授课节奏。语调要有一定的起伏，重点内容要强调，关键语句可适当重复。充满激情、恰到好处地运用声情并茂的语言，就能够磁铁般吸引、感染学生，造成浓厚的情绪氛围，诱导学生在不知不觉中对教学内容发生兴趣，从而启动学思，达到理想的教学效果。

二要灵活运用不同的教学方式、方法，控制好课堂节奏。一般地，一次直播课包括3个课时。如果教师始终以一种方式、一种语调平铺直叙地从头讲到尾，就会显得枯燥乏味，无法吸引学生。因此要根据课前的设计，穿插使用各种教学媒体，将抽象的理论教学与具体的案例分析、生动的小组讨论等有机结合起来，调动起学生的学习情绪。同时要控制好各个教学环节的时间，以保证教学任务的完成。每个单元的课堂讨论应控制在20分钟左右，另外教师还要善于控制课堂讨论的进程，既能把问题讨论清楚，又保证不占用太多时间。在播放演示文稿时，注意幻灯片的切换速度要与教学内容同步。

三要调整好自己的心理状态，掌握一定的应变技巧。如前所述，直播课可以实现师生异地双向实时交互，主讲教师要面对广大的学习群体可能提出的各种问题，虽然课前已经做了充分的准备，但总会有一些情况事先无法完全意料，万一有点闪失，其影响是无法挽回的，因而教师的心理压力比较大。另外，目前电大只有一部分直播现场有学生进行交流，大部分直播课教师是在狭小的直播间内面对视频屏幕孤独地进行直播。如果再遇到教学点没有或者只有少量的学生参加，教学无法互动，那么教师的教学情绪将会大受影响，从而直接影响了教学效果。因此，教师在直播前还应注意调整好自己的心理状态，放松情绪，就像演员拍戏一样，要进入角色。直播课上教师要应对学生的各种提问和种种不确定因素造成的障碍，除了课前要做充分的准备外，还要有一定的应变技巧，沉着应对。

四要利用多种手段，对课堂教学过程及时地进行检查、引导、跟踪、监督，加大对教学结果的控制力度。现代远程教育借助于多媒体技术实现了教与学的"时空分离"，这种教与学的"时空分离"带来了"师生分离"和"教管分离"，造成教师控制的先天不足，弱化了教学管理，使得远程开放教育过于依赖学生主体参与和学生的自我管理能力。基于此，教师就必须从读书笔记的检查，学习进度的跟踪，平时作业的收缴、批阅和讲评，各种媒体的使用和邮件收发记载，

BBS讨论和电话答疑,考核结果的评价和反馈等环节入手,加强对学生学习过程的检查、监控和指导,从而既保证远程开放教育教学目标的实现,又借此培养、提高学生的自我管理学习的能力和自我控制能力。

二、充分发挥直播课的效用

(一)学生参与

1.直播课的实时、非实时学习环节。对于学生来说,实时、非实时学习环节是学习的一个非常重要的环节。上课前就应该对要上的课程内容有所了解,对自己的疑点、盲点要及时做好记录,上课时对教师授课的语音、图像、多媒体网络课件和数据等要特别留心,做到"有的放矢"。

2.学生要充分利用现代远程教育的学习条件和资源,采用适合自己的学习方式。电大远程开放教育有各式文字教材、实时授课的视频录像和其他网络资源等,而且还可以通过BBS、E-mail快速解决学习过程中存在的疑难问题,这些都是十分有益的学习工具,特别对自学者而言,可以反复利用这些手段,以加深对知识的理解。直播课并不排斥专职教师的面授指导,有条件的学生还可以参加适当的面授辅导班,在教师直接指导下学习,弥补直播课未尽之处。有组织的课堂讨论与小组讨论也是有帮助的,一方面通过学生之间的相互作用激励和推动学习,减少远程教育学生孤军奋战的负面影响;另一方面通过学生之间的研讨,能够让他们加深对课程内容的理解和检验各自的学习效果。

3.制定个性化学习计划,强调自我约束。学什么,怎样学,学的目的是什么,进展速度如何?虽然学校已有教学计划,但学生自己也应有相应的个人计划,如每个学期应读完哪些书籍、杂志,做几本练习册等。学习计划还可以具体到每天,甚至到每个时段。如每天背多少内容,做几道题;今晚用多长时间看与专业知识有关的节目,读完哪几页书,做完哪些作业等。每堂课该了解多少?该理解多少?该掌握多少?一旦制定好计划,就要严格要求自己,无论是时间还是精力都要最大限度地投入到学习中。如果学生都有适合自己的计划,并按照自己的能力坚持去实施这些计划,那么他不但在学习上会有所收获,积少成多,实现量变到质变的飞跃,为实现其最终的目标打下基础;而且在心理上,会有一种成就感,随之而来的就是一份自信,一份希望。

(二)教学管理、技术支持等其他环节

1.直播课的制作是一个系统工程,涉及教学、技术、美工及服装等诸多方面,完成一门直播课需要教学系统各部门投入大量的人力、物力和财力,其中包括教学设备的添置和使用以及教师、技术人员、管理人员的付出等。而目前制作直播课主要是由教学管理处的教师与技术制作中心的技术人员承担的。就教师所承担的工作而言，基本上是一门课程由一位主讲教师负责，从课程内容的筹划、讲课资料的收集和整理、教学课件（PPT）的制作，到形象设计与服装准备等等，事无巨细、里里外外，都由老师自己操办，不仅工作量大，而且有的力所不及，造成教师疲于应付琐事，而缺乏精力思考教学质量等大事，结果可能是：辛勤耕耘却产出质量低的产品，这样的直播课既不为学生所接受，更影响电大的形象。有关部门要树立系统的观念和协调的观念，完整地配套各方面的专业人员参与，并负责相关环节的工作，处理好直播课教学系统各方面、各环节的关系，形成"直播课"制作的良性循环。

2.提高教学组织与管理水平。主讲教师准备一门直播课需要投入的工作量很大，尤其对新课来说更是如此。有关部门在安排直播课教学任务时，要坚持少而精的原则，给予教师充分的时间和精力做准备。在网络教学中，教师的活动不再是个体劳动，也不再仅仅局限于校园之内。由于要求提供高质量的直播课，这就需要有相当数量的专业教师与其他专家及技术人员相结合，为此，可以开展全省教师集体备课，组成课题组，共同制作最新最好的直播课。应有针对性地投资建设一批自有的案例音像，特别是有福建区域特色的音像资料以供设计直播课教案选用，同时尽快加强专业实践基地的建设，让学生能够更好地理论联系实际。应提前布置好"直播课"的制作计划并准确下达，准备收看的教学点应该认真组织学生参加"直播课"，让直播课在电大远程开放教育中发挥出它应有的作用。

3.以人为本，落实技术培训，促进现代教育技术的掌握和应用。要加强对现代教育技术工作的规划与领导，健全组织机构，成立现代教育技术工作小组，负责对现代教育技术的规划、领导与选评，以及教师的培训与考核，并制订相应的政策。学校可以成立多媒体课件制作中心，拨专项资金，由中心负责搜集多媒体课件中用于表达一定思想的各种元素，包括图形、动画、图像、文本和声音等素材，购买各种软件，开展校内外交流，使资源高度共享。中心人员由专职计算机教师组成，他们针对学科教师提供的脚本设计课件，供学科教师组合调用，同时对学科教师课件设计进行咨询和联系，并对学科教师设计的课件进行深层次的修改，这样才能有利于充分利用资源，提高制作效率。要制订符合实际的现代教育技术培训方案。培训的总体内容包括：计算机基础知识及基本操作、网络与通讯技术、系统软件与工具软件的使用。每一个阶段都应建立相应的教学内容考核与激励办法，并将具有现代教育技术应用能力作为衡量现代教师素质的一项重要指标。在发展以计算机为核心的现代教育技术实践过程中确定的基本原则是:教师培训在前,课件开发紧随,投入产出对应,资源高度共享。

(本文在撰写过程中,整合了"福建广播电视大学直播课研讨会"与会者林育明、李正光、李燕芳、蔡而迅、孔敏、金晓云、陈文芳、严春容、王子韩、林华、郑建辉、钱建明、柯忠杰、林苏榕、王汉青、黄美珍、祁芳斌等老师的观点,特此说明。)

基金项目:福建省社科规划项目"学习型社会教育新体制:教育课程超市的试验研究"(2003B0132)系列成果之一。

(作者为福建广播电视大学副教授)

台湾社会教育评述

何绵山

此处的社会教育,指正式学校教育以外的社会上的教育。台湾的社会教育机构,主要由四个方面组成:当局面向社会教育的各有关单位、各民间组织、各宗教团体、各私人经营的有关机构。现将其简单评述如下:

一、当局面向社会教育的各有关单位与台湾社会教育

台湾"教育部"设有"社会教育司",下设四个科,主要负责对有关社会教育活动的推广辅导、社会教育法规的修订、对各种社会教育单位的督导等。

台湾将向社会开放的一些公益单位,作为社会教育的主要机构。如图书馆、社会教育馆、博物馆、文化中心等。这些单位,按不同级别有不同的功能,如台湾目前有各种图书馆500多所,省级图书馆旨在保存本省地方文献,提供较高深学术研究资料,并办理各种文化活动。县市乡镇图书馆以保存地方文物、资料、图书,充实一般民众休闲生活为主,地方特色较强。各图书馆除了为民众提供读物外,还定期举办各种学术演讲、音乐及电影欣赏会、美术或文物展览等社会教育活动。台湾社会教育馆的任务是在人口集中的社区建立人口工作站,为民众提供文体活动的辅导,各馆还根据自己的特点,确立了自己的特色,如新竹馆的特色是"研究改进民俗礼仪",彰化馆的特色是"推展民间艺术",台南馆的特色是"研究及展示台湾开发史迹",台东馆的特色是"推展山地社会教育"。再如台北社会教育馆充分利用社会资源,长期邀请获台湾薪传奖的名师,每年分春秋两季向社会开班,教授歌仔戏、京剧、客家戏、黄梅戏、民俗音乐歌谣、南管、国画、油画、书法、电子琴、民族舞蹈等。台湾各类博物馆有100余座,其典藏内容包罗万象,各县市的博物馆典藏的主题和内容各有特点。除了典藏外,还经常举办各种研讨、研习、讲座活动,出版各种研究报告、馆藏介绍等,以提升民众的文化素质。台湾各县市基本都成立了文化中心,主要负责对地方文化资产的整理和传承,开展各类文化活动,培养地方文化人才,扶助文艺团体开展活动。

通过面向社会组织各种活动来推广社会教育,是这些公益单位的重要工作之一。或主办,或策办,或承办,或协办,或指导,内容繁多,如:各种嘉年华、各种庆祝活动、各种艺术节、各种文化节、各种纪念日活动、各种研讨会、各种论坛、各种讲座、各种研习会、各种工作营、各种研习营、各种研习课程、各种培训班、各种工作坊、各种培训课程、各种座谈会、各种展演、各种比赛等,真是不胜枚举,这些活动,根据需要,设有不同的项目。

现仅以台中县立文化中心为例,其作为主要策办单位组织的某次"台中县大甲妈祖观光文化节"系列活动,就有百余个项目,其过程极为纷繁,有代表性的如:金身妈祖展、妈祖进香绕境摄影展、大甲妈祖绕境老照片回顾展、妈祖进香文物特展、喜迎妈祖踩街联欢活动、大甲妈祖绕境文化网络有奖征答、大甲妈祖文化教师研习营、裕珍馨街头音乐季、大甲国乐团演出、顺武堂特技团演出、明梨园北管民俗社教馆、中洲高跷阵、海外表演团队台中县妈祖庙巡演、阿罩雾乡村乐团演出、全球华人武术武林大会、全台青年杯武术比赛、台中县妈祖庙巡演、媒体人民俗文化研习营、亚太祥龙瑞狮大汇演、麦子铜管五重奏演出、明珠女子歌剧团演出、台中声五洲掌中剧团演出、台中县农工商产业博览会、明华园戏剧团演出、武馆艺阵大观游、大甲妈祖谷关温泉祈福之旅、大甲妈祖梧棲渔市祈福之旅、朱宗庆打击乐团演出、台中县大专院校街舞演出、台中县文化"趴趴走"文化专车、大甲妈祖进香教师研习营、武艺文化研讨会、妈祖文化节台中县花卉产业展、妈祖学术研讨会、民俗艺阵表演、传统艺术马拉松展演、明台高中"原住民"舞团演出、山阳"国小"大鼓阵、华龙"国小"国乐团演出、南管清雅乐府演出、台湾青年团体表演晚会、海外艺人嘉年华、丰原高中管乐队演出、大甲"国小"打击乐队演出、起驾戏等。

举办方试图通过这类活动,丰富台湾民众的生活,保存传统民俗和技艺,吸引民众对传统民俗的热爱和关注,以提升民众的文化素质和涵养。

二、各民间组织与台湾社会教育

台湾不同阶段均涌现出大量民间组织,如各种社团、基金会、研究会、协会、学会,像雨后春笋,层出不穷。这些民间组织,有的热衷于组织举办各种社会教育活动,或独自主办,或在活动中承当一部分责任(台湾的一些大型活动,往往有指导单位、主办单位、协办单位、执行单位、合办单位、赞助单位等)。现仅以通过文化资产进行社会教育为例:

有利用本地独有文化资产举办活动的,如紫藤文化协会参与协办的"悠游台大·发现公馆"活动,内容包括演讲与纪录片欣赏、参观与导览活动;外省人台湾协会、空军三重一村自治会协办的"再现空军一村：三重市眷村文化公园规划设计工作营"，对如何保留眷村文化进行了探讨；桃园县乡土学友会主办的"乡土推广教育研习"，开出系列台湾乡土课程，并结合当地文化资源进行实践，其课程如："惜字风俗与桃园圣迹亭"、"八仙信仰与民俗"、"高雄县市古迹之美"、"屏东县古迹之美"、"城隍庙与城隍信仰"、"台湾的交通工具：牛车"、"台湾民间的阵头文化"、"台湾的'原住民'"、"荷西时期的政教发展"、"荷西时期的政权高峰"、"荷西时期的政教变革与结束"、"孔庙建筑之美"、"从基隆炮台谈中原祭典"等，其实践如："祭孔流程实录"、"神游安平镇民居"、"坑子社区老宅之美"、"毕业旅行户外参访"。

有在纪念日举办活动的，如台北市松竹梅文化基金会参与合办的"纪念台湾光复系列活动"；台南市观光协会、台南市凤凰城文史协会、台南市谜学研究会、台南市文化协会等承办的"孔庙文化节·全台首学日"，有教育专题讲座等活动。

有针对某个专题举办活动的，如台原艺术文化基金会举办的"台湾追乡曲17世纪荷治时期台湾日常生活教育展"系列活动之"大航海时代：台湾现代性的曙光"系列讲座，其讲座题目如："从浮脚屋到城堡"、"荷治时期的台湾'原住民'生活"、"荷西时期台湾美术图像"、"台南出土之荷兰时期贸易陶瓷"、"台湾现代性曙光"、"热兰遮城的考古意义"、"十七世纪的台湾：富产丰饶的国际贸易港"、"荷治时期的头家"。伽耶山基金会参与主办的"纸质图书保存维护管理研习会"，其讲座内容如："认识图书纸质"、"图书馆的霉菌管理"、"图书的蛀虫、防虫处理"、"图书水淹处与图书光害管理"及"纸质图书维护实务座谈"等。崇友文教基金会主办的"崇友人文讲堂阅听生活与艺术系列讲座"，时间1个多月，有8个主题，如"清明上河图"、"宋人的生活四艺"、"玉器艺术入门"、"古迹保存的意义"等。

有针对文化资产保护举办活动的，如成大研究发展基金会协办的"文化资产实务研习营"，所开设的课程如："新文化资产法总论：新文化资产保存法的精神与意涵"、"古迹、历史建筑、聚落：新文资法中古迹、历史建筑、聚落之保存维护与行政推展"、"遗址：台湾考古遗址保存与法令"、"传统艺术：新文资法中的传统艺术"等。台湾省教职员福利会、台北市华山社区发展协会等协办的"文化扎根·资产守护·中小学教师研习会"，其研习系列课程的主讲人，将文化资产与中小学课程结合起来，吸引了大量的中小学教师。文化爱河协会、陈中和翁慈善基金会、王振生慈善基金会等承办的"高雄市'社区文化性资产守护纲'守护员研习课程"，对台湾文化资产的保护进行系统授课。台南市文化古迹导览解说发展协会主办的"永华里与古迹活化再生之路研习营"，对"古迹维护与再生利用"进行了系统的讲解。由法国在台协会、华山社区发展协会协办的"文化资产诠释人才培训"活动,对与会者进行了多方面的培训。

有为保护某项文化传习而举办活动的,如台湾交趾陶艺术文教基金会规划并主办的"传统交趾陶技艺传习研究",对交趾陶技艺(如捏塑、彩绘、烧成)进行了系统的培训。"中华民国建筑技术学会"主办的"古迹暨历史建筑保存修复木作、泥水作匠师培训班",由各方面专家对有关人员进行了系统的培训。

有为宣传台湾的历史与文化而举办活动的,如台湾史迹源流研究会每年都举办"台湾史迹研习会",请各方面专家讲课,并组织与会者进行史迹勘考,其讲课内容有:"台湾史前文化与遗址"、"'原住民'的历史与文化"、"台湾二十四节气现代观"、"台湾孔子庙与释尊仪节"、"日据时期的台湾新文学"、"台湾史概说"、"台湾的民间组织"、"论台湾史的分期与台湾史料的利用"、"从台湾歌谣看台湾史"、"浅谈布袋戏艺术之美"、"台湾民间信仰概论"、"台湾谚语浅析"、"台北市发展史"、"台湾客家的历史与文化"、"台湾传统建筑的历史源流"、"台湾的传统教育"、"台湾地名沿革"、"台湾自然生态史"、"歌仔戏的历史与示范"、"台湾电影发展史"等。

充分利用社会资源进行社会教育,不仅活跃了民众的文化生活,提升了民众的文化素质,对文化资产的保护,也有进一步的促进作用。

三、各宗教团体与台湾社会教育

台湾"解严"后,各种宗教团体空前活跃,已成为台湾社会生活中不可忽视的力量。台湾各宗教团体利用自己的网络和资源,不同程度地介入了台湾的社会教育。具体如下:

举办各种类型的定期"夏令营"、"冬令营"、"研习营"、"研修营"等。台湾各宗教团体常常针对不同对象,于冬、夏两季举办不同类型的"研习营",其参加对象,一是教师,其学习内容包括:太极拳与养生、宗教与美学及生活修行、心理咨询等,多姿多彩。二是大专青年。这类"研习营"在台湾极为普及,一般根据寒暑假,分冬、夏两种。三是中小学生,也称"艺术营"、"成长营"。以佛教界为例,台湾有一句流行语:"学佛的孩子不会变坏。"台湾的家长们普遍认为,参加这类活动,可达到两个目的:一是增福德,二是增智慧。福德可从学习佛的慈悲心做起,培养对自己家人的关心,进一步扩展到对社会的关心;智慧则是直接由佛教的经典、小故事中获得启发,明白做人处事的道理。在假期送孩子进"研习营"已成为一种时尚,台湾几乎所有主要寺院每年都要举办中小学"研习营",学习内容包括:软陶巧艺、野外自然创作、健康活动、风筝制作、团体竞赛等，可谓包罗万象。举办单位力图使小朋友从小就闻听佛法，以后不做坏事，以达到"多一个好人，就少一个坏人"的办营初衷。

进行"成人推扩教育"。指宗教团体针对社会成人大众的需要提供的教育活动，或称"信众教育"、"推扩教育"、"成人教育"等，在台湾曾盛行一时。推扩教育的具体课程因各宗教不同而不同，但一般都包括文化、生活等，学习地点和时间较为固定，每班要求有一定人数，成绩合格者发给证书，酌收学费。其课程内容，包括创造和谐的人际关系、养成习劳培福的习惯等。其教学特色如：班级式教学、各种成人教学法的运用、重视对学习者需求的了解、成人教学策略的有效运用等。通过学习，学员将所学知识运用于生活实践中，使自己的精神面貌得到很大改观，待人处世也有很大变化。

组织各种文化活动。这类活动有各种学习班、各种讲座、各种民俗活动等。其学习班如：中国插花班、书法艺术班、绘画班、篆刻班、保健共修班、素食烹饪班、儿童读经班、心灵成长班等。其讲座如："如何降服烦恼习气"、"喜悦与丰富人生"、"现代人如何面对死亡"等。其民俗活动如：传统节日的纪念活动、有本地特色的各种传承活动等。台湾大部分寺院道观教堂等宗教场所都办有图书馆(室)，有的还办有盲人图书馆、儿童图书馆，经常举办各种文化活动，如音乐演奏、读书会等活动，有的已成为本场所的职能和活动惯例，如宜兰县冬山玉尊宫的苍龙楼一楼辟为道教藏书馆及阅览室，宜兰县冬山天照宫右辟为图书馆，藏书达万余卷，供人自由浏览。桃园县杨梅埔心昊天宫后兴建的活动中心，分设图书馆和老人俱乐部，并以保存民俗曲艺，举办花灯展、书画展为己任，长期致力于民间文化的繁荣。各寺院宫庙每逢庆典时，前来参与者尽情娱乐，组织者寓教于乐。宜兰县冬山玉尊宫每于庆典前的四五日，往往举办系列民俗文化娱乐活动，如童诗诵读、书法演示、写生比赛、插花、扎中国结、皮雕展示、染色花、色纸剪粘、手工艺品展示、米食品尝、诗人击钵、南管北管演奏、民谣教唱、老人才艺、民族舞蹈、土风舞、踢毽子、跳绳、舞龙、舞狮等活动，参与者有阿公阿婆、青年男女、学生幼童等，人人欢欣娱乐。平时，还经常举办信徒联欢晚会、球类比赛等活动。有的活动与认识、保护文化资产相结合，如台北保安宫主办的"保生文化祭"，有宗教信仰系列讲座、民俗技艺研习营、小小史迹导览员研习营；台南县善化镇庆安宫协办的"文化资产保存讲习会·古物维护"研习班，结合实物谈文化资产的保护；柳原教会等协办的"台中市'古迹日'导览人才培训"，对本地古迹进行了解说；新营太子宫太子爷庙管理委员会等协办的"南瀛文化资产解说员暨守护员培训营"，对南瀛的文化资产进行了系统的解读；桃园县寿山岩观音寺等主办的"龟山寿山岩·纪念观音佛祖成道系列活动:龟山岩古迹导览人员培训",讲解了台湾寺院的祭祀礼仪、建筑特色、传统彩绘、匾联文化等知识。

创办托儿所(幼稚园、育幼院)。台湾许多宗教团体办有托儿所(幼稚园、育幼院),有的与当局合办"保育人员培训班",甚至各幼稚园教师当年多出其门下;有的为成人提供夜间补习教育;有的为在校生提供诸如中文、外语等各种功课的补习班;有的为儿童提供各种才艺班;有的还直接介入台湾教育界最热门的"联考"。如台中县雾峰万庆宫专辟有育幼院,童稚清纯,天真可爱,在此有专人护理;南投县鱼池顺天宫修悟堂附设社区幼稚园,以培育当地幼童。

四、台湾私人经营的机构与社会教育

台湾长期以来,存在大量私人经营的各种课程补习、技能培训、艺术教学等机构。课程补习机构所收对象主要是中、小学生,其补习目的主要是想在升学时取得好成绩。技能培训机构所收的对象主要是青年人和成年人,接受培训者想通过培训,提升自己的技能(如电脑操作、电器维修等),具有职业培训的性质。艺术教学机构所收对象有幼儿、少年、青年、成年人,年龄从3岁到四五十岁不等,学习的范围广泛,如舞蹈、音乐、戏曲、美术等。限于篇幅,现仅就艺术教学中的舞蹈补习班、音乐补习班作简要介绍。

以舞蹈补习班为例。台湾早期就有不少私人经营的舞蹈社、所、班,总数在百家左右,学生多者300余人,少者四五十人。"早期的舞蹈研究所(社),属于社会教育机构,主要招收来自大、中、小学校喜爱舞蹈的学生,或已服务社会的好舞的青年男女,入学后给予不同的训练,导育儿童与青年,走入正式的艺术教育天地,养成优良的体态,与良好的日常生活风度,并透过音乐、舞蹈技巧、创作、理论课等综合课程,使学子具备舞蹈训练的基础,又常用舞台表演方式公开演出,这种做法,既为社会服务,又考验学习成果,给学生提供一个实习的机会,随着民族舞蹈运动的兴起和深入,舞蹈研究社(所)的数量、质量,以及学舞的人数大幅攀升,舞蹈研究社不仅积极参加每届的舞蹈大竞赛,而且在各种庆祝纪念会、表演会、赈灾会等场合,频频亮相,发表自己的舞蹈作品。"[1] 20世纪70年代,舞蹈研究社在"教育部"的规定下,统一改为"舞蹈补习班",对补习的教职员做了规定,(如在职军公教人员不得担任补习班设立人及班主任,补习班班主任需大专毕业等),并对补习班设立的条件提出了具体的要求,甚至对舞蹈教室、教具、授课时间等都有明确的规定。这些私人创办的舞蹈班逐年增加,20世纪50年代约有30个,六七十年代已有300个以上,80年代有500个以上,90年代则多达1000个以上。创办这些舞蹈班的人,"多为喜爱舞蹈艺术,具有舞蹈素质的人,志愿终身供献舞蹈工作,传授民间喜爱舞蹈艺术的下一代,培养其兴趣,打下基础和提高艺术水平,并定期推出教学成果,丰富了社会文化活动,对公众培养舞蹈的认识,与舞蹈基础教育的养成,推进舞蹈的发展,有着不可磨灭的功绩。"[2]

以音乐补习班为例。在"学琴的孩子不会变坏"的钢琴推销广告引导下,按钟点收费的台湾民间音乐教学班纷纷成立。"这些坊间各式的音乐班,以平实的市场价格、趣味的教学形式,以及培养音乐爱好者的观念,让多数父母能欣然接受,将自己的孩童送到音乐班接受基础的音乐涵养,并为西式音乐在台的普及,奠定了深固的基础。"[3]还有一种不以收费为主要目的的教学班,创办者招收学员的目的主要是为了传承某种技能,如台南后壁乡安溪寮社区的龙御社南管乐团,依靠对南管音乐有造诣的热心人士招收学员,学员有不少是小学生,征得家长同意之后,定期在热心人士家中集合练曲,后定为每周四、六两天晚上的7点到9点,学习南管乐曲的唱颂、乐器的弹奏。据一位长期教授南管音乐的热心人士回忆说:"他自13岁就开始学习南管,至今将近50年,在这半世纪中,已记不清有多少次招训新演员。但由于南管学习不易,尤其是弦管乐器,如琵琶、二弦、三弦与洞箫的弹奏,更需长时间的培训。在每期10多人中,到最后总是剩下一两人,尤其是近来有耐心学的人更少了,这是南管传承上最大的危机,也是最值得我们深思,最需要大家共同克服的问题了。"[4]

台湾社会教育的开展,不仅与学校正式教育形成互补,也开掘了社会资源的潜力,活跃了人民的文化生活,提升了人民的文化素质,对于促进台湾社会的发展,应该是积极、有益的。

参考文献:
[1]李天民,余国芳.台湾舞蹈史(上)[M].台北:大卷文化有限公司,2005:316.
[2]李天民,余国芳.台湾舞蹈史(下)[M].台北:大卷文化有限公司,2005:548.
[3]吕钰秀.台湾音乐史[M].台北:五南图书出版股份有限公司,2009:173.

基金项目:国家艺术科学基金项目"闽台文化艺术源流及发展、现状和对策"(01BA13)阶段性成果。

(作者为福建广播电视大学教授)

台湾高等教育一道独特的风景线
——台湾佛教界创办综合性普通大学评述

何绵山

台湾佛教界近些年创办了5所面向社会的综合性普通大学,在台湾社会产生了广泛的影响。现将这5所大学特点简要评述如下。

(一)华梵大学

华梵大学是台湾佛教界创办的一所综合性"精致大学",原名华梵工学院,成立于1990年,当时仅有5个系。1993年陆续增设人文科系,并更名为华梵人文科技学院。1997年改名为华梵大学。华梵大学的办校历程及其所取得的绩效,体现了台湾佛教界融汇佛教救世精神和儒家思想进行社会教育实践的理念。华梵大学之所以能取得一定的成绩,有自己的特点。

1.创办人及创校历程。华梵大学的创办人晓云法师是台湾佛教界一位大德比丘尼,她不建庙、不任住持,终身以教育为职志,提倡重视德育的觉性教育。1967年,集教育家、宗教家、艺术家于一身的晓云法师自香港应聘任教于台湾"中国文化学院"时,即兴办学之志,先后亲自勘查过27处地区,最后选中台北县石碇大仑山作为校址,开始学校的筹建工作。1985年,晓云法师多次前往新马等地,举办书法义展,将所筹资金,全部用于购买石碇校区现址。之后在十方善信和社会各界人士支持下,积极进行建校工作。其间,晓云法师亲自与建筑师进行整体规划,在校舍布局与造型上颇具匠心,既保持大仑山原有自然风貌,又展现园林环境风格,顺应山形地势,把34公顷的校园规划成为五区十景,建成景色优美、环境清幽的高等学府。从1988年7月正式动工建校至1990年2月,学校硬件建设和软件设施全部完备。1990年7月,华梵工学院第一届新生入学开学,当时设有工业管理、机械工程、电子工程、建筑及工业设计5个学系。1993年,学校更名为华梵人文科技学院,并在工学院外,增设中国文学系和东方人文思想研究所。1994年增设外国语文学系。之后陆续增设机电工程研究所硕士班、工业管理学系硕士班、哲学系、美术学系、资讯管理学系。1997年经台湾"教育部"核定,学院改名为华梵大学,同年获准设中等教育学程。现在全校共有文学、工学、艺术设计3个学院,在校学生3100多人。华梵大学的创校历程,体现了晓云法师等台湾佛教界人士对以佛教精神兴办社会教育的热忱和矢志不移,正是这种精神使华梵大学在台湾社会和海外产生重要影响。

2. 创校理念。华梵大学的创校理念是"觉之教育",该校现任校长马逊涛博士这样诠释其内涵:"'爱之教育'是认识自我、启迪智慧、反观内照、理性思考、自律自强的教育。'觉'是智慧与慈悲,具有不可思议的妙用。"她还说:"中华文化,具有许多永恒的价值,值得我们共同维护。'觉'是人本的教育,其义理应该可以灵活运用。"华梵大学以"觉之教育"的创校理念,来实现人文精神与科学技术的整合,结合实践儒家思想传统道德和佛教慈悲智慧、自觉觉他的精神,达到培养德才兼备高级人才的目的。

3. 学校建制及未来展望。华梵大学的校务建制比较健全,机构和部门的设置较为完善,具体辖设:教务处、学生事务处、总务处、文物馆、人文教育研究中心、图书馆、推广教育中心、电算中心、体育室等9个部门和机构。

教务处的具体任务主要是:(1)协助各教学单位提供良好的学术研究环境。(2)奠定良好的教务规范制度,确保学术研究与教学质量。(3)推动"觉之教育"的理念在学校落实。根据上述任务,制定了各项重点工作计划,并成立有关委员会,具体负责实施。

学生事务处下设课外活动组、生活辅导组、咨商辅导组及卫生保健组等四组,各有其工作重点,各负其责。

总务处工作任务是"后勤支援",现已建立起系统化体系,包括:(1)气象观测系统。(2)环保作业管制系统。(3)水电供应系统;(4)校舍校地安全监测系统。(5)交通运输调度系统。(6)水土保持系统。(7)警卫监视系统。(8)景观规划系统。(9)校产管理系统。(10)文书档案管理系统。

文物馆功用有如世界各著名大学的博物馆,目的在于展现创校旨意及中心思想。华梵大学文物馆体现的是中华文化与佛教思想相互融汇的旨意,中心思想是"营造儒佛气氛,呈现华梵精神",用以辅助教学,发挥境教功能。馆内分中华文物区、佛教文物区、校史文物区及书画区。分别展示中华文物、佛教文物、校史文物和名人书画,尤以书画区中创办人晓云法师的禅画为文物馆一大特色。

人文教育研究中心是落实"觉之教育"创校理念的重要机构,重点任务是规划与提升全校的人文教育,研究方向如以儒佛双扬乃至儒佛会通而打造全方位的教育环境与全人格的养成。中心设有通识教育组、教育学程组、国际文教组与生态保育组,各有其侧重的任务。

图书馆使用面积1940平方米,规划新馆面积为8250平方米。截至2000年7月底,藏书133671册,其中中文书籍102037册,外文书籍31634册;期刊1020种,其中中文期刊682种,外文期刊338种,期刊合订本7066册;报章13种;视听资料7026件;光碟资料库22种。1994年10月正式启用DYNIX图书馆自动化系统。目前图书馆提供的资讯检索服务有:线上公司目录查询、22种光碟资料检索,同时有台湾学术网络(TANET)及全球资讯网(WWW)等查询,以及其他检索服务,服务于全校教职员和学生。

推广教育中心成立于1999学年度上学期,是华梵大学第一个外派单位,中心办公室位于台北市承德路"华梵园地",推广实施"终身学习"。已开设3个教学行政中心,分别是承德分部、南华分部、惠中分部,分别开设英语、日文、电脑、禅学、管理、生命礼仪等课程。

电算中心为电子计算机中心之简称,负责协助校园资讯化之推动,校园网络设备及其相关资源之规划、管理与维护,新资讯观念、技术的引入,资讯问题咨询及技术支援。现设有网络系统组、资讯服务组。主要任务是:(1)建立整合性校园资讯网络,使各单位皆能互通讯息,资源共享。(2)远程教学。(3)提高校务行政效率。(4)个人电脑教室。(5)工作站教室。(6)资料伺服器。

体育室秉持锻炼体格、均衡身心发展、落实全民运动之理念,学生大一至大三必修体育科目,大四体育为选修科目。每年定期举办运动会、越野赛跑等。尤其是"创办人杯"越野赛,为创校以来的传统比赛。总之,学校秉持创办人的训示,力求使本校学生不只着重于课业,更要重视身心的健全发展,成为课业与体能兼顾的全才。

未来展望和规划主要如:(1)以"精致大学"作为发展目标,未来容纳学生以4000人为度,将进一步提升教学和研究质量。(2)积极拓展校际与国际间的艺术交流合作。(3)推动并参与社区和社会有意义的各种活动。(4)设置推广教育夜间部。同时,已选定龙潭地区作为第二校区,进一步发展华梵教育事业。

4. 学校特色主要有以下四个方面:(1)华梵大学是佛教传入中国的2000年来第一所由佛教人士创办的高等学府,主张儒佛相融、启发智慧、净化人心,达到人文与科技融汇,慈悲与智慧相生,汲取传统文化精神,结合现代科学技术,不断求变创新,造福人类。(2)提倡景观境教,校园清幽自然。校区依托自然环境,规划成五区十景,除提供开放活泼的人性空间外,并蕴含启发反省之深意。(3)理论与实务并重,研究与教学一体,各学系和研究所都设有专题研究或专题设计等课程,鼓励学生积极创作,训练学生的表达与思考能力。其"小班教学"和"导师制"加强了师生间的互动,建立起亦师亦友的良好关系。(4)师资与设备优良,专业与通识兼长,学校除拥有完善的图书仪器设备之外,还拥有年轻优秀的师资力量,其中具有博士学位的教师就占教师总数的68%。此外,开设有经严谨规划的通识课程,学生能够进行充分的选择,并学习到跨领域的知识。

华梵大学现设文学院、工学院、艺术设计学院,具体分别评述如下:

文学院设有东方人文思想研究所(含博士班)、中国文学学系、外国语文学学系、哲学系。东方人文思想研究所以弘扬儒佛思想,从事东方文哲艺术研究为主要目标,分为文学、佛学、艺术、哲学四组,课程以融通中国及印度哲学思想及文学艺术为主,旁及东南亚其他地区。中国文学学系主要目标是培养国学研究人才,鼓励学生博古通今,致力于中文领域的学术研究与创作,为社会作出奉献。外国语文学系,课程以英美语文为主,加强文化及文学专题研究,并重视第二外语与实用课程。哲学学系以多样化教学过程,达到学习中国哲学深厚的内涵和东方人文精神,以及促进东西方学术文化交流等目标。

工学院设机电工程研究所(含博士班)、机电工程学系、电子工程学系(含硕士班)、工业管理学系(含硕士班)暨工业管理研究所、资讯管理学系(含硕士班)。机电工程研究所(含博士班)教育目标为:(1)培养机械、电子、电机、计算机等技术创新的"机电整合"人才;(2)培养精密机械研究领域的中、高级科技人才。机电工程学系教育目标是培养具有专业知识与多元化能力,能掌握快速发展的高科技的机械工程人才。电子工程学系(含硕士班)教育目标是培养电子元件、积体电路设计、计算工程、通讯电子、自动控制等系统的专业科技人才。工业管理学系(含硕士班)教育目标是培养现代化的工业管理优秀人才。资讯管理学系(含硕士班)教育目标是以整合资讯技术、管理理论和企业应用的教学课程,培养具有人文素质的资讯管理人才。

艺术设计学院设设计研究所、工业设计学系、建筑学系、美术学系、环境设计学系。设计研究所从事设计理论与实践研究,培养具有"人文与科技融汇"理念的艺术设计人才。工业设计学系教育目标是以工业设计相关知识及技能课程培养兼具人文素养与美学、高科技专业知识与伦理责任感的工业设计人才。建筑学系教育目标为在整合专业科技的前提下,配合自成体系的人文科学,培养兼具建筑空间艺术素养,及实质经建技术的建筑专业人才。环境设计学系是1999学年度创设的新学系,也是台湾第一个"环境设计学系",初期以台湾社会最迫切需要的"山坡地环境设计"为发展重点,培养进行"环境保育"

和具有"永续发展观"之山坡地规划与设计专门人才。

华梵大学为学生创造了一个优质的读书和研究环境,也为学生生活提供了完善设施和条件,使他们能舒畅地投入学习和研究工作。

(二)南华大学

南华大学是台湾佛教界创办的综合性大学,校址在嘉义县大林镇,其前身为1996年创建的南华管理学院,1999年升格为大学。从创校伊始,该校就以发扬中国古代书院传统、重建人文精神、树立21世纪新型大学为发展目标,鼓励学生在学习本专业之外再修习第二专长,并取得比较优异的绩效。南华大学的特点,主要有以下几个方面:

1. 创办人及创校过程。南华大学的创办人是星云法师。1967年星云法师创建佛光山时,就树立"以教育培养人才,以文化弘扬佛法,以慈善福利社会,以共修净化人心"四大宗旨。1996年创办南华管理学院之初,即发起"百万人兴学"的活动,劝募每人每月捐资100元(新台币),以3年为限,希望凝聚众人的心力成就建设的志业。经过十方大众的共同努力和百万人心浇灌,聚沙成塔,建成该校,并于1996年9月开始第一次招生。1999年,南华管理学升格为综合性的南华大学,成为台湾地区从学院改为大学时间最快的私立高校。

2. 发展特色。表现在四个方面:(1)学科和研究所发展兼具前瞻性、整合性与创造性。各学系和研究所的筹建与设立,都从现今社会的需求和未来发展的趋势出发,均按一定的课程架构来推动。由于学校跨学科、跨领域的系比较多,课程涵盖多种学科领域,所以学生可以专攻某学门,也可以进行跨领域整合之专业训练。教师亦可由此而形成整合型的教学研究团队。(2)提出"Π"字型教育方针,横轴代表通识博雅教育,两纵轴分别代表专业教育与第二专长训练,学生仅缴一份学费就可修习到两种专长,不会加重经济负担,并使他们毕业后具有更强的竞争实力与更多的择业机会。(3)师资优异。南华大学的教师自我要求很高且具相当研究活力,仅1999—2001年专任教师的著作就达94本,获有关机构补助而进行的单一或整合型研究计划也达85件,在各个教学领域,均建立起研究团队,有着浓郁的研究和教学热忱。(4)兼具理想与现实的高等学府。宗教界办大学,除具备宗教家的理想色彩与奉献精神外,也具有实业家务实地实现理想的实践性格。学校的理念是:"大胆地揭橥大学的理想,细心务实地去完成它。"

3. 组织架构。南华大学设董事会,由董事会聘任校长全面负责学校工作。校务机构有10个处、室,具体是:秘书室,下设文书、公共关系、秘书三个组;研究发展室,下设校务发展、艺术发展、教育品质三个组;教务处,下设注册组、课务组、教学服务组三个组;学生事务处,下设生活事务组、课外活动指导组、卫生保健组、学生辅导中心、劳作教育组、就业辅导组、军训室等七个组室;总务处,下设事务组、营缮组、保管组、出纳组、环安组等五个组;人事室,下设服务组、行政组两个组;会计室,下设预算组、会计组两个组;图书馆,内设馆务发展组、技术服务组、读者服务组三个组;资讯室,内设系统发展组、硬件系统组、行政咨询组三个组;事业发展处,下设推广教育中心、创新育成中心、建教合作中心三个中心。各处、室直接由校长领导并各负其责,保障学校教学研究工作的顺利进行。

  4. 南华大学现设管理学院、人文学院、社会科学院、教育发展委员会以及图书馆、资讯室、事业发展处等教学研究单位和教学研究支援单位。

  管理学院目前共有 8 个研究所、4 个学系,多个系、所设学士班、硕士班、硕士在职专班以及博士班。其中的出版事业管理研究所、环境管理研究所及非营利事业管理研究所曾经是台湾地区相关研究领域的开拓者。由于管理学院的教学颇具特色,各方面对其评价较高。

  人文学院设 7 个研究所、7 个学系、2 个研究中心,其中的 5 个研究所设有硕士班、硕士在职专班。学院提倡人文关怀与科际整合并重,形成了与一般大学人文系所不同的特色。跨系所选课、系所之间相互支援师资或共同开课,以某一专业的探讨为核心,密切结合各个学科的研究成果,是学院具有最大整合性与发展性的研究主题与模式。

  社会科学院设 6 个研究所、3 个学系。学院师资强大,研究能力卓越,课程设置具前瞻性与整合性,兼顾理论性与实用性,导师制度完善,师生关系良好,向来以认真教学著称。

  教育发展委员会是 2001 学年新设的院级单位,下设通识教学中心、语文教学中心、体育教学中心、师资培育中心、编译出版中心等 5 个中心,负责统筹及推动学校的通识教育,语文教育,体育和教育学程,小学师资的培育,编译出版及其他未能归入学院之教学、研究与发展等事务。

  图书馆宗旨为支援教学研究,提供读者服务。目前有 727 个阅览席位,藏书 155000 册,期刊 1880 种,资料库 29 种(统计数字截至 2001 年 9 月)。图书馆业务管理已全面自动化,能够提供有效、多元的研究支援工作。

  资讯室为全校各单位的教学与研究提供资讯支援,并致力于校园资讯网络的建立,负责校务行政电脑化系统的开发与维护。目前全校建置约 3500 个资讯点,即使在宿舍亦可连接上校园网络。教师研究和行政作业使用的电脑,接近一人一机。供学生实习使用的电脑设备,人机比为3∶1,电脑教室24小时开放。完备的资讯基础建设,为学校提供了完善的学术发展环境。

事业发展处下设推广教育、建教合作、创新育成三个中心(2002学年度迁至"南华大学嘉义市校园")。主要宗旨是为台湾各地民众、公教人员、中小企业员工等提供进修教育与辅导。

南华大学各教学研究单位,均有其自己的特色,下面以人文学院的研究所为例,作一简单评述。

哲学研究所。设硕士一般生和硕士在职专班,核心课程为中国古代哲学与佛学、西方古代哲学和当代欧美哲学等,共26门课程。主要培养基础性哲学人才和中、小学哲学师资。其特色是,本所研究生可至本校生死学研究所、宗教学研究所等选课,并均有机会获得各种奖助学金。

文学研究所。设硕士一般生和硕士在职专班,核心课程为中国教学理论、历代经典文学作品、文艺民俗学、台湾文学、大陆文学、西方文学理论研究、莎士比亚悲剧等33门课程。主要培养台湾地区与其他学科相比偏少的文学研究人才,促进文学研究的多面交流。

生死学研究所。筹设于1997年,是台湾地区首创的探讨人类"生、老、病、死"及其相关课题的教学研究单位,设硕士班(一般生、在职生)和硕士在职专班。课程主要有社会生死学、心理生死学、生命伦理学、生死教育、养生技艺、老年学等。主要为扩大生死学研究领域培育高层生死教育人才,普及生死教育,推动医疗和生死之公共政策、相关法规的订立。

美学与艺术管理研究所。是台湾地区唯一的美学与艺术管理研究机构。为硕士一般生和硕士在职专班规划的课程主要有美学专论、美学史论、造型专论、博物馆学、艺术管理、艺术产业等6大类必修课程,并有中国美术史、西洋美术史、表演艺术、音乐美学、生活美学等选修课程,主要培养具备人文素养和美学理论的专业艺术人才。

环境与艺术研究所。设硕士一般生和硕士在职专班,课程主要为空间与环境理论和文化研究理论,并吸收美学、哲学、文学、宗教学、艺术史学等领域的理论论述,培养景观规划、都市设计和城市计划中的理论研究和实践指导人才。

宗教学研究所。分为比较宗教学组和佛学组,目的是培养具有国际观的宗教文化传播及研究人才。为硕士班设置的课程主要为:(1)包括宗教哲学、宗教社会学等论著在内的宗教学方法论;(2)包括道教、佛教、印度教和犹太教、基督教、伊斯兰教在内的世界宗教各论;(3)包括宗教教育、宗教传播、宗教管理在内的宗教与当代文明研究,民间宗教或新兴宗教研究;(4)外文宗教名著选读。

自然医学研究所。自然医学属于非药物医学,硕士班研究方向是:(1)自然疗法,内容包括音乐疗法、能量疗法、食物疗法;(2)生物医药科技,结合现代生物医学科技,研究自然疗法所需之产品。该所的课程设置主要有现代医学理论、自然医学理论、传统医学理论、禅坐与养生理论、生死学、音乐疗法理论、生物医疗科技等16门课程。通过教学和研究,培养自然医学与实用人才。

再以管理学院为例。

南华大学管理学院现设有:资讯管理学系硕士班、传播管理学系硕士班、出版事业管理研究所、环境管理研究所、非营利事业管理研究所、财务管理研究所、旅游事业管理研究所、管理科学研究所等8个系所,以下分别评述。

资讯管理学系硕士班课程规划有五类:(1)资讯科技与管理知识;(2)资讯管理与决策科学;(3)资讯管理与资讯社会;(4)资讯管理与人文科技自动化;(5)管理资讯系统之设计与整合。通过理论与实务并重的小班教学和重点课题的研究以及鼓励学生选修跨系所课程,以达到向社会提供全方位资讯管理人才的目的。

传播管理学系硕士班发展的重点为培养从事传播理论及方法学研究的人才,从事新形态传播的各种企划及执行实务的推动人才等。课程设置为必修课"传播理论"等5门,选修课"电子媒介管理"等20门。学生以推荐甄试和招生入学两种形式进入本系学习,修业年限2至4年,修满规定学分毕业。

出版事业管理研究所发展重点为培养"整合出版"的研究人才、领导人才和高级经营管理人才。课程设置的必修课程如"出版理论与实务"、"管理理论"等5门,选修课如"出版行销管理"、"出版生产管理"等12门。经甄试或考试入学,修习期满,获得规定学分方可毕业。

环境管理研究所宗旨为培养具有环境管理知识与能力,并且了解国际环保趋势与社会需求之全方位企业经理人。研究领域包括环境与经营策略、环境稽核与风险管理、环境管理工具之发展、环境专题研究等。课程分必修科目与选修科目,鼓励跨系所选修相关课程,毕业至少需修满30学分。

非营利事业管理研究所宗旨为培养具有非营利事业之规划、组织、用人、领导与控制管理技能及策略规划与执行能力的高级专业人才。修业年限为二至四年,研究课程有专业必修课及专业选修课程、修满30学分可毕业论文答辩毕业。

企业财务工作者,培养其成为高级金融财务经理人员;(2)与岛内外金融业、证券业等机构合作,协助其培养金融与财务研究管理人才;(3)与有关大学财务金融系和研究机构进行学术交流以及其他相关研究合作。学生必须完成规定的必修、必选、选修课程和毕业论文,达到 40 学分的方可毕业。

旅游事业管理研究所宗旨为培养旅游事业经营管理专业人才,促进旅游事业产业界与学术界的合作与交流。学生必须完成规定的必修、选修课程,达到 30 学分方可毕业。

管理科学研究所设立硕士在职专班、硕士班、博士班。宗旨为提供全方位及高品质管理相关智能、注重理论与实务相互配合,以达到培养具有宏观视野的高级经营管理专业人才目标。课程设置包括服务管理、组织与人力资源管理、策略管理、决策科学等四个方面。该所师资阵容强大,教师皆有博士学位,是完成教学和研究工作的有力保障。

南华大学注重学生生活质量的全面提升,其特点主要有以下几方面:(1)建立导师制度。学校所有专任老师均投入导师工作,在第一线辅导学生。(2)实施两年的劳作教育,创校初期劳作时间为学生入学第一、二年,实施方式为环境清扫和维护。自 1999 年起日间部同学劳作时间改为入学第一、三年,第一年仍以环境清扫为主,第三年分发到校内外有关单位协助业务或承接专门工作。(3)每年为大学部新生举办三天的"成年礼"活动,以发扬传统文化,培养同学对成年意义和应承担责任的认识。(4)重视学生社团组织和活动,学校现有学术文艺性、技艺性、体能性、服务性及联谊性等五大类学生社团,其中包括般若社(研究佛学的社团)、台湾文化研究社、飞舞集(国际标准舞社团)、手语社、兰天使服务社、爱生社(推行环保社团)等 24 个社团。各类社团在校内不定期地进行展演等活动,不但充实了学生的课余活动,也活跃了校园气氛。(5)创办"雅乐团",该团成立于 1996 年,是台湾地区唯一的展现中国古代礼乐形制的"宫廷乐团",颇具特色,团员来自各系学生,利用课余时间进行训练,原为学校每年举办"成年礼"时展演,现经常代表本校参加校外各项演出,肩负起了传承中华礼乐文化的使命。

(三)慈济大学

慈济大学在花莲市,其创校宗旨是以佛教慈悲喜舍精神,为台湾地区培育"尊重生命、以人为本"的各领域优秀人才,使学生毕业后在社会上能具有济世助人的理念,并实践志工服务的精神。

慈济大学的创办者是证严法师,她秉持"无缘大慈、同体大悲"的精神,深感"疾病是痛苦的根源、贫穷的由来"。因此在创建慈济综合医院之时,即有兴办医学教育的理念,于1990年7月经核准筹设慈济医学院(慈济大学前身)。1992年3月,慈济医学院正式动工兴建。1994年10月,慈济医学院举行创校开学典礼,当时设医学系、医学技术学系、公共卫生学系、护理学研究所等系所。1995年,学院增设医学研究所。1996年,学院增设二年制护士学系在职班。1997年1月,学院增设运动员药检中心并启用。同年,设立护理学系。1998年,学院更改校名为"私立慈济医学暨人文社会学院",并设立生命科学系、社会工作学研究所、教育研究所、"原住民"健康研究所、毒理学研究所等系所。1999年,学院增设分子生物及细胞生物研究所、遗传学研究所、神经科学研究所、人类学研究所。2000年4月,学院与美国加州大学柏克莱分校结为"姐妹学校";8月,改制为"慈济大学",并增设社会工作学系(四年制、二年制)、宗教与文化研究所。2001年,增设东方语文学系(中文组、日文组)、传播学系、人类发展学系及医学研究所博士班。

  慈济大学的办校特色主要表现在以下五个方面:(1)组织"慈诚懿德会"。由学校老师组成的班、组导师和来自社会各界的慈济志工作为该会的成员共同辅导学生,按每学系每10~13名学生为一单位,安排1位"慈诚爸爸"和2位"懿德妈妈",教导学生生活礼仪及道德伦理,辅导学生心理、情绪上的困扰,扮演关怀者、倾听者、辅导者的角色。并与学生辅导中心结合,共同培养学生以人为本、对生命尊重、对大众关怀的精神。(2)设置人文教室。在注重专业教育的同时,特别注重学生生活品德与人文精神的提升,因此除提供系列课程组织学生选修外,也重点地设置人文专业教室,包括书画室、茶道室、花道室等,使学生在古朴典雅的环境中,涵养性情。(3)志工服务。推动和鼓励同学参与志工服务,内容包括社区服务、居家关怀和成立医疗队到偏远山区推广卫生教育观念以及深入灾区中心小学参与各项人文活动等。(4)大一新生一律住校,以学习群体间的互动与生活,养成良好生活习惯。上课期间,全部师生一律穿校服,旨在勉励同学摒弃物欲,而以精神和心灵的富足为人生重要课题。校内全面素食,学校餐厅提供三餐素食,早餐面包、稀饭,中、晚餐有多样菜色供选择。每日伙食费仅需50元(新台币)。(5)校内转系。除医学系之外的各系学生,如因兴趣不合且学年成绩达到申请标准,可以申请转医学系或其他学系。

  慈济大学现设有医学院、生命科学院、人文社会学院和传播教育学院等4个学院,共计9个学系以及多个研究所。现分别评介如下:

  医学院设有医学系、医事技术学系、公共卫生学系、护理系。

  医学系于1994年慈济医学院(慈济大学前身)创校时成立,招生对象为高中毕业生,学制 7 年(修读课程 5 年半,实习 1 年半),每年招生 50 名。教学目标是培育学生完整人格与医疗专业技能,成为具高超医术与人文情怀的"良医"。发展重点一为提高基础医学教学质量与研究的深度与广度,二为加速临床医学教学发展,整合基础与临床研究。该系的特色主要如:(1)一至七年级总计学生 350 人,是精致型学系;(2)该系师生比为 1∶7,老师和学生除课堂外,还共同参与社团和各种课外活动,学主协助老师进行实验,形成了密切的师生互动关系;(3)开设了包括文学、语言、历史、哲学、艺术、自然科学等多样的必修和选修课程,以丰富学生的人文和通识知识;(4)不虞匮乏的大体(遗体)捐赠,不仅大幅提高教学研究品质,更建立起学生对人性的关怀与尊重;(5)采用灵活的授课方式与小组教学,以达到最佳的学习效果;(6)注重电脑运用能力的培养;(7)加强英语能力训练,特设医学英语课程;(8)开设特有的分子生物和人类遗传学课程,为学生奠定最佳的医学研究基础;(9)积极与欧美各著名医学院磋商,派遣学生赴外校进修或就读,实行交换学生计划。除上述外,该系师资、设备以及学生的实习、服务、进修与研究诸方面都比较优越和完善,已成为较好的医学教育机构。

医事技术学系成立于医学院创校之初,招生对象为高中毕业生,修业年限 4 年(含实习)。教育目标为培养品学兼优的医技人才。教学重点除医事技术课程外,还特别注重英文、电脑及分子生物学的教学。此外,还成立了"滥用药物检验中心"、"人类白血球组织抗原检验研究室",并加强染色体分析的教学,开设生物科技课程,同时为适应未来医检师分科的需要,也加强一般检验课程教育。目前,系里已有多个设备完善的实验室,供学生使用。学生毕业后,可报考生物医学相关研究所从事研究工作,也可依个人兴趣多方面选择就业。

公共卫生学系秉持慈济精神,结合花东地区的地方特点,教学、研究、服务并重,培养具有理性思维、团队精神、远大目光、济世胸怀的公共卫生人才。其特色为重视地方特性的施教与认识,建教合作,理论与实务配合,推展偏远地区初级健康照护与社区健康工作,注重学生生活与课业辅导等。该系必修课 112 学分、选修课 44 学分,学生需修满 128 学分方能毕业。发展重点为卫生政策与管理、社区健康与健康行为、统计学与流行病学三大方向。

护理系是台湾东部第一个大学护理系,主要培养临床服务、教学和研究方面的人才,以参与各项"原住民"族群健康研究计划、提供护理人员进修渠道、促进东部地区护理专业的发展等方面作为发展重点。课程包括通识、基础医学、护理专业等必修和选修科目,修业年限 4 年,修习达 140 学分毕业。系里示范教室、视听设备、图书电脑设备等设施完善,为教学提供了良好的环境。

生命科学院设生命科学系。

生命科学系成立于1998年并于同年正式开始招生,对象为高中毕业生,每届招收53名学生。主要培养与生命科学相关的高科技研究人才。分子生物、细胞生物、遗传学、神经科学、认识科学及其相关学科的教学与研究是该系的发展重点。其特色表现在:(1)积极进行基因转殖与遗传、分子癌症、分子毒理、神经科学及发生生物学等领域的教学、研究和人才培养;(2)结合慈济医院的基础及临床医学,发展与生命科学相关的临床应用;(3)配合花莲、台东地区特点,以促进"原住民"之健康为诉求,落实生命科学在台湾东部地区的发展。该系拥有多个实验室,以完善设备提供教学和研究所需。

人文社会学院设有社会工作学系、东方语文学系、人类发展学系。

社会工作学系成立的宗旨是秉持"以人为本"的精神,培育具有慈济济世襟怀的社工人员,以服务社会大众。该系为配合慈济志业团体和台湾东部地区之特殊需要,以开展社区工作与志愿服务、国际救援和社会发展及"原住民"社会工作为重点,其特色为:(1)强调社会工作者的社区角色;(2)培养具备主动、积极性格之社工员;(3)强调社会工作本土化的原则。课程领域包括:儿童青少年福利服务,妇女与家庭福利服务,老人、身心障碍与医疗服务,社区发展与志愿服务,老人及身心障碍者居家照顾,"原住民"社区工作。学生须修完必修和选修课程,毕业学分为132学分。

东方语文学系于2001年正式招生,分设中文组和日文组,每年招生45名。该系的发展方向有四个方面:一是注重台湾本土及族群的文学研究;二是开拓文学研究的国际视野;三是强调生活艺术与全方位学习;四是培育文学教师师资。其特色表现在:(1)成立"原住民"文学研究室,通过田野调查及各种研讨活动,有计划地整理"原住民"文献;(2)强调语文训练,除中文组或日文组的选修课程外,各组还必须选择修习其他外语或方言为第二种语言,并能娴熟掌握运用;(3)注重全人的教育,学生除本专业能力训练外,仍需修习医学、生命科学、自然科学等基本学科,以培养学生感性与理性并重、人文与科学兼具的素养。

人类发展学系成立于2001年并于同年正式招生。教学及研究重点涵盖儿童、青少年及成年阶段(含老人)的状况,包括身心发展以及心理、文化与社会环境等因素对其影响。该系的特色表现在三个方面:(1)该系是台湾地区第一个也是目前唯一的人类发展学系;(2)以科际整合的研究和教学,训练学生对人的全面性了解;(3)结合基础理论与应用,所学可应用至中、小学,医院及其他社会环境。课程规划分为两部分:一是基础课程,以心理学、人类学及教育学为主,有10门课程,共计30学分;二是高阶课程,包括认知发展、性格发展、情绪发展等8个专业领域课程,共计80学分。

教育传播学院设传播学系。

传播学系于2001年秋季招收第一届新生,共计45人。该系教育理念为实施以人为本、以当地文化为本的全人教育;回顾传播学的基本面,拥抱语言与社区,重视"自我规划"的学习策略。发展方向及重点有四个方面:(1)培养博雅的传播专业人才,注重语文、电脑、体适能、艺术、文学、社会学及自然科学的通识教育;(2)发展健康传播学程,与慈济医学院各系所、慈济医疗网教育资源结合,培养学生具有专业的医学知识、能力与素养;(3)培养从事国际传播的企划及执行实务的推动人才;(4)提供全校其他科系选读基本传播理论及实务的机会。课程规划分为两部分:一为基础科目,主要涉及传播现象的文化、语言、人际这几个层面;二为进阶课程,为"健康传播"和"媒介素养",即"传播与文化"。该系的特色是:专业技术训练以暑假密集式"工作坊"方式进行,学生实际进入慈济所辖报纸、杂志、出版、广播、电视机构汲取实践经验。同时,该系必修学分、专业学分少,学生可自行规划语文或辅系的学习计划。

(四)玄奘大学

玄奘大学是台湾佛教界集资兴建的综合性大学,校址在新竹市。

玄奘大学的创办人是了中长老。1965年台湾"中国佛教会"提议筹设"玄奘大学",至1978年交由"玄奘文化基金会"创办。1997年该大学正式成立并正式招生。

玄奘大学各院系都颇有特色。以人文社会学院为例,该学院以效法玄奘坚毅精神、启发承先启后的生命价值和佛教济世理念、培养明德至善的经世致用人才为办学理念,现设有人文、管理、传播、社会科学四大领域17个学系,并成立了"两岸教育研究中心"、"东方人文思想研究中心"、"实习广播电台"等研究实习机构,以及开展学位在职专班和推广教育等业务。以下主要介绍各学系情况。

文学领域设有宗教学系、中国语文学系、外国语文学系。

宗教学系(含宗教研究所)以培养宗教学术能力、丰富宗教生活内涵、启发般若智慧以祛除无明烦恼、弥补世人对宗教研究的不足为宗旨。大学部毕业学分136学分,包括通识课程、必修课程和选修课程;修学年限4年。进修学士班毕业学分128学分,修业年限4至5年。

中国语文学系(含中国语文研究所)以人文教育理念,培养学生参合古今、贯通新旧的学术素养,建立文学批评理论能力,以文化系统研究的新方法、新思路,开辟文学研究现代化途径。课程规划包括中国古典文学、现代文学、台湾乡土文学研究,主要有:"诗词曲选"、"语言学"、"台湾闽南语概论"、"客语概论"、"台湾文学"、"台湾谚语与歌谣"、"敦煌学"、"民间文学"等。同时,兼及欧美文学和日文的学习。修学年限4年。此外,该系研究所设在职专班,提供大学同等学力在职人员进修。

外国语文学系教育发展目标为研究与融合中外文化知识、人文内涵,配合社会事务需要培育"双语言、双文化"的外语实务人才。课程规划与特色:除培养学生对英美文学基本认识外,尤其重视英语口语及英文作文训练,并深入介绍英美文学及其社会文化,学生还需要选修日文、法文或西班牙文。修学年限4年。

资讯传播领域设有:图书资讯学系、大众传播学系、新闻学系、视觉传达设计学系。

图书资讯学系发展方向以培养以下6种人才为重点:(1)图书馆工作人才;(2)资讯服务与管理人才;(3)图书馆和资讯科学研究与发展人才;(4)电脑与网络管理人才;(5)档案管理与记录人才;(6)中等教育图书资讯相关师资。在课程上理论与实务兼顾是其特色,不仅有一般图书馆学基础课程,而且注重资讯的组织整理、检索、利用、传播与管理学相关课程。在实务训练上,重视图书馆与资讯服务实习。修业年限4年。该系还设有资讯传播、资讯管理、出版管理等硕士班,可供学生进一步研究发展。

大众传播学系的发展计划有近程、中程、远程三种目标。近程目标着眼于加强学生基础传播知识的吸收和实务技能的训练,培养具有深度和广度、兼有高尚情操的传播人才;中程目标为重视促进教学品质提升的学术研究风气的养成,加强社区服务以及结合地方资源导正社会风气;远程目标为成立传播学院,加强学术交流,协助地方媒体提升传播品质。课程重点分为两部分,前一部分为一、二年级,主要培养学生对多元媒介组织与实务的理念。后一部分为三、四年级,主要培养学生能以整合的观点,统筹运作各种媒介,尤其是新兴数位科技,以达成讯息传播效益,审视其与社会大众互动所造成的文化现象。

新闻学系的特点是可与大众传播学系在设备师资上相互支援,以加强整体教学相关课程,提供给学生更完整的学程规划和学习资源。发展目标近程是注重学生基础新闻理论与实务专业技能的学习,以及相关领域课程的修习;中程目标是成立新闻研究所,加强新闻传播人才的专业知识培养;远程目标是成立传播学院,成立新闻、大众传播、电讯传播等学系及大众传播研究所。课程规划在理论学习方面有:新闻理论及相关领域知识、基础社会科学知识、人文素养及阐扬新闻伦理的知识,在实务方面有新闻采编能力之训练、广告与公关等相关领域的学习、对传播科技媒体的了解、对社会环境的认识等课程。

视学传达设计系设立于2001年,主要是培育兼备人文素质、科技创新、艺术创意的设计人员。该系的特色有:(1)扎实的中西现代美学训练课程;(2)小班分组上课,达到师生互动与设备资源合理运用;(3)学生熟悉DC/MAC各单台操作,以因应企业各平台建置需求;(4)为实现完整的数位课程教学,2D/3D电脑绘图提前于大一进行学习;(5)系列的专业课程,实务与理论并重。修业年限4年。

社会科学领域设有法律学系、社会福利学系、应用心理学系、成人及社区教育学系。

法律学系重点工作:(1)培养法治建设的法律专业人才;(2)建立法律人的人文关怀与专业伦理精神。课程设置有:必修通识课程、必修专业课程、选修专业课程三大项。

社会福利学系成立于1997年7月,发展方向有三个方面:一是从事台湾地区社会福利的研究;二是社会福利专业人员的培训;三是增设社会福利硕士班。课程设置主要有:社会福利理论与方法,人类行为、发展与社会环境,社会福利政策与社会生活,社会福利实务,社会福利实习。选修课程包括:老人福利、身心障碍福利、儿童及青少年福利、妇女福利、医务社会工作等。修习年限4年。

应用心理学系发展方向为培养台湾地区应用心理学学术研究与实务工作人员,并逐年增设夜间进修班、日间部双班、二年制在职专班。2003学年度,成立台湾地区第一所应用心理学系研究所硕士班。该系课程以应用心理学各相关领域为核心,主要有临床与咨商心理学、刑事司法心理学与犯罪防治、人事与工商心理学三大学程课程。教学特色表现在:(1)强调人文社会关怀;(2)注重心理科学理论与实用结合;(3)侧重应用心理学本土化教学。

成人及社区教育学系是台湾地区第一个大学成人及社区教育科系,宗旨是推展终身教育,适应建立学习社会的社会需求,培养成人教育和继续教育的种子教师及行政人员。课程有基础课程和专门课程两部分,基础课程包括成人教育概论、社区教育概论、社会学概论、企业组织与管理等;专门课程包括教育哲学、社会团体工作、成人心理与学习、成人教育社会学等30门。学生一、二年级以通识课程为主,建立基础,以后逐渐增加专门课程,并参加实习以及进行独立研究。学制4年。

管理科学领域设有资讯管理学系、财务金融学系、企业管理学系、公共事务管理学系、国际贸易学系、行销管理学系。

资讯管理学系发展方向在于引导学生将生产与作业管理、行销管理、财务管理、品质管理及人力资源管理等知识灵活运用于资讯技术，为知识经济做准备。同时也以电子商务与网际网络应用为发展方向之一，开设相关课程。课程设置除核心课程外，还设置商管知识、资讯技术等。并重视实务制作与外界互动，使学生成为具有全面管理精神的资讯管理人才。

财务金融学系发展方向主要为配合台湾及新竹、苗栗地区金融发展政策的需要，培养财务资金营运、管理、规划与预测人才。课程包括一级管理、数理计算方法、金融市场概论等基本课程，以及金融商品设计、投资与风险管理、国际财务管理与投资等理论与实务兼具的专业课程。学生毕业后可继续报考岛内外相关研究所深造，或可至金融机构、会计师事务所、财金部门及企业从事相关工作。

公共事务管理学系(含研究所)宗旨为培育公共事务管理人才及精研相关知识。发展方向以"问题解决为导向"，强调理论的发展应配合实务性与应用性的需求，并以大学社区化、两岸化、国际化"三化"为规划目标。透过社区资源的结合运用、海峡两岸城市管理的教育交流、先进国家地方政府管理经验的借鉴，以培育未来台湾地区的地方级公共事务管理人才。在课程设置方面，现有大学部课程与硕士班课程两大类，大学部的特色在于基础性、实用性，修满136学分毕业；硕士班的特色在于学程化、专题化，以实务的问题解决为导向来设计课程与教学方法，使硕士班学员能将理论与经验落实转换，成为推动公务机关变革管理的力量。

(五)佛光大学

佛光大学位于宜兰县礁溪乡。创办人星云法师曾发起"百万人兴学"活动，该校于1993年开始动土筹建，2000年落成并开始招生，当时校名为佛光人文社会学院，是一所以人文社会科学为教育核心的大学。2006年改名为佛光大学。现有4个学院，20个学系。人文学院设有文学系、哲学系、宗教学系、历史学系、人类学系、文化资产与创意学系、外国语文学系，理工学院设有产品与媒体设计学系、学习与数字科技学系、心理学系、信息学系，社会科学暨管理学院设未来学系、政治学系、经济学系、社会学系、公共事务学系、传播学系、管理学系、财政金融学系，佛教研修学院设佛教学系。学校还设有民调研究中心、未来观光研究中心、生命学研究中心、非营利组织研究中心、资产评估研究中心、"原住民族"文化与传播研究中心等16个研究中心。创校时，先有硕士班、博士班，再招本科生，是台湾教育史上的独特做法。学校以硕士教育为基础,采取师徒式小班制,每系只招收30至40位学生,以体现古代书院精神为特色,努力营造自由论学风气,注重教学与研究并行。

校训为星云法师所提示的"义、正、道、慈"。"义"就是将内在的认知转化成有用的知识,具有自主思考与独立判断的能力;"正"是指知道什么是正确的事和怎么做才是正确的方法;"道"即是追求真理,吸取知识;"慈"就是同时怀有感恩和喜舍的心,关怀社会,服务社会。

基金项目:国家社会科学基金项目"台湾佛教与台湾社会的变迁及台湾佛教的现状、走向和我们的对策"(02BZJ004)系列成果之一。

(作者为福建广播电视大学教授)

别具一格的台湾中小学校
——台湾佛教界创办的中小学评述

何绵山

近年来,台湾佛教界创办了从幼稚园、小学、"国中"(初中)、高中到大学的教育事业,要让学生们不断地感受到"爱的教育、爱的启发",这种教育模式叫作"完全教育"。台湾佛教界创办社会教育的特点表现在:一是发起创校的都是台湾佛教的寺院或有影响的僧尼法师;二是佛教界办学号召面广,得到十方信众和社会人士支持;三是创建的学校绩效显著,产生良好的社会影响;四是为佛教的教化功能拓开了新的领域。台湾佛教界不同寺院或有影响的僧尼法师创办教育的目的是基本一致的,但创办的学校各有其发展方向和教育的侧重点。本文拟对台湾佛教界创办的部分学校包括幼稚园、小学、中学进行评介和研究,以期进一步揭晓台湾佛教界对台湾教育所作的努力及在社会上的影响。

一、台湾佛教界创办的幼稚园和小学

以佛光山为例,佛光山的开山尊长星云法师从1956年起,就陆续在宜兰雷音寺设立慈爱幼稚园、在台北市设普门幼稚园、在台南福园寺设慈航幼稚园、在善化慧慈寺设慧慈幼稚园、在高雄寿山寺设普门幼稚园以及在佛光山本山的普门中学附设幼稚园,共计6所之多。1985年,根据幼儿教育的发展情况,佛光山成立了"佛光山幼稚教育发展中心",着重进行幼儿教育的整体规划和发展研究。从1956年开办第一所幼稚园起至1990年的35年中,共有近3万名幼儿在佛光山所设各幼稚园受到过学前教育。佛光山的幼儿教育事业,是台湾佛教界创办幼儿教育的一个缩影,从中也可看出台湾佛教界参与社会教育的影响。

台湾佛教界创办的小学,注重硬件设施和软件建设,并凸显佛教特色。以慈济大学实验园"国民"小学为例,其各方面情况如:

1.地理位置与硬件设施。慈济中、小学位于花莲市西郊,它毗邻慈济技术

学院,与慈济大学等院校连成一个完整的慈济学园,环境优美。其中慈大实验小学主要建筑有幼稚园、四栋教学大楼、行政大楼,另外还有与慈济中学实行资源共享的图书馆、人文教室与人文广场、科学馆、音乐馆、活动中心、体育馆等设施。因此,慈大实小的硬件设施比较完备。

2. 教学宗旨和招生。慈大实小以证严法师关于"宗教就是人生的宗旨,生活的教育"为理念,把"小学着重于打稳小朋友生活规范的基础"作为教学宗旨。在2000学年度,慈大实小共招生7个班,其中一年级3个班,二、三、四、五年级各招生1个班,为每班人数不超过30人的小班制教学,而这其中只有一年级一个班的30名学生是本地学生,其他班级学生都是各地专业员工的子弟。

3. 师资选配与研修。慈大实小的师资实行公开甄选,从1999年11月起持续进行,程序包括专业笔试、试教及面谈。之后是预聘老师的培训,培训工作包括1个月的静思语教学理念研习以及5个月的一贯课程与专业课程研习,全部培训时间为6个月。比较严格的甄选工作,使慈大实小能够聘任到合格的教师,这对办好学校无疑是一项十分重要的工作。

4. 教学特色。慈大实小在教学上凸显佛教特色,主要表现在对学生的德育、体育、群育教育方面,例如德育在教材上以"大爱引航"为参考,教导学生将其落实在生活实践中,如洗手、打扫卫生、折抹布、擦桌子等都要求一定的方法程序,以打稳小朋友生活规范的基础。此外,安排有茶道与花道课程,花道课程是从种子播种开始教起,使孩子们知晓如何照顾种子才能让它发芽成长开花。其茶道教学,用以教导孩子如何对待长辈、客人与亲朋好友。德育课程除安排普通的教学课程外,还安排有生命教育等课。在体育教学上,注重锻炼学生的体能,每天记录同学的体能与运动情况,培养学生运动的习惯。在群育上,将社会服务列入课程安排,服务项目有医院志工、社区服务与校内服务等,目的是让学生学习关心周围的一切。

5. 教师教学特点,主要表现在四个方面:(1)重视"以身作则"的示范作用,努力增进师生之间的了解和情谊,正如教师王佩茹所说:"教育最重以身作则,在跟孩子的互动里,最受用的还是自己。"(2)为加强教师与家长的沟通,教师在班上成立"班亲会",教室内设有"家长专区",家长可以随时来看孩子们上课的情形,可以自由地认领工作,参与班级工作,成为"家长志工"。(3)教师在班上设立"亲师手札",里面记载着老师需要请家长协助工作的内容,如帮忙制作英语学习档案、在学生的牙膏牙刷和杯子上贴名条、协助安排家访等,让有时间的家长自由协助来做。家长们有什么事,也可在"手札"上留言。(4)让"家长志工"各依自己所长,自由结合成交通组、联络组、账务组、文书组等,组织清楚,功能分明,能使大家最大限度发挥专长来支持班上的事务,而且也支持和协助全校进行各种大型的活动。慈大实小教师的这些教学特点,是与他们从教学宗旨出发,紧紧地把教师、学生、家长联系在一起,重在体现出相互关爱之情分不开的,收到了很好的社会教育效果。

6.未来设想:(1)随着硬件设施的更加完备,逐步落实"全人教育"理念,从小学基础教育开始,进一步完善从小学到中学、从中学到大学这样完整的教育体系。(2)在智育教学上,慈大实小与慈济大学教育研究所合作,组成课程发展委员会,制定校内教师进修计划,通过教学研究,实现双语教学和培养学生利用资讯环境学习的目标。(3)以花道教育课程形式,着重加强学生的环境意识教育,从而达到美化环境、美化空间、美化心灵的目的。(4)结合与家长和社区的联系,加强"安亲会"和"家长志工"的功能。(5)通过"完全教育"的实践,把慈济教育模式办成台湾各地完全教育事业的典范。

二、台湾佛教界创办的中学

(一)以慈济大学附属中学为例

1.地理位置与硬件设施。慈济大学附属中学和慈大实小同于2000年9月正式创校开学,校舍坐落于花莲市西郊,占地9.5公顷。学校建筑包括A、B、C、D4栋教学楼,以及图书馆、4栋学生宿舍、行政大楼、科学馆、艺术馆、活动中心、体育馆、室内游泳池。4栋教学楼每栋2层或3层,共有教室52间,另有12间专科教室。每一栋大楼间相隔一个庭园,环境优雅。4栋学生宿舍可容纳1100名学生住宿,每一间都是4人套房,设备相当完善。校园后方是青翠的中央山,校园内有草坪、花圃和树木,建筑物之间彼此相连而且盖有雨遮,整个布局设计,充满对学生的爱意。

2.教学宗旨和招生。慈大附中和慈大实小一样,均以证严法师"宗教就是人生的宗旨,生活的教育"为理念,以"中学则着重培养学生生活能力,教导学生处理家事能力及应对进退"为教学宗旨,由于重在培养学生应对生活能力,因此就从行、住、坐、卧等方面开始,进行生活实践的教育。慈大附中分为初中部和高中部,高中部2000年5月招生75名。7月再招生75名,这些学生分成"知足"、"感恩"、"善解"、"包容"、"大爱"5个班,每班人数最多为30名;初中部2001年招生150名,其中30名招收学校所在地花莲本地学生,其余120名招收其他县市学生。

3.师资选配。慈大附中的师资选配,除要求在专业上专精之外,还希望教师能够认同慈济的教育理念,共同来办好慈济的教育事业。从1999年12月起,学校组织了由10多位大学教授组成的"教评会",对应聘教师进行多次不同科别的甄选,经专业学科初试、试教和复试面谈等程序,决定聘任事宜。由于慈济的教育理念有别于其他学校,因此很具吸引力,有的教师放弃了其他地方优厚的条件,到花莲的慈济中学来任教。

4. 教学特色。主要表现在智育、德育、体育、群育四个方面:在智育教学上,一是根据每次考试的结果,针对学生不同学科学习成绩的差异,采取学科能力分组教学与补救教学,补救教学主要利用晚上或课余时间进行;二是为提高学生英语语言能力,实行分组教学,即对学生先进行英语能力测试,按照程度组成10组进行学习,同时每天早上安排30分钟听高中英语课程,每个班每周由外籍教师授课1小时。在德育教育上,主要有两方面的内容,一是以"静思语"教材提供给老师在不同学科施教使用,着重教导学生学习实践和体会,如扫地时提醒学生"扫地,扫地,不扫心地空扫地","扫地时,心想好事,心平气和"。同时,学校以"心灵园地"代替传统的"训导公告"布告栏,以"爱"代"教",体现人文教育精神。二是在值日上实施"社区志工"制度,学生可自愿登记,在值日时去慈济医院担任志工,通过与医院中的病员接触和互动,使学生心中良善的种子萌芽。志工服务结束后,同学们还要被安排到静思宿舍跟常住师父学习打扫庭院、整理环境等事务,以达到"学习生活规矩和举止节度"的目的。在体育上,非常注重锻炼学生体能,主要有:(1)第八节课是运动时间,学生必须换体育服到操场运动;(2)所有中学生在毕业时都要能游过50米;(3)每个学生至少培养出一项陪伴自己过一辈子的体育运动习惯;(4)中、小学都推行"运动护照",借以记录同学们的体能与运动情况。在群育方面,主要有:(1)学校为学生规划并成立了20个社团,其中有吉他社、合唱团、资讯社、网页设计社、太极拳社等组织,每个学生至少要参加一个社团组织,在每星期三下午举行活动。通过参加社团活动,让学生了解自己的性向并学习如何与大家相处和合作。(2)让学生参加社区服务,实施"60小时无学分服务护照",项目包括医院志工、社区服务、校内服务等。申请中学奖学金,学校要求学生至少有18小时的服务记录。通过参加服务,使学生学习关心他人、关心周围的一切。慈大附中的这些教学特色,体现了证严法师"宗教就是人生的宗旨,生活的教育"理念和"人文教育"精神。

5. 未来设想。从2001年起,随着慈济大学部分学院迁移至花莲与慈大附中为邻,形成了连贯慈济小学、中学、大学的完整的教学园区和"完全教育"体系。因此,慈大附中以学校为本位,力求发展成具有地区特色的教育单位。主要要达到三个方面目标：一是在智育方面，将结合慈济大学的师资和设备，成立特殊资优班级，如艺术教育实验班、资讯教育实验班、语文教育实验班、自然科学教育实验班等。二是在生活教育方面，继续以证严法师"爱之深、教之切"的理念，通过"精神再教育"培养学生良好的生活习惯和自我管理能力。三是在招生方面，依照发展计划，初中部与高中部每学年各招新生5个班。通过慈济"完全教育"的实践，成为台湾地区各地完全教育的典范和参考，这就是学校要达到的目的。

（二）以佛光山普门中学为例

1. 硬件设施。佛光山普门中学是高雄县大树乡佛光山星云法师于1977年创建的一所综合中学，校舍坐落在佛光山本山，环境优雅。学校设普通科和职业科两部分，普通科包括初中部、高中部；职业科包括观光事业科、幼儿保育科、美容科。普门中学经过多年的经营，已经拥有比较现代化的硬件设施，如在校舍建设上，就有：(1)一般教室24间、特种教室20间，其中包括电脑中心、语言中心、生物实验室、化学实验室、物理实验室、视听教室、旅游观光科专业教室、钢琴教室、唱游教室、幼儿发展辅导中心，以及美容、美发、打字、餐饮、缝纫、音乐、工艺、琴法、综合教室等；(2)学校办公室9间；(3)图书馆1间，藏书13000册，期刊60多种；(4)综合性生活大楼1栋（勤正楼），其中有宿舍78间（可住624人），以及餐厅、厨房和学生交谊厅等；(5)第二宿舍楼1栋（慧慈楼），包括女学生宿舍和女老师寝室42间（可住326人）；(6)目标活动中心1栋，活动中心占地面积16000多平方米，供举行多种典礼、文艺演出和各类体育教学及球类比赛等之用；(7)行政大楼1栋。这些硬件设施的完备，保证了普门中学教学工作的顺利开展，使学生能在良好的环境中，心情舒畅地进行学习，以优良的成绩完成各种学习任务。

2. 教学宗旨与特点。普门中学创办人星云法师在建校之初就立下了"四项原则"，作为办校宗旨和学校方针，这"四项原则"是：(1)普门乃普度一切众生之门，是大慈大悲观世音菩萨救世精神的弘扬；(2)普门是普为大众设立之门，是至圣先师孔子有教无类理想的实践；(3)普门中学是以佛教救世精神，融合教育理想，大慈平等、博爱无私为宗旨；(4)普门中学以"造就五育并进、品学优良之青年，贡献社会，造福邦梓"为目标。本着这四项原则，普门中学在教学上制定出不同的教育内容，具有不同的侧重点，如普通科的初中部和高中部以升学为教育重点；职业科中的观光事业科以培养具有实用观光知识、技能和高尚的服务道德的观光从业人员为重点；幼儿保育科只招收女生，以培养幼教师资为主；美容科以培养美容专业人才为主。普门中学最主要的特点是将星云法师手订的具有佛教精神的"勤、正、慧、慈"校训,作为学生生活实践与训守规范,以培养出身心健康的青少年为最终目的。此外,学校还设有多种社团,培养学生的团队精神和各种才能。

3.师资队伍。普门中学的师资队伍建设有以下特点:一是一律实行公开招聘;二是需经试教合格后才聘用。因此教师学历高,均为著名大学毕业。1990年,普门中学有教师56名,平均每18.4名学生即有一位教师。高质量的教师,造就出高水平的教学质量,教师之间能够精诚合作,以诲人不倦的精神从事教学,教师从早自修到晚自习辅导,全程陪同学生,而且除教学外,还非常热心学生的生活辅导,促进了学校办学效果不断提高。

4.激励政策。普门中学为激励学生顺利完成学业,并能继续考取理想的学校,制定了"佛光奖助学金"规定,凡符合规定条件的学生,可申请奖助学金。这些激励政策的制定和实施,对普门中学学生努力学习起到了很大的促进作用,同时也体现了"慈悲普济"的佛教精神。

5.学生成绩。普门中学由于其硬件设施的完备和各项软件建设的落实以及激励政策的实施,学生素质不断提高,取得了优良的学绩,受到台湾社会人士的赞誉。仅以创办时起至1990年来看,学生就从91人增加到1032人。至1990年,历届毕业生累计达800多人。其中不少毕业生分别升学到成功大学、东海大学、东吴大学、辅仁大学、淡江大学、文化大学等多所大学深造。

基金项目:中华宗教文化交流协会课题"大陆与台湾佛教发展比较研究"(WBF2008019)阶段性成果。

(作者为福建广播电视大学教授)

试论台湾法鼓山的大学院教育

何绵山

一、自成风格的大学院教育体系

作为当代台湾佛教界著名四大道场之一的法鼓山,大学院教育是其奠定事业的基础,其职责是办好佛教高等教育和佛学研究机构,通过教学、研究,培养汉传佛教具有前瞻性与开阔视野、能够担负传承重任的现代专门人才。

法鼓山的大学院教育体系包括四个机构,分工明确,各司其职责。这四个机构为:

中华佛学研究所。中华佛学研究所是佛教学术研究单位,主要负责推动汉传佛教研究,建立"四个环保"的校风,培养以心灵净化为本的佛学研究高级人才。

法鼓佛教学院。法鼓佛教学院是一所佛教高等教育学校,招收学士班、硕士班学员,积极推广汉传佛教研究,开展宗教与学术交流,以培养宗教高级人才为创校目标。

法鼓山僧伽大学(以下亦简称僧大)。法鼓山僧伽大学以"培养对当代社会有用的宗教师、非佛学研究人才"为宗旨,让培养出来的宗教师,"在社会上传播正信的佛教,以身教感动与感化社会大众",有别于其他学校。

法鼓大学。法鼓大学以国际化为办学方向,采取学习与生活结合的书苑制度,实践生活禅与法鼓精神,培养慈悲与智慧兼具、有国际竞争能力的领导人才,成为一所世界级的佛教高等学校。

这四个教育机构,分别培养汉传佛教所需的不同人才。既有理论研究型的,又有实践型的及领导型的,借以传承和弘扬法鼓山的事业,实现"提升人的品质,建立人间净土"的最终目标。

二、大学院教育活动

(一)中华佛学研究所活动

1. 学术演讲与讲授。以2006年为例。1月13日邀请佛教艺术专家郭祐孟作专题演讲,介绍河西地区石窟建筑与壁画。3月4日至6日,中华佛学研究所主办"第五届中华国际佛学会议",以"观音菩萨与现代社会"为主题,来自亚、欧、美、澳洲的25位学者应邀在会上发表专题演说。4月14日邀请国际知名南传佛教长老菩提比丘,以"初期佛典的导论"为题发表演说。5月10日邀请索罗宁教授作"西夏禅宗的特色"演说。2010年4月17日,佛研所举办"三十周年特刊发表暨'承先启后'感恩、回顾与展望座谈会"。佛研所研究员蓝吉富对"中国各省或各自治区的佛教发展"、"域外汉传佛教文献"等发表见解,指出汉传佛教仍有许多未知领域,有待深入探讨。

2. 交流与参访。以2010年为例。6月3日,中华佛研所与圣严教育基金会合办"从国际眼光看汉传佛教"座谈会,来自美国的于君方、史蒂文森、俞永峰3位教授,分别就学术研究,汉传佛教在西方社会弘扬管道等层面发表见解和建议。9月10日至11日,中华佛研所协办的"广东禅宗六祖文化节学术研讨会"在广州市东方宾馆开幕。法鼓山僧团副住持果品法师、中华佛研所所长果镜法师,率7位法师及法鼓大学筹备处副教授杨蓓与会,果品法师与诸山长老代表共同开光及剪彩。研讨会共提交50多篇论文,其中有法鼓山5位代表发表的论文。在开幕式上,果镜法师作为代表致词,引用了圣严法师的一段话:"若不做高深的研究,佛教就会被民间信仰同化;如果没有行解并重的修行体验,佛教就会让人仅当作知识学问看待。"强调佛教需要人间化、现代化、学术化、实践化,并进一步说明佛教的功能是安定人心,创建和谐社会。这既指出了研究佛学理论的重要,也指出了研究佛学理论必须与实践结合,更强调了当前佛教的功能和发展趋向。

(二)法鼓山僧伽大学教育活动

1. 招生方面。每次招生都举行招生说明会,说明僧大办学招生的宗旨和方法,让有志参与法鼓山事业者报考。2006年,僧大面向全台湾招收新生,先后在法鼓山园区、台中分院、台南分院、台东信行本及宜兰办事处举行招生说明会,其后,由该校果镜法师率队前往新加坡、马来西亚举行了专场招生说明会,说明法鼓山的理念和办学的宗旨,对报考者进行笔试和口试,足见其对招生工作的重视和对报考者的严格把关。

2. 毕业方面。在每届学僧毕业时,都举行毕业制作成果发表会,以鉴定学僧毕业的质量。例如 2006 年 7 月 4 日至 5 日,僧大首度举办毕业制作成果发表会,要求每个学僧在 30 分钟时间内,用电脑简报、现场演讲的方式报告成果,并现场接受 20 分钟提问,然后由 23 位指导老师审定和评分。2008 年 6 月,僧大佛学系有 12 位毕业学僧提出各自的论文,在论文发表会上各以 30 分钟时间作论文报告,并现场接受 20 分钟提问,然后由任课老师及论文指导老师给予审定和评分。如此严格的毕业鉴定,可见其对学僧高质量的要求。

3.对写与讲能力的培养。僧伽大学在教学上重视对学僧写与讲两个方面的培养。在写的方面,除课堂教学外,还创办《法鼓文苑》刊物,完全由学僧自己策划、编辑、制作,从实践上训练和提升他们创作的能力。在讲的方面,举办学僧讲话交流活动,让学僧们运用图片、故事、文字等形式,讲述《金刚经》《地藏经》《阿弥陀佛经》等 8 部大乘经典,或运用中、英两种语言讲经。通过讲经活动,从实践上训练和提升他们的弘讲和运用英语的能力。这就大大提升了学僧的毕业质量。

严格的把关和教学的保证,使僧伽大学取得了令人注目的成效:一是 2005 年入学的学僧,2007 年就有 25 位受具足戒,24 位受剃度,并有 20 位毕业生进入法鼓山僧团领执。二是报考僧大者年年增加,2009 年僧大在法鼓山园区举办招生说明会,当日有近 50 位海内外青年参加;在新加坡、马来西亚举办说明会后,就招收到来自澳洲、香港、马来西亚等地的 33 位青年入学。三是参加僧大举办活动者增多,例如 2007 年 2 月僧大举办第 5 届自觉营,就有来自北美、东南亚等地的 140 位青年参加;2009 年 4 月僧大举办以"找回自我"为主题的"世界咖啡馆活动",参加者有 150 多人;2010 年 2 月僧大举办第 8 届生命自觉营活动,有台湾、香港、马来西亚、新加坡、澳洲及澳门等地的 120 位青年参加。四是慕名而来的参访者和欲进行经验交流者不断增加。例如 2007 年 5 月底,韩国正信佛教最大宗团——曹溪宗全国僧伽大学的 65 位教联员,前来僧大参访,交流办学经验。2006 年 6 月 11 日,伯利兹国家教育部副部长罗威尔·费古森、伯利兹大学副校长裘拉多·伏罗尔等一行 6 人,来法鼓山园区参访,希望与僧大签署交换学生意向书。

(三)法鼓大学教育活动

法鼓大学设有艺术与文化学院、环境学院、人生学院、公益学院,旨在为法鼓山汉传佛教培养出文化艺术、环保和公益等各类人才,因而其教育活动也围绕此进行。从 2009 年开始四个学院进行了各自的教育活动:

1.艺术文化教育。法鼓大学艺术与文化学院在筹建期间,即于 2009 年 1 月举办了"发现印度"佛教石窟艺术行旅,由台北艺术大学美术史研究所教授林保尧领队,有20人参加,共参访了印度10处佛教重要石窟、3处博物馆,以及桑奇佛塔、卡朱拉霍神庙、泰姬玛哈陵等历史建筑,林教授在德贵学苑作了"印度佛教遗址建筑与雕刻艺术"的报告,同行参访的陈政峰、李瑞钦、庄淑惠也分别作了"佛教与石窟艺术"、"堆砌、开挖与造型"、"印度圣境、内在圣域"等报告,并介绍了参访的收获与心得。同年2月,法鼓大学联合觉风佛教艺术文化基金会等单位,举办"2009年亚洲佛教艺术研习营"活动,以"图像与经典"为主题,邀请佛教艺术工作者10人,分别作"印度桑奇佛塔"、"净土经典"、"地藏经"等专题演讲,探讨佛教经典与图像的关系。这些实地参访和理论探讨,加深了学员对佛教的文化艺术及其源流与变迁的认识。

2.人生教育。人生学院筹建之时,筹备处即于2009年4月3日举办"人生"讲座,邀请专家学者单德兴、杨蓓,以"禅与心灵疗愈"为题对谈,说明文学写作与禅修结合,可以帮助人进行自我的心灵医疗,走出创伤。参加此讲座活动者有120人。人生学院又于当年4月14日至7月7日,连续举办了"心的锻炼"系列课程,并先后举办以"超越逆境的心法"、"转运任运"、"开发心能量"为主题的讲座,引导学员面对逆境,超越逆境,善于调整心态,自脱逆境,并善于开发自己心灵所蕴含的生命能量,精进奕奕地面对生活与生命日程。还从当年4月18日开始,举办三次电影赏析课程,有"电影中的玄机"、"电影中的生死禅"、"电影中的关系禅"三个主题,引导学员观察生命的种种面貌与内涵,探讨种种错综复杂的因果关系和生死等课题。从而使学员珍惜人生、珍惜生命,在有限的人生中,最大限度发挥生命的内涵,自利利他。

3.环境及公益教育。环境、公益教育,主要以论坛和讲座形式进行,例如2010年1月9日,在德贵学苑举办"八八水灾四安重建生命关怀"讲座,邀请台湾"中央研究院"地球研究所汪中和教授,主讲"极限气候是什么"、"全球暖化对台湾的影响",提出解决的办法,说明要改善环境,保护自然生态,必须改变人们的观念和思想,珍惜和爱护自然环境。同年1月4日起,公益学院先后举办6场公益论坛,各场的主题分别为:"两岸三地公民社会现况与合作机制"、"未来联结:社交网络的今天明天和更远的未来"、"社会企业与跨界合作:香港经验"、"另类或主流?数位原生代的异想天空!"、"旧爱新欢?是好生意"、"2010年大陆公益领域发展现况与未来展望",对大陆、台湾、香港三地的公益活动的交流和展望提出了独到的见解,开拓了学员的思维与视野。

(四)法鼓佛教学院教育活动

法鼓佛教学院原称法鼓佛教进修学院,成立于2007年4月,从当年8月起改称为法鼓佛教学院。这所学院以科技与人文相结合、传统与现代并进为发展方向,通过与岛内外各领域人士互相切磋、互助合作,及宗教往来、学术交流,建设成与一般大学不一样的佛教高等教育学校。

1. 台湾岛内的交流与合作。2008年2月27日,台湾科技大学校长陈希舜、教务长彭云岩等5人来院参访,由院长惠敏法师等接待座谈,双方签拟缔结姐妹校文件,并达成博士班联合招生,合作举办远距课程、学术讲座等初步的资源整合计划。3月12日惠敏法师等7人,受邀参访台湾科技大学,并商讨两校缔结友好学校事宜。4月8日双方在法鼓佛教学院举行缔结姐妹校仪式和西藏文献微片集成馆藏仪式。2009年1月21日,法鼓佛教学院敦聘"中研院"谢清俊教授为名誉教授,以加强师资力量。4月2日,该院与台湾科技大学合作开设"人文关怀与社会参与学程",整合禅修、生命教育与社会关怀等主题,引导学员观照自我身心变化,学习自我情绪管理。10月8日,该院与台湾图书馆举行学术合作签约仪式,以"典藏、传播佛教知识"为基础,促进双方资源共建与共享。10月27日,该院与金山医院签署《临床宗教师培育暨训练合作计划》,双方在教育、学程、医疗、推广等方面共同合作,培训临床宗教师。2010年6月25至27日,该院与"中研院"文哲研究所合办"大好山:东亚灵山信仰与神圣空间"学术研习营,针对神圣空间与山岳信仰,拓展宗教与文化互动关系研究的领域,开启青年学员的学术视野。

2. 海峡两岸交流与合作。2009年6月20至27日,该院及中华佛学研究所师生11人,由惠敏法师带领到大陆,参加兰州大学宗教研究所举办的"海峡两岸陇东佛、道文化学术考察"活动,以助于两岸学界了解佛、道文化的发展与渊源。同年8月2至4日,惠敏法师应邀参加由北京大学主办的"汉文佛典语言学"研讨会,与会的两岸学者有100余人,惠敏法师发表论文,希望能融会汉传、南传、藏传佛教的精华,开创佛教教学的新纪元。9月15日至11月14日,中国佛教协会教务部昌明法师等8位法师,从大陆到台参访该院,旁听该院学术课程,参加禅修及学术会议,并与该院师生交流座谈。2010年3月,该院与法鼓大学举办佛教艺术讲座,邀请甘肃省文物考古研究所研究员董玉祥作4场专题演讲,介绍甘肃、新疆特有的石窟艺术,剖析佛教造像风格汉化的历程,也展现了佛教文化艺术的高度成就,有200多人参加。7月26日至29日,该院研修中心主任果镜法师,应邀到广州中山大学,开设心灵环保禅修实践课程,连续两天讲解禅修的功能、禅坐的姿势、方法及生活应用等基本概念。并与该校宗教研究所师生举行小型座谈与交流,进行坐禅、行禅、立禅、半日禅等体验。8月7日,山东省济南市义净寺为重建祖庭和建造义净大师纪念塔等,由方丈常净法师带领28人到该院参访,以汲取相关经验,并开展其他交流与合作活动。法鼓山园区的建筑、自然环境及该院藏书的丰富,给他们留下了深刻的印象。8月17日,新疆塔里木大学举办"海峡两岸西域文化交流学术研究会",该院副校长杜正民应邀与会,在会上发表"热络文化(时空平台)互动机制之开发研究"主题演讲。9月6日至8日,法鼓佛教学院与"中研院"计算中心共同举办"第8届两岸三院资讯技术交流与数位共享"研讨会。惠敏法师、杜正民等在会上发表论文。9月12日至12月10日,大陆6位法师至佛教学院研修教义,为期3个月。研修活动有三个方面:一是参学,包括旁听佛教学院课程,参加体系内相关法会、禅修及观摩等。二是研修,包括旁听课程、与僧团共住、随众作息、参加体系内社会弘化活动的观摩等。三是参访,即参访其他寺院或机构,以了解台湾佛教教育发展情况,及弘化的方向与特色。10月18日至23日,中国人民大学副校长李湘等一行5人,参访法鼓大学金山校区,并拜会法鼓佛教学院,了解该院校务发展方向,并交流研究成果。

三、大学院教育特点

(一)重点培养汉传佛教的高级人才

法鼓山大学院教育设立了高级的佛学研究机构和高等教育学校,以培养高级的汉传佛教人才,担负传承汉传佛教的重任,践行"提升人的品质,建立人间净土"的理念。故其招生必先举办说明会,说明办学的特点、目标和理念,生源不仅取之于本岛,也广收于海外,而且不贪多。重视师资力量的建设,担任课程教师和研究机构研究人员及院校领导的都是对佛学深有研究的学者和法师。重视毕业生的质量,每年毕业的硕士生不过数人,而送往海外留学的优秀毕业生,往往也能取得硕士或博士学位,成为研究佛学的学者。如果说大普化教育着重于佛学的普及化,大关怀教育着重于佛法的普遍关怀,那么,大学院教育则重于佛学理论和人品的提升。这三大教育就像三驾马车,拉载着法鼓山汉传佛教奔向预定的前程。

(二)有明确的培养高级人才的目标

在培养汉传佛教的高级人才的总目标之下,法鼓山大学院教育体系设立的四个机构,各有其具体的培养人才的目标。中华佛学研究所是研究佛教学术的高级机构,着重培养研究佛学的高级人才;法鼓佛教学院是教学与研究相结合的高级教研机构,着重培养汉传佛教高级的教学人才;僧伽大学是培养传播、弘化汉传佛教人才的机构,以培养对当代社会有用的宗教师为任务;法鼓大学以国际化为办学方向,培养具有国际竞争力的佛教领导人才。这四个方面的人才培养,既能继承汉传佛学的传统,又能与时俱进,深化汉传佛学的研究;既能提升佛教教育的素质,又使教研结合而互相促进;使培养的对象既具有高深的佛学知识,又具有传播、弘化佛法的实际能力;既能培养汉传佛教的领导人才,又能在国际诸多宗教中具有竞争力。从而保证了汉传佛教在现代社会能够持续发展,以实现其净化社会、净化世界的宏愿和目标。可见其培养人才具有高质性、实用性、前瞻性和国际性。

(三)别具一格的高等研究和教育

其别具一格具体体现在:第一,是佛教性质的高级研究与教育机构。第二,招生对象是有志于致力佛学研究、弘化佛教,并具有一定佛学知识基础的青年。第三,课程和研究项目主要是有关佛学和佛教的内容。第四,教师是对佛学深有研究的法师和学者专家。第五,重视学术交流。交流者都是岛内外高等教育和研究机构的专家学者,能积极推动佛学和佛教方面学术研究的交流。第六,重视研究与实践的结合,既研究佛学理论,又用之于教学和弘化活动。第七,论文的研究对象和内容,主要集中在佛教理论和实践上,论文的通过须经公开答辩。第八,有权授予学士、硕士等学衔。

这些别具一格的教育和研究的措施,是培养佛教高级教育、研究和弘化人才的有力保证,体现了法鼓山大学院创办人圣严法师要办"不一样学校"的宏愿。

基金项目:国家社会科学基金项目"台湾佛教与台湾社会的变迁及台湾佛教的现状、走向和我们的对策"(02BZJ004)系列成果之一。

(作者为福建广播电视大学教授)

台湾僧教育研究

何绵山

从1948年慈航法师于中坜圆光寺开办台湾第一所佛学教育机构——台湾佛学院至今,台湾已开设了八九十所佛学院所①,今天有影响的仍有30余所。台湾当代佛教的兴盛与台湾佛学院所关系密切,当代台湾佛学院所的崛起,提升了台湾僧人的素质,培养了台湾大批佛教人才,促进了台湾宗教师资的养成,开拓了台湾佛教徒的视野,对台湾佛教界产生了深远的影响。

一、台湾佛学院所的现状

当代台湾佛学院所的崛起,首先表现在佛学院所分布广泛和数量众多。目前较有影响的佛学院所约有30余所,其分布如:台北的法鼓山中华佛学研究所(法鼓山僧伽大学佛学院)②、天台教学研究所、法光佛教文化研究所、华严专宗学院佛学研究所、台湾大学佛学研究中心、玄奘学术研究院(海明佛学院)、华梵佛学研究所(莲华佛学园),基隆的华文佛教学院,桃园的佛教弘誓学院、圆光佛学研究所(圆光佛学院),新竹的福严佛学院、壹同女众佛学院,苗栗的法云佛学院,台中的慈光禅学研究所(慈光禅学院)、南普陀佛学院、护国清凉寺净土专宗佛学院、中华佛教学院(慈明佛学研究所),南投的中台男众佛教学院(中台女众佛教学院)、法相山台湾辨经学院、寿峰山光量学佛院、净律学佛院,花莲的正法佛学院、佛教力行学院(佛教解脱道研修所),嘉义的南华大学佛学研究中心、香光尼众佛学院,台南的台南女众佛学院、开元禅学院、千佛山女子佛学院,高雄的净觉佛学院、佛光山丛林学院、元亨佛学院(元亨佛学研究所),整个台湾省只有台东、屏东、宜兰等少数地区没有设佛学院所。

招生方式的日趋严格使佛学院所的生源质量得到保证。台湾佛学院所在招生方面采取了若干措施来保证生源的质量,如:(1)招生数量少,宁缺毋滥。

---

① 台湾的研究所,不仅是研究机构,还是培养比本科更高一级人才的教育机构。
② 括号内的佛学教育机构,与括号前的佛学教育机构,同属一个佛教单位。

一般每个佛学院所每年招生人数不超过10人,每届在校生人数不过十几人或几十人。(2)视院所的条件决定招生的届数,有的院所每年都招,有的两年招一次,有的三年招一次。(3)招生起点根据不同层次有不同要求,如千佛山女子佛学院规定入读专修班要专科毕业,高级班要有高中(职)以上学历,中级班要有初中以上学历,预科班可不限学历。佛教弘誓学院规定研究部入学资格必须于佛学院所修得佛学专业科目60学分以上者,或本院专修部毕业者,或大专以上学历者。法鼓山中华佛学研究所招全修生入学资格为大学毕业,或专科毕业但须曾就读高级佛学院或具有相关工作经验,或高等考试合格者,或高中毕业后在高级佛学院修学三年毕业的出家众;其选修生,为已获博士学位者,或已获硕士学位且硕士论文为研究佛学者,或博、硕班肄业且有在佛学相关领域工作三年以上经验者。圆光佛学研究所入读资格要求佛学院大学部毕业者,或大专以上、硕士、博士或同等学力者。护国清凉寺净土专宗佛学院入学资格:初级班(沙弥部)要求小学或初中以上毕业,中级班(专科部)要求高中毕业或其他佛学院初级班毕业,高级班(教理部)要求高中毕业或其他佛学院中级班毕业。(4)入学考试方式为笔试和口试相结合,有的还要求交一份自传。笔试的内容各院所有所不同,但大多为中文和佛学基础,有的还要求英文,如法鼓山僧伽大学佛学院笔试内容为中文、英文、佛法概论,同时要交一份2000字到2500字的自传,自传内容包括:①个人现况概述;②家庭背景;③求学经过及感想;④就业或服务之经验;⑤个人的兴趣专长及性向特质;⑥参与团体或社团活动之情形;⑦学佛的因缘及改变人生的转折点;⑧报考本佛学院的动机与出家的动机;⑨对宗教的态度及修行的体验;⑩对法鼓山理念的认识与了解;⑪个人对未来的期许或规划;⑫其他。佛光山丛林学院笔试内容则为佛学常识、中文、作文。南华大学佛学研究中心笔试内容为中文、英文、佛学概论、宗教哲学或中印佛教史。香光尼众佛学院笔试内容为中文、佛法概论。华严专宗学院佛学研究所笔试内容为中文、英文、佛学概论、华严大纲、印度佛教史。华梵佛学研究所笔试内容为中文、英文、中国佛教史、经论。口试内容一般为对考生情况的进一步了解,如台南女众佛学院口试重点为:了解考生就读学院之动机及学习愿望,传达学院的理念、学习内容及学院的作息规矩,并说明入学前的心理调适和应准备的东西,包括报到时注意的事项等。[1]

学制的规范使台湾佛学院所的僧教育相对完整稳定。台湾各佛学院所都以半年为一学期,根据各个班的不同,学习年限有二年制的,有三年制的,有四年制的,有六年制的。如中华佛教学院,第一年为专修部的结合式教学,第二年学员经考核后编入初级部或高级部;初级部再读两年,共三年;高级部再读三年,共四年;先读初级而升高级共六年。佛教力行学院(佛教解脱道研修所),前者设高中部和大学部,分别为三年制和四年制,后者设禅门专修部、硕士学程部、博士学程部,各为三至五年学制,修满36学分。法光佛教文化研究所正式研究生为三年制,选修生为六年制。法鼓山僧伽大学佛学院为四年制。香光尼众佛学院为二部五年制,即三藏部修学三年,专修部修学两年,这五年学制"乃根据观察分析一位宗教师由俗到僧的转化历程,包括生理、心理、生活适应及各项学习而制定"[2]。有的佛学院所根据社会要求和现实情况作调整,如福严佛学院曾长期分设有初级、高级、研究三个部,学制各三年,2002年改制为大学部四年,研究所三年。

办学层次的多样、培养目标的明确使台湾佛学院所能适应各种对象的要求,不仅扩大了生源,也使教学有目标、有计划地展开。各种佛学院所都不只办一种班,有的办有初级、中级、高级各种层次的班。如佛光山丛林学院教育学程为三级,第一级"中国佛教研究院",第二级"佛光山丛林学院"(包括"国际学部"和"专修学部"),第三级"东方佛教学院"。佛教弘誓学院设有研究部,以培养僧伽与信众教育师资及佛教学术研究人才为教学目的;专修部,提供僧伽基础佛学教育,培养学僧,以自利利他为教学目标;推广部,提供佛学成人推广教育,以提升信众佛学素养为教学目标。法鼓山中华佛学研究所的学生包括全修生、选修生、选课生、推广部学生、汉藏佛教文化交流研究班藏僧等。净律佛学院设有初级部、高级部,前者为基础教育,后者为专修教育。华文佛教学院设正修科(即本科)、预修科(即先修科)。开元禅学院设专修班、正科班、预科班。华梵佛学研究所设有甲级研究生班、乙级研究生班、助理研究生班。

各佛学院所所开设的课程并无统一规定,而是根据各院所培养目标、办学宗旨和现有条件来决定。一般都要求解行并重,并多以三个方面内容组成:一是佛学教理、学派、经论、教史,兼以禅、净、密等行门实修的指导;二是生活艺术技能方面的训练,如梵呗、仪制、电脑、电学、音乐等;三是中文(含作文、文学赏析等)、外文(英文、日文、巴利文)。或称三门,一是解门,如佛学三藏(经、律、论)、佛教史、佛教文献、佛教研究方法、布教学、论文写作;二是行门,即禅、净、密专修,或禅净兼修;三是方便门,如语文(英、日、梵、巴、藏)、梵呗、禅诗禅画、佛教音乐艺术、教育心理、辅导咨询、大众传播。以中华佛学研究所课程为例,第一年内必修课程为宗教学专题、印度教史专题研究、佛教史料学、经典语文(梵文、藏文、巴利文,三选一)、佛学外语(英文、日文,二选一)、佛教史("中国佛教史"、"西藏佛教史",二选一);共同科目为:佛学方法论、中文佛教史籍解题、佛学知识管理实务、资讯时代中的佛教文献、资讯与教育科技、论文写作指导、佛教文献学、版本目录学、语言学概论、经典专题研究、当代佛学名著导读、经论导读、翻译方法论、社会科学与宗教研究法、中西比较哲学研究、中印佛学比较研究。"中国佛学组"选修科目如：天台思想、天台止观、摩诃止观、天台判教论、法华思想、法华玄义、法华专题、法华文句之研究、天台理论与实际、华严思想、华严法界观、华严判教论、净土思想研究、弥陀净土思想研究、弥陀净土学、菩萨愿行与佛国净土、善导的净土教学、禅宗思想、禅宗专题研究、禅学、宋代禅宗专题研究、成唯识论、肇论、中国佛教礼忏文献研究、台湾佛教史、隋唐佛学研究、宋元佛教史专题研究、中国佛教史专题研究。"印度佛学组"选修科目如：印度文化史、印度哲学史、上座部、异部宗轮论、部派佛教、南传阿毗达摩、大般若经、中观梵典研究、月称的无我观、瑜伽行梵典研究、瑜伽师地论专题研究、唯识思想与文献、唯识梵典研究、声闻地、如来藏、巴利初阶、巴利文导读、巴利佛典选读、巴利语言及语音学、巴利文法与文献、梵文佛典导读、摄阿毗达摩义、因明学、明句论、俱舍论、大智度论、印度教与大乘教的比较研究、婆罗门教哲学与初期佛教哲学比较研究。"西藏佛学组"选修科目如：西藏佛典选读、现观庄严论注释、入菩萨行论、智慧品、菩提道次第广论、藏传佛教因明概论、入中论、藏文佛典选读、西藏佛教、宗义、西藏宗论的研究、智者入门、俱舍论笺注、汉藏佛典对读研究、菩提道灯难处释。综观各院所所开课程，可看出其特点有六：第一，各院所所开的具体课程有较大的差异，所用教材有的采用本院所法师的著作，有的用台湾著名佛学家著作（如印顺导师、圣严法师著作）。开课方式各有特点，如佛教弘誓学院研究部所开的选修课以专题研讨的方式进行，如开有禅学、部派佛教、南传佛教、天台学、华严学、西藏佛教、因明学、宗教学、伦理学、如来藏等专题研讨；佛教力行学院（佛教解脱道研究所）强调力行课程，要求院及所各部都要实施师生相应法门，每周以修行日记作为师生相应契机，隔周举办禅一、佛一，每学期举办1次连续三周的禅七（21天）以及佛七或大圆满七1次；并设计佛陀时代修行环境，如沙滩行禅、海涛狮吼、岩上趺坐、观波悟空、山中行禅、水边观音、林下定心、望风闻色、夜宿墓场断恐惧、睹尽明星体如如、独行深山破无明、眺月观心见本性等。第二，各届课程变化较大。以法云佛学院为例，第一届第一学年课程为：四十二章经、楞严经、佛遗教经、佛教戒律学、沙弥律仪、佛教论典学、百法明门论、五蕴论、止观、八宗纲要、成佛之道、中国佛教史、佛教文选、佛学概论、佛教文艺、中国历史、国文、中国文化基本教材、英文、日文、书法、美术；第二届第一学年课程为：法华经与人生、四十二章经、沙弥律仪、百法明门论、八宗纲要、佛学与学佛、初级佛学、小止观、缁门崇行录、梵呗、四书、国文、英文、日文、书法。第三届第一学年课程为：原始佛教经典选读、戒律学、三论玄义、小止观、成佛之道、禅林宝训、中国佛教史、国文、佛教音乐、日语会话、书法；第四届第一学年课程为：大般若经、阿含经导读、天台四教仪、大乘起信论、八宗纲要、成佛之道、初级佛学、魏晋南北朝佛教史、国文、英文、日语会话、书法；第五届第一学年课程为：大般若经、阿含经导读、六祖坛经、小止观、八宗纲要、初级佛学、中国佛学思想史概论、魏晋南北朝佛教史、竹窗随笔、中国文学、艺文析赏、英文、日语会话、绘画、书法。第三，各门课程都订有明确的目标。如香光尼众佛学院开出解门、行门、生活门、执事门、弘护门等课程，并订有课程宗旨和目标。其解门，旨在"探寻佛陀的智慧，正确地认知佛教教义、僧伽戒律、仪轨，建立佛教史观，了解佛教与社会的互动关系"；其行门，旨在"挖掘生命的宝藏，训练威仪，熟习课诵，自我检核，提升定力与含力，找到止息烦恼的途径"；其生活门，旨在"陶养健全的僧格，实施在家到出家的身心转化，体现互助合作、共同参与的僧团生活"；其执事门，旨在"锻炼领众的人才，学习执作知能和领导技巧，于共事中调节观念态度，陶炼果敢的勇气与恢弘的器识"；其弘护门，旨在"落实弘法的悲愿，通过实际的参与，落实所学，使内修与外弘相辅"。[3]福严佛学院初级部开设的课程如经、律、论、史、语文、演讲、书法等，旨在培育寺院基层人才，使其确立正知见，健全僧格，奠定佛学基础、培养宗教情操，造就通俗弘法人才；高级部开设的课程如原始佛教、中观、唯识、天台、华严、《妙云集》导读、佛学研究方法与资料运用等，旨在培育初级部师资，陶铸优秀弘法人才，培育学校行政人才，奠定深造基础。[4]第四，引进新的教学手段和内容。如华文佛教学院运用视听形式上日语课和自修课。开元禅学院将电脑课放在重要位置，以其2000年第一、二学期，2001年第一学期为例，学生要连上三个学期的电脑课，学了电脑课程初阶后，还要学进阶，且学分不低于其他课程。第五，普遍重视语言课，一般要求学梵文、巴利文、藏文、古汉语、英文、日文等，要求能用所学语言通读原典。第六，成绩和考核由各佛学院所掌握。如净律学佛学院规定其解门成绩，初级部学生由期中考试、期末考试、平时作业三部分组成，高级部学生由教授法师自行决定；其行门成绩无论初级部还是高级部，都要依据五堂功课和个人自修（拜佛、念佛、诵经、持咒、止观）决定；其操行成绩无论初级部或高级部都要依据其操守品行、工作业绩、违规登记、个人内务等方面情况而定夺。

严格的管理使台湾佛学院所能长期保持稳定。台湾各佛学院所的管理系统有所不同，但总的不外以下几种模式：（1）院务会议（或基金会，或董事会）——院长（校长、所长）——教务、训导、总务；（2）导师——院长（校长、所长）——教务、训导、总务；（3）校长（院长、所长）——教务、训导、总务。据调查了解,这几种管理体系是根据不同佛学院所情况而制定的,院务会议(或基金会,或董事会)负责制一般为较大型的佛学院所采用,有利于群策群力,集思广益,特别在重大决策上可吸收各种不同意见;导师负责制一般为较单一的佛学院所采用,导师德高望重,本身或为开山长老,或为佛学院所创办人;院长(校长、所长)负责制一般为较小型的佛学院所采用,院长或为开山长老,或为聘请来的,大都是佛学方面的专家。为便于管理,许多佛学院所还制订了组织章程,其内容大体如下:(1)本院所的宗旨和目的;(2)本院所承担的任务和开展的活动;(3)本院所的组织系统,院务会(或基金会,或董事会)的权限、各位责任人的职责、信徒的义务;(4)院所中财产归属;(5)召开各种会议的规定;(6)经费的预算来源、使用及通报制度;(7)本院所各项规定的实施;(8)章程的修订;(9)其他附则。这些组织章程有相同处,如认为教务处的职权为:掌管教育方针、新生考选、课程选编、学生成绩考查等事宜;训导处的职权是掌管学生生活、操行考核、课外指导、体育、康乐、卫生等事宜;总务处的职权是掌管文书、庶务、出纳、教具设备等事宜。也有许多院所订出了不同的章程,如千佛山女子佛学院的组织章程则规定"本院佛学课程聘请之教师必须由出家人专任,在家居士仅能担任世俗技艺方面的课程"[5],佛光山丛林学院的组织章程则规定"本院为配合大专知识青年、社会青年学佛所需,支援青年佛学营与全省各分别院、都市佛学院等师资"[6]。为便于管理,各佛学院所还订了许多详尽的学生生活规约,对日常生活的各个方面都订出详细的规定,综其大概,一般有以下几个方面:(1)总则;(2)共住规约;(3)课诵规约;(4)律仪规约;(5)请假规约;(6)教室规约;(7)斋堂规约;(8)寝室规约;(9)自修规约;(10)阅览室规约;(11)轮执规约;(12)出坡规约;(13)会客规约;(14)电话规约;(15)浴厕规约;(16)运动规约;(17)奖惩规约;(18)其他。每个规约少则几条,多则几十条,方方面面都考虑到了。仅以圆光佛学院生活规约之"律仪规约"为例,共有18条,极为细微,现择其中几条介绍如下:(1)凡遇见师长、同学未合掌作礼者,处罚。(2)在家同学见出家同学先合掌,比丘尼见比丘先合掌,违者处罚。(3)凡出入办公室或师长室,未事先扣门三下请示,离室时未向师长合掌敬礼者,处罚。(4)任何地方弹簧门,进出要轻拉慢放,不可出声,违者处罚。(5)凡衣履不整,边走边穿者,处罚。(6)凡院内行走,与人同行,高声谈笑、奔跑者处罚。(7)凡坐时跷脚,立时倚墙靠壁者,处罚。(8)男女众同学,除公事往来,严禁在一起言谈、聊天或进行打羽毛球、乒乓球等运动,违者处罚。(9)每日晚自习,除班长、室长,夜间巡逻公事外,不论任何场所一律禁语,违者处罚。(10)假日外出要在外出登记簿上登记,违者处罚。再以"请假规约"为例:"逾假一小时以上者申诫一次,除向大家忏悔外,打扫厕所一周,禁止二个月不准外出。逾假一天者小过一次,除向大家忏悔外,打扫厕所二周,禁止三个月不准外出。逾假三天者大过一次,除向大家忏悔外,打扫厕所三周,禁止一学期不准外出。逾假三天以上者开除学籍。"[7]可见规约之严。除了上述严格的规约外,有的院所还制定了自觉公约(或称实施细则),如中华佛教学院的自觉公约有以下几个方面:(1)爱惜光阴、发愤用功;(2)尊师重道,友爱同学;(3)爱惜公物,小心用放;(4)遵行院规,严守秩序;(5)注重卫生,随时留意;(6)做事负责,不避繁重;(7)准时作息,寂静低声;(8)接受批评,珍视荣誉。每个方面都有几条至几十条不等的详尽的要求,如仅就"准时作息、寂静低声"来看就有 10 条,如:(1)按时上下讲堂;(2)出坡准时到场;(3)午睡夜眠,准时上床;(4)一切集会不落人后;(5)走路要舒缓不得有声;(6)说话用膳咳唾喷嚏不要大声;(7)开关门窗要轻缓不要有声;(8)不要使桌椅发声;(9)不要乱开收音机,用毕即时关息;(10)行住坐卧要合出家威仪。由此可知,每个细节都考虑到了。

师资是培养高质量佛学人才的保证。台湾各佛学院所师资不平衡,但大体都能满足办学需要。现将有代表性的佛学院所师资情况列表如下:

院所名称	创办时间	教师性别				学历(结业或没拿到学位按低一学位算)			职称	其他,如住持、院长、所长等
		僧	尼	男	女	本科	硕士	博士	教授、副教授	
千佛山女子佛学院	1982 年	1	5		1	4		2		1
中华佛教学院	1974 年	4	9	3	1	12	4			1
元亨佛学院 元亨佛学研究所	1990 年 1993 年	4	12	7	2	16	3	4		2
佛光山丛林学院	1965 年	55				34	11	10		
佛教力行学院 佛教解脱道研修所	1997 年	8	2	6					7	9
佛教弘誓学院	1986 年	1	18	8	3	16	6	5		4
法光佛教文化研究所	1989 年	3	2	35	3	2	9	26		4
法云佛学院	1968 年	7	19	9		17				22
法鼓山中华佛学研究所	1985 年	9	6	25	9	7	17	22		

续表

院所名称	创办时间	僧	尼	男	女	本科	硕士	博士	教授、副教授	其他,如住持、院长、所长等
法鼓山佛伽大学	2001年	7	7	3	7	10	3	3		8
南华大学佛学研究中心	1996年	2	2	7	2		3	10		
香光尼众佛学院	1980年	1	18		5	17	3	4		
净律佛学院	1987年	15			4					11
华文佛教学院	1984年	5	9	5	1	11	3			6
华严专宗学院	1975年		5	6	3	3	7	4		
开元禅学院	1987年	12	4	10	5	21	2	3		5
圆光佛学研究所	1987年	1	2	14		4	2	11		
寿峰山光量学佛院	1994年	10	3				11			2
福严佛学院	1969年	11		7	2	13	5	2		
台南女众佛学院	1995年	5	10	6	5	15	3	1		7
莲华学佛园	1970年	1	10	2	4	7	7	2		1

由以上表格中所列数据及其他佛学院所师资情况可看出:(1)各佛学院所师资分布不平衡,有的多达数十人,有的仅数人;(2)教师学历悬殊,有的几乎没有博士,有的大多为博士;(3)僧尼及男女的分布有一定的规律,如果院长为僧,则大部分教师为僧或男的;若为女众学院且院长又是女的,则大部分教师为尼或女的;(4)大学教授在各院所兼职的现象较为普遍;(5)出家人赴欧、美、日攻读博士学位已开始成为风气,获取学位后又返回本院所任教,开拓了本院学生的视野,提升了教学质量;(6)本院所培养的青年法师毕业后留下任教的,已成为教学骨干和中坚;(7)凡开山元老或创办者,无论有无学位,都为院所的当然教师;(8)由于师资紧缺,对佛学有研究的外聘教师成为抢手货,有一定声望的教师在多所佛学院所兼职现象已不罕见;(9)一些大的佛学院所已开始向全世界网罗人才,如佛光山丛林学院就聘请美国、日本、澳洲、加拿大、印尼、马

来西亚及香港等地的法师或学者前来任教,法鼓山中华佛学研究所聘有印度、德国、日本、加拿大、斯里兰卡、英国、缅甸、美国等国的法师或学者;(10)教师与国际宗教界、学术界接触频繁,经常出岛参加各种研讨会,或应邀到岛外开讲座。

建筑面积和图书馆、资讯设备等硬件设施,已成为各佛学院所为之积极努力,并力图改善的重要目标。学校面积一般可分为三种情况:第一种校舍面积较为宽敞,功能清晰明了,如佛教弘誓学院主要建筑依功能区隔为二,一为禅堂、办公室、客堂、教室、会议室与图书馆,一为师生寮房、客房与斋堂,平均每一住宿生分享的面积有 40 m^2,平均每一学生分享的校园面积有 70.3 m^2。第二种校园建筑与寺院一起使用,学生宿舍较挤,但校内可供使用的建筑面积却不小,如佛光山丛林学院学生宿舍面积平均每人为 6.84 m^2,但校园用地平均每人 304.21 m^2。第三种是本身校园就较小,又没有大寺院可依靠,因此学生宿舍和校园可使用面积都极低。有的院所还建有功能多样的休闲室、视听教室、电脑室、运动室等。各院所都较为重视图书馆建设,每年都有专款购书,各院所图书馆一般都有万册以上图书,并力图突出自己的馆藏特色,如千佛山女子佛学院的藏书特色是藏有本院创办人白云禅师出家 80 年来对经藏"行证"的心得,约 60 余种。佛光山丛林学院图书馆藏有各类藏经版本(梵、巴、藏、汉)的善本书、各种外文工具佛书(日、英、韩、欧)、文史哲大部头丛书等。佛教弘誓学院图书馆以"人间佛教"哲学相关资料为馆藏主轴,兼及相关议题,如护生主题(含环境、生态保育、动物权等)及女性议题。法光佛教文化研究所图书馆藏有汉、日、英、梵、巴、藏等语言的佛学专书、工具书、杂志及文史哲丛书。法鼓山中华佛学研究所藏有研究早期佛教和上座部最重要的文献——英国巴利圣典学会出版的巴利三藏,还有缅甸版和泰国版的巴利三藏,以及中、英、日、泰文的译本;在中文大藏经方面,藏有 10 余种不同版本的大藏经,其中如碛砂版大藏经、金藏、乾隆版大藏经、房山石经、敦煌宝藏等,绝大部分未见于大正新修大藏经。在西藏大藏经方面,藏有北京版、德格版、奈塘版、拉萨版、库伦版、台北版及中华大藏经(藏文部分)。馆中还藏有分别属于梵、藏、缅甸佛教文化的 400 多函珍贵的贝叶;另藏有以中、英、日、德、法等文字出版的当代学者的研究成果。香光尼众佛学院图书馆以藏有 400 余种期刊、佛教博硕士论文、依主题分类收集的剪辑资料及各种佛教会议论文为特色。华严专宗佛学研究所图书馆以收藏与华严思想有关的期刊、论文及典籍为特色。福严佛学院图书馆藏书以学术著作为主,特别是日文学术著作及日文期刊相当丰富。华梵佛学研究所图书馆的馆藏特色是人文与科技并重。

二、台湾佛学院所的办学特点

台湾佛学院所在发展的过程中,形成了自己鲜明的特点,归结其大要,主要有以下几点:

多元性。各佛学院所根据本身的条件、不同的办学宗旨,呈现出各自不同的办学风格和特色。如千佛山女子佛学院办学宗旨是增进僧伽的知解与行修,培育弘法利生人才,尤其是接引未出家的发心者,其教育特色为小班教学,伽蓝学校化,教育生活化。中华佛教学院办学宗旨是"以丛林的生活、现代教育的理念,造就住持佛法、续佛慧命的现代佛教青年"[8];其办学特色为重视启发式教学,进行法务实习,提倡选修课程多元化。元亨佛学院、元亨佛学研究所的办学宗旨分别是教理的阐扬与道心的涵养并重,"以北传经、律、论研读为主,兼习南传圣典,培养研究南北传教之人才"[9],由此形成了不分宗派广摄法筵的办学特色。佛光山丛林学院办学宗旨是培养正信教徒、宗师、负责人或神职人员,以研究教义为主,世用为辅,其办学特色是面向世界开放,学生国际化,佛学院学生遍及美国、香港、澳洲、南非、印度等国家和地区。佛教力行学院、佛教解脱道研修所的办学宗旨是"回归佛陀时代的教导及修行方法,培养解脱道及菩萨道的行者"[10],其办学特色是使修行与生活融为一体,提倡"生活即佛法","佛法即生活",注重在日常生活中实际修行,突破传统的室内教学,以水边观音、岩上跏趺、山中禅行等让修行者体悟正法,以达到修学佛法、闻思修证的目的。佛教弘誓学院的办学宗旨是"以提倡智慧增上,入世关怀,激发积极勇健之菩萨精神,推展契理契机之人间佛教"[11],其办学特色是研究部为佛学院后研究教育,专修部为僧伽带职进修教育,二者都为学习者"提供兼顾个人佛法进修与常住的学习机会",每月集中四五天教学,其余由各科教师规定阅读速度,或用"隔空"形式学习。这样学生可一方面兼顾常住职务义务,一方面以通学方式继续进行佛法学习。法光佛教文化研究所的办学宗旨是提升解行并备的佛学研究及佛教弘化人才素质,其办学特色是解行并重,培养研究生独立研究能力,加强佛学语文训练和课余指导的力度。法鼓山中华佛学研究所的办学宗旨是"培养高水平的佛教教育及弘化人才,提倡国际性的佛学教学学术研究"[12],其办学特色是注重学生品质,研究、教学、出版三者并重,鼓励来自不同国家的师生从事不同领域的佛学研究,在广泛利用网络资讯进行佛学研究方面形成优势。香光尼众佛学院办学宗旨是培养具备奉献精神、恢弘器识、弘法知能的宗教师,其办学特色是学院教育与寺院教育融合,基础教育与生涯发展兼顾,普遍性与个别性教学并具。净律学佛院办学宗旨是

"以严肃的生活教育,奠定学生戒德之基础,以行解并重的佛法教育,培养学员定慧之内涵;以造就'持戒为本,净土为归,弘护正法,续佛慧命'之僧才"[13],其办学特色是通过远离尘嚣闹市的清净学习环境帮助学员调伏烦恼,与法相应,离诸外缘,专心静修,注重戒律,专修内典。华文佛教学院办学宗旨是"主修佛学,兼及相关世学,尤注重佛化德育之实践,旨在培育佛教青年研修佛法、敦励志行"[14],其办学特点如授课内容主要用太虚、印顺等著名法师著作及日本佛教大学教材,学科内容采用一般大学科际课程,并采用学分制。华严专宗学院佛学研究所办学宗旨是"培植专研、专修、专弘华严思想之弘法教育人才,以现代的学术精神,研究佛教高深哲理"[15],其教学特色是"专修普贤行愿,以十度、四摄法,成熟无量众生;专弘华严经教,投身华严教学;专研华严经典、教义,启发本具善根、智慧"。开元禅学院办学宗旨是:"造就佛教人才,期能使之拥有正知正见,具足悲智行愿的精神"[16],其教学特色为禅寺寺务与学院院务各自独立,学员可心无旁骛地潜心研究佛学,每月一次班会,由院方和学生直接沟通。圆光佛学研究所办学宗旨为:"以传统丛林教育的宏观,依现代教育的现念,培养解行并重之优秀的佛学教育经教义解研究人才"[17],其教学特色为以传统丛林教育的宏观视野,配合现代学术研究方法,从事印度、中国佛教学等的研究。慈光禅学研究所办学宗旨是"以禅理导正修行、会通各宗禅法,而以禅宗行持为一,开显智慧、了达真性"[18],其办学特色为每学期打49天精进禅七。寿峰山光量学佛院办学宗旨是"仰溯东林:禅净律学。学宗天台:教观并重。行持戒律:止作二持。旨归净土:止观念佛"[19],其办学特色是不办法会,少外缘,学生轮流担任执事,在实习执事过程中培养人事上的互动及敬业乐群精神,提高将来独当道场的能力,以天台等佛学教义为解门课程,有不少课以听录音带为主,学生不懂处可电话请教法师或集中面授解答。福严佛学院办学宗旨是"造就僧才、住持正法、续佛慧命、净化人心"[20],其办学特色是以印顺的学思理念办学,重视僧格培养,不在于培养学生成为学问家,而是教导学生更好地过如法如律的僧团生活,除了教理教育,更重视生活教育,学生可依自己定向选择一门深入精研。台南女众佛学院的办学宗旨是"造就德学兼优之弘法人才与自利利他之菩萨行者"[21],其办学特色是将修行落实到日常生活中,除了佛学、国学课程研读外,还有书法、国画、篆刻、泥塑、中国结等佛教创作;全年不办法会,少让学生参与外界活动,以修养同学心性。华梵佛学研究所办学宗旨是"般若净化思想,菩萨悲智精神"[22],其办学特色是培养学生的出家人风范,教观并重,解行兼修,重视环境教育,借助自然景色、艺术熏陶开展教育。护国清凉寺净土专宗学院办学宗旨是"培养具足出家威仪、知能,和真发道心住持佛法,并学养、德行兼优,而又深具慈悲心性的净土僧伽人才"[23],其办学特色是以研读净土经典与研修法门为主,落实净土法门的解行并修。由上可知不同的佛学院所因其办学宗旨不同,其办学特色也不同:或解行并重,既重佛学课程学习,也重宗教情操熏修;或侧重于宗教品行修炼;或侧重于佛教学术研究;或侧重于执事能力培养;或专心静修,不办法会,将院所活动与寺院活动脱离;或参与寺务,将寺院活动与院所活动结合起来;或少参加外界活动,培养学生稳重的僧格,学生气质大多娴静而保守;或介入社会热点,培养学生融入社会能力,以便今后更好地在社会上弘法;或根据培养正信教徒、宗教师、专职神职人员等不同目的而进行专科、研修等不同层次教学;或根据自身条件只开展一种形式学习。

拓展与外界的学术交流,采用请进来、走出去的方法拓展学生的学术视野。台湾各佛学院所鼓励并倡导各种类型的学术活动,其形式如:(1)聘请国际著名宗教学者来讲学,与国际上有关院校结成友好学校。台湾有影响的佛学院所邀请国际上著名学者来参观讲学已成惯例,如法光佛教文化研究所曾请过加拿大迈克思特大学冉云华、美国天普大学傅伟勋、日本东京大学镰田茂雄、美国夏威夷大学郑学礼、美国康乃尔大学麦克瑞、加拿大 Calgary 大学 Leslie Kawamura、美国加州大学 Madawala Seelawimala、新加坡大学古正美、墨西哥 Leonaydo、美国 IOWA 大学巴宙、美国亚利桑拿大学 Dr. Robert M. Gimello、印度德里大学 Dr. Sharma、美国威斯康星大学 Rita M. Gross、美国弗吉尼亚大学 P. Groner、印度菩提伽耶寺住持 Gnana Jagat、印度伊迦埔里·达摩吉里潘特、美国圣格精舍住持法师、尼泊尔珠脱仁波切、美国哈佛大学范德康等专家学者前来参观、演讲、座谈。许多佛学院所还与国际上著名学府结成姊妹关系,进行留学、出版物交换及人员互访。以法鼓山中华佛学研究所为例,与之建立友好交流关系的学校,有日本佛教大学、日本立正大学佛教学部、日本驹泽大学佛教学部、日本花园大学、美国密歇根大学、俄罗斯圣彼得堡大学、泰国法身中心等。(2)积极开展与大陆佛教院校的联系沟通,共同探讨如何办好僧教育等问题。基于"今天不办教育,明天就没有佛教"的共识,台湾佛学院所多次举办两岸佛学研讨座谈会,并得到大陆方面的积极回应。如中华佛学研究所曾于 1998 年 11 月举办"两岸佛学教育交流座谈会暨博览会",出席会议的大陆佛学院所有:中国佛学院、中国佛学院栖霞山分院、四川尼众佛学院、福建佛学院、闽南佛学院、岭东佛学院、中国佛教文化研究所等;出席会议的台湾佛学院所有:台湾大学文学院佛学研究中心、法光佛教文化研究所、华严专宗佛学研究所、海明佛学院、玄奘学术研究院、佛教弘誓学院、圆光佛学院、福严佛学院、香光尼众佛学院、开元禅学所、净觉佛学所、佛光山丛林学院等。大陆代表到法光、华严、福严、香光、玄奘、慈济、法鼓山等佛教院所及相关单位参访交流。会谈就当代的佛学教育、迎向21世纪的佛学教育等进行交流,取得圆满结果。出于对"如果没有好的教育,就没有健康的僧伽;没有好的僧伽,就不可能有佛法正法住世弘传的顺利展开"的考量,慈光禅学所也多次召开两岸僧伽教育交流座谈会,就佛学院所应怎么办、台湾僧伽教育的现状和存在问题、今后应解决的关键等展开研讨,涉及僧伽教育的方方面面。(3)聘请本岛各地著名学者教师来院所开讲座。为拓展学生视野,聘请本岛各领域佛学专家不定期来佛学院所开讲座,已成惯例。有时这些讲座成系列,如法光佛教文化研究所在2000年不到半年的时间里就开出两次系列讲座,如"佛教文化系列"就"生活中的禅修"、"从提婆达多问题谈起——兼论佛教史研究与佛教信仰的冲突现象"、"显密地道次第"、"台湾佛教的过去、现在与未来"、"烦恼免疫学"、"漫谈中国梵呗的发展"、"谈转念"、"慈航普度论观音"、"西藏佛教音乐"、"佛教与书法"等8个专题进行演讲,而其"佛教与人生系列",就"生活的智慧——平常心是道"、"开悟的前提与人生的意义"、"佛教的社会关怀——圆满教育经验谈"、"佛法与情绪管理"、"红尘人间好修行"、"为什么要皈依三宝"、"现代佛教'信徒'探讨"等7个专题进行演讲。再如华梵佛学研究所曾开出过"华梵佛教学术讲座",分别就"一念三千疏义"、"菩萨的心行——实践与完成"、"南北朝佛教石雕造佛艺术探讨"、"观无量经境界之超越艺术观"、"以慈修身"、"庐山慧远大师的思想与行谊"、"阿含经的禅观与天台小止观的研究"、"学佛与日常生活"、"法华经中三大义——平等、独立、大无畏"、"佛教艺术讲座"、"中国佛教之继往开来"等11个专题。(4)邀请大陆有关学者前来授课或开讲座。如中国社会科学院世界宗教研究所、南京大学哲学系、中国人民大学哲学系等知名机构的有关学者就应邀前来举行讲座。(5)外出参访。其外出参访有多种形式,有日常短期参访,有写毕业论文时为收集资料而进行的参访、有为体验而进行的朝圣考察。目的地,有台湾本岛,有祖国大陆,有国外。常去的国家如日本、印度、泰国、美国等。这些都大大开拓了学生的视野,丰富了他们的知识。

开展各类学术活动,注重学术品质的提升。除了日常授课和考试外,台湾佛学院所还注意通过各种管道提升学生的学术品位。(1)定期召开论文发表会。除了毕业班学生必须参加论文发表会外,也鼓励其他学习阶段学生召开论文发表会,有的院所定期召开学生专题报告会,已成制度长期坚持下来,如香光尼众佛学院自1997年起至今,每年都召开学生专题报告会,以2000年为例,共有9位同学发表专题论文,分别为:《早期汉译佛经中"严"字的词义研究》、《〈阿含经〉的四处念》、《〈阿含经〉中佛陀对种姓制度的看法》、《试探印顺导师人间佛教思想的理论与实践》、《〈阿含经〉——修行的法要》、《〈杂阿含经〉(病相应)释义及注释》、《唯识三十颂"修道五阶位"补充教材》、《圆明寺落成法会实务作业整理》、《〈戒学概谈〉英译》。从篇名上看,所发表的论文都有一定的难度和深度。圆光佛学研究所不仅鼓励论文发表,还鼓励论文构想的发表。福严佛学院每学期都举办二至三次全体学生参加的院内论文发表会,训练学生思辨、研究、写作、演说能力。有的院所对发表优秀论文的还发给奖金。(2)召开多种类型的学术研讨会。这类研讨会,有的以本院所为主,仅限于本院所师生;也有的由本院主持,邀请各方代表参加。如佛教弘誓学院曾连续举办3届"人间佛教,薪火相传——印顺导师思想之理论与实践"学术研讨会;法鼓山中华佛学研究所举办过多种类型的学术研讨会,仅"中华国际佛学会议"就举办过4届。(3)举行各种类型的趣味活动以促进学生对学术的兴趣和钻研。如佛光山丛林学院曾举行全院布教比赛、全院佛学抢答比赛、布教实习与观摩活动等。法鼓山中华佛学研究所举办所内学生夏令营,以研究或研习为主,已办5届,这5届分别为:"佛学研究与学佛"、"南北传佛教的解脱观"、"中华佛学论文研习会"、"佛学与资讯作品研讨会"、"佛教与台湾宗教现象"。(4)出版各类学术成果。①出版本院所学生发表的论文,如福严佛学院出版《福严佛学院学生论文集》,收入第七届与第八届初级部、高级部学生论文。法鼓山中华佛学研究所也从应届毕业生的67篇论文中选择14篇结集出版。②出版本院研究人员及教师学术著作,如法鼓山中华佛学研究所、佛教弘誓学院都出版了大量这方面著作。③出版各类学术研讨会论文集。一般来说,举办研讨会的院所,都会将论文结集出版,以资交流保存。④出版学报。有影响的佛学院都办有学报,如法鼓山中华佛学研究所办有《中华佛学学报》、《中华佛学研究》,圆光佛学院办有《圆光佛学学报》,慈光禅学研究所办有《慈光禅学学报》等。⑤出版各类专书。如香光尼众佛学院出版有多种佛学院志及《佛教图书分类法》等专书。华严专宗学院佛学研究所出版了"华严祖庭系列"、"华严学海系列"、"佛智探源系列"、"可行丛书"等系列丛书。⑥出版教材。台湾各佛学院所教材没有统一规定,互相交流也很少,一般由导师自定,由于数量少,因此出版不易,但也有的院所不计印数出版自己所需教材,如香光尼众佛学院曾出版《执作教材》、《四分比丘尼戒补充教材》、《唯识三十颂注解》、《自恣解夏仪轨作法》、《结夏安居仪轨作法》等。⑦办好出版社和杂志社。台湾有影响的佛学院所都有自己的出版社和杂志社,用以出版专书及院所的信息,由此保持与外界的联系。如千佛山女子佛学院办有《千佛山》杂志,中华佛教学院办有《慈明》季刊,佛教弘誓学院办有法界出版社和《弘誓》月刊,法光佛教文化研究所办有法光出版社、《法光学坛》及《法光》刊物,法鼓山僧伽大学佛学院办有《法鼓山僧伽大学佛学院通讯》,香光尼众佛学院办有《香光庄严》季刊、《佛教图书馆馆讯》季刊、《青松萌芽》年刊等,慈光禅学研究所办有《佛藏》双月刊,佛光山丛林学院办有《丛林》月刊。

　　校园生活丰富多彩,除了日常学习修行外,还有其他各种活动。(1)根据不同兴趣组织各种类型的学生社团。如千佛山女子佛学院有出坡社、行脚社、止观社等社团。佛光山丛林学院有茶艺社、书法社、电脑社、南胡社、舞蹈社、圣歌社、应用梵呗社、美工社、禅坐社、吉他社、拳术社、中国法社等社团。(2)开展体育活动已成规定。各佛学院所都注重学生体质的训练,开展各种体育活动已成为每天必不可少的内容。如千佛山女子佛学院建有篮球场、羽毛球场、乒乓球场,经常开展武术、羽毛球等运动。佛光山丛林学院除了经常开展篮球、乒乓球、羽毛球等活动外,还定期举行拔河等体育比赛。法光佛教文化研究所除定期举办多种球类比赛外,还举办登山、郊游、岛内外旅行等活动。法云佛学院则经常开展体操、太极拳、八投锦等体育活动。(3)文艺活动根据不同院所特点开展。如佛光山丛林学院以演练佛教音乐而著称,1992年台北传统艺术节举办"梵音海潮音佛教音乐会"时,有200多法师应邀在台北"国家"音乐厅演出;1995年为募集佛学大学建校基金,又有200多法师在台北"国家"剧院、高雄市立文化心等地演出"礼赞十方佛——梵音乐舞";1998年,佛光山丛林学院梵呗赞诵团赴日本东京,与日本梵呗歌咏赞诵团联合演出"天籁之音";2001年,佛光山丛林学院男女众学部学生在高雄市区文化中心演出"佛教音乐:晨钟暮鼓之梵呗音乐会";2004年,佛光山僧人与祖国大陆僧人联合组成中华佛教音乐巡回展演团,继在台湾演出获得圆满成功后,又辗转澳门、香港,并远赴美国洛杉矶、旧金山和加拿大温哥华进行巡回展演,场场爆满。华梵佛学研究所举办的"清凉艺展",至今已举办近40届,每届都有一个主题,如1983年第10届的主题是"现代佛教艺术",2001年第27届的主题是"以书画文物纪念释迦文佛圣诞"。有的佛学院所还开出佛教艺术、佛教绘画、雕塑、陶艺等课。有的院所学僧们还经常观看各类表演,如福严佛学院学僧曾至清华大学(台湾)观看舞台剧《莲花生大士》。

　　参加慈善公益和社会活动,培养关爱慈悲之心。(1)积极响应社会上救灾捐物等活动。如9·21大地震后,台湾各佛学院所纷纷行动起来,向灾区献爱心,在地震第二天,福严佛学院学务长即率领同学们到灾区赈灾助念,接着纠察法师带领学生13人至灾区助念赈灾,广净法师率领同学10人至埔里灾区赈灾。佛教力行学院、佛教解脱道研修所在9·21后举办地藏法会,为灾民消灾超荐,送捐大米5000斤、柚子16000斤,及睡袋、棉被各30套、帐篷15套至灾区。佛教弘誓学院师生积极赈灾及捐血,并捐出赈灾基金200万元(新台币)。(2)关心推动公益事业。如位于台南县关庙乡的千佛山女子学院开展"环保关庙·你我一家亲"扫街活动、"彩绘千佛·画我家乡"活动,于山下的中山路、四维街、和平街展开扫街活动,增进了与当地民众的友谊,达到了爱家乡的目的。千佛山女子学院院长带领学生为当地关庙乡农会等主办的"'99关庙乡凤梨竹笋文化节"活动出谋献计,策划并执行了这一系列活动中的"山城巡礼、单车探幽"项目,结合关庙乡内各文化古迹及文化景点,规划出一条兼顾文化、产业、宗教及风景的路线。(3)在社会上弘法。佛光山丛林学院男众部曾承办佛光山台中监狱净化人心佛学营,礼请宗长心定法师为100名服刑人员传授八关斋戒。福严佛学院也曾组织初级部同学到新竹监狱弘法。(4)承办当地政府委托的一些公益性活动。如佛教力行学院、佛教解脱道研修所曾受花莲地检署委托,承办受保护管束人团体辅导,于玉里南安森林游乐区举行山水行禅。学院还受花莲县警察局吉安分局之托,派出法师到分局演讲"高压力情绪的禅定行解法"。(5)承办各种类型社会教育的夏令营。再以佛教力行学院、佛教解脱道研修所为例,自1997年成立以来,在当年承办了"大专青年解行禅修营"之后,每年都承办各种类型学习营。如1998年承办台北市教育局主办的"台北市高职学生自我成长营"、台北市内湖高工主办的"内湖高工学生自我成长营",主办"国际大圆满禅修营"、"禅光育幼院院童暑假禅修营";1999年2月、7月分别承办台北市内湖高工主办的"内湖高工学生自我成长营",主办"国际大圆满禅修营";2000年承办台北市内湖高工主办的"内湖高工学生自我成长营",主办"国际大圆满禅修营",承办台北沪江高中学生"心灵成长禅修营",承办花莲女中举办的花莲县各级教师"生命教育全验营";2004年承办台北沪江高中学生"心灵成长禅修营",与花莲县警察局少年队合办"香风活动心灵净化禅修营"。从以上所举可知,其承办、主办各种类型营会,每年都有,坚持不断。这类佛学院所不在少数。

举办各种世学讲座和训练,以便于与社会沟通。如福严佛学院曾三次请"卫生署"新竹医院护理人员到校教授急救课程,第一次内容为:"急救课程总纲介绍"、"溺水急症患之处置"、"毒蛇咬伤及昆虫螫伤处理";第二次内容为:"基本心肺复苏术";第三次内容为:"骨折固定"。此外,还派出本院同学参加诸如为期10周的"安宁缓和医疗(临终关怀志工训练课程)"培训。再以莲华学佛园、华梵佛学研究所为例,曾请专业人士举行"编辑出版之经验谈"讲座,并进行编辑印刷发行常识指导。还请台北"荣总"医院督导作"如何保护自己、避免感染"卫生讲座。

三、台湾佛学院所崛起的原因

台湾佛学院所在"解严"后迅速崛起、规模日益扩大、影响力日增,其原因是多方面的。

光复以来台湾佛学教育未曾中断,为"解严"后的佛学院所兴盛打下了一定基础。光复以来台湾不同程度地办过各种佛学院校,后或因经济原因,或因政治原因,或因出家人自身原因,断断续续,有的办学时间较短,有的长些,只有少数能坚持下去,但一直未曾中断,此起彼伏。如:1953年新竹狮头山元光寺住持会性法师创办佛学院,1957年新竹一同寺住持玄深尼师创办女众佛学院,1957年高雄佛教莲社道宣法师创办华严学院,1957年新竹青草湖灵隐寺住持无上法师创办男众佛学院,1958年台中灵山寺创办灵山佛学院,1958年台中佛教会馆住持妙然尼师创办佛学研究社,1958年玄妙法师于台北圆觉寺创办佛学专修班,1961年新竹青草湖福严精舍正式改称福严学舍,为收容高级班学僧的僧伽教育机构,1961年台中宝觉寺所办台中佛学书院第二届学生毕业,1962年台南竹溪寺创办竹溪佛学院,1963年屏东东山寺住持圆融尼师创办东山佛学院,1963年临济寺贤顿法师创办戒光佛学院,1963年台中南普陀佛学院国强法师招收寄听学生,1964年台中慈明寺圣印法师创办慈明佛学院,1965年高雄寿山寺住持星云法师创办寿山佛学院,1965年台北县树林镇海明寺创立海明佛学院,1965年台湾第一座佛学研究所于阳明山中国文化学院成立,1965年基隆月眉山正觉佛学院成立,1967年台北慧日讲堂及北投法藏寺联合创办太虚佛学院,1967年高雄净心法师创办净觉佛学院,1967年新竹莲华寺创办菩提女众佛学院,1974年彰化县大城乡古严寺白云法师创办大智佛学院,1975年台北华严莲社创办华严专宗学院,1976年三重市慈云寺创办中国内学院,1976年高雄寿山法兴寺创办寿山内学书院,1979年屏东东山寺创办东山佛学院,1979年台中南普陀寺创办佛学院。"解严"前的台湾佛学院发展可分为两个阶段,第一个阶段为光复后至20世纪60年代中期,其存在问题,正如圣严法师于1967年7月在《今日台湾佛教及其面临的问题》中指出的:"一般师资水平都很低,有的学院老师及学生连国语都不会,而用台语授课,有的学院录取学生的标准,仅能写出自己的姓名就可。所以,大多数于三年毕业之时,无任何优异成绩可现。"圣严法师还具体指出:"在台湾的佛学院,为什么办不长久？为什么造就不出较多的人才？原因实在很多。一、办学宗旨问题：为造就人才而办学，这在所有的学院都是相同的。为谁造就人才就有点问题了，一般寺院办学的目的，是为增加人众，以办学之名，可以吸收外来的青年……毕业时至少有部分便会成为此一寺院的一分子，同时也可避免寺内青年的外流。……二、教材的问题：'一处毕业，处处毕业。'这是对二十年前大陆时代办佛教教育的讥评，但是这顶帽子，仍可合乎今日台湾佛教教育的头寸。许多的学院与学院之间，所谓你是低级我是高级，乃是在学生的平均水准，却不在于学院授课的本身。因为从台湾北部到台湾南部，能够授课学课的法师和居士，就是这么几位，他们所能教授的科目，也就这么几门。"[24]由于经济困难、生源不足、教材缺乏、师资难聘，这一时期僧教育困难重重。但始终能坚持办下来的原因，除了法师的努力外，与当时社会环境有关。当时出家青年大多来自农村，此时台湾因经济原因，教育尚未普及，因此他们大多未受过较好教育，求知心切。能有地方安心读书，衣食无忧，无疑是一件好事。因此当时教育水平虽然不高，却也因符合学生实际而得以时续时断地维持下来。20世纪60年代中期至80年代"解严"前，是台湾佛学院发展的第二个阶段。台湾经济开始起飞，信徒们有更充裕的钱财捐舍寺院，人们教育水平也有所提高，这时佛学院校在质量上开始提高，并注意顺应时代而进行改革，如1976年创办的寿山内学书院，开始教授大学程度课程，招收高中毕业生。1975年佛光山将佛光山丛林大学改办为"中国佛教研究院"，1974年台中慈明佛学院扩充改称台中中华佛教学院，1979年基隆灵泉寺的正觉佛学院改制为华文佛教学院。这段时间，教师队伍也得到充实，校舍图书等硬件设施也有了很大的改观。这些都为"解严"后佛学院所的兴盛打下了基础，埋下了伏笔。

  与台湾僧教育一直未曾中断一样，佛教界长期一直关注佛教教育，在理论上做了有益探讨，在舆论上进行了有力的呼吁。20世纪70年代中后期至今，台湾有关刊物发表了百余篇研讨、呼吁僧教育的文章，主要可分为三大类：一是佛教教育研究与应用；二是僧教育与佛学教学；三是佛教教育与现代社会。这些文章有的从历史或理论的角度探讨佛教教育，有的提出了佛教教育中的各方面问题，不仅在佛教界引起共鸣和关注，也在社会上造成一定影响，形成一定阵势，为台湾佛教教育做了某种程度的理论探索和经验总结。

  积极召开各种类型的佛教教育研讨会，为佛教教育提供了宝贵的经验。早在20世纪80年代，台湾就多次召开佛教教育研讨会，积极探讨发展佛教教育过程中存在的问题。如1983年9月，华梵佛学研究所主办了第三届国际佛教教育研讨会，来自美、比、日、韩、菲等国的60多位人士参加大会。1988年7

月,佛梵佛学研究所主办了第六届国际佛教教育研讨会,来自美、英、联邦德国、法、比、意、印、泰等国学者参加了会议。1988年8月,圆光佛学院举办了第一届全台湾佛学院院务研习会,与会代表35人,分别来自福严、佛光山、净律、宝华、海明、香光、开元、中华等13所佛学院所,代表皆为从事多年佛教教育工作的院长、教务长、训导人员等。进入20世纪90年代以来,台湾佛学教育界注意与祖国大陆的佛学教育界沟通,如1991年2月,"台湾佛学院参访团"赴大陆进行15天的交流参访活动,这是台湾佛学院首度联合到大陆访问交流。从此,大陆与台湾在佛教教育方面的交流日益增多,两岸联合召开佛教教育研讨会也日见频繁,如仅慈光禅学研究所至2001年就召开过4届两岸僧伽教育交流会。这类研讨会为台湾佛学院所提供了宝贵的经验,为佛教教育注入了活力。

创办者有长远的规划,有明确的目标,使佛学院所能一步步按既定方针走下去。台湾20世纪五六十年代的佛学院所,因受各种条件限制,无法制定长远规划,只能办一天算一天,因此办办停停、断断续续者不少,前功尽弃者亦不少。"解严"以来充满活力的佛学院所,由于主事者视野开阔,往往根据台湾社会实际和本院的特点,定有长远规划和明确目标,这就使佛学院所能一步一个脚印地进入良性发展阶段。对于未来展望和规划,各佛学院所都有自己的既定目标。佛光山丛林学院对未来的展望,包括接引全球五大洲的当地学佛青年,培养具正知正见的佛教徒,所有佛教团体寺院的负责人都由经过佛学院训练毕业的学生担任。法云佛学院规划在续办第六届佛学院时,配合时代资讯潮流及现有乡村布教所需之佛学课程,造就多方面弘法人才。法鼓山僧伽大学佛学院规划今后将依照相关教育法规,申请改制成为"宗教研修院"大学部,向世界性综合大学发展,并设汉传、藏传、南传以及世界佛教整合性学院,使学校成为世界研究佛学重镇。圆光佛学研究所订有中长程计划,在教学、研究、服务方面都有详尽的目标,如在研究方面将成立圆光佛学研究中心,并设北传佛教、汉译经典、台湾与近代中国佛教研究室,各研究室聘请一位研究员,及研究助理若干名。中华佛学研究所未来规划更是宏伟,如:开设博士班课程;有的班用英语授课;将现有的中国、中国西藏、印度及佛学资讯四个组扩大为多元文化研究中心。

佛学院所在经济上的充分保障,使学生得以潜心问学。佛学院所依靠的寺院大多在各方面都有较好的条件,使佛学院所的学生无后顾之忧,如千佛山女子佛学院所依托寺院为千佛山菩提寺,"佛学院的经济,完全由千佛山菩提寺常住负担,无论食住医药教材文献等,均予以最有力的支持;务期帮助学生们安心修学、清静办道,于各不同班次所规定之年限中,圆满品学兼优的目标,达到修养庄严的境地。"[25]中华佛教学院由万佛寺聚资兴学,佛光山丛林学院所有费用皆由佛光山寺提供,佛教力行学院、佛教解脱道研修所所依靠的为力行禅寺,法云佛学院所有费用由法云禅寺负责,华文佛教学院由灵泉寺创办,华严专宗学院佛学研究所由华严莲社创办,开元禅学院由开元禅寺创办,寿峰山光量学佛院由光量寺创办,护国清凉寺"净土专宗佛学院"由护国清凉寺护持。由于这些创办寺院财力雄厚,所以所创办的佛学院所的学生可以衣食无忧地学习,有的全年不参加任何法会活动(如台南女众佛学院),以确保学生能专心用功。有的寺不仅举全寺之力,还广泛接纳其他寺及各种基金会的支持。如香光尼众佛学院除了有香光寺护持外,还得到高雄县紫竹林精舍、财团法人伽耶山基金会(含台北印仪学苑、台中养慧学苑)、财团法人香光尼僧团伽耶山文教基金会(含苗栗定慧学苑)、财团法人嘉义市安慧学苑文教基金会(含嘉义安慧学苑)等团体的支持。有的院所虽没有依托的寺院,却有基金会的支持,如佛教弘誓学院创有弘誓文教基金会,并得到许多传统道场的支持,与学院素无渊源的土城承天禅寺住持传悔法师曾一次支助学院5000万元新台币建造教学楼。有的由社会企业家捐赠,如华梵佛学研究所即由福住营造公司简德曜董事长捐建。

现任院所长、教务长等都有较高学历和从事教育的经验,学术视野开阔。除了开山创业的法师有坚忍不拔的毅力外,现任的佛学院所长及教务长、训导长等与之前佛学院所的有关人员相比,普遍更年轻、学历更高,甚至还多有外出留学的经历,思维活跃,知识面广,视野开阔,具有国际背景,因此能将学校办得有声有色,这是20世纪五六十年代佛学院难以比肩的优势。如佛光山丛林学院现任院长慈惠法师,1934年生,1969年赴日本佛教大学、大谷大学研读,以第一名优异成绩获硕士学位,为台湾首位留学海外获硕士学位的比丘尼;男众学部主任慧兴法师,1970年生,美国加州人,毕业于美国加州大学;女众学部主任永本法师,1954年生,1991年毕业于佛光山"中国佛教研究院"研究部。佛教力行学院、佛教解脱道研修所创办人暨现任院、所长慧门法师,1942年生,中兴大学硕士,曾任中兴大学副教授。佛教弘誓学院创办人暨现任院长性广法师,1962年生,2000年获玄奘大学人文社会学院宗教研究所硕士学位,2002年进入"中央大学"哲学研究所博士班。法光佛教文化研究所现任所长萧金松,1943年生,政治大学"边政研究所"硕士,曾任政治大学副教授。法云佛学院现任院长达碧法师,1946年生,1970年毕业于法云佛学院,1981年赴日本驹泽大学、大正大学研读,1989年返台。法鼓山中华佛学研究所现任所长李志夫,1929年生,文化大学哲学系毕业,印度大学宗教哲研所硕士,曾任文化大学教授。法鼓山僧伽大学佛学院创办人暨现任院长圣严法师,1930年生,1975年获日本东京立正大学文学博士学位,曾任文化大学及东吴大学教授,为汉传佛教在国际上最具代表性的法师之一;副院长惠敏法师,1954年生,台北医学院药学系毕业,1986年赴日本专攻印度学,获日本东京大学文学博士学位,现兼任台北艺术大学教授及教务长;副院长果光法师,1959年生,1991年获美国俄亥俄州立大学农业经济博士学位。香光尼众佛学院创办人暨现任院长悟因法师,1940年生,1976年获文化大学文学学士学位。华文佛教学院创办人暨第三任院长晴虚法师,1931年生,曾留学日本京都佛教大学文学部4年,后入台湾佛教学院修学3年。华严专宗学院佛学研究所现任所长贤度法师,毕业于华严专宗学院佛学研究所,曾任智光高级商工职校教师。开元禅学院创办人悟慈法师,1925年生,曾于日本东京驹泽大学、大正大学获文学硕士学位,后至京都大谷大学修毕博士课程,于美国加州东方大学获哲学博士学位。慈光禅学研究所所长惠空法师,1957年生,毕业于台湾师范大学中文系,后又就学中华学术院佛学研究所3年。寿峰山光量学佛院创办人暨教务主任理光法师,1946年生,高雄佛光山东方佛教学院、台北士林莲花学佛园毕业,华梵佛学研究所肄业。福严佛学院现任院长厚观法师,1956年生,淡江大学毕业,中华佛学研究所结业,在日本京都大学修毕印度佛教学博士课程。台南女众佛学院创办人暨院长常音法师,1957年生,曾赴日本就读大正大学大学部及研究所,获硕士学位。莲华学佛园现任园长修慈法师,1942年生,毕业于莲华学佛园,又就读于莲园专科班、华梵研究所先修班,后毕业于华梵佛学研究所。华梵佛学研究所创办人暨现任所长晓云法师,1913年生,1933年深造于香港艺术学院研究所,1946年赴日本泰戈尔大学研究印度艺术,返台后主持文化大学佛教文化研究所,指导硕士生、博士生。由以上可看出,所列21个主要佛学院所现任领导人中,基本都有大学本科以上学历,其中毕业于研究所或有硕士学位的有13人,已学完博士课程或有博士学位的有6人,有海外留学背景的有12人。还有多人有在普通大学任教的经历,由这样一支队伍管理佛学院所,有利于各院所的软、硬件建设,也有利于与海外沟通联系,从整体上提升院所各方面的品质,提高知名度。

  学生在院所学习时各种费用全免,并发给奖学金,激发了学生的学习热情。台湾佛学院所一般学费全免,并提供膳宿费和书籍费,一般衣服、被具、制式用具等由自己负责,关键的是还发给数量不一的奖助学金,有的超过公立学校。其奖助学金发放方法有多种:(1)定期发给。但有一定差距,如法鼓山中华佛学研究所每月定期发给奖助金5000元,而法鼓山僧伽大学佛学院则每月定期发给奖助金500元。净律佛学院每月定期发给沙弥、比丘每人2000元,居士每人1000元;开元禅学院每月发给正科班、预科班学生每人2000元,专修班每人3000元;圆光佛学研究所每月发给每人2000至3000元;元亨研究所每月发给研究生4000元;法光佛教文化研究所每月发给研究生每人5000元;福严佛学院每学期发给台湾学生每人10000元,海外学生每人15000元;华梵佛学研究所每学期发给研究生每人15000元。(2)根据需要提供奖助金。如佛教力行学院、佛教解脱道研修所就视个人实际需要发给奖助金。(3)根据成绩品行发放奖助金。为使申请规范、有章可循,不少佛学院所都制订了申请奖助学金的章程,如香光尼众佛学院规定申请奖助学金的条件是:①五门(指解、行、生活、执事、弘护)成绩总平均88分以上,且生活门成绩85分以上者;②五门成绩总平均80分以上,生活门成绩80分以上,且经济上需要资助者。而华文佛教学院申请奖助学金的条件是:①在一学年中学业成绩总平均80分以上者;②在一学年中操行甲等者;③清寒之学生,亦须勤勉学习,而学业成绩年总平均70分以上者。由上可看出,申请奖助金,一是看成绩;二是看品行;三是适当照顾贫寒学生。(4)设专项奖助金。如法光佛教文化研究所设有专项留学奖学金,其条件是:①正在海外大学攻读佛学硕士、博士学位的留学生。②已取得入学许可证的佛学硕士生。其金额:博士生3000美元,硕士生2000美元;最多博士可获3次,硕士可获2次奖助。12年来受奖人数计99人次,累计发给奖学金382100美元。福严佛学院设有专项毕业生进修奖助金,具体如:①就读海外公私立研究所者,每年一人40万元新台币。②就读本岛公私立研究所者,每年一人20万元新台币。③就读海外公私立大学者,每人一年20万新台币。④就读本岛公私立大学者,每人一年15万元新台币。(5)学生可申请各种基金会的奖助金及有关人士的奖项和隐名氏护持金。如中华佛教学院学生每年可申请信澈、文殊、华严莲社、慈济、慧炬等各基金会设立的奖助金;法云佛学院学生可申请台湾省内各种奖助金;佛光山丛林学院学生可申请性悟法师、马廖雪月、陈剑城、赖义明等设立的67项奖助金;福严佛学院学生可申请隐名氏护持的奖助金。这些不同类型的奖助金,不仅大大减缓了学生们在经济上的压力,也为他们的研究提供了一定的条件(如私人购书、购买学习用具等)。

毕业后的多元化出路使佛学院所充满活力。虽然现在各佛教院所毕业生的出路与社会上普通大学毕业生相比还有差距,但与以往毕业后就要回寺院常住、就要投入道场忙碌的经忏法会相比,已经有了很大的改观,用武之地大大增加了。从佛光山丛林学院1990年至1999年这10年各级学部毕业生服务单位的具体数字便可看出这一情况。

佛光山丛林学院各级学部毕业生各年度(1990—1999)服务单位[26]

学年度	单位人数 都监院（分别院）	文化单位	教育单位	事业单位	海外单位	合计
1990	30	1	17	11	6	65
1991	34	14	11	13	8	80
1992	70	5	12	9	14	110
1993	70	16	34	36	18	174
1994	49	26	20	63	25	183
1995	75	20	11	39	22	167
1996	73	10	19	45	17	174
1997	66	8	14	60	5	153
1998	49	5	22	47	2	125
1999	48	15	43	39	2	147
合计	574	120	203	362	119	1378
平均	41.6%	8.8%	14.7%	26.3%	8.6%	100%

注：1.分别院：台北道场社教中心、法宝寺图书馆、福利监院室、信众监室等。

2.文化单位：佛光出版社、普门杂志社、觉世旬刊社、人间福报社等。

3.教育单位：女众学部教务部门、北海学部教务部门、英文佛学班教务部门、日文研习班等。

4.事业单位：资讯中心、电视佛学院、佛光卫视、人间文教基金会、国际佛教促进会、社会教化处等。

5.海外单位：日本东京别院、佛香讲堂、伦敦佛光寺、温哥华禅净中心等。

再如香光尼众佛学院的毕业生除少部分赴美国、日本、英国及新西兰攻读学位，以及在台湾研究机构（如佛学研究所、宗教学研究所、成人教育研究所）进修深造外，更多毕业生从事以下七种工作：

香光尼众佛学院校友职业分布[27]

校友职业分布	工作内容或性质
寺院管理及弘化	到各寺院服务,如担任住持、监院、知客、书记、库头等,推动佛教成人教育工作。
杂志编辑	编辑出版优质的佛教刊物,如就职于香光庄严杂志社。
佛教文化研究	翻译出版英、日文佛学、佛教社会学等著作,并整理台湾佛教的发展史及佛教与社会的互动情况,以传达既能掌握佛教本质,又能回应时代声音的文化思想,如就职于香光书乡出版社。
教育	于本院、大专院校(如玄奘大学、美和技术管理学院、"国立"台湾艺术学院)任教,或于佛学研究班(如紫竹林精舍、安慧学院、印仪学院、养慧学院、定慧学院等单位)担任授课教师。
电台广播	制作、主持广播节目,运用现代科技传达有益社会人心的佛教文化,如就职于安慧文教基金会电台。
图书资讯服务	提供佛教图书馆经营管理知能与资讯服务,如就职于香光尼众佛学院图书馆。
社会福利	参与青少年辅育院、观护所辅导工作,如就职于香光社会福利基金会。

寿峰山光量学佛院毕业生出路有三:(1)留任学院,担任教师;(2)留任学院,或回各人常住寺院担任执事;(3)由学院提供静修环境,在解、行二门中,继续深究。华严专宗学院佛学研究所学生毕业后一般作以下安排:(1)参与研究专题写作、教材编辑、教学、行政等工作;(2)接受研究和奖助学金出国深造;(3)至岛内外分支道场,做教学、弘法等工作。各院所大都在学生毕业后选送海外深造方面不遗余力,仅如法光佛学院就有多人在海外攻读博士学位,并有毕业生分别获日本东京大学、英国牛津大学、美国弗吉尼亚大学博士学位。毕业生的出路较多主要与台湾佛教兴盛而需要大量人才有关,也与各佛学院所的积极关心、规划、引导、推荐是分不开的。

参考文献：

[1]中华佛学研究所主编.台湾佛学院所教育年鉴(第一辑)[M].台北：中华佛学研究所,2002:412.

[2]中华佛学研究所主编.台湾佛学院所教育年鉴(第一辑)[M].台北：中华佛学研究所,2002:251.

[3]中华佛学研究所主编.台湾佛学院所教育年鉴(第一辑)[M].台北：中华佛学研究所,2002:258.

[4]释见重.台湾省佛学院志①福严佛学院志[M].嘉义：香光书乡出版社,1994:47.

[5]中华佛学研究所主编.台湾佛学院所教育年鉴(第一辑)[M].台北：中华佛学研究所,2002:30.

[6]中华佛学研究所主编.台湾佛学院所教育年鉴(第一辑)[M].台北：中华佛学研究所,2002:89.

[7]释见重.台湾佛学志②圆光佛学院志[M].嘉义：香光书乡出版,1995:124-125.

[8]中华佛学研究所主编.台湾佛学院所教育年鉴(第一辑)[M].台北：中华佛学研究所,2002:45.

[9]中华佛学研究所主编.台湾佛学院所教育年鉴(第一辑)[M].台北：中华佛学研究所,2002:63-65.

[10]中华佛学研究所主编.台湾佛学院所教育年鉴(第一辑)[M].台北：中华佛学研究所,2002:110.

[11]佛教弘誓学院编辑组.另类师生,另类经验[M].桃园：弘誓文教基金会,2000:310.

[12]中华佛学研究所主编.台湾佛学院所教育年鉴(第一辑)[M].台北：中华佛学研究所,2002:188.

[13]中华佛学研究所主编.台湾佛学院所教育年鉴(第一辑)[M].台北：中华佛学研究所,2002:275.

[14]中华佛学研究所主编.台湾佛学院所教育年鉴(第一辑)[M].台北：中华佛学研究所,2002:287.

[15]中华佛学研究所主编.台湾佛学院所教育年鉴(第一辑)[M].台北：中华佛学研究所,2002:309.

[16]中华佛学研究所主编.台湾佛学院所教育年鉴(第一辑)[M].台北：中华佛学研究所,2002:321.

[17]中华佛学研究所主编.台湾佛学院所教育年鉴(第一辑)[M].台北：中华佛学研究所,2002:333.

[18]中华佛学研究所主编.台湾佛学院所教育年鉴(第一辑)[M].台北：中华佛学研究所,2002:345.

[19]中华佛学研究所主编.台湾佛学院所教育年鉴(第一辑)[M].台北：中华佛学研

究所,2002:354.

[20]中华佛学研究所主编.台湾佛学院所教育年鉴(第一辑)[M].台北:中华佛学研究所,2002:381.

[21]中华佛学研究所主编.台湾佛学院所教育年鉴(第一辑)[M].台北:中华佛学研究所,2002:406.

[22]中华佛学研究所主编.台湾佛学院所教育年鉴(第一辑)[M].台北:中华佛学研究所,2002:421.

[23]中华佛学研究所主编.台湾佛学院所教育年鉴(第一辑)[M].台北:中华佛学研究所,2002:445.

[24]张曼涛主编."现代佛教学术丛刊87"台湾佛教篇[M].台北:大乘文化出版社,1979:160-163.

[25]中华佛学研究所主编.台湾佛学院所教育年鉴(第一辑)[M].台北:中华佛学研究所,2002:28.

[26]中华佛学研究所主编.台湾佛学院所教育年鉴(第一辑)[M].台北:中华佛学研究所,2002:93.

[27]中华佛学研究所主编.台湾佛学院所教育年鉴(第一辑)[M].台北:中华佛学研究所,2002:257.

基金项目:教育部项目"宗教文化与闽台社会关系研究"(11JJD810004)阶段性成果。

(作者为福建广播电视大学教授)

台湾地区老年教育的经验与启示

吴东晖

发展老年教育是在人口老龄化社会背景下,提高老年人口生活质量,促进社会持续发展的重要战略。20世纪70年代末期,台湾在引进和吸收欧美国家老年教育发展理念和经验的基础上,大力推展和实施老年教育,在理论和实践上都取得了良好的发展,并创造了独特的经验与模式。开展对台湾老年教育的研究,对加强两岸传承中华优秀文化的认同以及推进大陆老年教育发展有着重要的意义。

一、老年教育的发展必须适应现代社会不断发展的需要

发展老年教育是对社会新的教育需求的适应与满足。台湾地区老年教育尤其注重老年教育与未来社会发展关系的研究,强调老年教育在老龄化社会的重要性,并与所有社会成员生活息息相关。政府引导民众以新的观点看待老龄化问题、预备迎接一个高龄化的社会。同时,注重通过实施社会、学校和家庭三位一体的老年教育,向民众灌输正确老化和代际融合的理念,营造社会亲善老人的氛围,使老年教育的发展进一步顺应社会发展和未来社会的需要。

从大陆老年教育的发展历程看,老年教育是一项关系社会和谐、可持续发展的社会公益事业,是一项涉及方方面面关系和利益的社会系统工程。大陆老龄化的进程,备受世界关注,发展老年教育,实现积极老龄化是解决老龄化问题的一项重要举措。当前大陆老年教育的发展严重滞后于人口老龄化的进程,面对愈发庞大的老年群体及愈来愈多的老年社会问题,加快老年教育的发展已经是刻不容缓的大事。台湾的老年教育发展是从民间开始并逐步推进的,现在已深入社区、深入农村,而大陆广大农村社区老年教育严重滞后于城市。随着社会主义新农村建设的推进,大陆可借鉴台湾地区的经验,加强老年教育理论和实践研究,以科研加项目的形式推动农村社区老年教育建设,发展农村社区老年教育,提升农村社区老人教育水平,这是时代的要求,也是社会发展的必然趋势。

二、老年教育是构建终身教育体系和形成学习型社会的重要途径

老年教育完善与否是衡量学习型社会的重要标准之一,也是社会是否进步的重要体现。1989年,台湾"教育部"依据台湾第六次教育会议结论——"建立成人教育体系,以达全民教育及终身教育目标",提出要研定《老人教育实施计划》等三大目标。进入20世纪90年代,台湾地区意识到促进老年教育是推进终身学习社会发展的重要任务,在1994年制定的终身学习的发展规则中建议对银发族教育详加规划。1998年《迈向学习社会白皮书》发布,终身学习的观念成为普世价值。2006年《迈向高龄社会老人教育政策白皮书》发布,宣示了台湾老年教育政策的蓝图和终身学习社会的愿景。这是台湾将老年教育纳入终身教育体系的一个重要步骤。可以看出,学习型社区形成的一个重要途径就是全面推进老年教育的发展,这是构建终身教育体系与形成学习型社会的重要途径。

老年教育在大陆的兴起和发展填补了社会化教育体系在老年教育方面的空白,创造了一种针对老年学习者的高度开放、灵活多样、个性化、素质化的富有特色的教育模式。作为终身教育体系的有机组成部分,老年教育与构建学习型社会这一历史进程有着全面的、必然的、密切的联系。老年教育对构建学习型社会能起到积极的促进作用已成为人们普遍的共识。在学习型社会的背景下,老年教育如何在顺应外部推力和审视自身的基础上寻找适合自己的发展策略及发展空间?其必经之路就是以全民终身学习的理念为指导,加快发展老年教育,使每个公民特别是老年人都能意识到终身教育、终身学习既是人应当享受的一项基本权利,也是人必须对社会及自身承担的义务与责任。

三、老年教育的发展必须加强立法,依法实施老年教育

老年教育的发展过程是伴随着老年人受教育权利得到法律承认和保障而实现的。完善的法规不仅能有效规范老年教育的操作运行,而且可以有力地保障和促进老年教育的持续发展。台湾地区重视老年教育法规制度的制定和完善,早在2002年就已颁布《终身学习法》,明确老人教育各级主管机关的具体职责。2006年颁布专门针对老年教育的《迈向高龄社会老人教育政策白皮书》,对老年教育提出完整的政策主张,该白皮书的公布,使台湾教育部门在推动老年教育工作上有了政策的依据。2007年颁布的第四次修正之后的《老年福利法》明确将老人教育之推动、人才培训与规划划归教育主管机关负责,厘清了老人教育推动的责权单位。因为政府及民间组织的长期推动,台湾老年

教育有关政策法规已趋完善,但在执行过程中受政治因素影响,出现不少问题。出于种种原因,有些条例并没有得到很好的落实。

法规是调整社会关系的规范与准则。立法需要凝聚各方共识,调整社会关系,难度大,实施难度更大。正如台湾成人及终身教育学会会长黄富顺教授所认为的那样,任何一部法律都应该有目标、有愿景,应具有引导作用,只要能够实现其中的一部分,都可以为社会作出贡献。大陆老年教育从创始到发展,始终得到政府的重视和支持。目前,我国涉及老年教育的法律有《宪法》《教育法》《老年人权益保障法》等,但有关老年教育的内容简单而笼统,国家至今尚未实现老年教育立法。为了引导老年大学持续健康发展,不断提高办学水平,体现教育公平,增进社会和谐,目前大陆要向台湾学习,在现有法规政策基础上,加快启动老年教育的立法工作,制定《老年教育法》,对老年教育的概念作出明确的界定,对老年教育的性质、地位和作用有明确的认定和定位,对老年教育的管理体制和制度,多元办学主体的激励措施、职责与行为规范等都应有明确的规定。同时,应借鉴台湾地区的立法经验,注意立法的前瞻性与可操作性。

四、老年教育的发展要有政府的推动和各方的参与

老年教育的发展,政府的推动起着十分关键的作用。海峡两岸虽然支持的方式不同,但在为老年教育立法、制定支持政策、进行必要的投入等方面的方向上都是一致的。台湾地区的老年教育开始由民间发起,当局很快介入,引导社会的多方力量参与并给予必要的资金扶持。当前,大陆老年教育保持了较快发展速度,但老年教育是一项社会系统工程,同时又是具有公益性质的教育,很难产生效益,政府的推动作用是相当关键的,特别是在政策的主导及资金的扶持方面。此外,随着经济体制改革和政府职能的转变,政府在老年教育中的职能应主要体现在提供学习条件、营造学习氛围、改善学习环境和搭建学习平台上。

随着老年人口的快速增长,老年教育的任务日益繁重,仅仅依靠老龄委、老干部局"经营"的老年大学,是无论如何也难以承担全社会的老年教育任务的。因此要鼓励、吸引企业、团体、组织、个人投身社区老年教育。特别是在整合各类教育资源方面,除了政府之外,还需要各方的参与,尤其是大学、各类成人教育机构、社区组织、社会团体、民间机构以及社会成员的广泛参与。一是要充分发挥由政府、部门或企事业单位主办老年大学实行面对面授课这种办学形式的主导作用;二是要利用现代远程教育手段举办老年电视大学,可以利用现有广播电视大学系统资源,建立更为完善的老年教育网络,冲破制约老年教育发展的瓶颈,也可以在老年大学、正在组建的开放大学、各级社区大学、教育电视台及其他类型成人高校之间进行资源整合,实现资源互补、共享;三是通过互联网组建网上老年大学,部分地方如福建终身教育在线已作前期介入,老年教育网上资源初步形成规模。

参考文献

[1]董之鹰.老年教育学[M].中国社会出版社,2008.
[2]叶忠海.21世纪初中国社区教育发展研究[M].中国海洋大学出版社,2006.
[3]魏惠娟.高龄教育政策与实践[M].五南图书公司,2009.
[4]黄富顺.高龄学习[M].五南图书公司,2004.
[5]耿忠平.社会保障学导论[M].同济大学出版社,2003.
[6]黄富顺.台湾地区非正规学习成就的实施与展望[J].成人教育,2009(1).
[7]陈清美.高龄人力资源再运用的方式与策略[J].高龄社会与高龄教育,2004(12).
[8]潘澜.我国老年教育的功能及其实现机制新探[J].成人教育,2010(2).
[9]黄淑萍.论社区老年教育与老年社会化[J].成人教育,2008(9).
[10]王英.社区老年教育问题研究:社区社会工作视角的分析[J].成人教育,2009(2).
[11]王英.中外老年教育比较研究[J].学术论坛,2009(1).
[12]张文范.办好人民满意的老年教育[J].老年教育(老年大学),2008(8).

基金项目:福建省教育科学规划项目"海峡两岸老年教育比较研究"(FJCGGJ11-083)阶段性成果。

(作者为福建广播电视大学副研究员)

试论闽台老年教育的研究

何绵山

一、闽台老年教育研究的现状、意义

闽台两地都高度重视终身教育,如福建省于 2005 年颁布了大陆地区第一个关于终身教育的地方立法《福建省终身教育促进条例》,台湾于 2002 年颁布了《终身学习法》,老年教育是终身教育的一个重要组成部分,闽台两地的老年教育始终非常活跃,并颇具特色。福建老年大学创办的《福建老年教育实践与思考》曾发表过老年教育工作者的部分文章,就福建老年教育的现状进行评述和探讨;台湾对台湾老年教育的研究较为深入,曾有台湾玄奘大学刘佩云副教授发表过《台湾地区乐龄(注:指老人)学习资料中心的设置、运作与未来发展》、台湾南开科技大学陈欣兰副教授发表过《台湾地区办理老人短期寄宿学习的实施情形与特色》等论文,这些在普通大学从事老年教育的学者对台湾老年大学的方方面面进行了研究,相对来说,台湾的研究较福建深入全面。闽台两地的探讨和研究虽然都没有涉及"闽台老年教育比较"这一课题,但这些各自的探讨为进一步进行深入比较研究奠定了良好的基础,功不可没。

研究闽台老年教育的意义主要表现在四个方面:第一,有利于为福建老年教育提供借鉴与参考。福建 60 岁以上的老年人口 439 万人,占全省总人口 3607 万人的 12.17%,福建的老年教育在构建和谐社会中发挥了不可替代的积极作用,引起省委省政府的高度关注,副省长陈桦曾代表福建省委省政府,提出:"将进一步把老年大学摆在更加重要的位置上,进一步整合各类资源,大力支持五级老年教育的发展,努力把省老年大学办成海峡教育名校,发挥其在全省老年教育当中的示范带动和促进闽台交流中的重要作用。"要办成"海峡教育名校",就必须进一步提升内涵建设,而台湾在老年教育方面起步较早,在办老年大学方面积累了丰富的经验,通过分析比较,一些成功的经验可为福建老年教育提供借鉴和参考,一些失败的教训也可及时引以为戒。第二,有利于深化闽台两地老年教育的合作与交流。要发挥福建老年教育在"促进闽台交流中的重要作用",就必须全面深入地研究台湾的老年教育,并通过闽台老年教育的比较,准确把握其特点,以便将两地老年教育的交流推向深入。特别闽台有着深远的"五缘"关系,闽台老年教育交流与合作前景广阔。早在2002年12月,福建老年大学就组织了14位老年教育工作者参加了在台湾举行的首届海峡两岸老人社会教育研讨会,之后福建老年大学还多次接待了台湾老年教育工作者访问,并与台湾多次联合举办"书画笔会"、"摄影联展"等活动,各设区市的老年大学也与台湾各种老年大学互动频繁。研究、比较闽台老年教育,对交流活动进行科学的规划,有利于进一步拓展交流空间,提升交流质量,使交流收到预期的效果。第三,有利于为全国老年教育提供经验与启示。党中央已把创建全民终身学习的学习型社会作为构建和谐社会的一项重要任务,老年教育是形成学习型社会的重要环节,提升全国老年教育的水平迫在眉睫,正如中国老年大学协会会长张文范指出的:"21世纪的中国老年教育,正在进行一场前所未有的改革与发展,对我们教育者和办学者的能力,对我们校长的素质、修养,以及办学思想,都提出严峻的挑战。"全国目前各级各类老年大学和老年学校有3.27万所,在校学员有330万人;福建全省有老年大学和老年学校7818所,在校学员54万人,占全省老年人口总数的11.8%,福建老年教育工作走在全国老年教育工作前列。因此,通过研究、比较闽台老年教育,通过福建的先行先试,通过及时汲取闽台老年教育的先进经验,特别是汲取福建老年教育在借鉴、消化了台湾老年教育的先进做法后的经验,无疑对提升全国老年教育的质量是有益的。第四,有利于促进两岸老年教育水平的提升。自1999年以来,我国进入了老龄社会。21世纪的头20年,中国老年人口将达到2.48亿,占全国人口的17.2%左右,发展老年教育,是一项长期的战略任务,我国必将投入更多的人力、物力,必将大力推进老年教育,这些举措和经验,也必将不断惠及福建的老年教育。而通过闽台老年教育的交流,不仅台湾方面有好的经验为福建所借鉴,福建方面亦将有好的经验为台湾所汲取,以互补双赢来促进两岸老年教育水平的提升。

通过对闽台老年教育研究,可以真正弄清闽台老年教育的各自现状,系统把握闽台老年教育的各自特点,全方位透视闽台老年教育交流的过程和走向,并通过分析比较找出其各自特点,以便互相借鉴启示,进一步促进闽台两地的老年教育交流,以提升老年教育的质量,拓展老年教育的新局面。

二、闽台老年教育研究的方法和思路

闽台老年教育的研究,应采用面上研究(宏观研究)和个案研究(微观研究)相结合的方法,分 13 个方面进行比较研究,如:闽台老年教育的进展与现状、闽台老年教育的办学理念比较、闽台老年教育的办学机制比较、闽台老年教育的办学形式比较、闽台老年教育的经费筹集比较、闽台老年教育的生源情况比较、闽台老年教育的所开课程比较、闽台老年教育的师资队伍比较、闽台老年教育的教学过程比较、闽台老年教育的教材建设比较、闽台老年教育的教学特色比较、闽台老年教育的合作交流比较、闽台老年教育的发展趋势和建议。

闽台老年教育研究的方法,可从五个方面考量:(1)在研究过程中,避免过去仅做静态描述的做法,而是将个案剖析与整体研究相结合,选择极有代表性的个案为典型范例,将其放在闽台各自的社会环境中进行剖析和比较。(2)在研究的手段上,注意把社会学的方法引进研究领域,文献资料与田野调查并重,特别注意整合来自闽台田调的第一手资料,用文化学的方法对所研究的内容予以透视和剖析,不仅要从教育学入手,还要借助老年学、人口学、人类学等学科的方法,多学科交叉运用,注重比较研究、特色研究,尽可能做到宏观与微观相结合、理论与实际相结合。(3)在研究角度上,注意从多个视角进行研究比较,做到尽量准确客观。(4)在材料运用上,注意挖掘新资料,要设法充分利用台湾当局(如"内政部"、"教育部"、"行政院"、"经建会")的一些规划、统计、报表等常为人所忽略的材料。(5)在提法上,力求对一些容易含混不清的说法予以辨析,给予明确定位。

闽台老年教育研究的研究思路,可分十步走:第一,选择有代表性的闽台两地老年教育工作者和学员进行访谈或开座谈会,对其谈话内容进行归纳提炼。第二,对有代表性的闽台两地老年大学和老年学校进行考察,寻找出其带有规律性的特点。第三,对有代表性的闽台老年教育交流活动进行调研,总结出其类型和各自特点。第四,亲自参加有代表性的闽台两地老年教育的教学过程,亲自听课,体验其教学特色。第五,对闽台老年教育典型的案例进行剖析,(如台湾南开科技大学举办的"老年短期寄宿学习活动"),力求举一反三。第六,对闽台两地有关老年大学和老年学校的学籍档案进行核查,以分析生源的选向和需求。第七,对与闽台两地老年教育有关的人员进行采访,如教育部门官员、社会人士等。第八,收集闽台两地所有能收集到的与老年教育有关的文字资料(含网络上的),包括学术论文、会议纪要、研究报告等。第九,向闽台两地研究老年教育的有关专家请教。第十,对所有材料进行综合分析。

三、闽台老年教育的研究队伍和研究内容

福建省老年教育的研究队伍，主要由三种人组成，一是从事老年教育的管理人员，二是从事老年教育的教学人员，三是各高校有关专家学者。其中第一种人员是主要力量。其研究的内容，主要可分为三个方面：一是对老年教育发展的宏观研究，如李青藻《探索老年教育在终身教育中的崛起》(《终身教育》2003年1期)、林之和《老年教育为社会生产力注入生机与活力》(《终身教育》2004年2期)、徐谨禄《浅谈构建社会主义和谐社会与老年教育》(《终身教育》2005年4期)、黄瑞霖《关于福建老年教育的发展》(《终身教育》2009年6期)。二是对如何建设老年大学的总体研究，如陈天铸《用"四定"管理法管理老年大学》(《终身教育》2006年5期)、漳州市老年大学《关于构建老年大学和谐校园的思考》(《终身教育》2007年1期)、德化县老年教育委员会与德化县老年大学《在实践中探索 在探索中创新 在创新中发展》(《终身教育》2009年6期)。三是从不同层面探讨省、市、县、乡镇、村在创办老年大学中存在的不同方面的具体问题。这些问题如：生源、课程、师资、教材、管理、场地、评鉴等。由于不同层次的老年大学，所遇到的问题也不同，研究者着力探讨了这些不同问题，并提出建议和构想，有较强的可操作性。福建老年教育研究成果发表的园地，一是发表在有关刊物上，有代表性的刊物，如由福建省全民终身教育促进会主办的《终身教育》杂志，由福建老年大学、福建省老年大学协会主办的《实践与思考》。二是结集发表。福建省各与老年大学相关的机构，组织编印了多种研究老年教育的论文集。如福建省老年大学协会、福建省老年教育理论研究会编印的《论老年教育》，这是省老年大学校长游德馨多年来关于老年教育工作的讲话和撰写的文章的汇编，深刻地总结了福建省老年教育的基本规律、基本经验和基本理论。各设区市、县(区)也定期编辑了各种老年教育研究文集。如泉州市老年教育委员办公室、泉州老年大学前后组织编辑了4本《泉州老年教育研究文集》，还专门编印了专题的研究成果《探索发展之路——泉州市乡镇(街道)老年学校示范校经验汇编》；厦门市老龄工作委员会办公室、厦门市老年学学会组织编写了17(期)本《厦门老龄问题研究》，每本都设有老龄教育专栏，发表了大量的老年教育研究文章；莆田市老年教育委员会编印了《莆田市老年教育文集》；此外，厦门市思明区老年大学编印了《厦门市思明区老年大学教育教学经验总结论文汇编》，德化县、晋江市、惠安县、石狮市、南安市、安溪县等老年学校也都编印了老年教育研究文集，促进了研究工作的开展和研究成果的交流。福建有关老年教育的各级组织都高度重视对老年教

育的研究工作,一是成立有关组织机构。如福建省老年大学协会于1998年成立了老年教育研究委员会,组织了一支研究老年教育的队伍。为了进一步推进老年教育的理论研究,福建省老年大学协会老年教育理论研究会2010年1月19日在福州成立,"其职责为调查研究、总结经验,提出发展老年教育事业和理论研究的咨询意见,开展重大学术课题攻关,形成有理论创新意义各和应用价值的成果,推进全省老年教育研究工作"。研究会聘请了各高校的专家学者学者和各市区市老年大学领导任委员。设区市也相应纷纷成立老年教育研究机构,如泉州市老年大学协会老年教育研究会于2002年成立。二是积极申报课题,如福建省老年大学目前已申报老年教育的有关课题为:福建省社科规划办重点课题"科学发展观与福建省老年教育发展战略研究",及福建省教育厅A类课题"闽台老年大学比较研究"。三是认真组织有关人员进行研究,如福建省老年教育研究委员会每年初都提出一批科研课题,各地围绕选题要求,有组织、有计划、有目的地开展调研活动,撰写出一批调研报告和论文,据2004年统计,选送到省年会和教学研讨交流的就有200多篇。再如莆田市老年大学每年都根据本市老年教育工作发展的现状和上级对老年教育工作的新要求,有针对性地提出研究课题,发动师生员工加强调研,结合实际撰写论文。四是开展老年教育理论研究优秀成果评选。以2008年为例,如莆田市在全市范围内开展老年教育理论优秀论文评选活动,并将其编印流通;泉州市也评出全市老年教育研究优秀论文,其中一等奖3篇,二等奖6篇,三等奖10篇,优秀奖20篇。

　　台湾地区老年教育的研究队伍,主要是台湾各学术机构和各高校专门从事老年教育研究的专家学者。其研究的内容,主要有个五方面:一是对老年教育理念的研究。这是较早的研究内容,代表作如台湾"教育部社会教育司"主编的《老人教育》(师大书苑有限公司1991年12月版),书中对老人教育理念进行了探讨,并对美国、英国、德国、日本、大陆的老年教育概况进行了评析。二是对老年教育与老年社会的关系进行研究。代表作如台湾成人及终身教育学会主编的《高龄社会与高龄教育》(师大书苑有限公司2004年12月版),书中内容包括:老年教育的伦理问题与对策、老年教育的发展方向、老年人力的开发、老年的休闲教育、成功老化、临终关怀态度与需求、法国及日本的老年教育等。三是对老年教育与高等教育关系的研究。代表作如台湾成人及终身教育学会主编的《高龄学习与高等教育》(师大书苑有限公司2009年12月版),书中内容包括:台湾高等教育对老年教育的因应策略、大学老人短期寄宿学习计划、人口老龄化对大学院校的冲击与应因、高龄少子化社会对台湾高等教育发展的影响与应因、大学竞争与高龄化、大学建构老年学习环境的策略、台湾老年教育的实施与展望、以美国及台湾为例看大学对老年社会的发展策略、老年社会来临对学校教育的冲击、老年的灵性学习、老年学习者是高等教育待开发的新领域等。四是老年学习的理论与实践。代表作如黄富顺主编的《高龄学习》(五南图书出版股份有限公司2008年9月版),此书以研究老年学习为中心,探讨的问题包括:老年学习活动的发展,老年教育哲学,老化理论与学习,生物老化与学习,认知老化与学习,智慧的发展与学习,心理老化与学习,老年学习者,老年学习活动参与,老年人的学习需求,老年学习的类型与实施方式,老年学习的内容、方法、时间和地点,老年学习的编组,老年学习的参与障碍及学习问题,老年学习与未来等。五是老年教育政策与规划。代表作如魏惠娟主编的《高龄教育政策与实践》(五南图书出版股份有限公司2008年1月版),书中探讨了台湾老年教育政策规划与愿景、台湾老年教育的现状分析、台湾老年教育与国际相关老年教育的比较、成人及老年教育的整合、台湾老年学习园区的规划、台湾老年教育实施现状与政策建议、台湾老年教育的创新模式与发展方向。此外,台湾的《成人教育》、《社会教育学刊》等刊物也发表了大量的研究老年教育的有关论文。除了以上研究外,台湾老年教育的研究者还从三个方面拓展了研究的范围,不同程度地掘进了老年教育研究的深度。一是承接台湾当局各级部门委托的调研报告,以台湾"教育部"委托的专案报告为例,有代表性的如:暨南大学吴明烈承接的《"教育部"推展老人教育五年实施计划规划案》,各有关高校研究人员承接的《大学院校开设老人短期学习计划采购案(分各个县市研究)》,致远管理学院汤尧等承接的《台湾人口结构变迁与教育政策之研究(整合型计划)之四:大学合理规模及进退场机制之研究》,玄奘大学黄富顺等承接的《台湾届龄退休及高龄者参与学习需求意向调查》、《台湾老年教育政策专案研究》、《台闽地区民众对于台湾已迈入高龄化社会之看法民意调查》,中正大学魏惠娟等承接的《台湾人口结构变迁与教育政策之研究(整合型计划)之八:高龄者教育发展之研究》、《台湾地区老人教育现况调查》,嘉义师范学院黄国彦承接的《台湾地区老人学习偏好与内涵之研究》;二是台湾各大学有关研究所培养了一批研究老年教育的硕士、博士生,他们所撰写的学位论文有的具有一定的理论深度,以硕士学位论文为例,如中正大学成人及继续教育研究所林淑敏撰写的《台湾老年教育实施途径之调查研究》、陈清美撰写的《高龄学习者对学习环境偏好之研究》、魏秋雯撰写的《高雄市长青学苑高龄者参与休闲教育动机之研究》,中正大学高龄者教育研究所洪惠玲撰写的《高龄者非参与学习因素之研究》,高雄师范大学成人教育研究所吴永铭撰写的《台湾老年教育办理现况暨发展取向之研究》,以博士学位论文为例,如中正大学成人及继续教育研究所张良铿撰写的《美国老人寄宿所学习机制在台湾实施可行性研究》、林丽惠撰写的《高龄者参与学习活动与生活满意度关系之研究》,台湾师范大学社会教育系朱芬郁撰写的《高龄者学习社区策略规划之研究》;三是召开老年教育研讨会,如1994年,台湾师范大学社会教育研究所主办的"老人教育研讨会",对台湾老年教育的各个方面进行了研讨,会后出版了论文集。此类会议在台湾常常不定期召开,由与会者提交论文,就大家感兴趣的问题进行研讨,会后结集出版。

四、闽台老年教育研究特点

闽台对老年教育的研究都取得了一定的成果,其各自特点也是很鲜明的,福建省研究老年教育的队伍主要是老年大学(学校)在第一线工作的管理者,其参与的人员面较广,除了省老年大学外,还有设区市、县老年大学的管理者,乃至乡镇的老年学校的管理者,研究队伍已形成网络状,所研究的内容大都从实际工作出发,许多是现实中亟待解决的问题,研究的内容多具有较强的现实性和可操作性,有的有前瞻性,也有一定的代表性。研究的成果中罗列问题、就事论事、经验总结、体会感受、对策建议的成分占有一定的比例,因为各地所遇到的问题有相同之处,所以这些研究成果多有重复。研究者也很少承接各级政府委托的有关老年教育的科研课题,为各级政府在制定老年教育发展规划时所发挥的智囊作用还不够。此外,这些研究成果还缺乏理论深度,视野还不够开阔,正如游得馨同志所指出的:"虽然取得一些成绩,但与蓬勃发展的福建老年教育相比,还很不适应。特别是在老年教育理论队伍中,缺少专家型人选,因此写出的文章大多是实践经验总结,缺乏理论上的提高。"2010年1月19日成立的福建省老年教育理论研究会虽然有各高校专家加盟,但他们都是各学科的行家,对老年教育还有一个熟悉认识的过程。

台湾老年教育研究者主要是各高校长期从事老年教育研究的专家学者,也有少数虽然是台湾当局有关部门的负责人(如台湾"教育部社教司司长"、台东社教馆馆长),但他们学的也是与老年教育有关的专业。台湾研究老年教育有代表性的研究者,多在台湾各大学与老年教育有关的系(如成人及继续教育学系、社会教育学系、老人福祉系、成人教育与人力发展学系)取得本科的学士学位后,再到各大学与老年教育有关的研究所(如高龄者教育研究所、成人教育研究所、社会教育研究所)取得硕士学位,之后再到各大学攻读相关的博士学位,也有不少学生本科或硕士研究生毕业后到美国、英国、法国、日本等发达国家攻读博士学位,或到发达国家做博士后及访问学者,因此台湾的老年教育研究者学习的课程比较专业,其研究成果也比较专业,理论性较强,有一定的前瞻性,有的视野比较开阔,常将本地的情况与发达国家的老年教育相比较。由于经常承接台湾当局委托的调研课题,研究经费比较充裕。但由于从事老年教育工作的管理者介入不多,所以台湾老年教育的研究成果存在从理论到理论的倾向,有的脱离实际,具体实施还存在一些问题,有的可操作性不强。

五、提升福建老年教育的研究水平的构想

要推进、提升福建老年教育的研究水平,必需从以下几个方面努力:一是培养专门人才。可选择有条件的大学开设老年教育专业课程,招收老年教育的硕士研究生,也可以考虑和台湾一起培养老年教育专业的学生。二是对从事老年教育的工作人员进行定期、短期培训,组织他们到境外考查,请名师来上课,提高他们的理论水平。三是健全研究机构。除了成立各级的老年教育理论研究会外,还可以考虑在福建省老年大学成立福建省老年教育理论研究所,在有条件的高校成立老年教育理论研究中心,要有任务、有编制、有经费,这三种机构,各有各的任务,各起各的作用(如研究会主要整合各高校和各级老年大学的管理人员队伍,研究所主要整合老年大学的研究队伍,研究中心主要整合各高校的研究队伍),三种机构功能互补,齐头并进。四是争取课题。除了申报国家社科规划基金项目、国家教育科学规划基金项目、福建省社科规划基金项目、福建省教育科学规划课题、福建省教育厅课题外,还必须通过三种研究机构设定课题,除了由机构内的研究人员认领外,还可以向社会招标,发掘、整合社会上的资源,赏罚分明,从面到点都要出有分量的成果。五是编列专门经费预算。对科研经费应该全力保证,其中编列预算应该是主要渠道,要列入各级政府的专项教育经费中,在所编列的老年教育经费中占一定比重,像重视普通教育研究那样重视老年教育的理论研究。六是创造发表园地。要争取创办一至两份有公开刊号的学术理论刊物,如创办《福建老年大学学报》、《福建老年教育理论研究》等刊物,如果目前有困难,可先与福建省公开刊物《终身教育》、《教育评论》合作,每年拨付一定经费给这些刊物,在这些刊物开设"福建老年教育理论研究"专栏。对优秀的成果予以资助出版。规划出版"福建老年教育理论研究丛书",有计划、有重点地扶持一批重要的研究成果公开出版,让研究成果转化为生产力,并扩大老年教育的影响。七是定期召开理论研讨会和论坛,请有关专家各抒己见,互相借鉴,互相激荡,互相启发。八是定期评选"福建省老年教育理论研究优秀成果",鼓励、推动研究的不断深入,保证研究的可持续发展。九是争取接受各级政府委托进行有关的调研,积极为各级政府在"如何发展老年教育"方面发挥好参谋作用,为政府的决策和规划提出具有前瞻性、可行性的有分量的意见和对策。

参考文献:

[1]《福建省老年教育理论研究会成立》[J].实践与思考,2010(1).

[2]游得馨.论老年教育[M].福州:福建省老年大学协会、福建省老年教育理论研究会,2010:139.

基金项目:福建省社科规划重点项目"科学发展观与福建省老年教育发展战略研究"(2010A020)系列成果之一。

(作者为福建广播电视大学教授)

闽台老年教育的现状与比较

吴东晖

老年教育是成人教育的组成部分,是终身教育的最后阶段,也是终身教育中最容易被忽视的薄弱环节,发展老年教育是完善终身教育的需要。20世纪下半叶,在终身教育理念和思潮的影响下,台湾地区在引进和吸收欧美国家老年教育发展的理念和经验的基础上,大力推进和实施老年教育,在理论和实践上都取得了迅速的发展,目前已经进入积极提升老年教育效果阶段。老年教育的推展,是社会发展的重要历程。尽管福建和台湾地区老年教育各具特色,有不同的经验和模式。但由于社会形态、经济发展进程、老龄化社会进入时间等因素的不同,开展闽台老年教育的比较和研究,对加强闽台老年教育的交流和借鉴,特别是对促进福建老年教育的发展有着积极的意义。

一、海峡两岸老年教育研究基本情况

台湾成人教育学会理事长黄富顺主编的《高龄学习》一书对高龄学习(俗称老人学习)作了综合性广泛性的探讨,台湾成人及终身教育学会主编的《高龄社会与高龄教育》论文集,探讨了在高龄社会中,高龄教育研究与实践方面的问题。周德荣的博士论文《老年教育的理论与实践》以台湾地区为例,指出老年教育的定位及内涵,阐明老年教育必须要针对老年人的学习特性与学习环境去加强及规划,概述台湾地区老年教育的实施现状并对台湾地区的老年教育发展提出建议。

大陆老年教育的研究已经开始受到广泛重视,其研究重点也开始从单纯介绍国外老年教育经验及对老年教育个别问题的研究转向老年教育的系统研究,进而将老年教育置于动态的社会变革的背景之下,探讨其发展问题。大陆研究者多从落实科学发展观、发展老年教育事业、老年教育与构建社会主义和谐社会、老年教育与老年精神需求、文化建设;老年教育与健康老龄化、老年教育与构建终身教育体系、老年教育办学模式及相关研究、世界老年教育比较研究等方面展开。其代表作有陈福星等编著的《老年教育概论》,该书分为课程

论、学习论、指教论、管理论等六部分,对老年教育进行了系统介绍与论述。在老年教育比较研究方面主要分成两类,一类是对主要发达国家老年教育现状、趋势的比较分析,另一类是对某一个或两三个国家老年教育的分析借鉴。这些研究指出,各国老年教育的共同趋势是政府作用日益加强,教育形式日益多样化,教育手段不断改进,教学内容不断更新。研究者认为,借鉴外国老年教育经验,我国一是应加强老年教育立法研究,二是要提高各级政府对老年教育的认识,三是大学应增设老年教育专业,四是可利用高校资源附设老年大学供老年人学习,五是鼓励和扶持各种机构、组织参与老年教育事业,六是大力发展社区老年教育,七是实施和发展老年网上教育,八是加强对老年人退休生活的指导,九是开展对老年人的死亡教育,十是重视老年人力资源的开发。

二、研究内容与研究方法

老年人口急速增加,使老年教育的相关议题更显重要。抓好老年教育,是缓解人口老龄化挑战的重大战略措施。如何抓好老年教育,这是 21 世纪以来理论研究的大课题,也是现代老年教育理念所要解决的问题。陈桦副省长在福建省老年大学协会第四次会员代表大会的讲话中指出:"要充分发挥老年大学在推动闽台交流合作中的积极作用,依托五缘优势,拓展老年教育的合作领域,为促进祖国统一大业作出应有的贡献。"文献调查法是本篇论文所采用的重要研究方法之一。文献调查法,也叫历史文献法,它是通过研究文件、报刊、书籍等文献,发掘所需要资料的方法。它包括对材料的收集、检验、分析等内容。本研究在确定了研究方向和研究主题后,运用文献调查法,查阅了学者、专家的大量研究论著和期刊论文,首先界定了闽台老年教育的含义。在此基础上,本课题的研究对闽台两地老年教育的产生背景、发展阶段、理念概念、体制机制、组织架构、内容形式、实质内涵、法制保障等问题进行比较和研究,同时分析闽台两地老年教育的异同点,以及台湾地区老年教育发展对大陆的启示,并就海峡两岸老年教育发展共同关注的相关问题进行探讨,以期对今后老年教育相关课题的研究提供新的研究基础和研究领域。通过展开比较研究,得出台湾地区老年教育可供福建借鉴的经验和启示,以期加强闽台老年教育的交流和借鉴,促进闽台老年教育的发展。

老年教育是人口老龄化社会背景下,提高老年人口生活质量,促进社会持续发展的重要应对战略。20 世纪 80 年代左右,闽台两地在引进和吸收欧美国家老年教育发展的理念和经验的基础上,大力推进和实施老年教育,在理论和实践上都取得了迅速的发展。尽管福建和台湾地区老年教育各具特色,并创造了不同的经验和模式,但闽台五缘相通,都是对中华文化的传承。加强闽台之间老年教育的交流、比较和借鉴,对发展闽台老年教育有着重要的意义。

三、闽台老年教育产生的时代背景和内外动因

20世纪70年代末开始,大陆开始实行改革开放,把工作重心转移到经济建设上来。经过30年的发展,大陆经济腾飞,社会发展,人民生活水平不断提高,人均寿命不断延长,老年人口快速增加。2008年年底,大陆60岁以上老年人口已达到1亿5989万人,占总人口的12%,老年人口的比重已经超过了国际公认标准的老龄化标准。而且大陆的老龄化呈现出了一些独特之处:(1)人口老龄化速度快,来势猛。(2)"未富先老"。老龄化的速度要超前于现代化,属于典型的"未富先老"。(3)老龄人口总体科学文化水平偏低,整体素质不高,对接受再教育有迫切的愿望。人口老龄化的严峻形势,对大陆社会发展产生了一系列的影响,特别是对老年教育事业将产生前所未有的挑战。这挑战主要是指老年教育事业该如何发展以应对日趋严峻的老龄化趋势。虽然老年教育事业已经过一二十年的迅速发展,但如何满足广大老年人迫切的教育需求,使每一个老年人都享有教育权,将成为大陆老年教育发展的一项重大课题。福建作为大陆的一个沿海省份,基本情况与大陆整体情况相似。福建老年教育在发展过程中,经历了六大事件:1985年福建老年大学创办;1996年国家颁布施行《中华人民共和国老年人权益保障法》;2001年国家提出《中国老龄事业发展十五计划纲要》;2005年7月,福建省十届人大常委会通过《福建省终身教育促进条例》,这是全国首部地方终身教育法规,明确指出"县级以上地方人民政府应当加强本行政区域老年教育工作……有关部门应当在各自职责范围内支持老年教育工作,促进老年教育事业发展。";2010年《国家中长期教育改革和发展规划纲要(2010—2020年)》明确提出"要重视老年教育",《福建省中长期教育改革和发展规划纲要(2010—2020年)》提出要"加快发展老年教育"。这6个重要事件有力推动了福建老年教育的发展,同时也将发展老年教育作为构建福建终身教育体系和建设学习型社会的重要目标和政策措施。

20世纪50年代开始,台湾地区科技进步,经济发展,医疗卫生水平提高,民众生活水平大幅度提高,人均寿命不断延长,至2008年年底,女性的平均寿命为82.01岁,男性为75.38岁。因此,高龄人口不断增加,截至2009年9月已达2440507人,在人口总数中所占的比例已攀升到10.57%。与之相对应的是,台湾地区少子化现象日益严重,2009年的人口总成长率不到3.6‰。人

口急速老化,从负面来看,对整个台湾而言,老龄化将促使人均赡养比例加重,年轻人口缩减导致生产力下降,养老的社会福利及医疗支出负担增加,在少子化高龄化的人口结构下,家庭将呈现代间增长,旁支减少,并同时存在多个不同世代成员的竹竿型家庭形态(朱楠贤,2008)。对老年个体而言,老年人退出职业市场后,如个人未能做好规划,退休后的生活将失去重心。台湾学者林丽惠指出:领月薪的工作者退休后,可能面临五个"NO",即没地方去、没生活重心、没有工作外的嗜好、没有公司外的人际网络、对退休后该做什么没有概念。为应对老龄化对台湾社会的冲击,做好高龄化社会的准备,台湾社会及台湾当局逐步重视老年教育,老年教育迅速发展,并经历了六个关键事件:一是1978年"青藤俱乐部"的创立;二是1980年1月26日台湾当局公布实施《老人福利法》;三是台湾当局于1991年4月24日颁布《发展与改进成人教育五年计划纲要》,将老年教育系统纳入成人教育体系;四是1998年《迈向学习社会白皮书》的发布;五是2002年颁布《终身学习法》;六是2006年11月24日颁布《迈向高龄社会老人教育政策白皮书》,对老年教育提出完整的政策主张。这六个事件环环相扣,不断推进台湾地区老年教育的发展。

从老年教育的发展背景看,福建加强老年教育是全面建设小康社会、建设海峡西岸经济区的现实需要;是实施人才强省、开发老年人才资源的重要举措。而台湾地区重视老年教育是为了提升老年人自主、自尊与自立能力,促使台湾社会成功老化。闽台老年教育的发展分别代表了两地社会的安定团结、经济的稳步发展、医疗卫生事业的全面提升,都是经济社会发展的需要,与经济社会发展紧密联系;加强老年教育,是构建终身教育体系的重要环节和形成学习型社会的客观要求;均引进了国际特别是欧美地区老年教育的理念和经验,同时传承了中华"尊老敬贤"传统文化。

四、闽台老年教育起源及发展历程比较

福建的老年教育起步于20世纪80年代中期,以福建老年大学的创办为标志,福建老年大学成立于1985年,其发展历程大致可分为三个阶段:第一阶段为初期发展阶段(1985—1989年)。1985年4月,福建老年大学在福建省委、省政府的高度重视下创办,当时一大批热心老年教育的老同志不辞辛劳、艰苦创业,为福建老年大学的发展奠定了基础。同年12月,中国老龄工作委员会在北京召开"全国老年大学教育交流会"。党和国家领导人会见了出席会议的代表,并作重要讲话,给予这一新生事物充分肯定,这次会议是我国老年大学,同样也是福建老年大学发展史上具有重要意义的会议。福建各地老年大学也在这次会议精神鼓舞下如雨后春笋般涌现出来。这一时期的办学特点是发展快,开始分层次、多渠道办学。各地不仅县以上城市办老年大学,基层街道、乡镇也办老年大学;不仅政府办,社会各界也都积极兴办。截至1989年8月,福建全省已办老年大学10所、老年学校10所,共招收老年学员10552人。第二阶段为协作推进阶段(1989—1996年)。老年大学这一新生事物的出现,填补了我国终身教育体系的空白。这个阶段的老年大学在办学上无经验可取,无规章可循,纵向缺乏指导,横向缺乏交流,处于一个"摸着石头过河"的阶段。福建老年大学学(协)会的成立,加强了政府与学校的沟通协调,加强了学校之间的定期交流、团结协作,大家共同探讨办学、教学规律,加强国际、省际的校际交流,认真学习和推广国际和外省老年教育的经验和方法。在这一阶段,福建各地、市、县均已办起老年大学(学校),有的地区已向乡镇、行政村或大中型企事业基层单位延伸,到1996年1月,福建全省已办起各级各类老年大学(学校)473所,在校学员39962人,基本形成老年教育网络。第三阶段为依法办学、持续发展阶段(1997至今),1996年10月1日《中华人民共和国老年人权益保障法》公布实施,为老年教育事业的发展带来新的机遇。为推动福建老年教育的发展,2004年中共福建省委、省政府专门下文要求进一步加强老年教育工作。在上述保障法的指引下,福建省于2005年颁发了《终身教育促进条例》,以专门的条款规定政府及相关部门推动老年教育的职责。在这些政策法规的引导下,福建老年教育持续发展,到目前为止,福建全省老年学员已达62万多人,入学率已占老年人比例的13%。

  台湾的老年教育从1978年开始,台湾老人教育发展历程,可分为三个阶段:第一阶段是宗教团体因为尊老敬贤发起的爱心服务阶段。1978年台北市基督教女青年会为弘扬伦理道德,增进老人生活福祉,创立"青藤俱乐部",开展演讲座谈、技艺研习、娱乐休闲等活动,提供有系统的老人教育活动,开创老人教育的先河。第二阶段是福利服务阶段。1980年1月26日台湾地区公布实施《老人福利法》后,由公部门的社政机构和私部门的社会福利团体有系统地推动福利服务。1980年,高雄市政府率先与高雄市基督教女青年会合作办理"长青学苑",第一期招收学员616人,平均年龄62.5岁,这是台湾地区有组织的老年教育的开始。随后在各地推广,至2006年年底,全台湾已有265所"长青学苑",办班2016班次,有269073人参加了学习。第三阶段即现阶段,也叫学习权益阶段。这是在终身教育理念推展下,由台湾当局教育部门结合社会福利等官方单位和民间团体全面推动的学习权益阶段。台湾当局于1991年4月24日颁布《发展与改进成人教育五年计划纲要》,将老年教育系统纳入成人教育体系。1998年3月公布《迈向学习社会白皮书》,2002年颁布《终身学习法》,特别是2006年11月24日颁布《迈向高龄社会老人教育政策白皮书》,对老年教育提出完整的政策主张,进一步保障了老年人学习权益。这一阶段,台湾的老人教育取得较快的发展。

从发展阶段看,经过二三十年的推行,闽台老年教育在理论研究和实践探索上逐步得到重视,老年教育呈现出阶段性推进并快速发展的态势。福建老年教育从一开始就得到政府的重视,以公办公助的老年大学形式推行老年教育,并逐步形成系统。而台湾老年教育起始阶段为民间推动,当局逐步介入,并最终支持、倡导,办学机构、办学形式多元化。从理论与实践的关系角度看,福建老年教育更为侧重宏观的、系统的理论研究,微观的研究不够,特别是对老年教育与社会发展之间存在什么样的关系以及推进老年教育的具体模式等问题缺乏深入的研究,这导致福建老年教育实践工作难以深入、全面地铺开。台湾地区则较多地借鉴欧美国家老年教育发展的理论和成功经验,视老年教育为解决人口老龄化问题的手段,注重对老年教育的实验性、实证性研究。存在的问题是理念不够统一,地方政府老年教育政策执行力度不一,效果彰显不明显。

五、闽台老年教育概念及理念的理解

大陆教育界对老年教育的定义和内涵随着社会发展和进步不断充实和完善。《社会科学新词典》指出,老年教育是一种为了科学、系统和正规地培养老年人而进行的教育活动。《教育大辞典》指出,老年教育的宗旨是使大批干部、职工离退休后老有所学,老有所为,老有所养,老有所乐,能在环境转变后从心理、生理上增强适应能力,并获得所需的知识技能,继续为社会主义物质文明和精神文明做适当贡献。《社会保障辞典》指出,老年教育是按照老年人生理和心理特征及需求而进行的一种特殊教育。《人口学词典》指出,老年教育是让老年人继续学习而进行的教育活动,是根据老年人的生理和心理特征进行的一种特殊教育,其目的是使老年人增长知识、开阔视野、丰富生活、增强体质,教育的对象是各个层次的老年人。2007年中国老年大学协会主席张文范认为:"老年教育是老年人在新的社会化过程中的自我完善、超越自我、有目的的学习活动。是老年人提高自身生命质量和生活质量,适应时代和社会需求的素质教育活动。"最新的观点认为,老年教育是以老年人为主体的,旨在满足老年人需求,保障老年人受教育权利,增强老年人生存发展能力,推进老年人社会参与和全面发展,并最终实现老年人与家庭、社区和社会和谐发展的为老服务活动。这个概念与福建老年大学现行的"以人为本,为老年人服务"的办学理念和"办学为了老年人,办学依靠老年人,办学成果由老年人共享,努力办好老年人满意的老年大学(学校)"的办学思想较为吻合。

台湾对老年教育的定义也是不断发展的,其理论和实践较多借鉴欧美国家老年教育的理论和成功经验,并在老年教育的实践中,不断对其进行新的阐释。较早一些时期,在台湾地区,老年教育被称为高龄教育,或称为老人教育,是指为高龄者提供的有计划、有组织的学习活动,目的在于增进受教者知能,改变其态度及价值观念的过程。这里的"教育"是从当局、社会、机构或施教者的立场出发。近年来,随着台湾社会、经济的发展,教育的思潮更为偏向从学习者的立场出发,强调以学习者为主体。探讨高龄学习的研究与文献日渐增多,对高龄教育的研究,已从"教育"的观点转到"学习"或"学习者"的角度。这里的高龄学习,是指高龄者通过经验而使行为产生较持久改变的过程,其目的在于增进个人知识、技能、态度或价值的改变。高龄学习的范围,大于高龄教育,除了包括机构所举办的有组织、有顺序的活动之外,还涵盖了自我学习。台湾早期主要通过老人(社会)大学、长青学苑、老人活动中心,或结合社会福利机构推动社区老年教育,或通过电视台、广播电台开办老年教育节目来实施与推展。进入21世纪后,台湾地区社会人口老龄化速度加快,台湾当局教育行政部门从积极的教育面着眼,于2006年发布《迈向高龄社会老人教育政策白皮书》,保障老人学习权利,落实终身学习、健康快乐、自主尊严、社会参与四大愿景,并以"创新多元"、"深耕发展"与"在地学习"作为老年教育推动的理念。

综上所述,闽台两地老年教育的概念和理念,都明确了发展老年教育,使老年人老有所教、所学,学有所得、所乐,实现积极老年化,是老龄工作面临的一项共同任务;都体现了社会性、平等性、开放性、终身性的特点。福建老年教育办学定位立足于党政主导、多方参与、社会支持,走多层次、多渠道、多形式发展的路子;坚持分类指导,因地制宜,以发展社区和农村老年教育为重点;坚持"增长知识、丰富生活、陶冶情操、提高素质、增进健康、服务社会"的办学宗旨和就近、方便、自愿的原则,既注重教育的思想性、知识性,又注重教育的实用性、趣味性。

六、闽台老年教育的体制机制

1996年10月1日《中华人民共和国老年人权益保障法》公布实施,其中第31条第2款规定:"国家发展老年教育,鼓励社会办好各类老年学校。"《保障法》明确了发展老年教育事业的主体是国家。1999年全国老龄委下发通知规定:老年教育由政府管理、文化部门指导。形成党政统筹领导,文化部门指导,有关部门配合,社会积极支持,群众广泛参与的管理体制和运行机制。2001年中组部等六部委下发了《关于做好老年教育工作的通知》,要求各级党委、政府和有关部门,进一步巩固老年教育事业取得的成果,要求文化部门会同各有关部门,尽快制定老年教育事业发展规划,逐步规范老年教育事业。2004年中共福建省委、省政府《关于进一步加强老年教育工作的意见》要求明确老年教育工作的指导思想、基本原则和目标任务。动员社会各方面力量广开办学渠道,努力构建实施老年教育的办学体系。在老年教育队伍建设方面,采取灵活多样的用人机制,根据老年教育的特点,师资以兼职为主,大力推行教师聘任制,尤其注意聘用名师名医和符合条件的退休教师担任教师工作。在老年教育的经费投入上,发挥政府扶持和市场机制的双重作用,鼓励通过"财政支持一点,学校自筹一点,社会赞助一点,个人收缴一点"的办法,建立以财政拨款为主,多渠道投入的老年教育经费保障机制。同时要求以有效的督查和表彰制度促进老年教育。2007年国务院发布了《国家教育事业"十一五"规划纲要》,强调"办好老年大学,扩大覆盖面"。这是国家第一次将老年教育列入国家教育整体规划,在我国教育发展史上首开先河,充分体现了党和国家对发展老年教育事业的重视,也为福建开创老年教育的新局面打下了坚实的基础。

台湾地区2002年颁布的《终身学习法》规定各级主管机关整体规划终身学习政策、计划及活动,并确保弱势族群终身学习资源,增加长者学习机会,并依据《终身学习法》第3条第5款广设社区大学,提供社区居民终身学习之教育结构。2007年颁布的第四次修正之后的《老年福利法》规定"教育主管机关主管老人教育、服务老人之培养与高龄化社会教育之规划、推动及监督事项",明确将老人教育之推动,人才培训与规划划归教育主管机关,厘清了老人教育的推动责权单位。为推动在地化的老人教育,台湾当局"教育部"逐年扩编老人教育预算,地方教育机关配以相当比例经费编列,依据《终身学习法》,台湾老人教育的经费除台湾当局给予支持外,还要通过其他途径筹集,而在老人教育开办初期,是由地方政府采取"公办民营"方式,补助经费给民间非营利团体办理。在师资方面向专业化方向发展,落实老人教育专业化证照制度,由教育部门委托专业学术团体依据各地方政府推动与研发的创新活动培训社区种子讲师和老人教育企划师。

从体制机制来看,福建老年大学教育侧重于公办公助,即党政主导,多方参与和社会支持;台湾地区则是公办民营,即"政府"主办,民间团体与机构经营。在管理机制、人员配备、投入保障等方面也是如此。在老年教育人员队伍上,福建老年大学管理人员以在编工作人员为主,教师以兼职人员和志愿者为主;台湾地区各类老年教育机构则以专业人士、义工为主。但从体制机制统整的角度看,台湾地区比福建先行一步,明确了老年教育的主管机关。

七、闽台老年教育的法规政策

福建的老年教育推动主要依据国家颁布实施的相关法律和政策,如1996年国家颁布施行的《中华人民共和国老年人权益保障法》第31条规定:"国家发展老年教育,鼓励社会办好各类老年学校。""各级人民政府对老年教育应当加强领导,统一规划。"2001年发布的《中国老龄事业发展十五计划纲要》指出,要重点解决老龄事业突出问题,落实"老有所养、老有所医、老有所学、老有所教、老有所为、老有所乐"。《国家中长期教育改革和发展规划纲要(2010—2020年)》第八章《继续教育》的第23条中明确提出:"要重视老年教育。"2005年7月,福建省十届人大常委会通过的《福建省终身教育促进条例》明确指出"县级以上地方人民政府应当加强本行政区域老年教育工作,为完善老年教育实施和场所等制定优惠政策、提供必要条件。有关部门应当在各自职责范围内支持老年教育工作,促进老年教育事业发展"。《福建省中长期教育改革和发展规划纲要(2010—2020年)》第七章《终身教育》的完善终身学习社会网络一节提出:"加快发展老年教育,形成以各级老年大学(学校)为骨干、社区教育机构为依托、远程网络教育为重要形式的老年教育体系,满足老年人就地、就近参与各种学习活动的需要。"

自20世纪80年代起,台湾地区就开始重视老年教育法律法规的建设,1980年1月26日,台湾实施《老人福利法》,当局开始有系统地推动老人福利工作。《老人福利法》历经四次修订,2007年版涉及老年教育的条文有3条。1987年台湾省政府颁布《台湾省设置长青学苑实施要点》。1991年台湾"行政院"颁布《发展与改进成人教育五年计划纲要》,将老人教育系统纳入成人教育体系。1993年,公布《"教育部"奖助办理退休老人教育及家庭妇女教育实施要点》,补助各乡镇市区开设老人学苑及妇女学苑。1998年台湾公布《迈向学习社会白皮书》,终身学习的观念成为全社会认可的观念。台湾"教育部"在2006年颁布的《迈向高龄社会老人教育政策白皮书》提出完善老年教育环境四大愿景、六项政策推动原则、七大目标、十一项推动策略及行动方案。这是台湾首次对老年教育提出完整的政策主张。白皮书的公布,使台湾教育部门在推动老年教育工作上有了政策的依循。而白皮书的公布也是台湾教育史上划时代的大事。

比较闽台老年教育法律政策可以发现,台湾地区较早就开展立法工作,台湾于2002年就已颁布《终身学习法》,更于2006年颁布专门针对老年教育的《迈向高龄社会老人教育政策白皮书》,宣示了老年教育的政策蓝图。福建对老年教育的立法工作向来比较重视,2005年7月福建省十届人大常委会通过的《福建省终身教育促进条例》是大陆第一个终身教育地方性法规,对老年教育做了相关阐述。福建老年大学校长游德馨同志以建议书的形式上书国家领导人,要求把老年教育纳入国家教育发展纲要并得以落实。但福建专门针对老年教育的立法尚未提上议事日程。地方呼声较高,国家立法滞后,体现的是自下而上的发展趋势。在管理体制上,福建省的教育规划纲要与台湾地区白皮书均要求设立老年教育专门管理机构,对老年教育活动进行组织协调;均体现了老年教育本土化与社区化的原则。

八、闽台老年教育的办学模式

福建目前老年教育的办学模式比较单一。第一种模式是老年大学模式。福建老年大学(学校)是开展老年教育的主阵地,主要形式是老年大学(学校)的学制班和以学会为主的研究班。到目前为止,福建全省已办起各类老年大学(学校)8759所,100%的市、县(区),91%的乡(镇)和46.8%的村(居委会)都办起了老年大学(学校),初步形成了省、市、县、乡、村五级办学网络。第二种模式是依托社区开展老年教育的模式。在城市和部分发达地区的农村社区中,老年教育已成为社区教育的重要组成部分,社区老年教育主要有三种形式:(1)借助社区教育网络,和其他人群一起参与教育学习;(2)举办老年社区学校;(3)老年居民建立各种社团组织。第三种模式是单位对所属老年人员开展老年教育。第四种模式是举办老年广播电视教育、网络教育。这是一种能把远程教育与课堂教育相结合,又能满足和凸显老年人渴望人际交往心愿的教育模式,近年来有所拓展。如泉州等地办起了电视、广播、函授等老年教育,福建广播电视大学主办的福建终身教育在线收集了3122讲的老年教育课程。

台湾地区推动老年教育的主体,有宗教团体、社团与老年大学、社区大学。除了这些机构主办的相对固定的办学模式外,近年来台湾吸取世界各国推动老年教育的经验,建构出一套呼应老人学习特质与环境的老年教育模式。其主要模式有:其一,以休闲旅游学习为主的教育模式。福建老年大学曾先后接待5批台湾老人社会大学游学团。其二,以社区为主体的教育模式。以社区为中心,使社区成为老人就近学习的重要场所,是老年教育成功的重要因素。具体做法包括:(1)开办社区乐龄大学或社区老人学院;(2)鼓励民间社团、商店在社区开设"叙述咖啡馆";(3)推动老人学习团体的自主学习;(4)倡导"角色扮演"的"乐龄读书会"。其三,家庭共学的学习模式。主要是让亲子之间共同学习,这也是老年教育模式不可或缺的一环。其四,把学习送到家的学习模式。这是一种重要的老年教育模式,具体做法涵盖:(1)成立行动式老年学校;(2)鼓励在家教育;(3)设置网络老年大学;(4)设置网络教学资源站与教学平台;(5)推动电视与广播制播老年教育课程,进行远距离教学。其五,以办活动与博览会为主的教育模式。其六,以现代科技为主体的教育模式。其七,大学开办老年教育的教育模式。这是台湾普及、提升老年教育的重要策略之一。其八,结合服务与学习的教育模式。推展以服务结合学习的志工教育模式,是老年教育的重要一环,具体做法与内容包括:(1)成立银发文化服务团队;(2)鼓励设立"银色商店";(3)推动校园老人志工团;(4)设置社区老人义工队;(5)开设老人人力银行;(6)开办老人寄宿所。其九,落实各级学校成功老化观念的教育模式。

对比闽台两地办学模式,共同点是都能针对老年人的特点推行就近教育或在地教育,都能利用广播、电视及网络等现代教育手段进行远距离教学,都强调办学模式的多元化和非正规化。福建以老年大学为主的老年教育办学模式整体性、系统性较强,从政府的角度推动相对容易;而台湾地区推动老年教育的主体较多,针对不同的老年人群予以不同的办学模式,具体教学实践经验更为丰富,办学目标更能落到实处。

九、闽台老年教育的课程设计模式

福建老年大学创建之初的课程设置,主要是针对老同志退出一线工作岗位的特点,开设的课程多为颐养康乐型的,以后又设置了有益于更新知识、增长技能的课程。古典文学、诗词格律、书法图画、京剧民乐、针灸按摩、园林花卉、拳剑武术等课程已经成为老年大学的共同专业。学校现有美术、保健、体育、舞蹈、声乐、器乐、语言文史、电脑八大类50门课程。福建老年大学课程设置呈现两个特点:一是一切以老年人的需求为出发点,因需设置,因人因时制宜。加强课程设置和课程内容的针对性、实用性、生活性、个性化。二是注重把课程学习和校园文化、第二课堂活动结合起来。老年大学相继成立了艺术团、书画联谊社、诗社、武术社、门球队等各类社团,定期出版各类刊物、组织各类展览。

台湾地区老年教育发展到现在,其课程设计基本还是以休闲娱乐为取向,虽然社会行政部门所属的长青学苑近年来的课程已经由休闲娱乐性质转向为以老人心理卫生教育、生命关怀、预防保健为主,仍然还有高达72.5％的课程安排卡拉OK歌唱类。根据台湾当局"教育部"2007年的调查,各地方政府教育单位在办理的类型方面,家庭教育中心以家庭代间教育、祖孙活动、退休生活规划、老夫老妻营等家庭学习活动为主;社区大学则规划资讯学习、休闲学习、医疗保健、生活禅学或生死教育等,以满足老人的学习需求;而成教班则是以识字教育及补校的教育为主。目前,台湾老年教育的课程设计有四大趋势:其一,从着重提升老年人的精神生活层面出发,由地方政府、民间团体规划知性、休闲、养生的学习课程内容;其二,为了让健康的老年人有再贡献社会的机会,提供志愿服务知识与技能的相关课程,这是以后台湾老年教育重要规划方案之一;其三,从健康老化的角度出发,设计完备的退休前准备教育活动,课程内容包括理财、退休生涯规划、老年身心保健及老年家庭生活适应等;其四,从文化传承、代间和谐的角度出发,在学校、社区中推动家人及代间相处学习活动,课程内容包括认识老化教育、祖孙活动、家人关系及经验传承或实际体验教学等。

对比闽台之间老年教育课程设置,共同之处是都能根据教育对象年龄层次、文化程度、职业爱好等个性化差异设计课程,都注重适需对路原则,不一味追求课程体系的系统性、完整性,都以康乐休闲、培养老年人兴趣爱好、陶冶情操来填补他们由于角色转换造成的心理真空。不同之处是福建老年大学的课程主要还是以高雅艺术为主,课程开发的广度不够,还不能满足各类老年人的学习需求。而台湾因为老年教育的机构不同,老年教育已普及社区及乡村,针对各类不同的老年人群的需要开发出不同的课程。课程内容涵盖的面更加广泛,其中老人心理卫生教育、生命关怀、老人志工服务的课程颇具特色。

参考文献

[1]董之鹰.老年教育学[M].中国社会出版社,2008.
[2]俞恭庆.上海老年教育发展研究[M].上海教育出版社,2005.
[3]叶忠海.21世纪初中国社区教育发展研究[M].中国海洋大学出版社,2006.
[4]王连生.教育人类学[M].五南图书公司,2002.
[5]魏惠娟.高龄教育政策与实践[M].五南图书公司,2009.
[6]黄富顺.成人教育导论[M].师大书苑,2000.
[7]黄富顺主编.高龄学习[M].五南图书公司,2004.

[8]傅家雄.高龄化与社会福利发展[M].华立图书公司,2001.
[9]耿忠平.社会保障学导论[M].同济大学出版社,2003.
[10]黄富顺.台湾地区非正规学习成就的实施与展望[J].成人教育,2009(1).
[11]陈清美.高龄人力资源再运用的方式与策略[J].高龄社会与高龄教育,2004(12).
[12]刘和生.发展老年教育是构建和谐社会的必要举措[J].理论学习与探索,2006(4).
[13]李宝玲.老年学习、老年教育与老年学习教育[J].山东省工会管理干部学院学报,2005(2).
[14]魏梅霜.老年教育的意义和途径探讨[J].沈阳工程学院学报(社会科学版),2005(1).
[15]潘澜.我国老年教育的功能及其实现机制新探[J].成人教育,2010(2).
[16]黄淑萍.论社区老年教育与老年社会化[J].成人教育,2008(9).
[17]王英.社区老年教育问题研究:社区社会工作视角的分析[J].成人教育,2009(2).
[18]王志梅.我国老年教育研究的回顾与前瞻[J].成人教育,2007(9).
[19]王英.中外老年教育比较研究[J].学术论坛,2009(1).
[20]张文范.办好人民满意的老年教育[J].老年教育(老年大学),2008(8).
[21]钟铨.健康快乐——老年教育的核心理念[J].老年教育(老年大学),2008(9).
[22]张文范.坚持积极的老年教育观,促进我国老年和谐文化教育发展[J].西安老年教育,2007(1).
[23]吴忠观.人口科学辞典[Z].西南财经大学出版社,1997.
[24]张海鹰.社会保障辞典[Z].经济管理出版社,1993.
[25]汝信.社会科学新辞典[Z].重庆出版社,1988.
[26]顾明远.教育大辞典[Z].上海教育出版社,1990.
[27]王英.中国社区老年教育研究[D].南开大学,2009.
[28]台湾成人及终身教育学会.高龄社会与高龄教育[M].师大书苑有限公司,2004.
[29]台湾成人及终身教育学会.高龄学习与高等教育[M].师大书苑有限公司,2009.

基金项目:福建省社科规划重点项目"科学发展观与福建省老年教育发展战略研究"(2010A020)系列成果之一

(作者为福建广播电视大学副研究员)

试论闽台老年教育的师资和经费

何绵山

《福建省中长期教育改革和发展规划纲要(2010—2020年)》提出"要重视发展老年教育。进一步完善老年教育设施和场所,支持省、市、县、乡、村五级老年大学(学校)建设。到2012年全省所有乡镇、45%的村(居)建有老年大学"。按照目前福建省老年教育的发展现状,"师资"和"经费"能否有效解决,是老年教育发展的关键。笔者拟通过闽台老年教育在"师资"和"经费"方面的比较,谈一些肤浅的看法。

一、闽台老年教育的师资队伍

福建省老年教育的师资队伍,省校、设区市校、县(区)校、乡(镇)校等有所不同。福建老年大学的师资队伍阵容较为强大,人员也相对固定,现有教师114名,其中专职教师3名、兼职教师111名。其中具有高级职称的40名,占35%;具有中级职称的42名,占37%;其他名师巧匠32名,占28%。初步形成了以专家、教授为学科带头人,以退休老教师为骨干、优秀中青年教师为辅的教师队伍,结构合理,相对稳定。福建老年大学还实施了"名师工程",聘请知名专家教授授课,并努力创造"事业留人、环境留人、感情留人、待遇留人"的气氛。设区市的老年大学,师资也较为充裕,如:莆田市老年大学的师资队伍,由具有一定职称或具备一定专业水平的知名人士、在职或退休的专业人士组成,此外,学得好的骨干学员有时也既当老师,也当学生,互教互学。莆田市老年大学还利用与莆田学院的共建关系,从莆田学院聘请了6位名师来校任教。县、区的老年大学,尚可充分利用当地资源解决师资问题,有代表性的如:厦门市集美区老年大学利用集美文教区的人力资源优势,共聘请兼职教师35名,其中具有教授、副教授、国家级裁判教练、高级美术师、主任医师、高级教师等中级职称以上教师19人,占教师队伍总数的54%。莆田市荔城区老年大学从离退休干部队伍、社会各界专业人士中聘请专业人才来校任教,还选聘了5位授课能力强的老同志组成讲师团,送教下乡;仙游县老年大学的师资队伍,采用固定与聘请相结合的办法,先后聘请市讲师团成员、退休教授、县委党校教师、主任医师及其他专业人才授课。乡(镇)校的老年大学(学校)的师资则需要多渠道解决,如泉州基层老年大学一般采用就地取材、层层培训的方法,聘请当地各方面人才担任教师。为弥补师资不足,大部分乡镇老年学校都成立了讲师团,下乡巡回授课,提升了基层老年学校的教学水平。目前县、乡镇两级成立讲师团123个,讲师1279人。有的县政府还从全县中小学中选派一批水平较高的教师到各乡镇任教,以解决老年学校师资缺乏的问题。泉州丰泽区清源街道老年学校的教师,主要由区讲师团成员,居住在本街道的有关方面的专家学者、学校教师、街道党政成员等组成。泉州晋江市深沪镇老年学校目前的师资队伍由12名讲师和3名指导教师组成,讲师以中学高级教师、一级教师为主,指导教师则负责第二课堂的太极拳剑、交谊舞、门球等活动的指导。泉州晋江市龙湖镇老年学校目前的师资队伍,由22名离退休干部、中小学高级教师组成,他们不仅承担镇校讲课任务,有的还兼任村校教师,每年下村校讲课近百节。南安市诗山镇老年学校的教师队伍由三方面组成:一个17人的讲师团、现有的13名教师、5个特约讲师单位(镇党政领导、诗山中学、诗山法庭、派出所与交警中队、南侨医院)。南安市水头镇老年学校,有专职教师5人,兼职教师20人,长期挂钩聘请的校外教师35人,其中有市镇领导、教授专家、中小学高级教师、企业界工程师、退休名医师、民间艺人等。惠安县螺城镇(西北)老年学校聘用的14名教师,为当地离退休干部、中学校长、高级教师、医院院长、主任医生等具有专长的人才。永春县达埔镇老年学校的师资队伍,由校务委员(由镇领导、镇文体站、老协、老体协、退教协、关工委、镇干部、各村老协常务副主任组成)、离退休老干部、退休老教师、退休老医生和镇卫生院医生、老技术员、有关专家组成。德化县龙浔镇老年学校的师资队伍,主要由退休中学高级教师和一级教师、小学高级教师、主任医师、司法干部组成。

  台湾老年教育的师资队伍,不同学校有不同的构成方法。台湾老年教育研究者调查了296所老年教育教学机构,得出其师资来源(有重叠)为:社区中学专精人士,占63%;具有中小学教师资格的专业人士,占42%;志愿者,占40.9%;大学教师,占14.9%;其他,占7.4%。台湾老年教育研究者还调查了853位学习者,他们对师资条件的偏好(有重叠)为:有专业知识,占72.9%;具有教学热忱,占65.1%;幽默风趣,占64.2%;与学生有良好互动,占61.1%;具有良好人格特质,占41.4%;很会教学,占37.8%;能说方言,占26.1%;其他,占0.3%。台湾各个老年大学师资队伍的组成,有很大差异,以台东社教馆老年社会大学为例,其师资聘请,以具有学士学位以上的人员为原则,"国语"班师资由具有小学教师资格者担任,艺能科、电脑等聘请具有专门才能并有教学经验者担任,聘用方式为年聘制。以 2004 学年度为例,所聘 43 人中,硕士 4 人,本科 18 人,专科 14 人,中学程度 7 人。被誉为台湾规模最大的老年大学的宜兰南阳义学有 232 名教师,他们不取报酬,全部免费教学,完全是义务性的投入,其组成人员来自各方:有退休小学校长、退休小学教师、剧团导演、退休公务员、画家、大学退休教师、命理师、回台留学人员、美术老师等,只要有一技之长(如烹饪、插花、舞蹈、捏面、食品烘焙、瑜伽、电脑、摄影、美容、气功、武术、书法、家政),都是聘请的对象。

  闽台老年教育的师资队伍有共性,如:所聘请的教师都是以兼职为主,其中大多具有中高级职称,但也不拘职称、学历聘请学有专长的人才,有时学得好的学生也可充任老师。闽台老年教育的师资队伍也有各自的特点,如:福建各级老年大学本校的专职编制极少,有的几乎没有,主要依靠聘请校外人员解决师资短缺问题。福建各级老年大学教师的来源与学校所在地有密切关系,省校由于地处省会,当地人才济济,师资问题比较好解决。设区市的老年大学师资问题也不大,设区市所在地的区一级老年大学师资问题也相对容易解决,而县一级的老年大学,则要靠市老年大学支持,而乡镇一级的老年学校,其师资除了就地聘请外,还要县,乃至市老年大学支持,由此出现了一种新型的师资队伍——讲师团。市、县老年大学的讲师团除了在本校讲课外,往往还有分别到县老年大学、乡镇老年学校巡回授课的任务,这就在某种程度上缓解了县、乡师资不足的矛盾。各个设区市,市、县(区)、乡(镇)的老年大学(学校)的教师有一定互动,联系较为密切。在解决师资问题方面,各级校领导都高度重视,需要时组织可积极出面协调。福建各级老年大学所聘的教师,一般要付薄酬。

  台湾各老年大学大都各自为政,在师资上互动的不多,其聘请的教师往往就地取"才",台湾交通较为便利,也有不少外地前来授课的教师。台湾有相当一部分从事老年教育的教师是完全"义工",即不取一分钱,一些教师来老年大学授课是为了"情义",感到没有课酬心里更舒畅。一些基层的老年大学聘请教师不人为地设门槛,有的人虽然职称、学历不是很高,但只要有"绝活",也在聘请之列。台湾许多老年大学都很重视对教师的培训,如台东社教馆老人社会大学为提升教师的老年教育专业化水平并充实其专业技能,除每年于教师节前举办研习营来增强其专业知识外,还定期举办教师成长或进修研讨会,请从事老年教育的专家学者来座谈和研讨。

  凡是办得比较好、有一定影响力的学校,一定拥有一支高素质的教师队伍。福建老年教育师资队伍的建设,可从以下几个方面着手:一是培养专门从事老年教育的师资。如可在有条件的师范院校创办老年教育系(或称成人教育系),培养这方面的专门人才。如一时无法创办,可考虑增设与老年教育有关的课程,使学生了解老年人学习心理上的特点(如害怕面对挑战)、老年人生理状态(如无法久坐、视力及听力退化)、老年人习性(喜欢有伴、喜欢离家近)。台湾已有多所大学(如中正大学、台湾师范大学、暨南国际大学、高雄师范大学、玄奘大学)开设了有关老年学习的课程。其课程内容可借鉴参考。二是设区市以上的老年大学都要争取有专职教师。特别是一些学员多、长久不衰的课程,必须有专职教师的编制。专职教师在评职称等方面应享受国民教育教师的同等待遇。三是建立老年教育的教师资格认证制度。凡要成为专职教师的,都必须有老年教育教师资格证,以此推动专职教师修习有关老年教育特点的科目,掌握老年教育的特点。四是对非专职教师进行上岗培训,让他们尽快掌握老年教育特点,通晓老年人的学习特点和学习障碍,以便在教学方法与技巧等方面更符合老年教育的需求。五是定期召开老年教育的教学经验交流会和座谈会,让受学员欢迎的教师谈体会,互相启发。六是充分发挥省校、设区市校、县(区)校、乡(镇)校教师的作用,形成一个网络,特别是设区市校与自己所辖的县(区)校、乡(镇)校的师资要形成互动,各司其职,互通有无。

二、闽台老年教育的办学经费

福建各级老年教育的办学经费,主要由各级政府财政拨付。如厦门老年大学的办学经费由市财政全额拨款,福建老年大学年办学经费主要由政府财政拨款和部分学费收入组成,年办学经费达 380 万元。2005 年 3 月,福建省委老干局、福建省老龄委办公室和福建省老年大学联合下发了《关于创建老年大学示范校的意见》,规定办学经费必须做到:"有稳定的办学经费来源,财政拨款按学员数每年每人平均 200 元以上。(不包括基建、设备费用。)"全省各老年大学的办学经费有了较大增加,据 2009 年统计,以设区市为例,现有办学经费,福州市老年大学有 187.26 万元(学员数 2800 人),厦门市老年大学有 210 万元(学员数 5503 人),漳州市老年大学有 23 万元(学员数 1020 人),泉州市老年大学有 77 万元(学员数 2100 人),莆田市老年大学有 53 万元(学员数 702 人),龙岩市老年大学有 18 万元(学员数 960 人),南平市老年大学有 20 万元(学员数 990 人),宁德市老年大学有 17.5 万元(学员数 625 人)。一些县区的老年大学现有办学经费也有一定的保证,如福清老年大学有 54 万元(学员数 1130 人),连江老年大学有 10.9 万元(学员数 403 人),思明老年大学有 116 万元(学员数 2302 人),德化老年大学有 19.5 万元(学员数 765 人),晋江老年大学有 84 万元(学员数 2584 人),石狮老年大学有 27 万元(学员数 837 人),鲤城老年大学有 17 万元(学员数 783 人),荔城老年大学有 10 万元(学员数 320 人),永安老年大学有 33.8 万元(学员数 1110 人),沙县老年大学有 17.85 万元(学员数 756 人),顺昌老年大学有 6.5 万元(学员数 416 人),建瓯老年大学有 16 万元(学员数 800 人),长乐老年大学有 18.235 万元(学员数 448 人),同安老年大学有 23 万元(学员数 909 人),海沧老年大学有 35.75 万元(学员数 464 人),建阳老年大学有 6 万元(学员数 483 人),古田老年大学有 10 万元(学员数 380 人),安溪老年大学有 28 万元(学员数 502 人),涵江老年大学有 11.2 万元(学员数 420 人),城厢老年大学有 11.2 万元(学员数 368 人),长泰老年大学有 7.3 万元(学员数 310 人),漳浦老年大学有 7.94 万元(学员数 320 人),南靖老年大学有 9.2 万元(学员数 585 人),将乐老年大学有 9.3 万元(学员数 449 人),尤溪老年大学有 11.5 万元(学员数 573 人)。许多乡镇老年教育的经费也由乡镇财政编入预算。如:晋江市深沪镇老年学校的办学经费由镇财政拨付,2006 年,镇财政拨予办学经费 2.38 万元,生均 171.4 元;2007 年镇财政拨予办学经费 2.72 万元,生均 200.4 元。此外,还争取各村的老协会资助。南安市诗山镇老年学校的办学经费由镇政府列入财政预算,每年拨款 2 万元,社会各界每年都支持万元以上,生均 200 元以上,办学经费来源稳定。惠安县镇社合一的螺城镇(西北)老年学校办学经费主要靠财政拨款,螺城镇政府每年从财政拨款 2 万元作为办学经费,还常常根据实际需要适当追加;西北社区每年投入 5 万元,确保生均 150 元。有的村一级老年学校的经费也得到县(区)、乡(镇)的财政支持,如莆田市荔城区每年由区财政下拨给每个村 1 万元经费,专门用于老年教育。

  台湾老年教育的经费来源,主要有四个方面:自筹款项(包括单位预算、学员学费、活动成果收入)、"政府"补助(包括社会福利部门、教育部门)、民间捐助(民间团体、基金会、社会大众)、其他。以自筹款项为例,其中最主要的是向学员收费,各老年教育机构在这方面执行情况不一样;即使有收,标准也不一样。据台湾老年教育研究专家对 300 所老年教育机构进行的不同次的调查,影响其收费的因素是多方面的,如:收费视"政府"补助情况而定的占 67.3%,视课程性质而定的占 32.3%,视学员年龄而定的占 27.7%,视学员社经地位而定的占 19.7%,视学员参与情形而定的占 18%。有将近七成的老年教育机构以"政府"补助多寡作为收费的决定因素。据台湾老年教育研究专家对 813 个学习者进行的课程收费方式的调查,只缴少许费用的占 49.2%,视课程成本而定的占20%,完全免费的占13.5%,先收保证金、期满视出席情况退回的占3.8%,其他占2.4%。以"政府"补助为例。"政府"设立的,其中由"政府"的教育行政部门设立的,仅占社会福利部门设立数目的1/8。"教育部"为推动在地化的老人教育工作,逐年扩编老人教育预算。各地方基层教育经费编列却未见扩编,台湾"教育部"2007年曾全面调查各地方政府编列社会教育经费的情况,结果表明:在编列经费中,家庭教育经费占36%,社区大学经费占28%,成人教育经费占8%,其余经费占36%,并未专门编列老年教育的专款经费。"教育部"补助各县市的老年教育经费如:基隆市134千元(指新台币,下同),台北市296千元,台北县207千元,桃园县263千元,新竹县429千元,新竹市691千元,苗栗县360千元,台中市236千元,南投县391千元,彰化县332千元,云林县226千元,嘉义县221千元,嘉义市261千元,台南县330千元,台南市426千元,高雄市133千元,高雄县280千元,屏东县461千元,宜兰县162千元,花莲县144千元,台东县134千元,澎湖县232千元,连江县121千元。以民间捐助为例,台湾老年教育研究专家对325所老年教育机构情况所做调查表明,只有29所(约9.1%)机构获得民间基金会的捐助,可见民间资源尚有待开发。此外,有的是"政府"拨款并酌收学费。台湾最早的老年大学——高雄市长青学苑创办于1983年,经费由高雄社会局提供,学员分年龄段收费,55岁至59岁者每科收费450元(指新台币,下同),60岁至64岁者每科收费200元,年满65岁及以上者免费;台南社教馆于2003年创办的长青社会大学,招收55岁以上者就读,学员选修一个科目收费600元;台东社教馆老人社会大学所需经费如教师点钟费、材料费、行政费等,由台东社教馆编列预算支付,学员每人每学年度交600元,其中350元为学员平安保险费,250元作为班级活动经费。有的是各方面筹集。如宜兰南阳义学上课场地多为免费使用,师资亦为志工性质,宜兰县民政局编列经费予以补助,因此南阳义学尚未有经费问题。南阳义学创办人林献忠发起"百万人兴义学"活动,向社会募款,每人捐100元,以1000万元为目标,并成立基金会。

  闽台老年教育在办学经费筹集上各有特点。福建各级老年大学的办学经费主要由政府拨款,但各地经济发展不平衡,对老年教育拨付的经费也不一样。特别是乡镇一级办学经费不足。目前乡镇一级多是"吃饭财政",有的拿不出足够的经费发展老年教育,村级集体经济比较薄弱,没有能力支付老年教育的费用。老年教育经费到位不平衡,特别是山区与沿海差距较大。以经济较为发达的泉州为例,全市共有70多所乡镇级老年学校,生均经费176元,村级生均经费149.5元,晋江市生均经费376元,也有1所生均经费为零。一些经济发展好的地方或侨乡，民间捐赠相对多些，如晋江市充分发挥侨乡优势，成立了由40多名海外华侨、港澳同胞和社会贤达、企业家组成的老年大学董事会，到2004年2月已筹集资金70多万，董事长陈文栋先生还赠送一部23座位面包车。台湾的老年教育，"'政府'并未编列固定经费，致实施效果不彰。多数老人教育活动均采自供自足方式或由'政府'补助部分经费办理。无固定经费来源，势必产生中途停办之现象，影响老人教育之推展。因此，部分活动常向学员收取学费或材料费，经济情况较差之老人则失去进修之机会。此外，除了教育部门拨付的教育经费外，各地方'政府'并无固定编列预算，有关规划老人教育事宜，主要还是由社政单位主导，教育单位除'教育部'每年编列预算支应外，各地方'政府'尚无相关预算协助，且未认定老人教育业务系教育行政单位应推动事项"。有八成的老年教育机构反映，开展老年教育活动的困难是"经费不足"（81.9％），可见经费多寡仍是目前影响开展老年教育的一项主要因素。台湾老年教育研究专家对325所老年教育机构情况所做调查表明，只有29所（约9.1％）机构获得民间基金会的捐助，可见民间资源尚有待开发。台湾年老年教育专家经过调研后认为："经费是影响老人教育活动的一项重要因素。……'政府'或民间能加强补助，每年只要250万元的投入，就可以让1000个老年人受益，因此，未来'政府'应在预算方面，宽列高龄教育经费，提高对高龄教育活动的经费补助，以大幅提升高龄教育的参与率。"有关专家还呼吁台湾各级教育行政机关在经费上给予支持，"在高龄社会的来临下，由传统教育垄断整体教育资源的现象应予打破，将教育资源重新适当地分配到各个年龄层中。因此，各级教育行政机关宜编列老人教育经费，将提供老人教育活动亦列为'政府'的责任"。

福建老年教育经费的筹措，应以政府财政预算为主，兼及其他形式（如社会捐赠、个人酌交学费）为辅。特别是乡镇（街道）老年学校的经费应以财政拨款为主，纳入同级财政预算，统筹安排。莆田市在《莆田市老年教育"十一五"发展规划》中指出："老年教育是公益性事业。老年教育的财政投入要随着财政收入的增长相应提高，随着老年人入学人数的增加而相应增长。要建立老年教育基金。各县区要从社会福利彩票公益金中，每年提取适量资金支持老年教育；鼓励企业、个人、社会团体及港、澳、台胞和海外人士捐助支持老年教育事业。有条件的地方还可以建立创收基地或成立'夕阳红'奖学金委员会，筹集办学资金。"莆田市老年大学成立了"夕阳红"奖学金委员会，并通过它，借助校庆15周年、20周年纪念活动的契机，向社会发动募捐，得到全市200多家机关、企事业单位的鼎力相助，捐款捐物价值达200多万元。这些都是很好的示范。

基金项目:福建省社科规划重点项目"科学发展观与福建省老年教育发展战略研究"(2010A020)阶段性成果。

(作者为福建广播电视大学教授)

闽台老年教育的教学设施、行销和评估

何绵山

《福建省中长期教育改革和发展规划纲要(2010—2020年)》提出"要重视发展老年教育。进一步完善老年教育设施和场所,支持省、市、县、乡、村五级老年大学(学校)建设"。根据目前福建省老年教育的发展现状,教学设施、行销和评估的完善是不可或缺的环节。

一、闽台老年教育的教学设施

福建老年大学的教学设施一般由政府出面解决。福建老年大学开办时是借用别单位的房子上课的,1994年盖了3000 m^2 的校舍,后来又盖了12000 m^2 的新校舍,这样就有了两处有一定规模的校舍。设区市的老年大学的设施一般都解决得较好。厦门老年大学位于市区繁华路段,占地面积2571 m^2,建筑面积5880 m^2,教学楼分为A楼、B楼两幢,共有教室18间,内设电脑、数码钢琴、书画、烹调、摄影等专用教室,每天可容1000多人上课;还设有多功能报告厅、图书室、学员作品展示厅、排练厅、卡拉OK厅、接待室、荣誉室、传达室等。莆田老年大学的四个教学点,拥有固定校舍面积4800平方米,设有礼堂、会议室、档案、保管室、图书室和歌舞厅、多功能厅、多媒体室、电脑室、数码钢琴室、电子琴室等专用教室及多间通用教室,配有教学及办公电脑109台、数码钢琴25架、钢琴2架、电子琴30架,还有多套教学扩音设备及电视机、投影仪、激光打印机、复印机、扫描仪、电子视频、摄像机等许多现代化教学、办公设备,并建立了数字校园和监控系统。此外,也有许多老年大学采用公房调剂或新建扩建的办法来解决校舍不足问题。但总体来说,县、乡一级的老年大学发展不平衡,有的无固定校舍,有的长期依托文化中心等单位,有的交通不便,有的面临拆迁,还有待于进一步改善。

台湾老年大学设施的解决方式有多种。据有关专家对300个老年教育机构上课场所的调查,有54%的机构拥有"本单位专有的场地"(次数164),有51%的机构借用"社区活动中心"(次数154),有23%的机构借用"教会或寺庙等场地"(次数69),有13.7％的机构借用"社教馆、文化中心、乡镇图书馆"(次数41),有12.3％的机构借用"当地中小学"(次数37),有3％的机构用"其他"办法解决(次数9),有2％的机构借用"当地的大学院校"(次数6)。有代表性的如宜兰南阳义学,这是一所没有固定校园的学校,办公设施通过多种方法解决:一是向有关人士和机关团体长期借用场地。如在宜兰市租地建教室,开设"数学圈补习班"的林振辉无偿将教室白天借给南阳义学,并提供电脑给学校学员使用;在宜兰市区开设电脑公司的林葆渊,在自己公司中挪出一个空间,当作南阳义学的教室,并亲自担任教师。二是向寺庙求借场地。台湾各种高层寺庙很多,并多为社区活动中心,其志业也多为"教育、文化、慈善"等,旨在造福乡里,与南阳义学的办学宗旨可谓不谋而合,于是就将寺庙中的房间无偿借给南阳义学。南阳义学在10多个寺庙开设分班,如四德福德庙长期将庙中房间借给南阳义学,近年来,南阳义学已在庙中开设了南胡班、日语班、读经班、老人识字班等,庙方还长年负责水电和复印等费用。三是私人提供空闲的场地。

台湾"教育部"于2007年鼓励运用"国中"、"国小"闲置空间设置"高龄学习中心"及"社区玩具工坊",由于中心数量较少,目前仍然以老人文康中心或老人福利服务中心为老人主要活动场所,而"内政部"补助设置的长青学苑,亦为老年教育的主要场所。据统计,至2008年,台湾文康中心有314所,远远不能满足满足台湾448万55岁以上中老年人的学习需要,因此有专家呼吁:"'政府'单位应以老人的学习特性为主要考量,运用公共闲置空间或民间单位之空间广设学习场所,规划开设白天之课程,以满足老人的学习需求,裨提高学习参与率及成效。"台湾老年教育的设施由于较为集中,给想就近入学的老年人带来不便。台湾有关专家认为:台湾的"高龄教育,多数仍处于福利制度下的老人活动中心或文康中心,即使连老人大学或长青中心,亦有集中于某一区域之现象,尚无法全面就近照顾所有的高龄学习者"。

二、闽台老年教育的行销(宣传)

老年教育的行销(宣传)十分重要。懂不懂行销(宣传),对于拓展老年大学的生源,至关重要。福建各级老年大学因情况不同(有的因不愁生源而一座难求),在这方面重视程度和举措不一。被称为"山区老年大学的一面旗帜"的永安市老年大学,注意通过宣传报道来扩大影响,如通过网站、校刊以及编印各种文集、纪念册等来扩大影响,并开辟各种宣传渠道,比如与《老年教育》、《福建老年报》、《三明日报》"夕阳红"专版、《绿色永安》、永安电视台等宣传媒体长期合作,在社会上有效地宣传了永安老年大学,扩大了永安老年大学的知名度。

台湾老年教育机构比较重视行销(宣传)。台湾有关方面对300所老年大学机构的行销和宣传进行了调查,结果表明:"学员口耳相传"的占66%,"亲朋好友推荐"的占53.3%,"自制海报、传单"的占41%,"由负责人动员"的占38.3%,"公家机关公告"的占22.3%,"报纸杂志广告"的占15%,"网路讯息广告"的占10%,"电影电视广告"的占5.7%,"由宣传车宣传"的占2.7%,"其他"占1.7%。此外,不同老年大学,有不同的行销方式,如台湾规模最大的老年大学——南阳义学,其行销方式很有特点:一是提出明确的招生口号。如以"到义学,学喘气、学作伴"为招生响亮口号,也成为学员之间口耳相传的口头禅,更成为南阳义学的招牌。南阳义学校长林献忠对其诠释是:"台湾话的'学喘气'意思很广,就是在你还能够呼吸的时候,自由自在呼吸。这是内敛的功夫,也是自信的第一步。有一个喘息的空间,也表示能享有一个自由的空间。很多人不是被职场闷死吗?激烈的、没有人性的竞争,会让人无法承受压力而闷死。'学作伴',就是圆融人际关系,这是外修的功夫。人不能离群索居,我们期待学员、义工和义工老师们从互动中找回彼此那一份关怀、人性的尊严。"二是利用现代传媒来扩大影响。如宜兰太平洋广播电台曾将南阳义学的名声传播至宜兰全县,除了定期播报义学的活动外,南阳义学负责人还常上电台,或畅谈办学理念,或介绍学校现况,或憧憬学校未来发展。三是举办各种活动。如经常应乡民代表会和农会之邀,举办大型晚会活动;举办踩街等多种民俗活动;组织歌仔戏、车鼓阵等对外演出活动;组织新春会、教师会等各种联谊活动。

台湾有关专家在改进老年教育的十点建议中,把"加强高龄教育的行销"作为其中的建议之一,认为:"本调查发现,台湾地区参与学习活动的老人仍属少数,原因是得不到讯息。未来需要结合媒体或行销公司,全面行销高龄学习的趣味与益处,利用各种管道,介绍国内外高龄学习的活动与成效,并多举办老人学习成果与经验分享活动,使更多的人知道相关的学习资讯,带动高龄学习的风气,改变大家对高龄教育的看法,同时强化对于老人学习权力的重视。"这种建议是有一定道理的。

三、闽台老年教育的评估(评鉴)

福建老年教育的评估工作已常态化、规范化,其评估标准,在福建老年教育中起到了示范作用,大大推进了福建老年教育的发展。2005年,福建省委老干部局、福建省老龄委办公室和福建省老年大学联合下发了《关于创建老年大学示范校的意见》，在全省县以上老年大学开展创建和评估省级老年大学示范校的活动，按百分制对要求进行了细化，规定了办学基本条件、学校管理、办学成效、示范指导作用等方面的评鉴标准，每个方面再进行分解，如办学基本条件分解为：领导班子、工作人员队伍、师资队伍、办学设备和办学经费。办学设备分解为：(1)有与办学规模相适应的单独(或固定)的校舍，设区市校面积达到3000 m²以上，县(区、市)校面积达到1000 m²以上；(2)有相应的室外活动场所；(3)有相应的教学、办公设备，能满足教学工作需要。

南平市老年大学课题组在《完善老年大学示范评估指标体系的思考》中提出了进一步完善评估指标的建议，认为总分应为200分，其中学校管理55分(包括办学理念7分、办学目标7分、领导班子10分、行政管理12分、教学管理13分、科研工作6分)、办学基本条件80分(包括办学规模15分、办学设施18分、办学经费17分、师资队伍15分、管理人员15分)、办学成效45分(其中校内学分10分、教学质量12分、办学特色11分、社会效益12分)、示范指导20分(其中示范作用8分、指导作用12分)。其中每项又分解为若干小项，每小项都有相对应的"基本要求"和"评估要点"，如"办学规模"分解为4个小项，"基本要求"之一为"有与办学规模相适应的独立或固定校舍。7分"，与之相对应的"评估要点"为"设区市校3000 m²以上，县(区、市)校面积达到1000 m²以上(7分)"。"基本要求"之二为"行政、办公和专业教室所需的各种功能用房符合学校规模。5分"，与之相对应的"评估要点"为"行政、办公用房满足需要(3分)；有电脑、多媒体等专业教室(2分)"。"基本要求"之三为"有电脑、打印机、电子琴等教学、办公设备。4分"，与之相对应的"评估要点"为"有电子琴等教学设备(2分)；有电脑、多媒体等专业教室(2分)"。"基本要求"之四为"有相应的室外活动场所。2分"，与之相对应的"评估要点"为"室外活动场所300 m²以上(2分)"。"评估要点"是对"基本要求"的说明和具体化，使评估过程可操作性更强。泉州各级老年大学(学校)示范校标准体系分四个A级指标项，18个B级指标项，实行百分制评分，具体如下所列。A1办学基本条件(50分)，包括B1领导班子(10分)、B2工作人员队伍(10分)、B3师资队伍(10分)、B4校舍设施设备(10分)、B5经费投入(10分)；A2学校管理(24分)，包括B6办学规模(8分)、B7行政管理(4分)、B8教学管理(6分)、B9学员管理及群团(3分)、B10教育教学研究(3分)；A3办学成效(20分)，包括B11办学方向(5分)、B12校风教风学风(2分)、B13学员素质提高(8分)、B14学员满意度(2分)、B15社会效益(3分)；A4示范指导作用(6分)，包括B16示范作用(2分)、B17指导作用(2分)、B18信息交流(2分)。为增强可操作性,避免随意性,B级项下还要分解成目标的C级因子,对每项C级因子提出好、中、差三个等级的评估标准,并规定相应评分权重。分别为100%～90%、89%～60%、59%～10%。这些评估指标都是根据老年教育发展的目标任务,对老年大学办学水平和效益进行综合评价的标准和依据。运用评估指标可以有效评估老年大学办学过程和结果,有助从宏观层面上指导和推进老年大学的规范化建设。

  台湾老年教育的评鉴体系也日趋完备。如"教育部"成立了乐龄银发教育行动辅导团,定期对受"教育部"补助的老年教育机构进行评鉴,作为后续经费补助的依据,其评鉴重点如:经营管理、学习活动、空间配置、人员专业等,结果分为优、甲、乙、丙四个等第,评为乙等以下者,由"教育部"委托辅导团协同补助对象订定辅导改进计划,如情况未有改善,补助对象应协助撤站,并应缴回原购置物品,移置其他老年教育机构续用。而未依规定执行或未配合办理查核的机构,除追回全部补助款项外,并停止申请相关经费。由于评鉴是奖优汰劣的进退场机制的关键,除继续维持客观、公信与专业的运作外,台湾有关人员建议未来参与评鉴的委员宜更多元化,除学术单位学者专家、主管机关官员外,也可增加老年教育机构成员,以收互评借镜之效,并强化机构自评机制。台湾老年教育研究者建议要加强对老年教育机构的评鉴,认为目前从事老年教育活动的机构众多,因规模不一、课程繁杂,其办理成效不得而知,因此建议台湾当局对老年教育机构进行评鉴,并建立进退场机制,奖优汰劣,以确保老年教育的质量。台湾还有专家认为:台湾老年教育的评鉴制度尚未有效建立,因而无法作为奖励的依据,更无法改善与提升老年教育的品质。因此,在建构台湾老年教育体系的过程中,奖励与评鉴机制的研订及建立,可有效促进老年教育的实施。

  基金项目:福建省教育厅A类社会科学研究项目"闽台老年教育比较研究"(JA10327S)阶段性成果。

(作者为福建广播电视大学教授)

海峡两岸社区教育比较研究

沈光辉　蔡亮光

第二次世界大战以后,社区教育的概念被广泛应用,并在世界各国特别是西方国家得到迅速发展。20世纪下半叶,大陆和台湾地区在引进和吸收欧美国家社区教育发展理念和经验的基础上,大力推进和实施社区教育,在理论和实践上都取得了迅速的发展。尽管大陆和台湾地区社区教育各具特色,并创造了不同的经验和模式,但海峡两岸社区教育同根同源,都是对中华文化的传承。加强两岸社区教育的交流、比较和借鉴,对发展两岸社区教育有着积极的意义。

一、海峡两岸社区教育产生的背景

20世纪70年代末开始,大陆开始实行改革开放,把工作重心转移到经济建设上来。经过30年的发展,大陆经济腾飞,社会发展,人民生活水平不断提高,教育事业得到全面发展。1993年中共中央、国务院颁布的《中国教育改革与发展纲要》首次提出了"终身教育"的概念,之后大陆逐步重视构建终身教育体系,建设学习型社会,倡导全民学习、终身学习,促进人的全面发展,加强社会建设。在此过程中,大陆把社区教育作为终身教育体系和学习型社会建设的重要形式和基本载体,大力推进社区教育工作,带来了社区教育的迅速发展。梳理大陆社区教育的发展历程,可以看出,主要经历了以下六个重要事件:一是20世纪80年代中期,推行以青少年校外教育为主要内容的社区教育;二是1993年《中国教育改革与发展纲要》提出建设社区教育组织,探索符合中小学特点的教育与社会结合的形式;三是1999年国务院批转教育部《面向21世纪教育振兴行动计划》,提出"开展社区教育实验工作,逐步建立和完善终身教育体系,努力提高全民素质";四是2000年教育部部署全国社区教育实验工作,确定成立社区教育实验区;五是2000年民政部推出城市社区建设意见;六是2004年教育部颁发《关于推进社区教育工作的若干意见》。这六个重要事件有力推动了大陆社区教育的发展,同时也将发展社区教育作为构建终身教育体系和建设学习型社会的重要目标和政策措施。

20世纪50年代,台湾地区经济发展快速,生活日渐富裕,然而造成农业人口移往工业,乡村人口大量流失,农业社区活力衰退,乡村社区日渐萎缩的状况。为促进农村经济的繁荣和村民生活的改善,从1955年起台湾开始推行基层民生建设运动,包括生产建设、教育文化、社会福利和卫生保健,这其中就包含着社区教育的内容。受欧美国家社区教育发展的影响,20世纪60年代以后,台湾社区教育的理论研究和实践都逐渐得到重视,经过约半个世纪的推行,特别是1987年台湾地区政治"解严","社区"意识高涨,社区教育得到了迅速发展。这一过程先后经历了四个关键事件:一是60年代推行的社区发展工作、二是1981年社区教育学会的成立、三是1994年"社区总体营造政策"的提出、四是1998年《迈向学习社会白皮书》的发布。台湾学者林振春指出,这四个事件既是按照社区教育发展的先后顺序排列的,代表了社区教育发展的依次推进,同时也是分别由不同的部门推行的。目前,这四个事件都处于深入发展的时期,并不断推进台湾地区社区教育的发展。当前,台湾地区社区教育的发展重心在社区学院和社区大学,同时将终身教育的发展提到了相当的高度,视终身教育为教育发展的终极目标。

虽然海峡两岸现代社区教育均出现在20世纪下半叶,但两岸社区教育的历史渊源可以追溯到人类开始群居的远古时代。从西安半坡村原始公社遗址看,就有用壕沟环绕以防备野兽入侵的小区域,出现了"生活区"、"作业区"等的划分与设定,这证明当时即有社区管理的印迹,而这些井然有序的社区管理显然与接受社区教育的指导是分不开的,据《左传》记载,在春秋时期,就有乡校的存在,乡校即古时乡间的公共场所,既是古代进行各项学习的处所(学校),又是乡人聚会议事的地方。中国古代的"乡校"、"社学"、"乡规民约"等都具有社区教化、社区自治、社区建设等社区教育的色彩。近代的民国初年到20世纪20至30年代,陶行知的"乡村教育实验"、晏阳初的"平民教育"实验以及梁漱溟的"乡村建设"实验等,均已包含了社区教育的内容,呈现了社区教育的特征。从社区教育发展背景来看,海峡两岸社区教育的发展都是经济社会发展的需要,与经济社会发展紧密联系;均引进国际特别是欧美地区社区教育的理念和经验,同时传承了中华传统文化,诸如正心、修身、齐家、治国、平天下的教化思想以及古代书院传统等在现代社区教育中仍清晰可见。海峡两岸社区教育从古代到近代是同根同源的,现代的社区教育也是中华文化教育在社区教育领域的两个分支。

二、海峡两岸社区教育的发展阶段

伴随着社区建设的开展和教育改革的需要,社区教育于20世纪70年代末期在大陆兴起,大致经历了三个阶段:第一阶段从20世纪70年代末至80年代初,为理念引进期。大陆的专家、学者集中引进了终身教育、社区教育的理念,翻译和编著了一批著作,同时发表了一批介绍性、研究性的论文。第二阶段从80年代中期至1999年,为探索实验期,京津沪等发达大城市较早开展了社区教育,并率先提出了建设"学习型城市"的构想,但各地开展的社区教育"各自为战",较少相互沟通联系。第三阶段从2000年开始至今,为实验推广期,这一时期从中央到地方,党委、政府和教育主管部门开始全面介入,教育部部署了社区教育实验工作,确定成立了社区教育实验区,各地社区教育实验区的推进有了统一部署和交流互动。在国家和地方党委、政府及教育主管部门的重视和支持下,大陆社区教育推进工作力度逐步加大,社区教育呈现出蓬勃发展的良好局面,走出了一条因地制宜、多样化发展的路子,在理论和实践方面也都取得了一定的成绩。台湾地区社区教育的发展也大致分为三个阶段:第一阶段为20世纪50年代至70年代,为促进农村经济的繁荣和村民生活的改善,台湾地区开展基层民生建设,内容包括生产建设、教育文化、社会福利和卫生保健等,以及推行社区发展工作,内容包括基础工程、生产福利及精神伦理建设等三项目标,这些内容即是台湾早期社区教育的内容。第二阶段为20世纪80年代,台湾社区发展步入以加强农村及边远地区的基层建设,提高农民所得为重点的稳步发展阶段。特别是1981年台湾成立社区教育学会,在开展社区教育研究活动的同时,注重加强学校与社区的联系,并结合社区与学校的力量推动社区教育的发展。第三阶段为20世纪90年代至今,台湾地区加快了社会教育化和教育终身化的步伐,不断探索以社区为载体实施终身学习的途径。其中1994年台湾提出的"社区总体营造"政策,强调现代社区应以民众为主体,形成了全民共识与全民参与的局面。为进一步推动全民终身学习的实施,台湾"教育部"将1998年定为"终身学习年",并发布了《迈向学习社会白皮书》,对终身学习的重要性做了政策性的阐述,这也是台湾推动终身教育、迈向学习型社会的一个新里程碑。

从发展阶段看,经过半个世纪的推行,海峡两岸社区教育在理论研究和实践探索上逐步得到重视,社区教育呈现出阶段性推进并快速发展的态势。同时,海峡两岸社区教育均注重与社区建设(社区营造)相结合。通过社区教育促进社区的建设和发展。从理论与实践关系的角度看,大陆社区教育侧重于宏观的理论研究,微观的研究不够,特别是对社区教育与社会发展(社区建设)之间存在什么样的关系以及如何具体推进社区教育等问题缺乏深入的研究,这导致大陆社区教育实践工作难以深入持续地开展。台湾地区则较多地借鉴欧美国家社区教育发展的理论和成功经验,依靠民间推动、政府支持,视社区教育为解决社区发展问题的手段,注重对社区教育的实验性、实证性研究,如台湾中正大学张菀珍教授曾亲自到嘉义县开展社区教育的实证研究和探索。在注重实际研究与田野研究的同时,台湾地区也存在基础理论研究不足的问题,台湾学者林振春指出,由于视"社区教育是一种社会需求下的教育实践,无须有太高深的理论基础",这导致了台湾地区社区教育的基础理论研究滞后于实践过程。

三、海峡两岸对社区教育理念概念的理解

大陆教育界对社区教育的定义和内涵有不同的理解与阐述,大体可分为三种:一是以北京厉以贤教授和上海黄云龙教授为代表的教育范畴说;二是以天津梁春涛教授为代表的组织管理范畴说;三是以上海叶忠海教授为代表的社区发展范畴说。教育部2001年的《全国社区教育实验工作经验交流会议纪要》中对社区教育的定义为:"社区教育是在一定地域范围内,充分利用开发各类教育资源,旨在提高社区成员整体素质和生活质量,促进区域经济建设和社会发展的教育活动。"由于视角不同,对社区教育也有着不同的理解,我们比较赞成厉以贤教授对社区教育内涵的表述,即对社区教育的定义可理解为:以社区为范围,以社区内全体居民为对象,同社区民众利益和社区发展的需要紧密相连,以建设和发展社区、消除社会问题、全面提高社区成员的素质和生活质量为目的的教育活动和过程,从此定义可看出,社区教育有三个特征,即地域性、全员性和目的性。

台湾对社区教育的定义也是不断发展的,其理论和实践较多借鉴欧美国家社区教育的理论和成功经验,并在社区教育的实践中,不断对之进行新的阐释。台湾社区教育学者普遍认为,社区教育是一种过程,社区发展的过程即是社区教育的过程。在洪秀容、王秋绒两位学者研究的基础上,1999年台湾社区教育学者林振春将社区教育定义为:(1)社区教育是一种过程,是教育或学习的过程,社区的发展过程就是社区教育的过程;(2)社区教育是一连串的活动,不论是正规还是非正规的教育活动,不管是有形还是无形的活动,是具体还是广泛性的学习活动;(3)社区教育是一个工作的园地,是个理念的园地;(4)社区教育是一门专业,若想让社区得到正常的发展,让社区民众可以得到较好的学习，要设计比较有弹性的方案，故社区教育势必是一门专业。林振春的这一社区教育的定义，基本上被台湾的社区教育学者认同，是较为一致的看法。从以上定义可见，台湾社区教育有以下一些特性：区域性、多元性、多样性、草根性、民主性和资源性等。

综上所述，关于海峡两岸社区教育的理念和概念，都体现出其平民化、草根性的色彩，大陆社区教育的办学定位为立足社区、服务社区，为社区居民提供全方位、多层次的教育，为地区经济、社会、文化建设服务，体现了社区教育民生、民权和民众的特点。台湾社区大学是社区教育的主要组织机构，从黄武雄教授关于社区大学"解放知识，改造社区，建设公民社会"的办学理念看，也充分体现了社区教育的社区属性和平民属性。大陆和台湾对社区教育的定义均注重非正规、非正式教育与正规教育的融合，目的都是为了推动终身教育、终身学习的发展，提高公民素质，促进社会建设。体现在大陆为"建设和谐社会"，台湾为"建构公民社会"。从对社区教育概念的界定上看，大陆与台湾地区存在一定的区别，大陆把社区教育定义为一种提高社区成员素质的教育活动与过程，属于教育发展的范畴；而台湾地区则把社区发展过程视为社区教育的过程，属于社区发展的范畴。

四、海峡两岸社区教育的体制机制

大陆于 2004 年颁发的《关于推进社区教育工作的若干意见》，提出把社区教育作为社区建设的重要内容纳入地方经济社会发展规划，建立有相关部门负责人参加的社区教育工作领导机构，形成"党政统筹领导，教育部门主管，有关部门配合，社会积极支持，社区自主活动，群众广泛参与"的管理体制和运行机制。各地教育行政部门把开展社区教育作为推进社区建设、构建终身教育体系、形成学习型社会的重要内容和措施，纳入地方教育发展计划，纳入教育检查评估范畴，采取得力措施，不断推进社区教育工作。在社区教育队伍建设方面，建立一支以专职人员为骨干，兼职人员和志愿者为主体的适应社区教育需要的管理队伍和师资队伍，并充分发挥社区内教师、专家、各行各业的工作人员、在校大中专学生的积极性，使之成为开展社区教育活动的重要力量。在社区教育的经费投入上，发挥政府扶持和市场机制的双重作用，采取"政府拨一点，社会筹一点，单位出一点，个人拿一点"的办法，建立以政府投入为主，多渠道投入的社区教育经费保障机制。同时要求加强对社区教育工作的检查、评估和咨询工作，成立社区教育专家咨询委员会，形成定期检查、评估和表彰奖励制度。

台湾地区的《终身学习法》对台湾社区大学进行了规定：社区大学系指在正规教育体制外，由"直辖市"、县市主管机关自行或委托办理，提供社区民众终身学习活动之教育机构。"直辖市"、县市主管机关为推展终身学习，提供"国民生活"及人文素养，培育现代社会公民，得依规定设置社区大学或委托办理之。其设置、组织、师资、课程、招生及其他相关事项，由各级行政当局自定之。台湾当局主管机关为激励公民参与终身学习意愿，对非正规教育之学习活动，建立学习成就认证制度，并作为入学采认或升迁考核之参据。前项学习成就认证制度之建立，应包括课程之认可、学习成就之采认、学分之有效期、入学采认之条件及其他有关事项，其办法，由台湾当局主管机关定之。各级行政当局应宽列预算，以推动终身学习活动。为均衡区域终身学习之发展，台湾当局主管机关对特殊需求之区域及对象，应优先予以经费补助。依据《终身学习法》，台湾社区大学的经费除台湾当局给予支持外，还要通过其他途径筹集，而社区大学在开办初期，是由地方政府采取"公办民营"方式，补助经费给民间非营利团体办理的。

从体制机制来看，大陆侧重于公办民助，即政府主导，社会力量推动和民众参与；台湾地区则是公办民营，即行政当局主办，民间团体与机构经营。在管理机制、人员配备、投入保障等方面也是如此。就社区教育人员队伍而言，大陆以专职人员为主，吸收兼职人员和志愿者队伍；台湾地区则以专业人士、义工为主，他们经常深入社区义务开展社区教育活动，促进学习型社区的建设。但从体制机制统整的角度看，大陆与台湾地区均缺乏强有力的整合政策与措施，相关部门之间难以协调与沟通，教育资源的整合与创造能力均显不足。

五、海峡两岸社区教育的组织机构

大陆的社区教育机构以公办单位为主，同时积极组织民间团体和社区组织共同参与。目前参与开展社区教育的组织机构主要有：

1. 社区大学或社区学院。各地的社区大学和社区学院已成为大陆开展社区教育的主要力量，它一般以现有国民教育体系中的各类学校和机构为依托，以政府为主导。据不完全统计，目前全国已有300多家。

2. 三级社区教育网络。在一些经济发展较好的地区，已探索并构建了以社区学院为龙头，街道、乡镇的社区学校为骨干，居委会、村的社区学校为基础的三级社区教育体系和培训网络。

3. 远程教育机构。大陆重视发挥现代远程教育技术优势和计算机网络平台作用开展社区教育。如福建省发挥福建省远程教育中心作用,建设"福建省终身学习在线";浙江、福建等省依托广播电视大学系统优势,构建全省社区教育网络体系。

4. 公办社会教育机构。各地注重成教中心、市民学校、文明学校、文化馆、图书馆、博物馆、广播电台、电视台等社会教育机构的广泛参与。

5. 各类学校。各地中小学、高等院校积极参与社区教育、终身教育,积极创建学习型组织、学习型学校,共同构建学习型社会。

6. 民间团体组织。如各种行业协会、社会团体、民间组织等。

台湾地区建立学习型社会已在社会各界形成较为广泛的共识,参与社区教育的机构除了大量公立单位,还有大量民间组织,形成行政大力支持,社会各界广泛参与的社区教育发展格局。台湾地区从事社区教育的机构主要有:

1. 社区学院或社区大学。1998年5月,台湾地区第一所社区大学(文山社区大学)在台北成立,目前共有98所社区大学。社区学院和社区大学是台湾社区教育的重要机构,分别代表了台湾由官方或民间创办社区教育的模式。

2. 文化教育中心。台湾在各县、市均设立了文化教育中心等公立社区教育机构,其日常工作直接由教育局管理,经费由教育局拨付。

3. 社会教育馆。台湾已设立4个社会教育馆,并在各乡镇均设立了社会教育馆分支机构或社区教育活动中心,由教育局和乡镇政府共同负担经费。

4. 公立社会教育机构。如图书馆、博物馆、科学教育馆、文化教育中心、广播电台、电视台等和各类"国立"学校均参与社区教育活动。

5. 民间机构。主要有社会服务团、读书会、女性愿景协会、真善美联谊会、民权扶轮社、各类文化教育基金会等。

从以上分析来看,海峡两岸社区教育的实施与开展,都以一定的教育机构为依托,都注重发挥官方与社会团体的作用。均立足于现有正规学校教育体系,依托各地学校组织,发挥社会团体、民间机构的作用。两岸都成立了社区大学和社区学院,开展社区教育,促进社会发展,构建文明社会,解决社区问题,建设学习型社区。但两岸的社区大学和社区学院在发展中均遇到一定的困难,均未被纳入正规教育体系之内,其身份与定位均存在未能被"体制内"认同的问题。

六、海峡两岸开展社区教育的内容形式

大陆注重立足地方实际,积极组织开展以提高社区居民素质和生活质量为目的的社区教育活动,满足社区居民多样化的需求。其教育内容主要包含两大范畴,即社会文化生活范畴与职业技能范畴(非功利性范畴与功利性范畴)。社会文化生活范畴主要包括社区内婴幼儿教育、青少年校外教育、妇女教育、老年教育、进城农民适应城市社会生活教育、科学文化素养教育、精神文明活动等以及各类社会文化教育活动。职业技能范畴包括在职人员岗位培训、下岗失业人员再就业培训、弱势人群提高生存技能培训、劳动技能培训、农村劳动力转移培训、职业资格认证等。这两大范畴涵盖了信息咨询类、医疗服务类、教育服务类、文化服务类、体育服务类、老年服务类、维修服务类和政务服务类等多个项目。虽然大陆社区教育在内容和形式上尚未能完全满足社区居民多样化的教育需求,社区教育培训活动的针对性和实效性也还不够强,但在现阶段,社区教育已经发挥了其独特的作用,一定程度上促进了社区的发展,满足了社区居民的需求。

台湾社区教育的内容十分广泛,在课程上分为学术课程、社团课程和生活技能课程。台湾学者陈丽云、黄锦宾将社区教育的内容分为三大范畴:(1)知识/思想范畴,包括对社区生活或共同问题的知识及资料的掌握。能理解资料的"互为"关系,有能力去引申和推理;具备分析和评价能力,又可提出创新的建议等。(2)行为/技能范畴,包括与社区居民沟通的技巧。善于表达对他人的关爱,懂得社区行为和群众动员的能力,具备谈判、公关、与大众传媒合作的能力等。(3)情感/价值范畴,包括社区认同感、关心社区公共事务、建立社区良好的感情联系、为社区服务的热情等。从台湾学者对社区教育内容的概括来看,台湾地区社区教育涵盖了生活中方方面面的内容。其主要目标是培养具有知识、技能与社区意识的良好公民,目前正积极推展社区妇女教育和老人教育计划。从台湾社区教育机构开展的活动来看,内容广泛,以台东社会教育馆为例,其开展的内容包括成人教育、妇女家庭及婚姻教育、推展全民精神建设方案、老人教育、艺术教育、环境及亲子教育、体育休闲教育、生计教育、科学教育、交通安全教育、社会教育、中医药展示与研究、出版刊物等10多项内容,开展的方式包括研究、研习、讲座、比赛、参观、宣导、研讨、表演、联谊等。

从海峡两岸社区教育的内容形式看,均体现为满足社区居民的多样化学习需要,注重社区居民解决社区问题能力的培养以及社区意识的养成;均注意开展多层次、多内容、多形式的教育培训活动,以提高社区居民整体素质和生活质量为目标。社区教育的活动都注重将社区教育与社区建设融为一体。此外,两岸社区教育都在朝着学习型社区的方向发展,台湾地区对终身教育、终身学习、社区终身学习的理论进行了大量的研究和实践,并将社区终身学习计划的实践作为台湾社区教育的重要内容。大陆在这一点也已形成共识,并正在大力推进。但从社区教育实效性角度看,两岸均存在社区教育活动开展不平衡、社区居民参与率不高等问题。

七、海峡两岸终身教育的法规政策

大陆的终身教育法规政策最早见于1993年中共中央、国务院颁布的《中国教育改革和发展纲要》,首次提出"向终身教育发展"的问题。社区教育法规政策最早见诸1999年国务院批转的教育部《面向21世纪教育振兴行动计划》,提出积极推进社区教育,加快构建终身教育体系,促进学习型社会形成的任务。大陆社区教育专门的法规政策最早见诸2004年教育部颁发的《关于推进社区教育工作的若干意见》,对开展社区教育的目的意义、指导思想、原则、目标、主要任务和管理体制进行规定。2007年开始,大陆启动了《终身学习法》的立法起草工作,目前正在进行立法调研与论证。2005年7月福建省出台了全国第一个地方性法规《福建省终身教育促进条例》(以下简称福建省《条例》)。条例主要包括以下几方面内容:一是规定了终身教育对象。包括国家公务员、企事业单位专业技术人员、机关事业单位工勤人员、企业经营管理人员、企业职工、城镇事业人员等在内的11种人员。二是规定了各级政府和单位开展终身教育的职责,如:要求各级政府在法规正式实施后,部分或全部开放政府举办的科技馆、图书馆、文化馆、博物馆、纪念馆、体育馆等社会公益性的科技教育文化设施,采取免费或优惠的方式供公民参观、学习;社区内的中小学等教育机构要向社区成员开放教学场地和设施;企事业单位也要为员工接受继续教育提供必要条件,按照国家规定提取和使用职工培训经费。三是规定设立"终身教育促进委员会"作为各地协调、指导、推动和评估终身教育的职能机构。四是规定了终身教育经费保障制度,要求地方各级财政安排相应的终身教育经费,并鼓励社会力量捐助或者兴办终身教育事业。该条例体现了多渠道支持终身教育发展的指导思想。

自20世纪60年代起,台湾地区就开始重视终身教育法律法规的建设,1965年,台湾"行政院"颁布的《民生主义阶段社会政策》明确规定"采取社区发展方式,促进民生建设"。1968年,台湾"内政部"颁布的《社区发展工作纲要》指出,社区发展目标在于推动社区各项福利建设和精神伦理建设,以改善民众生活,促进社会进步。此后,台湾地区又推出一系列完备的教育政策法规,其中以有关终身学习的政策为重点。台湾将1998年定为"终身学习年",并发布了《迈向学习社会白皮书》。白皮书为当局推动终身教育最明确的政策,也为建构学习社会勾勒了蓝图,指明了发展方向。《终身学习法》于2002

年6月26日颁布,共分为11条主要内容。它的制定与颁布施行,对台湾终身教育的发展影响深远,其已成为台湾地区实施终身教育的最高指导原则,也是终身教育的政策特征。它显示了台湾地区实施终身教育的决心,为台湾迈向学习社会奠定了坚实的基础。纵观海峡两岸终身教育的法律法规可以看出,台湾地区的立法走在大陆前面,台湾于2002年就已颁布《终身学习法》,大陆2007年才开始启动《终身学习法》立法起草工作,目前仅福建省一家有地方性法规,而且大陆地区是地方立法先行,最高层次的立法滞后。体现的是自下而上的发展趋势。在对终身教育的界定上,福建省《条例》并没有从正面对终身教育进行界定,而是从法规适用的角度,间接对"终身教育"下定义:"本条例适用于本省行政区域内现代国民教育体系之外有组织的终身教育活动。"台湾地区《终身学习法》则将终身教育明确界定为"个人在生命全程中所从事之各类学习活动"。在管理体制上,福建省《条例》与台湾地区《终身学习法》均要求设立终身教育专门管理机构,对终身教育活动进行组织协调,并在各级政府设立相应的终身教育专门管理机构。在办学机构认定上,均重视终身教育办学机构的认定,明确社区教育是终身教育的主要形式。从海峡两岸终身教育的立法来看,目前都还不完善。大陆的终身教育立法还处于初始阶段,立法的内容还不尽翔实,如福建省《条例》没有明确终身教育与国民教育、职业教育、成人教育的关系等;台湾地区《终身学习法》在实施过程中也存在一些不尽如人意的地方。都还需进一步修订和完善。

八、台湾地区社区教育可供大陆借鉴的经验和启示

1. 社区教育的发展必须适应现代社会不断发展的需要。比较海峡两岸社区教育可以看到,发展社区教育是对社会新的教育需求的适应与满足。社会生活的多样化、信息渠道的多样化、社会环境的多样化,必然产生教育需求的多样化。社区教育的发展必然要结合社会成员终身学习的需要,适应现代社会不断发展的需求。台湾社区教育发展上经历的四个重大事件,就是很好的体现。

近年来,台湾地区社区教育特别注重社区教育与未来社会发展关系的研究,强调社区教育关系着未来社区与社会的发展,并与社区居民生活息息相关,社区教育在社区发展过程中,对于社区基本制度的建立与社区功能的发挥,具有更为重要的价值和意义。同时,注重开发和利用社区内的人、财、物等有形的物质资源和社区居民意识等无形精神资源,通过实施良好的社会教育、学校教育和家庭教育,提高整个社区的教育和文化水平,并通过教育与社区生活的结合,提高社区居民的生活质量,维护社区建设的成果,使社区教育的发展进一步顺应社区发展和未来社会的需要。

当前大陆需要大力发展社区教育,特别是随着大陆经济快速发展与城市化进程的加快所带来的众多社会问题的出现,加快社区教育的发展已是刻不容缓。台湾的社区建设与社区教育发展是从农村开始并逐步推进的,而大陆农村社区建设与社区教育严重滞后于城市。随着社会主义新农村建设的推进,大陆可借鉴台湾地区的经验。重视农村社区建设,发展农村社区教育,创建农村学习型社区,提升农村社区教育水平,提高农村劳动者素质,这是时代的要求,也是社会发展的必然趋势。

2. 社区教育是构建终身教育体系和形成学习型社会的重要途径。20世纪80年代以后,终身教育、终身学习的理论开始引入台湾地区,并逐渐为人们所熟知。此后,包括杨国赐、王秋绒在内的一批学者对终身教育和终身学习进行讨论和研究,并于1985年将终身教育化为具体政策措施。进入90年代,台湾地区意识到促进终身学习社会的发展已是当前的重要任务,并于1994年制定了终身学习的发展规则。1998年《迈向学习社会白皮书》的发布,强调了未来社会是终身学习的社会,提出了建立终身学习社会的具体途径,并规划了14项行动方案,应该说,这是台湾社区教育迈向社区终身教育的一个重要转折。可以看出,学习型社区形成的最佳途径就是全面推进社区教育的发展,这是构建终身教育体系与形成学习型社会的重要途径。

从某种意义上讲,社区教育就是社区范围内的全民终身教育与终身学习。大陆未来要加快推进社区教育,建设学习型社会,应以终身教育、全民终身学习的理念为指导,积极宣传社区教育、终身教育的理念,使每个居民都能意识到终身教育、终身学习既是人应当享受的一项基本权利,也是人必须对社会及自身承担的义务与责任;教育、学习既是社会的需要、职业的需要,也是生活的需要、实现人生价值的需要。大陆应努力形成一种良好的社会氛围,不断提升社会成员对终身学习的认识,使终身教育和终身学习的理念得到广泛的普及和认同,从而促进社会成员主动地参与到终身学习、社区教育的活动中来。

3. 社区教育的发展要有政府的推动和各方的参与。社区教育的发展,政府的推动起着十分关键的作用。海峡两岸虽然支持的方式不同,但为社区教育立法、制定支持政策、进行必要的投入等都是一致的。

台湾社区教育大多包含在社区发展工作中,台湾对社区发展工作做了许多规定和要求,并给予大量的支持。如1965年"行政院"颁布实施《民生主义现阶段社会政策》,把社区发展列为社会福利措施七大方针之一,并列为社建设的方法之一。1966年,台湾成立由上到下推行社区发展的机构以推动社区发展工作。1968年台湾制定并颁布《社区发展工作纲要》,社区发展工作成为政府工作的中心,并制订了"社区发展四年计划"。这些规定和政策的施行有力地促进了台湾社区教育的发展。

大陆社区教育还处于扩大实验阶段,因此,政府的推动是关键。尽管沿海地区和经济较发达的地区社区教育发展较快,但其中政府的推动作用是相当关键的。此外,随着经济体制改革和政府职能的转变,政府在社区教育中的职能应主要体现在提供学习条件、营造学习氛围、改善学习环境和搭建学习平台上。

同时,社区教育是一项社会系统工程,离不开各方的积极参与,因此要鼓励和吸引企业、团体、组织、个人投身社区教育。特别在整合各类教育资源方面,除了政府之外,需要各方的参与,特别是各类社区组织、社会团体、民间机构以及社会成员的广泛参与。因为社区教育不是社区与教育的简单叠加,也不是社区内各类教育的简单叠加,而是教育与社会的有机融合,是社区内各种教育要素的集合、协调和互动。

九、海峡两岸社区教育发展共同关注的相关问题探讨

1. 社区教育与正规教育之间沟通与衔接问题。目前,台湾社区大学的课程内容包括三大类:知识类(或学术类)、生活技能类和社区社团类,其中第二、三类均不在传统高等教育的课程规划范围内,即使以第一类而言,许多社区大学的学术类课程是否可算是高等教育程度亦不无疑义,因此,台湾社区大学还很难归于高等教育的范畴,很难算是真正的高等教育机构。《终身学习法》第三条明确地将社区大学定位为非正规教育机构,由"直辖市"、县(市)主管机关自行或委托办理。台湾社区大学被排除在正规教育体系之外,表明后续的学习认证或是授予学位文凭仍旧有长路要走,这也是未来社区大学迈向法制化所必须面对的严峻问题。虽然台湾地区自2005年开始进行了多方面的尝试,但效果不佳。如台湾地区自2005年开始实施非正规学习成就认证制度以来,迄今已逾4年,但并未获得社会的普遍响应,也未获得学校、机关和团体承认并作为升迁与考核之依据。

大陆也同样有类似情况,虽然国家和教育部一直致力于发展社区教育,但社区教育尚不属于国民教育范畴,不能颁发学历证书,开展的教育活动均为非正规、非学历教育范畴。大陆的北京、上海、福建等省市目前已开始尝试建立"学分银行",但整体上缺乏非学历、非正规教育与学历教育之间的有效沟通,这也成为制约社区教育发展的一个原因。从未来社区教育发展考量,海峡两岸可借鉴欧美的经验,建立学习成果认证制度,对参加非正规、非正式培训和自学之后所取得的学习成就予以认定,及时获得有关部门对其学习效果以及所达到程度的评估认证。对于人们通过各种途径,其中包括正规学校教育活动,也包括非正规学习活动所取得的学分,相关机构应予以承认并认定。

2. 社区教育的法制保障问题。台湾地区重视终身教育、社区教育的立法工作,有关政策法规比较完善,但在执行过程中受政治影响,出现不少问题。举例来说,台湾地区在推展《终身学习法》方面已经取得了一些实效,但在实施过程中仍有些不尽如人意的地方,如经费预算减缩、终身学习基金会未能成立等。面对立法的前瞻性与可操作性问题,台湾成人及终身教育学会常务理事刘奕权在分析问题的原因时指出,《终身学习法》是一个"梦",由于种种原因,人们对于建立一个学习型社会的目标逐渐遗忘,于是在具体实施过程中,有些条例并没有得到很好的落实。我们认为,法规是调整社会关系的规范与准则,立法需要凝聚各方共识,调整社会关系,立法难度大,实施难度更大。正如黄富顺教授所认为的那样,任何一部法律应该有目标、有愿景,应具有引导作用,只要能够实现其中的一部分,就可以为社会作出贡献。

目前大陆也要在现有法规政策基础上,加快启动终身教育、终身学习的立法工作,把社区教育纳入法制轨道,推动社区教育健康、持续发展。同时,应借鉴台湾地区的立法经验,注意立法的前瞻性与可操作性。

3. 社区教育与社会发展互动问题。社区教育是推动社区建设和社会发展的一支重要力量。社区教育的深化与发展,代表着教育变革与创新的趋势。同时,社区教育的实质是沟通教育与社区的联系,推动教育与社会(社区)有机结合、协调发展。因此,社区教育应顺应社会的变化,与社会建设协调发展、互相促进。从海峡两岸社区教育发展趋势来看,实现从教育主体本位型的社区教育向社区主体本位型的社区教育转变,是社区教育实现教育与社会相互融合、有机一体化的第二次飞跃。海峡两岸在社区教育理论与实践中可共同探讨从教育本位到社会(社区)本位的转变,实现社区教育与社区建设(社区营造)的沟通与互动,进而实现教育与社区的有机融合,最终走向学习型社区与学习型社会。

参考文献

[1][日]小林文人,[日]末本诚,[中]吴遵民.当代社区教育新视野:社区教育理论与

实践的国际比较[M].上海教育出版社,2003.

[2]叶忠海.社区教育学基础[M].上海大学出版社,2000.

[3]沈金荣.社区教育的发展和展望[M].上海大学出版社,2000.

[4]张雅晶.台湾社区教育概述[M].中国社会出版社,2005.

[5]杨应崧.各国社区教育概论[M].上海大学出版社,2000.

[6]林振春.台湾社区教育发展之研究[M].师大书苑有限公司,1999.

[7]林振春.台湾社区教育的现状与发展评析[J].文教基金会60期会讯,2002-12-12.

[8]杨家兴.从社区建设到社区教育:台湾六十年社区发展重心的转折[J].终身教育,2008(4).

[9]林孝信.成人教育的一个创新实验:台湾社区大学的经验[J].终身教育,2008(4).

[10]崔婧婧.境外社区教育研究及其启示[J].科教文汇,2008(9).

[11]罗丙国.我国社区教育发展及其国际比较研究[J].湖南科技学院学报,2005(8).

[12]刘松枝.借鉴国外经验发展具有中国特色的社区教育[J].成人教育,2006(1).

[13]沈光辉.我国社区教育的发展现状与推进措施研究[J].继续教育,2007(6).

[14]黄富顺.台湾地区非正规学习成就的实施与展望[J].成人教育,2009(1).

[15]沈光辉,蔡亮光.学习型社会新形式:社区现代远程教育发展研究[J].教育与考试,2007(2).

[16]刘尧.台湾社区大学办学理念及其对大陆的启示[J].教育与考试,2007(5).

[17]李鑫毅.台湾社区营造及对我们的启示[J].现代企业教育,2007(7).

[18]王茹.台湾的社区总体营造政策及评析[J].台湾研究集刊,2004(2).

[19]刘尧.台湾社区大学发展历史与现状述评[J].西南交通大学学报(社会科学版),2008(2).

[20]高文杰.我国现代社区教育发展的哲学思考[J].高等函授学报(哲学社会科学版),2008(7).

基金项目:国家社会科学基金特别委托项目"互动与创新:多维视野下的闽台文化研究"之子课题"闽台文化史"(09@ZH015)阶段性成果。

(作者沈光辉为福建广播电视大学研究员,蔡亮光为福建广播电视大学助理研究员。)

海峡两岸终身教育发展比较研究

吴国 叶必锋

随着终身教育的不断拓展,终身教育、终身学习的理念愈加深入人心,终身教育和学习型社会的相关问题日益成为学界的研究热点。从掌握的文献看,国外尚未对海峡两岸终身教育的发展进行专门性的比较研究。为此,本研究以大陆和台湾地区终身教育的实践发展为个案,概括和评析海峡两岸终身教育发展的背景、现状、体制机制、法规政策、拓展实施、特色以及启示等问题,学习借鉴台湾地区发展终身教育的有益经验,总结、审视大陆在推进终身教育发展进程中的经验以及需要面对的问题,并提出相关建议,以期对促进大陆终身教育的构建与发展有所裨益。

一、海峡两岸终身教育发展比较

(一)海峡两岸终身教育产生的背景

1. 大陆终身教育产生的背景

新中国成立以前,大陆曾盛行的成人教育形式有补习教育、社会教育、通俗教育、民众教育等。新中国成立以后,党和政府为提高工农群众的文化素养,实施了工农教育、业余教育、扫盲教育、干部教育等形式的成人教育,终身教育的理念逐步受到关注与推广,至今终身教育已成为国家教育发展策略的重要组成部分。具有里程碑意义的六大重要事件见表1:

表1 大陆终身教育发展具有里程碑意义的事件

序号	时间	重要事件	备注
1	1979年	翻译出版《学会生存——教育世界的今天和明天》	标志着终身教育理念的引入。
2	1993年	发布《中国教育改革和发展纲要》	首次提及终身教育。

续表

序号	时间	重要事件	备注
3	1995年	颁布《中华人民共和国教育法》	提出要为公民提供终身教育服务，逐步建立和完善终身教育体系。
4	1998年	发布《面向21世纪教育振兴行动计划》	提出到2010年要基本建立起终身学习体系。
5	2002年	召开党的十六大	提出要"形成全民学习、终身学习的学习型社会，促进人的全面发展"、"构建终身教育体系"。
6	2010年	发布《国家中长期教育改革和发展规划纲要（2010—2020年）》	指出要"构建体系完备的终身教育。现代国民教育体系更加完备，终身教育体系基本形成"。

这六大事件有力地推进了大陆终身教育的发展，终身教育的理念开始逐步渗透到社会各个阶层和教育领域。构建完备的终身教育和终身学习体系，已成为国家教育改革的重要任务之一。

2.台湾地区终身教育产生的背景

20世纪50年代初期，台湾社会民众受教育程度还比较低，提高公民素质成为社会教育面临的迫切任务之一，为此，台湾先后实施了扫盲教育和普及"国民教育"两项工程。随着20世纪70年代终身教育思潮的引进，台湾终身教育的理论研究和实践逐步受到重视，终身教育也得到迅速发展，主要经历了五个关键事件，见表2：

表2 台湾地区终身教育发展的关键事件

序号	时间	重要事件	备注
1	1980年	修订《社会教育法》	首次规定："社会教育以实施全民及终身教育为宗旨"，终身教育一词正式出现在台湾。

续表

序号	时间	重要事件	备注
2	1994—1995年	召开第七次教育会议	提出"推展终身教育",并将"规划生涯学习体系,建立终身学习社会"列为教育的重要内容。
3	1996年	提出《以终身学习为导向的成人教育中程发展计划》	从机构建设、制度建立、资源整合等方面为终身学习打好基础,为成人提供多元学习机会,鼓励成人利用非正规和非正式教育渠道参与学习。
4	1998年	发表《迈向学习社会白皮书》	提出了14项具体的实施途径和行动方案,并将该年定为"终身学习年"。
5	2002年	公布施行《终身学习法》	有力地推进了终身教育的发展,基本完成终身教育体系的构建。

虽然海峡两岸引介终身教育的时间有所不同,但若追根溯源,其实早在春秋战国时期我国的大思想家和大教育家孔子就已倡导了终身教育理念。有关这方面的讨论收录在《论语》中,其内涵可以归纳为:以各阶层人们接受教育的时间、空间、方式的开放性为特点,立足于德行修炼,强调文史、术科知识,技能学习而进行的各阶段、各层次的终身教育。孔子用自己的人生经验告诫人们"活到老,学到老"的终身学习理念,他所提出并付诸实践的"有教无类"、"三人行,必有我师焉"等理念,无不与现代终身教育理论相通相合。可以说,他是我国乃至全世界推展终身教育的先辈,其终身教育、终身学习思想具有不可忽视的当代价值,是我们全民族的宝贵精神财富。因此,从现代终身教育发展背景来看,海峡两岸终身教育的发展既是经济社会的发展、知识经济时代的到来、现代科技的进步和人口结构的变化所提出的客观要求,同时也传承着从古代到近代的终身教育思想,可谓同根同源、一脉相承。

(二)海峡两岸终身教育的发展阶段

1.大陆终身教育的发展阶段

如下所示,大陆终身教育的发展经历了三个阶段:

第一阶段:理念引介期
(20世纪70年代末至80年代末)
① 民间学者的引介
② 专业刊物的引介
③ 组织的推介

第二阶段:酝酿规划期
(20世纪90年代初至90年代末) 通过相关法规政策确立终身教育的地位

第三阶段:实施推进期
(2000年开始至今) 出台了一系列文件、政策及措施等

大陆终身教育发展的第一阶段,主要是理念的引介。引介方式主要有三种:一是通过民间学者的引介,如翻译出版了《终身教育:一个值得关注的国际教育思潮》、《回归教育:一种新的教育理论》[1]、《学会生存:教育世界的今天和明天》和《终身教育引论》[2];二是通过《中国成人教育》、《继续教育研究》等与终身教育有关的近百种专业刊物的引介;三是通过组织的推介,其中,较具影响力的组织就是1981年成立的"中国成人教育协会",其成为中国成人教育、职工教育及终身教育实践活动、理论研究和学术交流的重要载体和推动力量。[3]第二阶段是酝酿规划期,通过相关法规政策确立终身教育的地位,如1993年颁布的《中国教育改革和发展纲要》,第一次使用并认同"终身教育"概念,在理念上取得了重大突破。1995年颁布的《中华人民共和国教育法》和1999年实施的《面向21世纪教育振兴行动计划》都对构建终身学习体系提出目标要求。在第三阶段实施推进期中,构建有中国特色、体系完备的终身教育,促进学习型社会建设被列为教育改革和发展的战略任务,有关方面出台了一系列的文件、政策及措施,有力地推动了大陆终身教育的全面发展。

2. 台湾地区终身教育的发展阶段

如下所示,台湾地区终身教育的发展同样经历了三个阶段:

第一阶段:成人基本教育形成期　①初习教育
（20世纪50年代至70年代末）　②继续教育
　　　　　　　　　　　　　　　③进修教育

↓

第二阶段:制度巩固与体系形成期　出台相关推展纲要、计划、
（20世纪80年代至2002年）　　　报告书、白皮书等

↓

第三阶段:积极行动期　①相继成立与终身教育相关的推动单位
（2003年至今）　　　　②充分发挥民间社团的作用
　　　　　　　　　　　③施行"331"行动计划等

台湾地区终身教育发展的第一阶段主要是发展成人教育,成人教育的代表性活动聚焦于三方面:初习教育、继续教育和进修教育,主要通过补习班、补校初级部、广播学校、空中补习学校方式开展,其目的是降低文盲率、普及"国民教育"和推广大学教育。在第二阶段台湾高度重视终身教育的发展规划与推展工作,1986年成立了空中大学,这对扩展台湾成人教育与终身教育具有重要的意义。同时还在规划、政策、法律层面对终身教育的地位确立与推广予以保障,如台湾在20世纪90年代连续多年出台相关的推展纲要、计划、报告书、白皮书,一系列的措施与政策有效地确保其终身教育发展的前瞻性、连续性、均衡性与本土性,2002年《终身学习法》的发布标志着台湾终身教育体系已基本形成。第三个阶段台湾主要通过相继成立与终身教育相关的推动单位、充分发挥民间社团的作用、激发社会的参与投入、施行"331"行动计划等方式积极推展终身教育。通过近10年的发展,台湾已基本形成一个包括正规教育、非正规教育、非正式教育在内的形态多样和方法多样的终身教育体系。

从发展阶段上看,海峡两岸的终身教育随着经济社会的发展都更加受到重视并为民众所接受和认可,终身教育发展有规划、有保障、有措施、有进展,在实践中都开展了许多有益学习型社会构建的终身教育活动,对提高全民素质起了重要的作用。从发展阶段的特征上看,大陆对终身教育理念的引介与相关理论研究相对较早,取得了一系列的理论研究成果,但对终身教育实践层面的研究相对较弱,还不能更好地促进终身教育的实践推展。台湾在引介终

身教育理念时则更注重基于本地区实际的终身教育发展规划,比较早就开始从规划、政策、法律层面对终身教育的地位确立与拓展予以保障,致力于促成终身教育制度的巩固与体系的形成。当然,台湾地区在终身教育基础理论研究上有所不足,基础理论研究相对滞后于实践过程。

(三)海峡两岸对终身教育内涵的理解

1.大陆对终身教育内涵的理解

大陆学术界对于终身教育及其表现形式有着不同的看法,有理解为"教育思潮"的,亦有理解为"教育哲学"、"教育理想"的,抑或看作是"一种教育革新原则"、"教育制度或框架",这些都显示了一定的研究成果。随着教育改革的实践和现实社会活动的不断推进,大陆对终身教育内涵的理解也不断得到丰富,普遍认为,终身教育是社会生活所有教育的统合,是社会所提供的一切正规、非正规、非正式教育活动的总和,它开始于人的生命之初,终止于人的生命之末,包括人发展的各个阶段及各个方面的教育活动,其最终目的在于维持和改善个人社会生活的品质。[4]

2.台湾对终身教育内涵的理解

台湾学术界对终身教育亦有不同的理解,其中较具代表性的是黄富顺教授的观点,他认为终身教育是一种单一、完整而贯彻一生的教育体系,此体系适合每个人从生到老持续地受到全面的教育。它涵盖人一生中所受的各种教育,包括婴幼、儿童、少年、青年、中年、老年的所有正规、非正规、非正式的教育,包括家庭、学校、社会三种教育领域。终身教育实施的目的是在社会变迁中,促进个人的成长,帮助完成自我实现,进而建立学习型社会,增进社会的福祉。[5]

人类社会的变革与进步,使得海峡两岸对终身教育特征的认识也在不断深化,其表述见表3:

表3 海峡两岸对终身教育特征的表述

	终身教育的特征	内容
大陆[6]	①教育过程的终身性	贯穿于人的生命全过程,适应人的全面发展。
	②教育内容的广泛性	扩展到社会生活各个方面。
	③教育对象的全员性	对任何一个有学习愿望和学习能力的人开放。
	④教育方式的灵活多样性	教育资源开放共享,社会成员时时、处处能学。
	⑤教育服务的人本性	发展人的教育,促进人与自然、社会的协调发展,提升和展示人的价值。

续表

	终身教育的特征	内容
台湾[7]	①整体性	所有教育机构及学习情境是一个整体,个体的学习始于正规教育,终于高度发达的非正式教育体系。
	②统整性	任何教育方式在任何特定时间内均维持协调联系,并非各自独立。
	③弹性化	学习目标、方式、地点、内容及过程等均富有弹性,适应学习者学习需求。
	④民主化	教育为全体民众所共享,全体民众都享有发展与学习的机会。
	⑤自我实现	教育的目的是帮助个人完成自我实现的理想,改善个人的生活品质。

虽然海峡两岸对终身教育内涵的理解和特征表述有所不同,但本质上都认同终身教育是人一生所受的各种教育的总和,它超越了阶段性、制度化的传统教育模式,更加能够显现每个人的个性。均强调非正规、非正式教育活动的作用,并将终身性、全民性、广泛性、灵活性和实用性规定为终身教育的基本特征。当然随着时代的发展与终身教育的深入实践,终身教育的内涵与外延将会愈加丰富,人们对它的理解也将愈加深刻。1996年出版的《学习:内在的财富》报告认为:终身教育是一种与生命有共同外延并已扩展到社会各个方面的连续性教育,具有整体育人的功能,其基本任务是学会认识、学会做事、学会共同生活、学会生存。这时候终身教育的意义已超越社会形态、意识形态、国界、种族等范围。

(四)海峡两岸终身教育的体制机制

1.大陆终身教育的体制机制

《国家中长期教育改革和发展规划纲要(2010—2020年)》把"终身教育体制机制建设"列为重大改革试点,针对制约终身教育发展的体制机制障碍,提出一系列改革措施。目前,大陆的终身教育法尚未出台,对终身教育体制机制的相关问题尚未有明确的规定。一般认为,大陆终身教育的体制机制主要包括开放的教育制度、高效的管理体制和完善的运行机制三方面的内容,其表述见表4：

表4 大陆终身教育的体制机制

体制机制的核心要素	内 容
开放的教育制度	建立健全宽进严出的学习制度,建立继续教育学分积累与转换制度,努力实现学历教育和非学历教育协调发展,职业教育和普通教育相互沟通,职前教育与职后教育有效衔接,有组织学习与自主学习互补互促,推进全民学习、终身学习的学习型社会建设。
高效的管理体制	成立终身教育委员会,坚持"党委领导、政府负责、社会协同、公众参与"的发展格局,充分发挥各类社会组织、群众组织、民间团体、企事业单位以及学习型组织、学习型社区等的协同作用,调动全社会共同推进终身教育的积极性。
完善的运行机制	正在组织起草《终身学习法》,以进一步明确终身教育的地位、作用及政府、社会、个人在终身教育发展中的责任、义务。将终身教育经费列入本级政府教育经费预算,逐步建立政府拨款、部门筹措、民间组织捐赠和受益者自愿出资相结合的多元化终身教育经费支持渠道。

2.台湾终身教育的体制机制

台湾地区终身教育的体制机制在《迈向学习社会白皮书》和《终身学习法》中得到了较好的规定和体现,其内容表述见表5：

表5 台湾地区终身教育的体制机制

体制机制的核心要素	内 容
立法行动	于2002年订立颁布《终身学习法》,明确了当局推动终身教育的职责,以及付诸实施的措施,以激发个人与组织的学习积极性,包括发行终身学习卡、推动员工带薪学习、建立回流教育制度、发展学习型组织以及建立非正规学习成就认证制度等。

续表

体制机制的核心要素	内容
决策行动	各级主管机关对于终身学习政策、计划及活动负有规划、协调、统整之责,并设置"终身学习委员会",负责有关政策、计划及活动的审议、协调、指导及咨询等。日常事务由台湾"教育部"的"社会教育司"负责,"社会教育司"下设若干科,具体协助推展终身教育工作。
财务支持行动	多渠道筹措经费,有台湾当局的支持,还通过公办民营的方式,由民间非营利组织(如文教基金会、财团法人终身学习基金会等)参与,当局视地区发展情况给予适当的补助。

总之,海峡两岸终身教育的体制机制基本相似,主要不同在于管理体制中组织的构成上,大陆终身教育委员会主要由政府和教育主管机构相关人员组成,在终身教育事业发展上更多依靠的是政府的推动,通过相关政策导向体现政府的主体意志。而台湾"终身学习委员会"则相对多元,它的主要成员除了终身学习机构和"政府机关"人员外,还十分注重吸纳相关学者、专家,充分发挥志愿者的作用,注意考虑终身学习参与者的意见和立场。从体制机制统整的角度看,海峡两岸基本上是遵循着"政府统筹领导、部门分工负责、分级分类推进、各级教育协调、社会积极支持、群众广泛参与"的终身教育管理体制与运行机制。

(五)海峡两岸终身教育的法规政策

1. 大陆终身教育的政策法规

改革开放30多年来,大陆基本形成了以《教育法》为核心、以教育专门法为骨干、以教育规章为重要组成部分,内容相对完备、结构较为合理的教育法律体系,不仅为终身教育奠定了法律地位,也为《终身学习法》的订立奠定了坚实的基础。大陆终身教育的政策法规及相关内容见表6:

表6 大陆终身教育的政策法规

法规政策	相关内容
《中华人民共和国教育法》(1995年)	第11、19、41条在教育协调发展、发展成人教育和教育组织机构的职责等方面都提及终身教育,确立了终身教育的法律地位,为推展终身教育实践提供了法律依据。

续表

法规政策	相关内容
《面向21世纪教育振兴行动计划》(1999年)	提出要通过加强现代科学技术尤其是资讯技术在教育教学中的应用,逐步构建学历教育和非学历教育相结合、普通教育和职业教育相互沟通和衔接、社会化、多样化的终身教育体系,到2010年基本建立起终身学习体系。标志着大陆现代终身教育体系的建立已经从理论研究、法律确认进入依法实施、逐步推进的实际运作探索阶段。
《2002—2005年全国人才队伍建设规划纲要》、《关于进一步加强人才工作的决定》	提出要构建中国特色的终身教育体系,促进学习型社会的形成。相关的发展战略被纳入十六大报告。
《福建省终身教育条例》(2005年)	大陆第一部终身教育地方法规
《终身学习法》起草	2007年开始,目前该法规尚未出台。
《国家中长期教育改革和发展规划纲要(2010—2020年)》	提出构建体系完备的终身教育,形成学习型社会的战略目标。

2. 台湾终身教育的政策法规

强有力的政策法规是台湾终身教育发展的主要推动力量,其主要内容见表7:

表7 台湾终身教育的政策法规

法规政策	相关内容
《社会教育法》(1980年)	社会教育以实施全民教育与终身教育为宗旨。这是终身教育首次在台湾官方文件中出现。

续表

法规政策	相关内容
教育当局施政报告(1985年)	将"规划建立终身学习社会"纳入,提出实施"实现终身学习社会教育改革"的专题报告。
以终身学习为导向的成人教育中程发展计划(1996年)	从制度建立、机构建设、资源整合等方面提出为终身学习打基础,为成人提供多元学习机会。
《迈向学习社会——推展终身教育、建立学习社会》白皮书(1998年)	对实施终身教育和终身学习从意义、内容、策略到具体办法进行全面规划,提出实施途径和行动方案,终身教育至此进入了制度化轨道。
《终身学习法》(2002年)	为终身教育发展提供法律保障。该法规坚持了三个原则,即政府推动原则、保护弱势群体的原则、促进正规与非正规教育相结合原则。

从表7中可以看出,海峡两岸终身教育立法的时间、切入点不同,构成体系各异,但都在推进,不断规范完善。大陆的终身教育立法尚在调研论证中,地方性的终身教育条例,也因更高层次的立法尚未出台而缺少相应的准绳与依据,影响终身教育的广泛开展和实施的效果。台湾地区虽有相关的立法,法规基本上也明确了涉及终身教育的各类事项,但是内容划分的清晰度欠佳,相关的职责未能进一步明确和细化,致使有关要求在实施过程中出现偏离、打折的情况。因此海峡两岸终身教育法规均需要进一步修订和完善。

(六)海峡两岸终身教育的推展

1.大陆终身教育的推展

大陆终身教育发展的主要措施及方式方法体现在五个方面,具体见表8:

表8 大陆终身教育发展的主要措施及相关途径

序号	主要措施	相关途径、方法或效果
1	舆论先导,大力加强终身教育思想的传播	①理论工作者的研究宣传; ②传播的途径主要有电视、报纸、期刊、电台、译著、学术论坛、研讨会以及互联网等; ③通过终身教育"活动日"、"宣传日"、"主题日"等方式进行宣传。
2	开展各类学习型组织的创建活动	以文化广场为纽带,以文明单位创建为载体,以文化社团为中介,创建学习型家庭、学习型楼组、学习型小区等。
3	构建多种形式的终身教育平台	①开展面向城乡劳动者的成人继续教育; ②开展社区职业技能培训和文化生活教育活动; ③搭建和完善以终身学习为内容的网络应用平台。
4	大力发展社区教育,助推终身教育的纵深发展	社区教育基本形成了"党政统筹领导,教育部门主管,有关部门配合,社会积极支持,社区自主活动,群众广泛参与"的管理体制和运行机制。
5	加强项目研究,为终身教育发展提供理论支持	①"九五"国家哲学社会科学重点课题; ②各地通过"课题＋项目"的研究方式,将课题研究与终身教育实践有机结合起来。

2.台湾地区终身教育的推展

台湾地区终身教育发展的主要措施及方式方法也可总结为五个方面,见表9：

表9 台湾终身教育推展的主要措施及相关途径

序号	主要措施	相关途径、方法或效果
1	推展各类型学习型组织	主要包括学习型小区、学校、企业及医院等,目前相关项目推展计划已超过400个。
2	构建学习信息平台	开通了"终身学习信息网",学员通过"学习信息查询系统",查询和调用学习信息和资源。同时还通过发行学习信息简讯等方式为民众提供学习服务。
3	设置社区大学,提供社区民众学习机会	①在《终身学习法》中,将社区大学定位为终身学习机构,"直辖市"及县市政府、乡镇公所都有设立; ②采取公办民营方式,即由大专院校或依法登记的财团法人或公益社团法人经营,官方提供场所,大多设在中、小学校内,同时补助其部分经费。
4	激发民间组织的参与推动	①据统计,2004年教育当局所辖的文教基金会已达634个,总资金数额达413亿余元[8]; ②文教基金会等民间组织每年都会开展有关终身教育的一系列大型活动,为台湾地区的终身学习活动注入了活力,影响深远。
5	开展回流教育	①涵盖中等教育、高等教育以及成人教育等层面,尤其将大学院校回流教育列为重点课题; ②近年来回流教育扩展至高龄层面,实施范围广泛且具包容性; ③实施相关配套政策支持,如,推行非正规教育学习成就认证、终身学习卡以及带薪学习假等制度。
6	开拓弱势族群的终身学习机会	①《终身学习法》对弱势族群终身学习机会的提供、补助及支持有明确的规定; ②实施过程中尤其注意对弱势族群教育、成人基本教育、妇女教育、老人教育提供补助,并鼓励民间组织、社教机构、宗教团体为弱势团体提供学习服务。

总体而言,海峡两岸推展终身教育的方式、途径和措施较为相似,基本上是通过正规教育体系(学校教育制度体系)、非正规教育、社区教育等方式推展终身教育,多元化促进。海峡两岸完善各自的终身教育体系的方式主要有:一是通过多途径、多形式的宣传与引导不断扩大终身教育理念的影响,不断增强民众终身学习的意识;二是通过建设基于互联网和卫星电视的终身学习信息服务平台,为民众提供丰富、方便、灵活、多样化和个性化的学习资源和条件;三是通过各类学习型组织建设,广泛开展全民学习活动,推进终身教育平民化、普及化,努力促成社会学习化;四是通过科教场馆、活动中心和各类社会文化教育机构,开展社区教育、继续教育以及相关公益性教育,形成正规教育、非正规教育、非正式教育相互补充、共同发展的格局。

二、海峡两岸终身教育的主要特色

通过多年的实践与推展,海峡两岸终身教育体系逐步完善,形成了具有本土特色的终身教育发展模式,对推进终身学习,创建学习型社会发挥了重要的作用。

(一)大陆终身教育发展的主要特色

1. 理论研究氛围浓厚,成果丰硕——终身教育实践的理论支撑。大陆较早开始引介终身教育理念并开展相关理论研究,理论研究有组织、有团队、有学者、有阵地、有载体,研究领域涉及应用理论研究、实践和行动研究、决策咨询研究等,研究内容涵盖终身教育的方方面面,如终身教育的内涵及理念、终身教育立法、终身教育评价指标体系、终身学习学分积累与学分银行、终身教育政策保障研究等等,并取得许多理论成果,部分理论成果前瞻性、指导性较强,为进一步实践和推广终身教育理念提供了坚实的理论支撑。

2. 国家统整,地方百花齐放——终身教育发展地方特色纷呈。国家从宏观层面,制定中长期教育发展规划纲要,提出建设终身教育体系总体要求,对各地区实行宏观指导,不提具体模式。这样有利于区别情况、分类指导、区域推进、差别发展,有利于各地区创新思维,结合自身的实际情况发展终身教育,形成各具省情特征、地域特色与路径的终身教育发展格局。目前,已有北京、上海等城市,以学习型城市创建为龙头,推进终身教育体系的实践;也有以福建省为代表的一些地方,出台地方性终身教育法规,成立终身教育委员会和促进会,推进终身学习社会建设的经验等等。

3. 自下而上,在实践中酝酿提升——终身教育立法民主科学。大陆终身教育的发展并非无法可依,如在《教育法》、《义务教育法》、《高等教育法》和《职业教育法》中均可找到相关依据。为更好地指导大陆终身教育发展,国家已启动专门的立法工作,正进行前期大量的调研与论证,并鼓励地方根据实际需要出台相应的地方性法规(福建、上海等地已出台),旨在条件与时机成熟时出台一部真正能为终身教育发展提供较强法律保障的专门法。

4. 以点促面,社区教育蓬勃发展——终身教育网络基本形成。社区是民众生活的基本场所,也是实施终身教育的最佳场所。开展社区教育是促进民众终身学习的有效途径,大陆社区教育得到高度重视,已建成社区教育示范区、试验区共136个,加上各个省市自治区确定的一批试验区和示范区,现在大陆拥有约600个试验区和示范区。同时大陆还依托全民学习、终身学习的重要支撑——电大系统,成立社区大学、社区学院、社区学校三级社区教育公共服务体系,社区教育机构已基本覆盖各地区的城乡,构成较为完善的终身学习网络。

(二)台湾地区终身教育发展的主要特色

1. 较完善的终身教育法规制度——终身教育地位的法制保障。台湾地区重视终身教育的立法工作,有关法规、政策、制度比较完善。1953—2003年制定的相关法规、制度、规划、计划就有10余项,其中对终身教育地位的确立具有里程碑意义的有三项,即《终身学习法》、《社会教育法》和《家庭教育法》,它们确立了实施终身教育的原则与政策,为台湾终身教育形成社会、学校、家庭三方共同推进的良好发展态势提供了法制层面的保障。

2. 人性化的终身教育导向措施——终身教育发展的政策保障。其主要的政策支持措施有六项,一是支持非正规与正规教育学习活动互认的非正规学习成就认证机制;二是发行终身学习卡,激发个人参与终身学习活动的积极性;三是倡导各类型学习型组织的创建;四是实行员工带薪学习制度;五是开展回流教育;六是实施弱势族群(含高龄人员)的终身教育专项计划。

3. 多渠道的终身教育投入机制——终身教育发展的经费保障。台湾当局为推展终身学习活动,近年来均编列有相关的经费支持,并逐年增加经费,仅2002年政府支持终身教育方面的经费即达12.13亿新台币(约3亿人民币)[9],还另有各地方政府编列的相关配套经费投入,有力地推动了台湾社会终身学习活动的普遍发展。此外,还有一股强大的民间资金的投入和民间组织的大力赞助,这成为台湾终身教育活动得到普遍开展的关键因素。

4. 多元化的终身教育推展组织——终身教育推展的重要力量。终身教育理念已在台湾地区形成较为广泛的共识,参与终身教育的组织、机构除了大学院校、职技学校、中小学、空中大学、社区学院、文化教育中心外,还有社会教育馆网络、公立社会教育机构(如图书馆、博物馆、艺术馆、电台、剧院等)以及民间组织(如社会服务团、读书会、协会、扶轮社、教育基金会等),形成了政府大力支持,社会各界广泛参与的终身教育发展格局。

5. 实用性的终身教育内容体系——终身教育的吸引力所在。为满足台湾民众多样化的学习需求,台湾终身教育十分注重开展受众面广、适用性强的教育活动,其内容体系主要包括公务、企业、兼职人员的培训,各种证照培训,外语培训,扫盲及外来劳工语言培训,还有面向特定人员的教育,如"社区大学"、"妇女大学"、"老人大学"、"长青学苑"等。

6. 常态化的终身教育主题活动——终身教育发展的助推剂。除常年坚持开展学习型组织建设外,基本上每年都举办大型、多场次、有明确教育主题的讲座、论坛、竞赛等多种终身教育理念宣传、终身教育学习活动,得到台湾民众积极的响应。每年开展终身教育的主题都不一样,仅2004年就"策划启动了11辆终身教育学习列车,共执行320项计划,举办7万场次活动,约有10万人次受益"[10]。

7. 现代化的终身教育技术网络——终身教育全民化的平台。为方便民众参与终身教育,台湾地区大力开发简便开放、资源丰富、实用有益的终身教育技术网络,如终身学习资讯网、继续学习网、GEPT全民英检学习网、中小学师生教与学共享资源网、终身学习入口网等等。

三、台湾地区终身教育发展对大陆的启示

终身教育以促进人的全面发展为根本宗旨,是一种真正意义上的人本教育,是教育发展的必然趋势和本质复归,实践终身教育是世界各国和地区形成学习型社会的必经途径。纵观世界各国和地区发展终身教育的实践和特色,我们从中可以把握一些发展趋势:重视立法,是终身教育发展的法律依据和行动保证;建立完善领导体制与管理制度,是终身教育体系建设的基本条件;搭建终身学习的"立交桥",是终身教育体制机制改革创新的关键;建立以财政为主的多元投入机制,是终身教育健康发展的根本保障;促进学习网络形成与公民社会组织的参与,是终身教育普及发展的重要保证;现代信息技术的广泛运用,是为受教育者提供最广泛接受终身教育机会的重要手段。与世界发达国家和台湾地区相比,我国大陆终身教育的起步比较晚,公民的终身教育意识还不够强,也没有专门的法律保障,财政支持力度不够,技术支撑也不够到位。借鉴台湾地区发展终身教育的宝贵经验,当前应着力从以下方面入手,以推动我国大陆终身教育的发展:

(一)尽快立法,为终身教育发展奠定稳固的法律基础

虽然大陆制定了《教育法》、《义务教育法》、《高等教育法》和《职业教育法》等多项法律,并在这些法律中融入终身教育的理念,但尚未形成关于终身教育的专门法律,有关的规章制度还不健全。国家层面相关法律法规的缺位在一定程度上制约着终身教育体系构建的力度、速度、规模与进程。[11]因此推进大陆终身教育事业发展的一项紧迫任务就是要加快《终身教育法》的起草、研讨工作,制定一部具有统筹和指导作用的广泛适用的《终身教育法》,从战略发展的高度来规范、约束和指导终身教育的开展。并建立相应的监督和评估制度,修订和增补相关法规,建立和完善国家终身教育体系所必需的法律保障体系和质量保障体系。

(二)以人为本,为终身教育发展营造宽松的政策环境

终身教育的推行与终身教育体系的构建需要终身教育政策的持续支持和推动。终身教育政策是一项系统工程,而以人为本则是终身教育政策制定的出发点和落脚点,为此出台政策时除继续将扩增民众学习机会和渠道纳入考虑范畴外,还应致力于制定为民众终身学习扫除障碍,提升终身教育服务质量与效益的综合性规划和措施。要加强调研,定期调查民众参与非正规学习活动的状况,及时调整相应的政策规定,尤其要重视制定弱势群体的终身教育活动的推动策略,并保持相关政策的连贯性及延续性。还应建立以相应的评价、实施效果回馈等方面为主要内容的政策规划、实施和评估的检核系统,了解实施成效,作为政策方案持续、修正或废止的依据。

(三)多元投入,为终身教育发展提供强大的动力支持

这个多元投入的动力支持系统主要包括推展终身教育主体和相应经费筹措与资助的多元化。就主体而言,就是要调动一切可以调动的机构、组织、群团社团、个体等力量协力推进。充分发挥政府的主导作用,社会协同配合,个人积极参与,形成政府、社会和个人"三位一体"共同推进终身教育的合力。鼓励地区政府、居委会(街道)、行业、企业、文化教育与培训机构、群团社团等组织联合成立促进会,协调、指导、推动地区终身教育工作,形成国家、省、市、县相互融通、相互渗透、齐抓共管、共同推进终身教育的良好格局。就经费筹措与资助而言,应形成政府拨款、部门(单位)筹款、社会力量捐助和受益者适当出资相结合的多渠道终身教育经费筹措机制,尤其是民间教育资源应成为终身教育经费的重要补充,支持终身教育工作的开展。经费资助重点应根据不同地区经济社会发展要求、终身教育阶段性发展特点和社会民众学习多样化的需求来综合考量,制定市民参加继续教育、终身学习的多元化、全方位、综合

性资助方案,不断提高经费投入力度与资助的针对性、实效性。

（四）注重需求导向研究,适应地方终身教育发展的需要

根据地区的实际有针对性地开展终身教育工作,才能形成各具特色的地区性终身教育体系。必须加强本地区的终身教育需求研究,准确把握需求导向,根据需求状况科学制订终身教育发展规划和计划,合理配置终身教育资源,着力解决制约终身教育发展的突出问题,搭建一个面向地区全体成员的资源丰富、功能完备、技术先进的终身学习平台,扎实开展成人继续教育、在职人员岗位培训、弱势群体教育援助、涉农培训等贴近实际、贴近生活、贴近群众的多形式、多门类、多层次的终身教育活动,为民众提供没有门槛,不受民族、性别、年龄、身份、地位、职业、财产、地域以及原有受教育程度等限制的教育机会和条件[12],最大限度地满足民众多样化、个性化的终身学习需求。

（五）加强网络平台建设,打造更加开放、便捷的终身学习管道

终身教育网络平台是终身教育体系的基本支撑,是推进终身教育的重要载体。要在广播电视大学的基础上,建立以现代信息技术为支撑,面向全体社会成员开展学历与非学历继续教育以及终身学习支持服务的国家和地方开放大学,借助这一系统的庞大办学网络可以快捷、有效地传承和践行终身教育的理念。要通过开展区域范围的社区教育与行业系统的学习型组织建设,构筑条块结合、纵横衔接的终身教育社会网络,形成人人皆学、时时能学、处处可学的终身教育、终身学习环境。要以教育信息化带动教育现代化,打造全民终身学习公共服务平台,并在政府主导下,积极整合基础教育、高等教育、成人教育、职业教育、老年教育、社区教育、社会团体等各类教育资源,建立数字化终身学习资源库,为不同学习需求的民众提供优质、系统、高效、方便、快捷的信息资源。要着力做好不同类型学习成果的互认和衔接工作,建立起以个人学习成果认证与学分积累转化为主要内容的"学分银行",搭建终身教育体系"立交桥"。

参考文献

[1]吴遵民.现代中国终身教育论[M].上海教育出版社,2003:75.

[2]蒋华,何光全.终身教育思潮及其在我国的传播与实践[J].四川师范大学学报(社会科学版),2008(1).

[3]黄秋香,唐意红.终身教育在国内外实践的比较[J].湖南人文科技学院学报,2011(2).

[4]沈光辉.论社区教育与终身教育、成人教育、学习型组织的关系[J].福建广播电视大学学报,2011(2).

[5][7]黄富顺.比较终身教育[M].五南图书出版公司,2003:9-10.

[6]陈乃林.建设区域性学习型社会的实证研究报告[M].高等教育出版社,2010:21-22.

[8][10]董百志.台湾终身学习发展的特点探略[J].中国成人教育,2006(2).

[9]黄京钗.闽台港澳四地终身教育比较研究[J].厦门广播电视大学学报,2010(6).

[11]南海,王星星.中国大陆终身教育体系构建中的问题与对策[J].职业技术教育,2011(22).

[12]沈光辉.积极构建我省终身教育体系[N].福建日报,2012-02-21(15).

基金项目:福建省教育厅A类社科研究项目"海峡两岸终身教育发展比较研究"(JA12385S)成果。

(作者吴国为福建广播电视大学副研究员,叶必锋为福建广播电视大学副研究员。)

后 记

近年来,随着教学改革的不断深入,"向科研要质量,靠科研上水平"已成全校共识,学校不仅在资金上对科研予以大力扶持(如校外立项课题均一比一配套),还出台了系列促进科研的规定,对不同岗位的在岗人员都提出了明确的科研要求,大大激发了全校教职工科研的积极性。大家在积极申报校内课题的同时,还申报了大量的校外课题,结项后产生了一定的影响。有的课题在福建省社科优秀成果评奖、中央广播电视大学优秀成果评奖等各项评奖活动中取得佳绩,有的课题引起有关方面的重视,如国家社科规划办曾将我校闽台文化研究所完成的国家社科基金项目有关内容单独编为《成果要报》,呈送党和国家有关部门,福建省社科规划办在《我省国家社科基金项目 2006 年结项情况通报和做好 2007 年结项工作的通报》(闽社科规办[2007]003 号)文件中指出,该成果"受到中央领导和有关部门的高度重视和充分肯定"。此外,各项课题的深入研究,也不同程度地指导了我校相关工作,科研推动工作,工作促进科研,二者形成了良好的互动。有了科学研究的基础,工作中就可少走或不走弯路。

我校教职员工申报立项的校外课题,有的已出版发表,有的尚未出版发表。为了让这些课题发挥其应有的社会效益,进一步总结经验,以利今后持续提升,我们在闽台文化研究所的校外立项课题的基础上,再从我校教职工申报的校外立项课题中,以"闽台教育"为内容,选出 39 篇汇编成这本课题集萃,作为我校闽台文化研究所"闽台文化研究丛书"之一种出版。选编的成果中,其中国家社会科学基金项目 4 篇,国家艺术科学基金项目 1 篇,全国教育科学基金项目 1 篇,教育部社科项目 2 篇,福建省社会科学规划基金项目 8 篇,福建省教育科学规划项目 5 篇,福建省教育厅 A 类社会科学规划项目 10 篇,福建省教育厅 A 类科技项目 2 篇,中央广播电视大学课题 4 篇,中华宗教文化交流协会课题 1 篇,福建省自学考试课题 3 篇。必须说明的是,许多校内立项的课题不乏真知灼见,不少有较高的学术水平,但由于此次汇编仅限于校外立项的课题,只好忍痛割爱,以待今后再伺机弥补。

我们要感谢福建广播电视大学校领导的鼓励和支持，叶文华校长亲自作序，对这项工作予以充分肯定，并提出了殷切希望；王振杰、夏良玉、吴国荣、陈展鸿、沈光辉等校领导也一直予以关心和指导。我们要感谢厦门大学出版社大力支持，感谢为此书倾注了大量心血的责编牛跃天先生。

愿学校的明天更美好！

编者

2013 年 6 月

图书在版编目(CIP)数据

闽台教育论/福建广播电视大学闽台文化研究所编．—厦门：厦门大学出版社，2013.11
（闽台文化研究丛书）

ISBN 978-7-5615-4829-5

Ⅰ．①闽…　Ⅱ．①福…　Ⅲ．①地方教育-教育事业-研究-福建省　②地方教育-教育事业-研究-台湾省　Ⅳ．①G527.57　②G527.58

中国版本图书馆 CIP 数据核字(2013)第 261176 号

厦门大学出版社出版发行
（地址：厦门市软件园二期望海路39号　邮编：361008）
http://www.xmupress.com
xmup @ xmupress.com
厦门市明亮彩印有限公司印刷
2013年11月第1版　2013年11月第1次印刷
开本：720×970　1/16　印张：27.25
字数：475千字　印数：1～800册
定价：60.00元
如有印装质量问题请寄本社营销中心调换